"十二五"普通高等教育本科国家级规划教材
首批上海高等教育精品教材
交通工程教学指导分委员会"十三五"规划教材
高等学校交通运输与工程类专业教材建设委员会规划教材
同济大学本科教材出版基金资助

Traffic Management and Control
交通管理与控制

（第7版）

吴 兵 李 晔 编 著

人民交通出版社股份有限公司

北 京

内 容 提 要

本书着重于探讨对现有的道路交通设施,如何科学地采取交通管理与控制的各种交通治理措施来提高其交通效益与交通安全。

全书分为交通管理与交通控制两篇,共十六章,对交通管理的内容、设施,交通控制的原理、技术及设备进行了介绍。

本书是交通工程专业用教材、道路桥梁与渡河工程专业选修课教材,也可供相关专业的技术人员参考。

图书在版编目(CIP)数据

交通管理与控制/吴兵,李晔编著. — 7 版. — 北京:人民交通出版社股份有限公司,2023.12(2025.4重印)
ISBN 978-7-114-19138-1

Ⅰ.①交… Ⅱ.①吴…②李… Ⅲ.①公路运输—交通管理②公路运输—交通控制 Ⅳ.①U49

中国国家版本馆 CIP 数据核字(2023)第 244248 号

Jiaotong Guanli yu Kongzhi

书　　名:	交通管理与控制(第7版)
著 作 者:	吴　兵　李　晔
责任编辑:	李　晴　卢　珊
责任校对:	赵媛媛　龙　雪
责任印制:	张　凯
出版发行:	人民交通出版社股份有限公司
地　　址:	(100011)北京市朝阳区安定门外外馆斜街 3 号
网　　址:	http://www.ccpcl.com.cn
销售电话:	(010)85285911
总 经 销:	人民交通出版社股份有限公司发行部
经　　销:	各地新华书店
印　　刷:	北京市密东印刷有限公司
开　　本:	787×1092　1/16
印　　张:	22.25
字　　数:	550 千
版　　次:	1995 年 12 月　第 1 版　2003 年 2 月　第 2 版 2005 年 9 月　第 3 版　2009 年 1 月　第 4 版 2015 年 9 月　第 5 版　2020 年 9 月　第 6 版 2023 年 12 月　第 7 版
印　　次:	2025 年 4 月　第 7 版　第 2 次印刷　总第 35 次印刷
书　　号:	ISBN 978-7-114-19138-1
定　　价:	55.00 元

(有印刷、装订质量问题的图书,由本公司负责调换)

第7版前言

《交通管理与控制》初版自1995年出版至今,已经过去了近30年。30年前,在我国交通工程专业刚刚设立之初,"交通管理与控制"就被列为交通工程专业的必修课。当时,为适应教学需要,我国交通学科创始人之一、学术泰斗杨佩昆教授根据多年的研究成果和教学经验,领衔主编了本教材,填补了交通工程专业设立以来交通管理与控制教材的空白。

30年来,世界交通领域发展迅猛。得益于改革开放政策和经济的持续增长,我国交通的发展举世瞩目。为推进我国走向交通强国,2019年党中央、国务院发布了《交通强国建设纲要》,2022年党的二十大报告提出加快建设交通强国,交通成为中国式现代化的开路先锋。为贯彻落实建设交通强国战略目标,结合安全、便捷、高效、绿色、经济、智能的交通发展要求,本次修订全面梳理了教材内容,涉及的章节包括绪论,第一章第二节,第二章第一、二节,第三章第二节,第四章第一、三、四、五节,第五章第三节,第六章第一、二节,第七章,第八章第三节,第九章第一节,第十一章第四节,第十五章第一、三节,第十六章第一节等。王玲副教授增写了第四章第六节,李林波副教授修改了第五章第三节,倪颖副教授(长聘)增写了第六章第三节的相关内容。同时,编著者在章后习题中增加了联系实际的思考题或计算题,并对第四章、第五章、第六章、第七章、第八章、第十一章、第十二章、第十三章、第十四章和第十五章的部分插图进行了修改和完善。

编著者在本教材修订过程中参考了相关教材、研究论文等文献资料,在此谨对被引用文献的作者表示衷心的感谢！所有引用文献均已列于本教材的参考文献之中。由于编著者水平有限，本版教材仍难免存在错误和不当之处，恳请广大读者不吝批评指正。

编著者
2023 年 9 月

第6版前言

近年来,随着信息技术、人工智能技术、计算机及通信技术等高新技术的迅速发展与应用,出现于20世纪90年代的智能交通系统被推向了新的发展阶段。新一代的智能交通系统通过综合运用互联网、云计算、大数据处理等各种技术,融合处理交通运输系统中的人、车、路、环境以及信息等各要素,能够充分保障交通安全、发挥交通基础设施效能、提升交通系统运行效率和管理水平,在缓解交通拥堵、减少交通事故、降低能源消耗及减轻环境污染等方面将发挥重要作用,为出行者提供更好的服务,为城市的可持续发展提供保障。

正是基于这样的考虑,本版除对上一版本中存在的错漏内容进行了必要的修正以外,重点对与智能交通运输系统相关的内容作了增补,在第十五章和第十六章中分别增加了车路协同系统、出行即服务系统、车辆导航系统、汽车电子标识以及交通仿真软件等相关内容。

另外,公共交通优先发展战略对于促进大城市可持续发展具有非常重要的作用,也越来越受到人们的关注。为了更好地发挥公共交通的作用,各大城市规划和建设了不同模式的公共交通系统,如常规公交、地铁、轻轨、快速公交(BRT)以及其他形式的公交系统等。本次修订在第六章补充了快速公交在我国的应用案例和近年来在国内外兴起的灵活式公交的相关内容。

本次修订工作得到了杨佩昆教授的倾力支持和具体指导,也得到了同济大学交通运输工程学院马万经教授、胡笳教授、李林波副教授和倪颖副教授等的大力支持。同时,本教材部分引用了编者近年来相关的研究成果,参考了相关教材和研究课题的内容,吸收了使用本教材的部分读者的宝贵意见。为此,向杨佩昆教授以及参与本教材修订工作的各位教师、被本教材引用的参考资料的作者、给本教材提出宝贵意见和建议的广大读者表示衷心的感谢!

本教材由同济大学吴兵、李晔编著。

由于编者学识水平有限,本版教材难免还有不少错误和不当之处,恳请广大读者不吝批评指正。

编著者

2020 年 6 月

第5版前言

本教材自上一版修订以来已5年多了。这5年多来,无论是国外还是国内,在交通管理与控制的理论研究与应用实践方面都有了一些新的进展。尤其是在我国,这些年来所发生的与交通有关的一些事件,不仅能为本教材提供具有典型意义的案例,而且也进一步说明了,对于交通问题的处理,必须要紧密地与实际情况相结合,但是,与此同时也不能忽视将坚实的理论研究作为基础。特别是近年来日益严重的城市交通拥堵在不断地警示我们,适应我国国情的交通管理与控制必须始终贯彻公共交通优先发展的理念,制定切实可行的交通需求管理政策与措施,充分利用现代信息技术与手段,变被动应对为主动管理。因此,本次修订除更新了相关内容和数据外,还增加了对我国近阶段交通管理与控制具有一定参考价值的内容。

具体的修订内容主要包括:第一章的"交通管理与控制的效果"、第三章的"交通秩序管理设施"、第五章的"机动车行车管理""步行管理""无信号控制平面交叉口交通管理"、第六章的"我国公共交通发展历程与现状、发展政策、经营和管理""常规公交优先通行管理""其他车辆优先通行管理"、第十一章的"定时信号控制"、第十四章的"入口匝道控制"等内容,将原第七章"交通系统管理"和第八章"交通需求管理"合并为第七章"交通系统管理与交通需求管理",将原第九章"特殊事件交通管理"改为第八章"特殊事件交通管理",新增第九章"交通拥挤管理"。对其他各章中存在的错误也一并进行了修改。

本次修订工作得到了杨佩昆教授的热心支持和具体指导,也得到了同济大学交通运输工程学院的马万经副教授(参与了第六章、第十一章和第十四章的修订)、李林波讲师(参与了第一章的修订)和倪颖讲师(参与了第五章、第六章和第十一章的修订)等3位年轻教师的大力支持。同时,本次修订部分引用了编者近年来相关的研究成果,参考了相关教材和研究课题的内容,吸收了使用本教材的部分读者的宝贵意见。为此,向杨佩昆教授以及参与本教材修订工作的各位教师、被本教材引用的参考资料的作者、给本教材提出宝贵意见和建议的广大读者表示衷心的感谢!

本教材由同济大学吴兵、李晔编著,由同济大学杨佩昆教授、清华大学史其信教授主审。

由于编者学识水平有限,本版教材难免还有不少错误和不当之处,恳请广大读者批评指正。

编著者
2015年6月

第4版前言

随着我国汽车拥有量的持续增加和城镇化水平的日益提高,道路交通量的增长速度和人口向城市的聚集速度也在不断加快,由此进一步加剧了城市的交通问题,我们的各级政府交通管理部门和研究机构一直在致力于寻求解决的方案和措施。然而,进入21世纪以来,我们普遍看到的情况却是,我国的城市交通问题不但没有得到根本性的解决,而且愈演愈烈。在近10年我国城市(特别是特大及大型城市)交通系统建设中,以快速化、机动化为导向的高强度道路交通系统建设,在为城市空间拓展提供支撑、为经济高效运转提供保障的同时,大众群体、弱势人群的出行权利受到不同程度的忽视甚至侵犯。随着和谐社会、关注民生、改善生活质量等理念在城市交通发展中的贯彻,城市交通供需中居民出行服务供应满足不了多层次、多元化以及高质量出行需求的矛盾逐渐凸显。为此,不得不对我们国家多少年来在道路交通的规划、设计和管理中一直沿用的"以车为本"的理念、思路和方法进行反思,这种理念、思路和方法的最关键的问题是单纯以机动车畅通为主要目标,较少考虑行人、公交车乘客及非机动车过街、乘车的安全与便利。

交通管理的目标是要实现人和物的安全、高效的移动,因此,非常有必要将以往"以车为本"的理念、思路和方法转变"以人为本"的理念、思路和方法,以实现交通可持续发展。本版教材的修订就是在这样的指导思想下进行的,修订的内容主要包括:第一章的"交通管理的演变与发展"、第三章的"道路交通安全违法与事故处理"、第五章的"步行管理"、第六章的"公共交通现状、发展政策、经营和管理""公共交通车辆优先通行管理""其他车辆优先通行管理"、第十五章的"智能交通运输系统的几个子系统简介"和第十六章的"计算机软硬件"等内容,其他各章中凡与"以人为本"的理念不相符的内容均作了文字或内容的修改。同时,结合每一章节的要点和编者多年来的教学经验和实践,编写了思考题或计算题,以便学生自主学习、复习、思考与应用。

  本次修订部分引用了编者近年来相关的研究成果,参考了相关教材和研究课题的内容,吸收了使用本教材的部分读者、教师和学生的宝贵意见,尤其是得到了主审杨佩昆教授的热心支持、大力帮助和具体指导。值得一提的是,本次修订以"以人为本"和交通可持续发展为指导思想,主要是得益于杨佩昆教授的启发。为此,向杨佩昆教授和被本教材引用的参考资料的作者、给本教材提出宝贵意见和建议的读者表示衷心的感谢。

  本教材由同济大学吴兵、李晔编著,杨佩昆、史其信主审。

  由于编者学识水平有限,本版教材难免还有不少错误和不当之处,恳请广大读者批评指正。

编著者

2008 年 5 月

第3版前言

社会经济和科学技术的发展推动着交通科技的迅速发展。进入21世纪以来,交通科技发生了巨大的变化。随着交通与人们日常生活的关系越来越密切,如果说在20世纪末人们对于诸如智能交通运输系统、交通需求管理、公共交通优先以及拥挤收费等还是十分陌生的话,那么,如今人们已经有对于这些概念需要进一步了解的需求了。因此,尽管本教材在两年以前曾经修改再版,但是无论是考虑交通领域发展的现实,还是出于教学本身的要求,对本教材进行新的修改已经是责无旁贷了。

本版教材在全书组成的结构上与前两版相比有较大的改动。在章节上变动较大的主要是上篇交通管理部分,通过对交通管理的内容进行梳理后,将这部分内容分为"交通管理概论""交通法规""交通行政管理""交通秩序管理""交通运行管理""优先通行管理""交通系统管理""交通需求管理"和"特殊事件交通管理"等九章。主要目的是要说明,交通管理不仅其内涵是十分丰富的,而且其外延也是非常广泛的。区分不同内容的交通管理,采用不同的交通管理手段和措施,将会起到事半功倍的效果。当然,从另一个角度来说,"交通运行管理""优先通行管理""交通系统管理""交通需求管理"和"特殊事件交通管理"等内容实际上都可以归入交通技术管理的范围,但是由于管理本身的属性以及交通管理本身的复杂性,不同的交通管理内容(包括"交通行政管理"和"交通秩序管理")之间非常有可能是交叉或重叠的,有些甚至是互为基础或前提,因此明确其侧重点对于理解它们之间的差异性是非常有帮助的。

除了在组成结构方面有较大的变化外,本版教材的大部分章节的内容都有增删。增删内容较多的章节主要有:第一章增加了"交通管理体制"和"城市交通管理规划";第三章增加了"交通业务管理";第四章增加了"非机动车行驶秩序管理""道路使用管理""道路交通违法与事故处理"和"其他交通秩序管理设施";第五章增加了"停车诱导管理""现代环形交叉口""快速道路交通管理内容""快速道路交通管理系统"和"交通组织优化";第六章增加了"快速公交(BRT)通行管理";第十五章增加了"交通拥挤收费系统简介"和"GIS、GPS 技术在交通管理与控制中的应用"。增加了第七章"交通系统管理"、第八章"交通需求管理"和第九章"特殊事件交通管理",还把原来的高速干道交通控制的内容调整、增加为"快速道路交通管理"和"快速道路交通控制系统"两部分内容,分别归入第五章和第十四章,等等。

另外,本版教材还根据我国新发布的《中华人民共和国道路交通安全法》和《中华人民共和国道路交通安全法实施条例》以及相关法规,对前版中的相关内容进行了修改和增补。同时也对前版中存在的错误进行了更正。

本版教材在修改过程中得到了杨佩昆教授的精心指导。杨佩昆教授是本教材前两版的主编者。在本版的修改中,杨佩昆教授为了交通科技事业的发展,为了培养中青年教师,要求由我们来主编本版教材,并对本版教材组成结构上的改变、有关交通管理与控制的新思想和新理念提出了关键性的建议,使得我们在较短的时间内就能够顺利完成对本版教材的修改,在此我们对杨佩昆教授表示衷心的感谢。此外,在本版的修改中,我们还广泛地选用了参考文献中的有关资料,在此,我们也对这些作者们表示真诚的谢意。

本版教材在对前版的内容作了增删和修改之后,总体篇幅有了较多的增加,涉及内容更加广泛。仍然建议在讲授时,宜根据学时多少,用精讲、粗讲、自学、省略等方法,对书中内容有所精选取舍。

本教材由同济大学吴兵、李晔编著,杨佩昆主审。

由于编者水平有限,本版教材中肯定还有不少错误和遗漏,恳请广大读者批评指正。

编著者
2005 年 7 月

第2版前言

1993年初至今近10年期间,我国城市交通与城际公路基础设施的大规模建设使我国交通面貌"一(或二、三)年一小变,三(或四、五)年一大变"。在这近10年中,世界交通科技出现了长足的进步,特别是在应用高新科技的成果来缓解交通问题(事故、拥堵、环境污染)方面,使交通管理与控制也产生了许多新方法、新技术。

随着我国交通建设的大发展及世界交通科技的进步,交通管理观念和技术也在不断更新和进步。

1993年初版的《交通管理与控制》是该更新再版了。

本版《交通管理与控制》在初版的基础上,对初版作了较多的更新、增补、改写与删减。

本版全书框架基本上保持初版原貌。组成结构上改动较大的有:新增了"高速公路交通管理""交通需求管理"及SCOOT 2.4版以后改进的内容;增加了"智能交通运输系统概论"一章;把初版中"驾驶人信息系统简介"一节改写,并纳入"智能交通运输系统概论"章中;把初版分别在"交通信号控制"章中所写"交通信号控制设备简介"、"区域交通信号控制系统"章中所写"交通信号控制硬件设施简介"和新增的"智能交通运输系统所用设备"合成一章"交通监控及智能交通运输系统设备简介"。

另外,本版还根据近10年来我国新发布的有关国家标准,对初版中的相关内容进行了修改和增补。如根据国标《道路交通标志和标线》(GB 5768—1999),修改了"道路交通标志和标线"章的内容;根据国标《道路交通信号灯安装规范》(GB 14886—1994)增补了我国规定的安装信号灯的依据等。

本版把驾驶人考核改为驾驶人教育管理,还改写了限速及其依据,人行天桥及地道,无控交叉口视距三角形,交叉口控制方式选择,道路交通标志标线,信号灯设置依据,定时信号配时基本方法,饱和流量、延误计算方法,高速干道控制与监测系统简介等内容。

本版删减了实际意义不大的单向交通车行道利用效果、无控交叉口冲突数计算、设置信号灯临界流量、接近路口安全车速、次路车辆横穿期望值等内容,简化了车辆检验等内容的叙述。

同时,本版把初版中引用英、美资料所用的英制单位全改为公制单位。

本版对初版内容作增、删、修改之后,总体篇幅略有增加,涉及内容更加广泛。建议在讲授时,宜根据具体学时,用精讲、粗讲、自学、省略等方法,对书中内容有所精选取舍。

本教材由同济大学杨佩昆、吴兵编著,清华大学陆化普主审。

本教材的编写得到同济大学教材、学术著作出版基金委员会的资助,也被列入同济大学"十五规划教材"。本教材最初由面向21世纪交通版高等学校教材编审委员会组织再版,后经全国高等学校交通工程教学指导分委员会推荐,被列为教育部普通高等教育"十五"国家级规划教材。

交通管理与控制的技术与方法还在不断发展,交通管理条例等规定还会不断更新。本版修改限于编者浅见寡识,错漏仍多,诚请读者指正。

编著者
2002 年 7 月

第1版前言

为适应新设立的交通工程专业教学的需要,交通部高等学校道路、桥梁、交通工程专业教材编审委员会在1987年8月上海会议上,决定在委员会中增设交通工程专业教材编审组。

在这次会议上,交通工程专业教材编审组讨论拟订了交通工程专业教学计划初稿。教学计划中把交通管理与控制列为交通工程专业的必修课,同时,公路与城市道路专业修订的教学计划中把交通管理与控制列为选修课。本书为适应两专业的教学需要而编写。

交通工程专业是新设立的专业,"交通管理与控制"也是新列为必修课的课程。所以,根据这次编委会上决定的程序:先拟订本课程教学大纲讨论稿,向各院校征询意见后,修订成教学大纲试用稿;再根据教学大纲试用稿,拟订教材编写大纲讨论稿,再向各院校征询意见后,修订成教材编写大纲。本书就是根据经反复修订的教材编写大纲而编写的。

本书着重于探讨对现有的道路交通设施,如何科学地采取交通管理与控制的各种交通治理措施来提高其交通效益与交通安全。众所周知,用交通治理措施来改善交通现状,是当前公认的效益显著、投资最省的一种方法,所以为世界各国所广泛采用。本书内容包括交通法规,法规中有关驾驶人、车辆、道路的管理规则,行车管理,步行管理,停车管理,平面交叉口管理,优先通行管理,道路交通标志与标线,交通信号控制基本设施及其设置的依据,单一交叉口交通信号控制,干道交通信号控制,区域交通信号控制系统和高速干道交通控制等。编写中尽力吸收了我国近年来在交通管理与控制方面所取得的成就、经验与科学研究的成果,也介绍了国外近年来在交通管理与控制方面的新成就、新技术和发展趋势。本书内容广泛,讲授时可根据学时的具体情况用精讲、粗讲、自学、省略等方法对书中内容进行精选取舍。

除绪论外,全书共分两篇十二章。绪论,第一篇第一、三、四章,第二篇第八、九、十、十一章由同济大学杨佩昆编写;第一篇第二、五、六、七章,第二篇第十二章由西安公路学院张树升编写;全书由杨佩昆主编,最后请西安公路学院潘文敏主审。

在拟订本课程教学大纲及本书编写大纲时,吸收了各院校有关同志的许多有益的修改及补充意见;在编写本书的过程中,广泛选取了参考文献中对本书有用的材料,在此,谨向同志们、作者们致以衷心的感谢。

本书除部分章节参考原交通工程专业的选修课"交通管理与控制"的讲义外,大部分内容均系初次编写,限于编写水平,错漏在所难免,恭请读者指正。

编著者
1993 年 9 月

目录

绪论 …………………………………………………………………………………… 1
 第一节 本课程的性质与内容 ………………………………………………… 1
 第二节 交通管理与控制的目的、原则和方法 …………………………………… 2
 第三节 交通管理与控制的效果 ……………………………………………… 5
 思考题 ………………………………………………………………………… 8

第一篇 交 通 管 理

第一章 交通管理概论 ………………………………………………………… 11
 第一节 交通管理的演变与发展 ……………………………………………… 11
 第二节 交通管理体制 ……………………………………………………… 13
 第三节 城市交通管理规划 ………………………………………………… 14
 思考题 ………………………………………………………………………… 19

第二章 交通管理法规 ………………………………………………………… 20
 第一节 全局性管理与局部性管理 …………………………………………… 20
 第二节 交通法规 ………………………………………………………… 21
 思考题 ………………………………………………………………………… 24

第三章 交通行政管理 ………………………………………………………… 25
 第一节 驾驶人管理 ……………………………………………………… 25
 第二节 车辆管理及车辆检验 …………………………………………… 28
 第三节 交通业务管理 …………………………………………………… 31
 思考题 ………………………………………………………………………… 32

第四章　交通秩序管理 ·· 33

第一节　通行秩序管理 ·· 33

第二节　道路使用管理 ·· 36

第三节　道路交通安全违法与事故处理 ·· 38

第四节　交通秩序管理设施 ·· 44

第五节　高速公路通行秩序管理 ··· 62

第六节　数字交通与交通秩序管理 ·· 64

思考题 ··· 65

第五章　交通运行管理 ·· 67

第一节　机动车行车管理 ·· 68

第二节　步行管理 ·· 77

第三节　停车管理 ·· 84

第四节　无信号控制平面交叉口交通管理 ··· 88

第五节　快速道路交通管理 ·· 98

第六节　交通组织优化 ·· 113

思考题 ··· 115

计算题 ··· 115

第六章　优先通行管理 ·· 117

第一节　我国公共交通发展历程与现状、发展政策、经营和管理 ········ 118

第二节　公交车辆优先通行管理 ··· 122

第三节　其他车辆优先通行管理 ··· 131

思考题 ··· 137

第七章　交通系统管理与交通需求管理 ··· 138

第一节　交通系统管理 ·· 139

第二节　交通需求管理 ·· 143

思考题 ··· 151

第八章　特殊事件交通管理 ··· 152

第一节　特殊事件的分类和对交通的影响 ······································· 152

第二节　特殊事件的交通特征 ·· 153

第三节　特殊事件的交通管理原则和措施 ······································· 154

第四节　计划性事件的交通管理 ··· 154

第五节　突发性事件的交通管理 ··· 160

思考题 ··· 160

第九章　交通拥挤管理 ····· 161
第一节　交通拥挤问题 ····· 161
第二节　交通拥挤管理概念、功能和策略 ····· 163
第三节　交通拥挤管理系统简介 ····· 164
思考题 ····· 167

第二篇　交通控制

第十章　交通信号控制概论 ····· 171
第一节　交通信号及交通信号灯 ····· 171
第二节　交通信号灯设置依据 ····· 174
第三节　交通信号灯控制类别 ····· 183
思考题 ····· 185
计算题 ····· 185

第十一章　单个交叉口交通信号控制 ····· 186
第一节　定时信号控制 ····· 186
第二节　感应信号控制 ····· 214
第三节　环形交叉口信号灯控制 ····· 220
第四节　公交车辆信号优先控制 ····· 222
思考题 ····· 224
计算题 ····· 225

第十二章　干线交叉口交通信号联动控制 ····· 226
第一节　定时式联动控制 ····· 227
第二节　感应式线控制系统和计算机线控制系统 ····· 236
第三节　线控制系统的连接方式 ····· 239
第四节　选用线控制系统的依据 ····· 240
思考题 ····· 241

第十三章　区域交通信号控制系统 ····· 242
第一节　概念与分类 ····· 242
第二节　定时式脱机操作系统 ····· 246
第三节　自适应式联机操作系统 ····· 250
思考题 ····· 258

第十四章　快速道路交通控制系统 ····· 259
第一节　主线控制系统 ····· 259

第二节　入口匝道控制 ··· 261
　　第三节　出口匝道控制 ··· 267
　　第四节　快速道路交通异常事件监测与通道监控系统简介 ···················· 268
　　思考题 ·· 272

第十五章　**智能交通运输系统概论** ··· 273
　　第一节　智能交通运输系统与交通运输问题 ···································· 273
　　第二节　智能交通运输系统主要研究内容 ·· 274
　　第三节　智能交通运输系统的几个子系统简介 ·································· 278
　　思考题 ·· 307

第十六章　**交通监控及智能交通运输系统设备简介** ································· 308
　　第一节　传感检测系统 ··· 310
　　第二节　交通信号控制机 ··· 317
　　第三节　信息传输系统 ··· 319
　　第四节　计算机软硬件 ··· 322
　　第五节　信息显示终端设施 ·· 329
　　思考题 ·· 331

参考文献 ··· 332

绪论

第一节　本课程的性质与内容

　　交通管理与控制是交通工程学的主要研究对象之一。其内容涉及交通立法、法律性或行政性的管理措施、工程技术性的管理措施以及信号控制技术等各个方面,也就是实际工作中所谓"交通综合治理"中的各种治理措施。从宏观上来理解,广义的交通管理涵盖了交通管理与控制两部分内容,具体解释详见本章第二节。

　　本课程与其他课程关系密切,但又有所分工。

　　"交通工程学"无疑是本课程的基础。

　　"交通调查与分析"是运用本课程的知识科学地治理交通的必备工具。要得到一个效益高、投资低的交通综合治理方案,即使是在局部路段合理地采取一个限制车速的措施,也必须有充分的交通调查与分析资料。

　　本课程的大部分内容是"交通规划"中近期交通规划工作的一部分。在近期交通规划实施方案中,除远期规划中所制订的道路交通设施的新建、扩建、改建项目外,大部分属于本课程所探讨的交通综合治理项目。

　　在交通治理中,某些工程治理措施同道路交通设施的设计关系密切,如步行管理、停放车管理等。特别是交通信号控制交叉口,根据当前交通信号控制技术的发展,平面交叉口设计应同交通信号的设计融为一体。

交通管理同"交通安全"是亲密的两兄弟。交通管理的主要目的是保障交通安全。绝大部分为改善交通状况所采取的交通管理措施,都有保障交通安全的效果。但交通安全有其不同于交通管理的研究对象与内容,如发生交通事故的规律、交通事故的现场勘查与处理等。

"交通设计"是近20年来越来越受到人们高度重视的改善城市交通的方法和技术。所谓交通设计,是指运用交通工程学的基本理论和原理,以实现交通安全、通畅、高效、便利及与环境的协调为目的,优化现有和未来建设的交通系统及其设施。它既贯穿于交通规划和交通管理之中,又是交通规划与交通管理相衔接的必要环节。交通管理方案只有通过必要的交通设计,方能体现其真正的价值。

按照现代交通工程学的理念,交通管理已经不仅仅是一个在交通规划、交通设计之后的终极环节,它对交通规划和交通设计都具有积极的反馈作用,宏观的交通规划和微观的交通管理之间的相互渗透、融会贯通是发展的必然趋势。

本课程并不探讨如何进行交通规划与道路交通设施的设计,而是着重于探讨对现有道路交通设施,如何科学地采取交通管理与控制的各种治理措施来提高其交通效益与交通安全。

第二节　交通管理与控制的目的、原则和方法

一、交通管理与控制的概念

交通管理是对道路上的行车、停车、行人和道路使用,执行交通法规的"执法管理",并用交通工程技术措施对交通运行状况进行改善的"交通治理"的一个统称。

交通控制是依靠交通警察或采用交通信号控制设施,随交通变化特性来指挥车辆和行人的通行。

从广义上来说,交通管理实际上是包含了交通控制的内容的,交通控制实际上是交通管理的某一表现方式。因此,在现代交通管理中,交通管理与交通控制是一个有机结合的整体。

交通管理与控制措施,按其是否具有法律意义,在性质上可分为两类:

(1)具有法律意义且必须强制执行的管理措施,是指在交通法规中规定的,为维护交通秩序、保障交通安全所必需的基本交通规则。

(2)用来改善交通状况的工程技术措施,这些措施本身不具有法律意义,但要使这些措施能得以有效实施,还需依靠具有法律意义的管理措施来强制执行,或依靠经济手段来诱导执行。比如实行单向交通、设置公交专用车道等,都是一些技术措施,并未列入交通法规,不具有法律意义,但在实施时,必须由交通管理部门在这些路上设立具有法律意义的交通标志或标线,才能强制实施,这类技术措施,可称之为交通治理,以有别于交通管理,但目前一般都统称为"交通管理"。

其实,区分"交通执法管理"和"交通治理",对不同管理部门明确职责是有意义的。比如,"交通需求管理",若因这译名中含有"交通管理"四字而把它统归到"交通管理"中来,那"交通需求管理"的绝大部分内容、措施和方法都是公安交通管理部门难以承担和执行的。本书对两者都分别作了必要的探讨。在泛指时,也尊重习俗,简称为交通管理,但探讨的重点主要是在后者。

二、交通管理与控制的目的

交通管理与控制随车辆与道路交通而生。随着社会及汽车工业的发展,交通管理与控制的目的也在不断变化。初期的交通管理的目的是满足最基本的要求——保障交通安全。随着车辆保有量的增加,道路上出现了车辆拥挤、阻塞的现象,因此,在保障交通安全的基础上,还要求交通管理与控制达到疏导交通、保障交通畅通的目的。在采取各种疏导措施之后,车辆还是不断地增长,交通拥挤、阻塞现象日趋严重。由于道路交通工程设施的建设速度总是跟不上车辆保有量的增长速度,现有道路交通设施的交通效率总是有限的,因此,在交通管理与控制上产生了一种新的思路,即通过采用"交通需求管理"的方法来减少道路上的车辆交通量。

传统交通管理与控制的目的是保障交通安全、疏导交通、提高现有设施的通行效率;现代交通管理与控制着重于采取各种"交通需求管理"措施来减少道路上的机动车交通总量、缓解交通拥挤、保障交通安全与畅通,降低汽车交通对环境的污染,并引导人们进行合理投资。

三、交通管理与控制的原则与方法

交通管理与控制的原则,随其要达到的目的而发展变化。

1. 分离原则

车辆出现之初,为避免车辆与行人以及不同方向的行车发生冲突,很自然地产生了应该人、车分道和分方向行车的极其朴素的管理原则,这就是分离原则。它是维护交通秩序、保障交通安全的一条基本原则。这条原则不但用在交通管理上,还广泛应用在交通规划、道路设计与交通设施设计上。随着交通量的不断增长,这条原则的内涵也在不断地扩展。初始的分离原则,只是道路平面上的分离,"各行其道"就体现了这种分离原则;在出现了高速度的机动车交通之后,又有了机动车与非机动车分离和快慢车辆分离的要求;交叉口上无法平面分离的交通冲突的发展,催生了在交叉口上行驶方向的分离和通行时间的分离;随着交通量的增长,又出现了立体交叉的空间分离。

从行驶方向和通行时间的分离又派生出通行权与先行权的概念。通行权的基本含义是指在平面分离上,车辆、行人按规定在其各自的道路上有通行的权利;在时间分离上,车辆、行人按照交通信号灯、标志、标线或交通警察的指挥,在其通行的时间内有通行的权利。

先行权是指各种车辆或行人在指定平面和时间内共同有通行权的前提下,对车辆、行人在通行次序上确定优先通行的权利。它包括两方面的含义:

(1)按平面分离原则,在指定道路上有通行权的车辆和行人当然有先行权,临时因故变换车道,借道通行或进入、穿过者不得妨碍其先行权。

(2)按时间分离原则,在指定平面、时间内,对共同拥有通行权的双方,必须规定一方有先行权。比如在两相位信号控制的交叉口上,东西方向绿灯时间内,西向东直行车和东向南左转车都有通行权,这时就要规定直行车有先行权,左转车不得妨碍直行车的先行权,以避免冲突。

对应于分离原则的方法有:规定一切车辆靠右侧行驶,方向隔离,车道隔离,用信号灯控制交叉口,在无信号灯的交叉口用停车让行标志或减速让行标志控制,划定人行横道等。

2. 限速原则

高速行驶的机动车出现之后,非机动车与行人的安全受到汽车的严重威胁。一开始,英国就用所谓"红旗法"来限制汽车的行驶速度。在汽车发展初期,"红旗法"虽因遭反对而取消,但以后在交通事故多发的危险路段,交通管理人员仍会想到用限速来预防交通事故。高速道路出现以后,也有用最高限速与最低限速的规定来保障交通安全的做法。在石油危机年代,也以限速来节约燃油消耗。特别是研究发现,驾驶人的视觉反应,随车速提高而变得迟钝。统计表明:联邦德国在石油危机时,车速限制从 100km/h 降至 80km/h,交通死亡事故减少了 22%;石油危机后,车速限制恢复到 100km/h,交通死亡事故增加了 12%。英国车速限制从 105km/h 降至 80km/h 时,交通受伤事故减少了 10%;车速限制从 80km/h 提高到 105km/h 时,死亡和重伤事故增加了 7%。芬兰、瑞典等国也有类似统计。

对应于这条原则,各国交通法规中都列有按道路条件及在恶劣气候条件下限制最高车速的规定。在事故多发地段,多采取限制车速的措施以避免事故的发生。为提高线控制或网络信号控制的效果,往往也规定行驶车速。

3. 疏导原则

随着车辆保有量的增长,道路上的交通量也在不断地增长,道路上的交通拥挤、阻塞及交通事故也随之增加,分离、限速的方法已不能像在通常流量情况下取得较好的效果。因此,在交通管理上出现了新的思路:从着眼于局部扩展到着眼于整个道路系统,在整个道路系统层面疏导交通,以充分发挥原有道路的通行能力。一段时期内出现了很多按疏导原则制定的交通管理措施,如实行单向交通,设置变向车道、专用车道、过境交通路线,优化慢行交通系统,增加交叉口进口道,改善交叉口渠化设计,关键交叉口上禁止左转,禁止任意停车等。还有些社会性措施,如弹性工作时间、分区轮休日等。

4. 节源原则

车辆保有量无限制地增长,到了难以收拾的地步,人们又需重新寻找交通管理的新思路:从单纯着眼于提高交通"供应"转到着眼于降低交通"需求"。从交通"供求"关系上分析,交通的"供应"总是无法满足交通增长的"需求"。于是产生了釜底抽薪的交通治理新思路、新方法,用"交通需求管理"来降低交通量,即为实施节源原则。

根据这条原则,出现了一些交通节源的新方法。

(1) 转变居民出行方式:发展轨道交通,实施公共交通优先政策与技术,包括设置公共交通专用车道、采用公共交通优先信号控制等,以及优化各式换乘系统,提高公共交通的服务水平,吸引人们少用私人汽车,多用公共交通。

(2) 发展合乘系统:包括设置合乘车优先车道,实施合乘车免收过路费、过桥费、停车费等,鼓励多人合乘,以减少路上的机动车交通量。

(3) 限制私人车辆或其他车种进入交通紧张地区。

(4) 停放车管理等。

节源措施涉及交通政策、税收政策、城市规划、交通系统布局等各个方面,这里能探讨的只是在交通治理方面可采用的方法。但必须注意,交通治理的方法只有配合全局的统筹安排才能见效。

5. 可持续发展原则

随着人们对保护生态环境及自然资源认识的提高,提出了要建设可持续发展社会的理念后,人们从汽车交通对生态环境的不利影响,以及对燃油与土地资源的消耗等危害中,认识到汽车交通是一种不可持续发展的交通方式。于是,提出了在交通建设与管理上,必须改变过去

"以车为本"的为汽车建路与管理交通的传统观念,建立为运人运货而建路与管理交通的"以人为本"的观念。必须以改善运人运货的条件与提高运人运货的效率为目的来建路与管理交通,以减少道路汽车交通的出行量、降低汽车交通对生态环境的危害及对燃油、土地等紧缺自然资源的损耗,使交通也能符合建设可持续发展社会的要求。

(1)在交通发展战略上,要明确发展绿色交通与大容量公共交通。

(2)在建设方针与技术措施上,要落实"公交优先"的政策,采取各种有利于减少私人汽车交通量的交通需求管理措施。

(3)在路权分配程序上,首先要安排公交车辆的路权,其次是安排行人与绿色低碳交通工具的路权,最后安排小汽车的路权。

(4)交通管理上,要优先保障公交车辆及其乘客、绿色低碳交通工具与行人的安全、方便与畅通。

第三节 交通管理与控制的效果

一、交通问题与交通管理

道路交通是人类生产和生存的要素之一,安全通畅的交通系统是现代文明的结晶。车辆原是方便人们生活的交通工具,但若不加节制地发展,则往往物极必反,成为社会的公害——"交通公害"。

归纳起来,交通所带来的问题主要表现在以下五大方面。

1. 安全问题

根据世界卫生组织统计,2018 年交通事故死亡人数已达到 135 万人,这意味着每 24s 就有一人死于车祸,交通事故目前已经成为"世界第一害"。近年来,虽然我国的道路交通事故数、事故损失等都呈现下降趋势,但道路交通安全形势依然不容乐观。世界卫生组织《道路安全行动十年全球计划(2021—2030 年)》指出,今后十年内,道路交通事故将导致 1300 万人死亡、5 亿人受伤,阻碍全球可持续发展,尤其是中低收入国家的发展进程。

2. 能源问题

交通运输业的能源消耗已成为世界能源消耗的重要组成部分。据统计,经济发达国家的能源消耗占全世界总能源消耗的 25% 以上,其中与交通有关的能源消耗占各国总能源消耗的 $1/4 \sim 1/3$。在各种运输方式中,公路运输又是能源消耗最大的,占运输总耗能的 80% 左右。资料表明,美国道路交通能源消耗占全国总消耗的比重为 28%,日本为 21%,德国为 22%。我国高度重视交通运输业的能源消耗问题,已明确推动交通运输领域做好双碳工作,是加速行业绿色低碳转型、推动交通运输高质量发展的重要抓手,是加快建设交通强国的重要内容。

3. 土地问题

在经济发达国家,交通运输的用地已经占到了总开发用地的 30% 左右,大量用地用于建设道路,城市用地严重不足。在美国,城市面积的 28% 被道路、车辆占用,即使这样,在高峰时仍供不应求。据统计,2022 年我国交通运输用地已达 1.53 亿亩(约合 10.2 万 km^2),尽管近 20 年来建设用地持续增加,但仍不能满足巨大人口规模下的交通需求,交通拥挤形势依然非常紧张。过去几十年的经验表明,交通用地面积的增加仅仅能在一个很有限的时间段内暂时缓和交通紧张状况。因为汽车拥有量的增加、城市对交通需求量的增加比城市本身所能提供的交通用地面积增加快得多,所以,不应再通过土地开发来增加道路面积。

4. 环境问题

交通带来的环境污染主要是噪声污染和大气污染。据经济合作与发展组织(Organization for Economic Cooperation and Development,OECD)估计,经济发达国家约有15%的人生活在65dB以上的高噪声环境中。在城市噪声污染中,交通噪声分担率可达30%以上。另外,机动车是CO和O_3的主要来源,空气污染与雾及烟雾(Smoke)混合形成雾霾(Smog),对人体有严重的危害。另据统计,全球CO_2排放中,交通工具排放占25%,汽车尾气排放已成为城市大气的主要污染源。在一些城市,汽车排放平均占CO排放的85%、占NO_x排放的45%~60%,而所排出的颗粒物与碳氢化合物的污染也在增加。有关研究表明,城市出现严重雾霾天气与大气中细颗粒物($PM_{2.5}$)的含量过高有关,而汽车尾气排放正是$PM_{2.5}$的主要贡献者,约占20%。

5. 拥挤问题

科技进步虽然给交通运输系统的发展带来了强有力的技术支撑,但是由于引起交通拥挤的因素复杂,世界各主要城市目前仍然被交通拥挤问题所困扰。交通拥挤所造成的经济损失巨大。根据有关统计资料,美国纽约在2018年由于交通拥挤所导致的经济损失有90多亿美元,英国伦敦将近50亿英镑,德国柏林约有20亿欧元,而我国北京每年交通拥挤带来的直接和间接经济损失高达数千亿元人民币,约占北京地区生产总值的5%。交通拥挤不仅会导致时间的损失,而且会诱发交通事故,增加车辆的废气排放而污染大气环境。因此,城市交通拥挤也是当今城市管理所面临的主要问题之一。

受交通问题危害最重的当然是车辆保有量大的城市,这些城市交通阻塞严重,事故丛生,"城市交通病"已成为现代城市最棘手的痼疾。

我国的城市也不例外,除超大城市、特大城市、大城市外,中等城市的交通也已出现了拥挤、阻塞现象。我国的大多数城市都存在下列问题:

(1)交叉口交通秩序较差,通行能力达不到应有的水平。
(2)任意占用道路的现象时有发生。
(3)在路上任意停放车辆,占用机动车道或人行道。
(4)在路上任意停车装卸货物,使道路形成"瓶颈"。
(5)行人不走人行道或无人行道可走,任意乱穿道路。
(6)机动车与非机动车混合通行,互相干扰严重,特别是在交叉口上。

世界银行对发展中国家城市交通问题的调查研究报告表明:发展中国家城市中机动车数量远少于发达国家,但交通拥挤现象却要严重很多,解决交通问题成为发展中国家所面临的主要任务之一。发展中国家城市交通拥挤,绝大多数是由于现有道路的使用效率较低所致。由于滥用道路和疏于管理,许多城市的道路通行能力有较大程度的降低。

我国城市交通的现状和存在的问题基本上与上述情况相似。

该研究报告认为:在大多数情况下,对交通采取综合治理方法能够大大地节省行车时间和运行费用。许多国家的交通管理者起初并不愿意采用交通管理方面的新技术,因为他们认为这些技术更适用于发达国家,而在他们自己的国家中却不大能行得通。他们宁愿建设更为显眼但却耗资较大的基础设施。但是,交通管理措施的价值和它们的高回报率现在已为事实所证明。这些花费不多却能解决问题的方法,已逐渐为人们普遍接受。

二、交通管理的效果

交通管理措施的效果究竟如何?以下用一些案例加以说明。

泰国面对曼谷到处可见和日趋严重的交通阻塞,于 1978 年,着手实施了一项加强交通管理、提高道路网的使用效率和改善公共交通运行等的综合项目。项目中的一个重要方面,是制定了一项内容广泛的公共交通优先措施,确定了长达 145km 的公交车专用交通线路。调查表明:实行这项措施后,公交车和小汽车的运行时间在所有街道上都有所减少。在主要线路上,公交车行驶时间缩短了 28%,小汽车的行驶时间也缩短了 20%。这个项目投资虽不到 150 万美元,但曼谷大量的公交车乘客(占居民 60% 以上)每天都减少了大量的出行时间。

英国伦敦,2002 年中心区机动车时速仅为 16km/h,每年因交通拥挤而增加的交通成本高达 20 亿英镑,为缓解日益恶化的交通状况,伦敦交通管理局于 2003 年 2 月 17 日在中心区正式启动了"交通拥挤收费"计划,具体措施是:在伦敦中心区划出特定区域,在固定时间段对进入的车辆实行交通收费管制,以此控制交通流量,改善出行结构,促使部分居民尽可能改乘其他形式的交通工具,来达到降低中心城区交通拥挤水平之目的。该计划对特定区域的范围、收费时间、适用对象、收费金额、收费方式、处罚规定以及优惠(免费)车辆等均进行了明确的规定。实施交通拥挤收费制度约 10 个月后,实施收费地区的交通量减少了大约 20%,小汽车的运行速度提高约 10%,公交车的运行速度提高约 15%,交通事故明显减少。与此相对应的是,出租汽车和公交车的比重呈现快速增长,乘坐合乘车上班的人士也有所增多,出行方式和出行结构有了明显改善和优化(详见本教材第十五章第三节相关内容)。

我国在 2008 年北京奥运会交通管理组织过程中,首先提出了"一揽子"需求管理方案,如机动车单双号行驶、错时上下班、延迟商场营业时间、减少大型活动、加大公交保障力度、场馆周边不提供私人小汽车停车泊位等,这些方案的实施,使得机动车流量每日削减 20% 以上,而全市日出行总量仅减少 10%,从奥运会前的 3 436 万人次/d 减少至 3 125 万人次/d。其次采用时空分离的客流组织方式,一是具体落实进场各类群众的人数、场内位置分布、退场秩序、退场路径、离场后的流向分布以及交通方式;二是在奥林匹克公园地区采取了分时分级分层的道路交通管控措施,将奥林匹克公园地区分成 3 个区域,分别为交通疏导区、交通控制区和交通管制区,交通管制区部分持证车辆可以进入,交通控制区禁止私人机动车进入,交通疏导区在主要交叉口和路段进行交通流的疏导和分流;三是在奥林匹克公园共计开放 5 处出入口,每处出口都与专线公交车站、轨道交通车站、穿梭巴士车站直接衔接,安排充足的公共交通运力进行流量匹配;四是在奥林匹克公园 54 个区域共设置 2 000 名志愿引导人员,并配套引导标志牌和标志标线。这一系列的交通管理与组织优化措施,使得奥运会期间实际道路负荷降低 22.5%,早晚高峰时段主干路平均车速分别为 35km/h 和 31km/h,较奥运会举办前提高了 40% 以上,达到了预期目标。

2010 年上海世博会历时 184 天,累计参观客流 7 308 万人次,单日最大客流 103 万人次,总客流规模及单日客流量均创造了世博会历史纪录。面对如此高强度的客流需求,世博会实施了以管控区为核心的交通需求调控与交通系统管理,实现了集约化交通的优先、个体机动化交通的限制、道路交通运行管理的动态调整,整合了车辆通行、停放及停靠和游客入园。管控方案不是具体道路交通管理措施的简单集合,而是设施使用管理、运行组织服务、宣传引导和动态调整的综合,通过合理的管控区域设置、明确并易于理解的管控要求、广泛的宣传以及运行期间动态交通信息的支持,最大限度地消除了游客驾车进入管控区的"侥幸"心理和社会车辆"误入"管控区的可能性,使世博会客流90%以上采用集约化交通方式,管控区内早高峰时段90%以上道路饱和度低于0.6。市域游客车内时间平均为45min,内环线内31min,内外环间45min,近郊区67min,远郊区86min,有效削减了管控区边界道路和相关接入道路的交通需求。管控措施控制了世博会交通对内环和南北高架的冲击,发挥了中环快速路作用,保障了世博园区及周边区域的交通服务能力和水平,也未对全市交通系统运行产生较大影响,达到了预期目标。

为应对拥挤日益严重的通勤走廊的交通压力,广州市于2010年初建成快速公交试验线,采用创新的"专用走廊+灵活线路"系统模式,体现了高效灵活的公交优先理念,在国内快速公交系统运量方面取得了较大突破,高峰小时单向客运量超过2.5万人次,走廊沿线日均公交客运量从52万人次提高到78万人次,增幅达50%;有19.1%的出行者从其他交通方式转移到快速公交试验线。此外,快速公交通道内车辆平均运行速度超过23km/h,比快速公交开通前中山大道沿线公交车速提高84%,而中山大道沿线社会车辆平均速度从13.9km/h提高至17.8km/h,比开通前提高28%;乘客单次旅行时间节约6.6min,候车时间缩短2.5min;准点率比开通前常规公交线路提高了20%;公交乘客满意度在快速公交开通半年后迅速提高至66%,而在2009年底,乘客满意度仅为29%(详见本教材第六章第二节相关内容)。

城市道路交叉口是路网中的重要节点,针对交叉口交通的治理是改善路网交通状况的重要手段。上海市外环路是环城快速路,是上海城市交通的大动脉,在某一位于外环路一出口下游的交叉口上,早高峰西进口流量达1 450pcu/h,排队长度超过500m,时有溢流情况;晚高峰东进口流量达1 390pcu/h,因距离其上游路口只有260m,每周期都有溢流情况。相关部门通过重新调整北进口部分车道功能,施划车流导向线、导流岛以及非机动车车道标线,设置交通标志等,加强机非车辆的运行引导,将原先5个相位调整为4个相位,同时进行信号配时优化,根据早晚高峰和平峰时流量的差异,提供不同的周期长度及绿信比方案。对比交叉口交通改善前后情况,早晚高峰期间通行能力提高了近5%,溢流情况基本消失。

国内外大量的事实说明,加强和改进交通管理是改善交通状况效益显著、投资最省的有力措施。

【思考题】

1. 什么是交通管理?
2. 为什么要进行交通管理?
3. 现代交通管理的目的是什么?
4. 交通管理的原则有哪些?
5. 你认为可持续发展的理念对于交通管理与控制具有哪些指导意义?
6. 根据你的日常生活经历,能否举出一些交通管理与控制效果不佳的案例?

PART 1 | 第一篇
交 通 管 理

第一章
交通管理概论

交通管理的目的是保障道路交通的安全与通畅,以促进社会经济发展和社会文明进步,因此,交通管理的理念和方法随时代的变迁、技术的进步而不断发展。交通管理涉及整个社会,与百姓生活息息相关,是一项复杂的社会系统工程,是政府行政工作的重要内容和行政干预的重要领域之一,需要编制具有前瞻性、整体性、科学性的交通管理统筹规划,并且需要建立强有力的交通管理体制与机制来保障执行。本章主要从交通管理的演变与发展、交通管理体制以及城市交通管理规划等三方面对交通管理的概貌进行简要讨论。

第一节 交通管理的演变与发展

随着时代的变迁、科学技术的进步、社会对交通需求的提高,人们对治理交通的认识也在不断更新。各时代陆续产生了种种治理交通的新理念与方法,大体上可分为四个阶段。

第一阶段,传统交通管理。汽车交通出现初期,交通公害主要是交通事故。治理交通的目标,在交通基础设施建设上是修筑适合汽车行驶的道路;在交通管理上主要是克服因快速汽车交通的出现而引起的频繁的交通事故,保障交通安全。采取的管理措施主要是有针对性地分道行驶、限制车速、在交叉口上指挥相交车辆运行以避免发生冲突等,基本上是交通执法管理。

汽车交通量的增长,导致了交通公害的增加,道路上出现了交通拥堵现象。治理交通的目标,在交通基础设施建设上主要是增建道路以适应汽车交通需求的增长;在交通管理上,除交通安全外,最现实的目标就是要缓解交通拥堵、疏导交通,需要提高道路交通的通行效率,出现了如单向交通、变向交通、用科技新成果改善交叉口及交通信号控制等措施。

如果把以上治理交通公害的目标与方法称为传统交通管理,那么传统交通管理的基本手段就是建新路、配以提高老路通车效率的交通管理,来满足汽车交通增长的需求,即"按需增供"。

第二阶段,交通系统管理(Transportation System Management, TSM)。进入20世纪70年代,社会对环境日益重视,土地资源的限制、石油危机以及当时的财政状况限制加剧;同时,在科学技术上,系统工程、计算机技术的发展给交通管理技术提供了强大的技术支持。在这些社会、科技背景下,治理交通公害的理念从增建道路满足交通需求转向以提高现有道路交通效率为主,出现了"交通系统管理"的新方法。

第三阶段,交通需求管理(Transportation Demand Management, TDM)。20世纪70年代末,在大量增建道路、采取了种种提高现有道路交通效率的治理措施之后,在汽车交通需求不断增长的情况下,交通拥堵现象非但没有缓解,反而越来越严重,并且还增加了对环境产生严重污染的祸害。人们在治理交通的实践中,逐步认识到增建道路、提高道路交通效率是永远也满足不了交通需求的增长要求的,反而会增加交通污染的严重程度,因此,逐步形成并提出了"交通需求管理"的观念与方法。这是在交通治理观念上的一次重要变革:从历来由增建道路来满足交通需求的增长转变为对交通需求要加以管理、降低其需求量,以适应已有道路交通设施能够容纳的程度,即改"按需增供"为"按供管需",达到交通建设可持续发展的目的。

第四阶段,智能化交通管理。20世纪80年代后期,随着信息技术、人工智能技术、计算机及通信技术的发展,在70年代研究"自适应交通信号控制系统"与"路线导航系统"的基础上,逐步扩展至"智能交通运输系统"(Intelligent Transportation System, ITS)的研究。到20世纪90年代,"智能交通运输系统"已成为各交通发达国家交通科研、技术与产品市场竞争的热点。"智能交通运输系统"已成为21世纪现代化道路交通运输体系的模式和发展方向,是交通进入信息时代的重要标志。

进入21世纪以来,人们逐步认识到,交通管理不能仅限于满足当代人的交通需求,还应当不危及后代人满足其交通需求的能力,因此,又提出了可持续交通发展的理念。2004年,世界可持续发展工商理事会可持续交通研究课题组的研究报告《2030年交通:应对可持续的挑战》认为,可持续交通就是既要能够满足不损害当前和未来基本的人类和生态价值的基本要求,又要满足自由交通、获取机会、沟通交往、贸易和建立联系的社会需求。为了使交通能够可持续发展,交通管理不仅要着眼于当代,也要着眼于未来。要以先进的科学技术为基础,在资源合理利用和生态环境保护的思想指导下,既要提高交通系统利用效率和服务水平,又要兼顾交通公平,提供人人平等地享受交通的机会,在经济合理地满足当前社会发展需求的同时,为整个社会的可持续发展提供保证。

第二节 交通管理体制

从字面上理解,管理就是管辖与治理。管辖指权限,治理指的是在权限范围内的职能与作用。体制指的是组织方式、组织结构。交通管理体制指的是执行国家法律、法规所授予的交通管理权限的组织机构设置及其职能分工与合作。健全、合理、高效的交通管理体制,是达到交通管理目的重要的支撑保证条件之一。

一、交通管理分类

根据交通管理的性质与内涵的不同,交通管理可分为交通行政管理(Administration)、交通执法管理(Enforcement)以及交通运行管理(Operation)三类。

交通行政管理是指政府和交通行政机构在有关法律规定的范围内对交通事务所进行的决策、计划、组织、领导、监督和控制等的处理、协调活动。交通涉及整个社会,从社会的每个人到社会的各部门,并且交通是实现个人和部门生产或生活目标的基本手段,交通的这种社会性和基础性使得交通成为政府行政工作的重要内容和行政干预的主要领域之一。政府行政干预的形式、力度和手段相当程度上决定了交通发展的规模、水平,决定了各类人群,尤其是低收入者、社会各部门所享受交通服务的质量。

交通执法管理也叫交通秩序管理,指按照交通法规对道路上的车流、人流与交通有关的活动进行引导、限制和组织协调。包括建立交通指挥信号控制,设置交通标志、标线等管理设施,合理规划、使用现有道路,调整、疏导交通流量,纠正交通违法,调查处理交通事故等,使车辆、行人各行其道,安全、有秩序地通行。

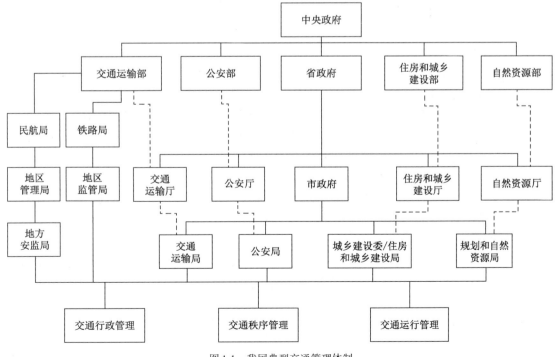

图1-1 我国典型交通管理体制

交通运行管理是指运用交通技术措施对交通系统实施有组织的协调和处理活动。交通运行管理的目标是最大限度地保障交通安全和提高交通系统的效率，以保持并改善交通基本功能。

二、交通管理体制

交通系统是经济和社会系统的一个子系统。交通系统主要由三个部分组成：交通基础设施系统、交通运输系统以及交通管理系统。交通管理体制一般按交通系统的组成结构来设置机构和划分相关职责。在我国，一般来说，从中央到地方，由城乡建设、交通运输和公安三个行政系统承担交通管理职能。城乡建设系统主要承担城市道路设施及其相关系统的管理职能，交通运输系统主要承担公路等交通运输设施以及客货运输方面的管理职能，而公安系统则主要承担交通安全与秩序方面的管理职能。

图1-1为我国典型交通管理体制的一种。

第三节　城市交通管理规划

一、交通管理规划概念的提出

欧美交通发达国家在20世纪70年代基本完成大规模的城市交通基础设施建设后，从70年代末即开始将城市交通的重点定位于交通管理；80年代初中期，着重于利用计算机、通信及控制技术对城市交通实行系统管理；80年代后期至90年代初期，强调城市交通的需求管理；90年代中后期，又相继把当代最先进的高科技引入城市交通管理，耗费巨资实施以实现智能化交通环境为目标的各类大型研究计划，把城市交通管理规划列为重要内容。

当前我国城市道路交通管理正处于由传统的经验型管理向现代交通管理转变的转型时期。为了增强交通管理的前瞻性、整体性和科学性，加强对未来交通管理工作的总体把握，需要从战略高度超前研究交通管理对策，制定相应的道路交通管理规划，实现交通的长效管理机制。2000年2月，为了提高我国城市道路交通管理水平，改善城市交通通行环境，经国务院批准，公安部、建设部发布《关于实施全国城市道路交通管理"畅通工程"的意见》，开始在全国实施"畅通工程"，力争通过建立城市多部门协作的交通综合管理机制，进一步加大城市交通发展的软硬件投入，以有效解决城市交通"痼疾"。"畅通工程"将城市交通管理规划的编制列为考核城市交通管理水平的重要内容，使城市交通管理规划的编制得以在全国范围迅速开展。《中华人民共和国道路交通安全法》第四条规定："各级人民政府应当保障道路交通安全管理工作与经济建设和社会发展相适应。县级以上地方各级人民政府应当适应道路交通发展的需要，依据道路交通安全法律、法规和国家有关政策，制定道路交通安全管理规划，并组织实施。"该法律将交通管理规划的核心内容之一——"交通安全管理规划"编制工作法制化，从而使城市交通管理规划走上制度化轨道。

根据交通管理的目的和内容,以及目前国内编制城市交通管理规划的经验,城市交通管理规划工作可以概括为:以保障城市交通安全、提高交通系统运行效率、有效管理交通需求为目的,根据社会经济与交通发展对交通管理的要求,依据城市总体规划、城市用地规划、城市交通规划以及城市交通运行现状调查,应用交通工程、系统工程的理论和方法,制定城市交通管理的目标与策略,对城市交通管理体制、城市交通系统管理组织、城市交通管理设施、城市交通安全管理以及城市交通管理科技应用与发展进行系统规划。

二、交通管理规划内容

城市交通管理规划由城市交通管理现状问题与需求分析、城市交通管理发展目标与策略、城市交通管理长效发展机制、近期交通系统管理方案、智能交通与高新技术发展应用规划以及交通管理规划实施行动计划等内容组成。

1. 城市交通管理现状问题与需求分析

城市交通管理现状问题与需求分析是指通过社会经济和相关交通调查,获得大量的城市交通基础资料和信息,对城市交通管理现状存在的问题及城市社会经济发展对城市交通管理的需求进行分析。

(1)通过交通流量流向,路段车速,交叉口的通行能力、延误和服务水平,停车场(库)布设及停车状况,公交线路的行程时间、满载率、平均速度、直达率、换乘率、换乘时间等各类调查,分析评价城市道路交通运行现状与问题。

(2)从道路网络、等级、密度,公共交通场站位置、容量、发车频率、线路长度、线路停靠站、车站形式,停车场、枢纽位置、面积、规模等方面分析评价城市交通管理的基础——城市道路交通基础设施条件,找出引发交通问题的主要原因,也为在交通综合治理中提出相关工程技术措施提供依据。

(3)从道路的标志、标线、交叉口信号灯、行人过街设置、交叉口交通渠化组织、路网单行道、分时段或分车种车辆禁行等交通组织形式分析城市交通系统组织方面存在的问题。

(4)从交通管理队伍建设、城市交通监控与管理中心完善程度、城市智能交通发展以及其他交通管理科技应用等方面分析城市交通管理软硬件现状存在的问题。

(5)在城市交通管理现状及问题分析的基础上,结合相关城市经济和交通发展,预测分析近期及未来城市交通发展的态势,提出城市交通管理在交通管理机制、交通管理队伍、交通管理设施水平、交通管理科技等方面的需求。

2. 制定城市交通管理发展目标与策略

城市交通管理的核心目标应当是确保城市道路交通的有序、安全、通畅。充分发挥交通管理效能,近期以综合治理交通秩序、合理组织与渠化交通、缓解城市交通拥挤和堵塞为重点;远期则以实现与城市社会经济发展水平相一致,建立一个安全、畅通、秩序良好、环境污染小的城市交通系统为目标。表1-1为某城市交通管理规划目标制定的核心指标。

某城市交通管理规划目标核心指标　　　　　表1-1

指标	现状	五年目标
路网平均运行速度(km/h)	中心区:16 外围区:27	中心区:>20 外围区:>30
交通事故死亡率[人/(百万人·年)]	135	<80

城市交通管理应当贯彻交通系统管理与交通需求管理相结合的策略。加强交通需求管理,合理控制城市交通总量,积极促进城市形成以社会化公共运输体系为主、多种交通运输方式相协调的城市交通结构。科学组织,合理限制,均衡调控,充分挖掘道路交叉口、路段、网络的交通容量潜力,提高道路的通行能力和服务水平。

3. 建立城市交通管理长效发展机制

通过理顺交通管理机制,健全交通管理法制,提高交通管理队伍执法能力与装备水平,深入开展道路交通法制和安全宣传教育,建立交通安全事故防范机制,充分发挥现代交通科学技术与设备在交通管理中的作用,来建立城市交通管理的长效发展机制。

(1)建立城市交通综合协调机构,加强城市公安交通管理部门同城市规划与建设部门的密切配合,形成高效有力的城市交通管理机制。

(2)不断完善城市交通管理法规,使得城市交通管理有法可依。

(3)配备足够的交通执法警力,提高交通管理人员素质。通过定期培训、考核,提高交通管理人员的交通管理基础知识水平、管理技术与管理素质,使交通管理人员能够做到有理、有礼、有节地管理交通。

(4)配备充足的交通执法装备。配备机动车辆,安装具有全球导航卫星系统的巡逻车、酒精检测仪、雷达测速枪、数码相机、掌上计算机、汽车行驶记录仪、交通事故预警器、疲劳检测仪等交通管理执法装备。

(5)形成社会化的交通安全宣传教育网络,寓宣传教育于执法管理之中,提高全民交通安全整体素质。

(6)加大高新技术在道路交通管理中的研究应用,不断提高科学管理水平。

(7)交通安全是居民出行和货物运输的首要条件,所以在交通管理规划中应对交通安全管理进行重点详细规划,提出确保城市道路交通安全的有效措施。

(8)建立完备的城市交通管理静态与动态基础数据库。静态基础数据包括各类道路及交通设施的统计数据;动态基础数据包括交叉口流量流向、路线行程车速变化及交通事故统计分析数据等。

4. 制定近期交通系统管理方案

制定交通系统管理方案,改善、均衡道路负荷,有效利用道路设施,保障道路交通安全、有序,提高交通系统运行效率,优化信号控制与实施交通诱导,减少交通延误,是交通管理规划的重要组成部分。近期交通系统改善规划措施主要包括:

(1)城市道路交通系统组织。对城市过境交通、城市内部货运交通、城市快速路系统、城市主次干道系统、城市公共交通线路(公交专用道、公交专用路)、城市慢行交通系统(非机动车道、人行设施)、城市单向交通系统等各类交通时空分离措施进行系统梳理和合理组织。

(2) 道路交叉口交通优化设计。对城市道路交叉口特别是重要节点交叉口进行空间划分与交通信号控制方案的优化设计,随交通组织方案及交通流向流量的改变,及时跟踪调整信号配时。

(3) 道路交通标志、标线系统管理与设计。对城市道路交通管理标志、标线进行统一性、连续性、规范性分析,对城市道路交通标志、标线进行统一整体设计。

(4) 城市停车场规划与管理。对城市停车设施及停车状况进行普查,分析城市车辆停放特征,研究城市停车政策,对城市停车位设置和管理收费进行统一规划,加强对乱停车的管理。

5. 制定智能交通与高新技术发展应用规划

(1) 城市交通监控系统建设与发展规划。统一规划全市交通监控系统,规划交叉口关联交通信号控制(单独交叉口交通信号控制、干线上连续若干交叉口交通信号协调控制、一片区域内所有交叉口交通信号协调控制)的策略与范围,确定交叉口交通信号灯的设置标准,特别是机动车转向专用交通信号灯、非机动车交通信号灯以及行人交通信号灯的设置依据与标准。

(2) 城市交通管理信息系统建设与发展规划。统一规划建设城市交通管理信息平台,通过高科技手段提高城市交通管理执法水平和快速应变能力。

(3) 城市智能交通系统建设与发展规划。通过智能交通系统建设,使城市交通管理向信息化、智能化迈进,充分发挥城市交通管理的作用与效益。

6. 拟订交通管理规划实施行动计划

建立一系列工作机制,实施一批交通管理措施,都必须通过具体的行动计划落实。因此,交通管理规划还必须分门别类详细列出近期需要制定、实施的行政、技术和工程措施,对它们进行资金预算和排序,并落实各项措施实现的期限与相关责任部门。

三、城市交通管理规划编制

1. 规划编制组织机构

根据城市交通管理规划的性质和内容,编制城市交通管理规划的主管部门为城市公安交通管理部门。同时,由于城市交通管理的复杂性、涉及因素多、范围广,在规划编制过程中应组织城市交通管理其他相关部门(如住建局、规划局、交通运输局、法制与教育部门等)协同编制。

2. 规划编制原则

城市交通管理规划的编制一般应遵循如下原则:

(1) 保持与城市总体规划、城市交通规划一致的原则。城市交通管理应以支持城市社会经济发展、促进城市交通健康有序发展、改善城市交通出行环境、提高城市居民生活质量为目标。

(2) 体现可持续发展、以人为本、公共交通优先的原则。城市交通管理设施建设、城市交通管理措施政策的制定是体现城市交通可持续发展、以人为本、公共交通优先的重要方面。城市交通管理应全面落实"以人为本"理念,交通管理设施实行人性化设计,提供宜人的交通环境,管理政策更多地从方便广大城市居民日常出行的角度考虑。

(3)遵循远期战略与近期战术相结合及标本兼治的原则。城市交通管理是最贴近城市居民日常生活的事务,几乎时时刻刻与城市居民的生命安全息息相关,所以城市交通管理规划必须充分重视城市交通管理现状问题的治理,从大处着眼,从细部着手,重视城市道路交通系统运行的每一个细节。同时,又必须着眼长远,明确城市交通管理发展的方向,使城市交通管理的发展与社会经济发展水平相适应。

(4)可实施性和滚动性原则。城市交通管理规划应符合国家的有关交通管理政策、法规、标准和规范,满足智能化、科学化的交通管理需求,制定的方案应具有适用性、可实施性,并能不断充实、完善和调整,实现滚动发展。

3. 规划编制技术流程

城市交通管理规划编制一般技术流程如图1-2所示。

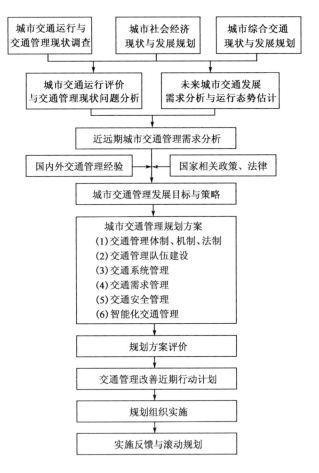

图1-2 城市交通管理规划编制技术流程

4. 规划的实施

为保证城市交通管理规划的严肃性和执行力度,在交通管理规划编制过程中,其编制大纲与编制成果应组织相关专家进行严格的论证,成果应报城市人民政府和人民代表大会常务委员会审查批准,然后由城市交通管理相关部门组织实施。

【思考题】

1. 你从交通管理的发展和演变中获得了什么启示?
2. 试分析我国现行交通管理体制的特点。
3. 什么是城市交通管理规划?主要包括哪些内容?
4. 如何编制交通管理规划?

第二章 交通管理法规

交通管理首要的是对道路上的行车、停车、行人和道路的使用执行交通法规的"执法管理"。国家相关法律、法规、政策和技术标准规范所赋予和规定的交通管理职权和事权，是国家各级交通行政管理部门依法施行交通管理权力的主要依据。建立完善的交通管理法规体系，做到交通管理有法可依、执法必严、违法必究，是充分发挥交通管理作用的前提和基础。

交通系统随社会经济和科学技术的进步而不断发展，交通管理事项也随交通的不断发展而变化，因此，交通管理的主要依据——交通法规也必须随着时代的进步不断修改和完善。本章并不具体介绍我国现行的交通管理法规条文，而是着重讨论交通管理法规的作用范围、制定目的、层次、对象和执行等交通法规原则的基本要点。

第一节 全局性管理与局部性管理

交通管理的措施、方法众多，各种措施的有效性所涉及的范围广狭不一，涉及的时间长短也不尽相同。

全局性管理指的是在全国或某地区范围内，在较长时间内有效的措施。如对驾驶人的管理、对车辆的管理、对道路的管理等，特别是信号灯、标志、标线等给道路交通使用者传递法定含义的管理设施。对这些管理措施和设施应有一个全国统一执行的规定,以免各地方之间的交通因管理方法有差异而产生混乱。

局部性管理指的是仅在局部范围内,在较短时间内才有效的措施。譬如对市区某一区域,在规定时间内限制某种车辆进入;对某一交叉口,在规定时间内禁止车辆左转弯等。这些措施,可根据当地当时的特殊道路交通条件,适应当地当时的交通需要而提出,并不列入交通管理规则,必须通过具有法律含义的交通标志或标线等交通管理设施才能强制实施。

随着国际交通的发展,交通管制措施有效性的范围已有扩大的趋势。1968年在维也纳召开了联合国道路交通会议,会议通过了《道路交通标志和交通信号协定》,对交通标志和交通信号作了若干统一的规定,该协定于1978年施行。其修正案于2003年通过,其中提出了关于标志易读性、环形交叉口优先权及提高隧道安全性的新标志等的新规定。

第二节 交 通 法 规

交通法规是道路交通使用者在通行中所必须遵守的法律、法令、规则和条例的统称。交通法律或法令由国家制定并颁布执行;交通规则、条例属于政令,由主管机关根据国家的交通法律、法令制定并颁布执行。

一、交通法规的制定

1. 交通立法的目的

道路上集中了大量的不同大小、类型、车速的车辆以及行人,如果出行者都要以各自的愿望驾驶或步行,道路上便会形成横冲直撞的混乱局面,结果势必是到处发生冲突或阻塞。为此,必须制定所有道路交通使用者必须共同遵守的基本规则,以维护基本的交通秩序,保障交通安全与交通畅通,同时,在发生冲突事故时,可据此论处事故的责任。

交通立法的正确目的,并不是要把不必要或不合理的限制强加给道路交通使用者,而是以法律的形式和正确应用法律的权威来保障交通安全、舒适与通畅,以维护道路交通的合法使用者不受其他不正当使用者的伤害或骚扰。

2. 交通法规的层次

对交通法规划分层次是为了适应交通环境和交通特点因地因时而异的需要,使交通法规既在全局上具有统一性,又在局部上有适应性。

交通法规按其有效性的范围,可分为三个层次。

(1) 全国性法规。全国性法规应具有全局性意义,是一种必须在全国范围统一执行的规定。全国性法规是制定地方性法规的依据。

(2) 地方性法规。地方性法规应是当地具有全局性含义的管理措施。可根据当地自然环境、城市建设及交通特点,在以全国性法规为依据的前提下,制定当地必须统一执行的补充规定。地方性法规是对全国性法规作的一些不相矛盾的补充。

(3) 局部性管理措施。局部性管理措施可认为是交通法规的补充或外延。

3.《中华人民共和国道路交通安全法》和《中华人民共和国道路交通安全法实施条例》

2003年10月28日,全国人大常委会颁布了《中华人民共和国道路交通安全法》(简称《道路交通安全法》)。2004年4月30日,国务院颁布了《中华人民共和国道路交通安全法实施条例》(简称《实施条例》)。它们自2004年5月1日起在全国施行。与此同时,1960年2月11日国务院批准、交通部发布的《机动车管理办法》,1988年3月9日国务院发布的《中华人民共和国道路交通管理条例》,1991年9月22日国务院发布的《道路交通事故处理办法》,自《道路交通安全法》和《实施条例》施行之日起废止。

《道路交通安全法》和《实施条例》是我国进一步加强道路交通管理、维护交通秩序、保障交通安全与畅通的重要法规,也可以说是我国交通管理的基本法规。《实施条例》是国家在管理道路交通方面的一项行政法规,是车辆、行人在交通活动中所必须遵守的行为规范,也是交通管理人员执法和划分事故责任的依据。

二、交通法规的内容

道路交通是由人、车、路、环境组成的一个系统。交通法规的基本内容应针对构成道路交通系统的这几个要素。《道路交通安全法》和《实施条例》条文众多,其基本内容就是对人、车、路、环境四者的管理规则。

1. 对人的管理

道路交通的使用者包括车辆驾驶人、行人及乘车人。分析交通事故的原因,涉及复杂的因素。其中有道路设计和使用的问题,有车辆机件失灵、驾驶人的技能和人们的守法观念等一些问题。在这些错综复杂的因素中,人是关键因素。如果车辆驾驶人和行人都能按道路实际情况及交通管理的要求正确、谨慎地通行,交通事故的数量及严重程度都可降到最低限度。可以说,人是交通问题的核心。

国内外交通事故有70%~90%是由人的因素造成的。在对人的管理中,主要管理对象是驾驶人,因为被驾驶的车辆是道路交通中最强势的群体,而行人是道路交通中最弱势的群体,交通管理首先要保障行人的安全,要求驾驶人能以合格的驾驶技术在道路上正确地驾车。

2. 对车的管理

车,特别是机动车,是道路上各种交通使用者中体形最大、速度最快的一种。因车辆运行安全设施性能低劣问题所造成的交通事故,在发达国家约占5%,我国约占10%。对车辆的管理,主要是对车辆运行安全设施性能进行经常性的监督、检查与维护,以保证车辆的安全行驶。

3. 对路的管理

路是交通使用者赖以通行的基础,是使用者通行环境的主要组成部分。道路所提供的使用状况的优劣,对使用者正确使用道路具有重大影响。比如人行道被任意占用,行人无道可行,只能占用车行道,于是人车混行,背离人车分离原则,交通事故因之而生。国内外统计资料表明,约有10%的交通事故是由于不安全的道路条件或道路使用不当所造成。对道路的管理主要是要保证道路能为交通所用,并让道路交通的使用者能正确使用道路。

4. 对环境的管理

环境主要是指道路周围的环境。环境对于驾驶人驾车具有重大影响。比如在交通干道的两旁令人眼花缭乱的广告、路侧行道树的树影等都对驾驶人驾车不利;设在交通标志附近杂乱的牌、杆、栏等,特别是在交通标志杆上附挂广告牌,影响驾驶人辨认标志;遮蔽、扰乱信号灯的树梢、广告牌、霓虹灯等,影响驾驶人辨认信号灯色;街角上的树、杆、牌等各类阻挡驾驶人视线的杂物,使驾驶人视距缩短,都可能成为引起交通事故的因素。

三、交通法规的执行

交通法规一经制定,公布于众,必须严格执行,不管是什么人,在法律面前人人平等。

1. 交通法规的执行机构

道路交通管理工作是一项社会性、基础性强的综合工作,《道路交通安全法》和《实施条例》规定:各级人民政府应当保障道路交通安全管理工作与经济建设和社会发展相适应;县级以上地方各级人民政府应当建立、健全道路交通安全工作协调机制;国务院公安部门负责全国道路交通安全管理工作;县级以上地方各级人民政府公安机关交通管理部门负责本行政区域内的道路交通安全管理工作。县级以上各级人民政府交通、建设管理部门依据各自职责,负责有关的道路交通工作。

2. 交通工程师与交通法规

当前,车辆数及道路上的交通量在不断增长,快速道路的兴建,使行驶车速比普通道路上的车速提高将近一倍,而随着流量的增加,交通事故也随之增长,给交通管理提出了重要课题。所以,交通管理部门和公众为维护交通安全的法律责任比以往任何时候都更加重大。

有些国家与地区,不但制定了管理道路使用者的法规,还制定了管理部门在建设和管理道路交通中职责的条例。无论发生什么问题,主管部门和有关交通工程师同样负有法律责任,比如长得过大的灌木遮住了标志、信号;在急转弯处未设标志;一段可能引起交通事故的损坏路面,没有及时采取改善措施;在某地采取的交通管理措施不当;由于工作中的疏忽而发生了交通事故。所以,交通工程师必须认清自己在交通管理工作中的神圣职责。在日常的交通管理工作中,应该经常巡察并从现场管理人员处获取管辖范围内道路交通的现状,并掌握其变化趋势,及时清除足以引起交通事故的各种危险因素。

3. 交通法规的宣传教育

遵守交通法规的观念,是体现人们文化素质的一个方面。要人人遵守交通法规,绝非易事。除在实际管理工作中严格执法外,同时需要对全民进行长年累月、持之以恒的宣传与教育。世界上凡有良好交通秩序的国家,无不归功于长年艰辛的宣传教育工作。

除交通管理部门运用各种宣传教育工具开展各种宣传教育工作之外,机关、部队、社会团体、企业事业单位以及其他组织应当对本单位的人员进行道路交通安全教育,教育行政部门、学校应当将道路交通安全教育纳入法制教育的内容。交通法规的宣传教育是全社会的职责。

我们既要在理论上学习研究并弄懂弄通交通法规的基本概念、性质以及主要内容,也要在行动上带头遵守和执行交通法规,做到率先垂范,倡导人人自觉遵守交通法规的社会风尚。

【思考题】

1. 什么是交通管理法规？其作用是什么？
2. 交通管理法规主要涉及哪些方面的内容？
3. 制定交通法规时要注意什么问题？
4. 学习本章内容后,你对交通执法管理有什么新的认识？
5. 作为未来的交通从业者,你如何理解交通执法管理的重要性？
6. 互联网时代会对交通执法管理带来什么样的影响？

第三章
交通行政管理

　　交通行政管理是最高层次的交通管理,它的内容涉及交通管理的职能、体制、手段等多个方面。在宏观层面上,主要是从全社会的整体协调发展以及社会全体成员的需要来进行管理,与交通体制、交通政策、交通规划、交通组织领导等有关;在微观层面上,主要是交通主管部门采取发布规范、命令、指示等形式,对交通事务进行直接协调、指挥和控制的管理方法,其本质特征是具有强制性的。本章主要讨论交通行政管理中的驾驶人管理、车辆管理及车辆检验和交通业务管理等三个重要内容。

第一节　驾驶人管理

　　车辆驾驶人的管理主要包括驾驶证管理、驾驶人教育管理、驾驶人驾车管理等。
　　对机动车驾驶人的管理,最重要的一关是对驾驶人驾驶条件和技能的认可。生理、心理上有缺陷的、技术不熟练的驾驶人,对交通安全是一种实际的危险。任何不合规定的做法与疏忽,都是对交通安全的威胁。
　　交通法规是全世界机动车驾驶人取得驾驶资格的首考科目,因此,也是学习驾车的首学科目。澳大利亚交通法规的前言写得好:学习交通法规的本质是懂得怎样和别人分享道路。也可以说,遵守交通法规的本质是正确地和别人分享道路。

一、驾驶证管理

对机动车驾驶人,全世界都采用驾驶证管理的制度,而世界各国的实践也证明,驾驶证制度是对机动车驾驶人安全管理最有成效的办法。我国按照《实施条例》规定,要申请驾驶证必须先学习道路交通安全法律、法规和相关知识,考试合格后再学习机动车驾驶技能,考试通过后方能领取驾驶证,驾驶准驾车辆。另外,公安部颁发的《机动车驾驶证申领和使用规定》对驾驶证的管理提出了非常明确和具体的要求。

1. 驾驶证的意义及作用

驾驶证具有法律意义,是持有人可以在道路上驾驶准驾车辆的唯一合法证件。换句话说,无证或借证驾驶车辆都属于严重违法行为,如果发生交通事故,还要受到法律制裁。

在国际上,驾驶证是各国互相承认的重要证件之一,许多国家承认建交国的驾驶证。因此,联合国经济社会理事会专门提出《关于汽车驾驶人批准方式的建议统一最低规则》。

驾驶证除确认驾驶人有驾车资格外,还有下列作用:

(1)驾驶证是驾驶人驾车条件和技术能力的证件。

(2)驾驶证作为驾驶违章记录之用。美国交通部存有全国驾驶人的记录,可给各州提供该州驾驶人在其他州的违章信息,大部分州都利用这种服务。

(3)驾驶证作为对严重违章驾驶人的扣证、吊证处分之用,以免这类危险驾驶人继续驾车。

2. 驾驶证的颁发

无论在哪个国家,要取得驾驶证,都必须经过严格审查与考试,审查、考试合格后,才由主管当局统一批准,颁发驾驶证。

联合国《关于汽车驾驶人批准方式的建议统一最低规则》提出:驾驶证的批准和颁发方式、原则及方法务必由中央统一管理,当局对驾驶人的考试要统一标准,对考验员必须要正确管理。

我国对驾驶证的颁发、考试办法,统一按《机动车驾驶证申领和使用规定》,由地方车辆管理当局统一执行,同联合国的统一规则完全一致。

可见,颁发驾驶证是一件十分严肃的事情。

二、驾驶人教育管理

1. 教育管理方式与形式

随着我国机动车驾驶人的日益增多,出现了多种类型的驾驶人,因此,也呈现了驾驶人队伍技术水平参差不齐的状况。就我国目前的情况来说,大致可以将驾驶人分成企事业单位专职驾驶人和其他驾驶人两类。对于前一类驾驶人的安全教育管理,采用的是"条""块"结合的方式,即驾驶人所在的单位对驾驶人所进行的教育管理与公安机关交通管理部门对驾驶人所进行的教育管理相结合的方式;对于后一类驾驶人的安全教育管理,主要由公安机关交通管理部门来实施。

对于驾驶人进行安全教育的形式主要有:

(1)定期的安全学习活动日制度。

(2)举办各种类型的轮训班。
(3)开展各种类型的竞赛活动。
(4)对驾驶人进行再培训、再教育。

2. 安全教育主要内容

从我国的交通事故原因构成中发现,驾驶人责任约占70%。对驾驶人责任事故作进一步分析发现,这些事故与他们的思想麻痹大意、驾驶技术低劣、法制观念淡薄和驾车道德不良等有着密切和直接的关系。

因此,对驾驶人日常安全教育的主要内容是:技术教育、法制教育和道德教育。

1) 技术教育

从机动车驾驶人责任事故原因分析中可以看出,因驾驶时违章操作原因而肇事的约占65%,造成这类事故的直接原因之一是驾驶人的操作技术不佳。因此,加强技术教育、提高技术素质是十分必要的。技术教育主要内容有两个方面,即驾驶人应知教育和应会教育。应知教育的内容主要包括车辆的构造原理、车辆行驶理论、道路安全驾驶理论等。通过应知教育,驾驶人做到知车、知路,掌握行车安全的主动权。应会教育的主要内容包括驾驶操作技能和临场应变能力。

在整个道路交通活动的参与者中,机动车驾驶人、非机动车驾驶人、行人三者是个有机整体。机动车驾驶人作为三者之中的强者,对交通安全威胁最大。从现有的驾驶人队伍素质来看,驾驶人之间差异较大,尤其是新驾驶人,虽然都经过培训考核,但对道路环境、车辆、行人情况的突然变化的应变能力较差,还需要在实际驾驶操作中积累经验,充实、提高自己的操作技能。此外,即使是老驾驶人,他们的素质也有差异,加上道路交通环境的不断变化,也要适应变化着的环境、不断学习提高素质。

2) 法制教育

从机动车驾驶人责任事故原因分析中可以看出,因酒后驾车、违章超车肇事所占的比例达到约13%,造成这类事故的直接原因是驾驶人法制观念淡薄。因此,加强对机动车驾驶人法制教育,必须经常化。

驾驶人的行为规范受到交通法规的制约,交通法规对驾驶人应该做什么、严禁做什么,都作了比较详细的规定。如果一名驾驶人连交通法规都不清楚,那很难想象他或她能够开好安全车。有人认为交通法规是每个驾驶人必须考试通过的项目,考试及格就表明已经掌握了交通法规。这种想法有其片面性,因为考试与理解、理解与遵守还是有差距的,尤其是作为新驾驶人,他们在还未上车之前就已进行了交通法规考试,虽然考试及格或成绩非常好,但是如何正确理解还有待于今后在驾驶实践中不断深化。总之,对交通法规的理解应当有一个过程(即从理性认识到感性认识的过程),在这个实践过程中就需要不断对驾驶人加以正确引导,这个引导过程就是法制教育过程。

3) 道德教育

道德是调整人们之间以及个人和社会之间关系的一种行为规则。机动车驾驶人对社会安全负有特殊责任,其工作特点一是流动分散、单独作业,二是工作过程中出现的情况是千变万化的。现阶段我国的法制建设还在不断完善中,在这特定的环境下,单靠法规来约束和规范机动车驾驶人的行为是不够的,还必须依靠道德观念来进行约束。道德教育就是要教育驾驶人树立社会主义道德观,在行驶中树立礼貌行车观念,懂得正确地和别人分享道路。

三、驾驶人驾车管理

《道路交通安全法》明确规定：饮酒、服用国家管制的精神药品或者麻醉药品，或者患有妨碍安全驾驶机动车的疾病，或者过度疲劳影响安全驾驶的，不得驾驶机动车。这里着重探讨酒后驾车问题。《实施条例》对非机动车也有醉酒者不准驾驶车辆的规定。

1. 饮酒驾车的标准

服用酒精、药物（镇静剂、降压剂等）后驾车，对安全行驶十分有害。各国交通事故统计表明，酒后开车酿成事故的比例较高。在日本，这类事故占事故总数的 2%～4%、占死亡事故的 10% 左右，可见酒后驾车肇事的严重性。

体内酒精含量，以它在血液中的浓度，或以呼气中的浓度描述。前者以血液中含有酒精量（mg/mL）表示，后者以呼气中含有酒精量（mg/L）表示。两者紧密相关，1mL 血液中酒精含量约与呼气 2 000mL 中所含酒精含量相当。故可用呼气酒精含量来推测血液中酒精浓度。

饮酒驾车，在轻度醉酒时（<2mg/mL）最容易肇事。但轻度醉酒不易觉察，因自己判断不准而自以为未喝醉便去开车的为数不少。

喝多少酒才算饮酒开车，各国规定不一。日本规定，血液中酒精含量达 0.5mg/mL 或呼气中达 0.25g/L 就算醉酒开车。

我国把酒后驾车的行为分为两档：

（1）饮酒驾车，是指车辆驾驶人员血液酒精含量大于或等于 0.2mg/mL 但小于 0.8mg/mL 的驾驶行为。

（2）醉酒驾车，是指车辆驾驶人员饮酒后，其血液中的酒精含量大于或等于 0.8mg/mL 的驾驶行为。

药物，如镇静剂、降压剂等对生理、心理都有影响，特别是超量服用或与酒精并用。服镇静剂或降压剂 100mg（通常用量的 2 倍）后开车者，驾车行驶 1h 后，驾车动作水平会显著下降。

2. 饮酒检验

酒后驾车不易被发现，这就要靠交通警察的经验与机敏。

交通警察发现驾车有危险行动或异常行动者，如车辆在路上行驶缓慢，不应停车时停车，或在交通信号交叉口停车时间过长等，可以检查驾驶证为名，令驾驶人到路边停车。此时，如发现停车异常、停不住车或紧急制动时，更可怀疑是酒后开车，指令驾驶人接受检验。

检验方法，除了直接检验血液中的酒精含量外，还可检验呼气酒精含量，呼气酒精含量用呼出气体酒精含量探测器进行检验。对于不具备呼气、血液酒精含量检验条件的，可采用人体平衡试验如步行同转试验、单腿直立试验等经验方法，但此方法需要依赖于经验判断，且对于年龄较大或身体有缺陷的人不适用。

第二节　车辆管理及车辆检验

即使有优良的驾驶技术与良好的驾驶习惯的驾驶人，在车辆性能失常、不能正常运行时，也难保行车安全。由于行驶中车辆故障导致交通事故的例子并不少见。我国车辆故障事故比发达国家多,据统计约占事故总数的10%,特别是制动系统的故障,约占车辆故障事故的一半。

对于车辆技术性能的管理,国家标准专门制定有《机动车运行安全技术条件》(GB 7258—2017)。车辆管理的基本目的是使车辆经常保持良好的行驶性能,保证交通安全。

一、车辆牌证管理

车辆牌证管理是全世界都采用的车辆管理的基本方法。

我国对机动车实行登记制度。只有经过公安交通管理部门登记过的机动车,方可在道路上行驶。

经公安交通管理部门登记过的机动车可以获得车辆牌证。车辆牌证包括必须安设在车辆上规定位置的车辆号牌(俗称"硬照")与车辆行驶证(俗称"软照")两部分。

车辆牌证管理最主要的作用是通过车辆检验,确认车辆安全设施及行驶性能是否合格。

此外,车辆牌证在车辆管理中还有不少用途:

(1)车辆牌证是一种对车辆进行编号定名的措施,并据以作为车辆与车主或驾驶人及该车管辖地区等的对照依据,起到了车辆"车籍"登记的作用。

(2)车辆牌证是验明违章车辆的依据。现在有各种车辆违章摄影设施,就凭摄取车辆的牌号,查找违章驾驶人。

(3)车辆牌证是侦缉事故后潜逃车辆、作案车辆及被盗车辆的一种线索。

(4)车辆牌证能阻碍来路不明的车辆上路。

(5)在我国,车辆牌证还可用作落实车辆停放地点的措施。如有些城市规定:凡新购和复驶机动车辆申领牌证,必须具有该车相应固定的停车场地,经核实后,在车辆检验登记表内填明停车地点,方可领取牌证。

(6)车辆牌证可用于查获逃漏报废车辆。

二、车辆报废管理

老旧车报废更新是车辆技术改造的重要措施,也是促进我国汽车工业和交通运输工业发展的重要途径。老旧车油耗高、效率低、影响安全,必须加速报废更新。因此,国家规定把老旧车报废更新作为一项经常性的车辆管理任务。

1. 车辆报废标准

根据车辆使用和安全技术、排放检验状况,要对达到报废标准的车辆实施强制报废。按照我国专门制定的《机动车强制报废标准规定》,车辆有下列情形之一的应当强制报废:

(1)达到规定的使用年限的;

(2)经修理和调整仍不符合机动车安全技术国家标准对在用车有关要求的;

(3)经修理和调整或者采用控制技术后,向大气排放污染物或者噪声仍不符合国家标准对在用车有关要求的;

(4)在检验有效期届满后连续3个机动车检验周期内未取得机动车检验合格标志的。

《机动车强制报废标准规定》对各类车辆达到强制报废要求的使用年限和一定行驶里程做出了明确的规定。

2. 报废管理制度的执行

按照《机动车强制报废标准规定》，凡在我国境内注册的各类车辆，都按该规定执行。

三、车辆检验

对登记后上道路行驶的机动车，定期进行安全技术检验，是保证交通安全的必要手段。

1. 车辆检验的类别

在车辆管理工作中，根据检验目的的不同，机动车检验可分为初次检验、定期检验、临时检验和特殊检验四种。

1）初次检验

初次检验是对申请牌证车辆进行的检验。其主要目的是检验申请牌证车辆的技术状况是否符合国家标准，并对其原状做记录登记。

2）定期检验

定期检验是对已领牌证、已在运行的车辆每年进行的常规性安全检验。其主要目的是通过检验核对车辆现状与原始登记内容是否一致，检查车辆技术状况是否符合国家标准，确保行车安全。

3）临时检验

临时检验是对申请临时牌证的车辆、过户车辆、车辆长期停驶后的复驶、遭严重损坏修复后的复驶车辆及具有国外或港、澳地区牌证车辆的检验。

4）特殊检验

特殊检验是对改装车辆的检验，或是对肇事车辆的技术鉴定检验。其检验内容不同于以上检验，可根据需要确定。

2. 检验项目

国家标准《机动车运行安全技术条件》(GB 7258—2017)具体规定了机动车辆的整车及其车身、发动机和驱动电机、转向系、制动系、传动系、行驶系、安全防护装置、照明、信号装置和其他电气设备以及残疾人专用汽车和消防车、救护车、工程救险车、警车等特种车辆的附加要求等有关车辆运行安全的基本技术条件。

3. 检验方法

1）人工观察及路上试行

过去大多采用人工观察及路上试行的检验方法。观察整车状况是否符合要求，规定的必备设施是否齐全有效，检查车架是否正常，各部螺栓、螺钉、铆钉是否松动，钢板弹簧是否排列整齐，轮胎是否完好，发动机运转声音是否正常，抽查部分零件等。

路上试车时考察发动机、发电机各部分工作是否正常，是否漏水、漏油；转向系的灵活及安全状况；前轮定位是否正常；离合器是否打滑、振动；变速器挡位、变速杆位置是否正常；制动系统是否灵活可靠；实际制动距离及制动跑偏量是否满足规定；刮水器、前后灯、转向灯、制动灯、后视镜、喇叭是否齐全有效等。

对制动部分的检查，是根据车辆制动后，车轮在路面上留下的拖印与压印来鉴别制动效果的好坏。比如，对小型汽车要求四轮全有拖印，拖印与压印的比例为2∶1，左右轮拖压印误差不超过20%等。

人工验车主要依靠验车技术人员的经验作出判断,简单易行,但验车结果视验车人员的水平而异,难免不够精确。

2)测试设备检验

随着测试技术的提高,可采用测试设备验车,如制动台架试验、发动机运行状态台架试验、电子称重系统、废气分析系统等。这里仅对制动试验台作简要介绍。

制动试验台有平板式和滚筒式两种。

平板式制动试验台,有一块通过弹簧保持在平衡位置上、受力后可移动的平板。被试车开上平板后,信号灯启亮,驾驶人便踩下制动踏板。在制动力作用下,平板发生移动,根据平板的位移值判定汽车车轮上的总制动力。平板式制动试验台的测试精度因受轮胎与平板表面的清洁程度、湿度和磨损状况的影响,故精度不高。

滚筒式试验台,主件是前面横置着的两根表面铸有横槽的滚筒,两滚筒由传动齿链连接,滚筒由电动机通过装在平衡架上的减速齿轮传动,平衡架上连接测力计。被试车开上滚筒后,驾驶人踩下制动踏板制动。平衡架在制动力的反作用力矩的作用下反转,制动力的大小即可由连在平衡架上的测力计读出。

台架试验将实际制动过程在固定设备上近似地模拟出来,其优点是试验时的条件比较稳定,得到的试验结果具有可比性。但在台架试验条件下,要模拟制动的真实过程是十分困难的。

我国不少城市已装有包括检测侧滑、轴荷、制动、车速表校对、废气排放、前照灯校验、喇叭音量等项目的汽车检测线。

第三节　交通业务管理

在交通行政管理中,交通管理部门的业务管理是非常重要的内容。交通业务管理主要包括以下方面。

1. 道路交通路政管理

道路交通路政管理包括道路交通管理措施的规划的制定和实施,道路交通管理设施的规划、设计和管理,道路的临时占路与掘路施工的审批和管理,大型公共建筑中有关道路交通管理配套项目及交通工程项目的交通影响评估、交通设计及组织方案的审核,公共客运线路审定管理及交通总量控制以及道路信号控制系统的运行管理等。

2. 道路交通事故管理

道路交通事故管理包括道路交通事故防范对策的研究,组织和协调开展交通事故的防范工作,对于重特大道路交通事故责任的重新认定和道路交通事故的技术鉴定工作,并对受委托承担事故鉴定工作的有关社会鉴定机构进行指导、监督等。

3. 道路交通指挥管理

道路交通指挥管理包括指导、检查和监督交通管理部门的交通管理的勤务工作,接待处理特殊交通事件、处置突发事件、抢险救灾、排堵疏导的指挥调度,制定和实施大型文娱活动、大型会议和集会、中外贵宾来访等各类道路交通警卫方案,开展道路交通秩序管理的调查研究等。

【思考题】

1. 什么是交通行政管理?
2. 交通行政管理主要包括哪些内容?
3. 关于驾驶人管理,你认为这些管理内容之间有什么相互关系?
4. 车辆管理的内容有哪些?
5. 请通过查阅资料进一步理解饮酒驾车问题的严重性和危害性。

第四章
交通秩序管理

交通秩序是人们维护交通安全和畅通必须遵守的行为规范。交通秩序管理是道路交通管理工作的重要组成部分,也是一项重要的国家行政管理活动,其管理目的主要通过交通执法的手段实现。交通秩序管理对确保交通安全、通畅、有序,维护广大交通参与者的合法权益,保障社会治安稳定都具有重要作用。本章主要从通行秩序管理、道路使用管理、道路交通安全违法与事故处理、交通秩序管理设施以及高速公路通行秩序管理等五个方面对交通秩序管理加以讨论。

第一节 通行秩序管理

凡参与道路交通活动的人及在道路上行驶的车辆(包括机动车与非机动车),都是道路交通秩序管理的对象。依照国家的有关法律、法规及技术标准对交通参与者及车辆进行行驶规范化管理是交通秩序管理活动的核心。

一、机动车行驶秩序管理

由分道行驶、最高车速和驾驶规则三个方面组成的车辆运行及操作的基本规则,是车辆在路上行驶时必须遵守的,用以维护基本的交通秩序。

1. 分道行驶

在路段上,按分离原则,在各种划分方式的道路上,不同车种间的分道行驶,在我国最重要的是机动车和非机动车的分道行驶。机动车、非机动车实行右侧通行。根据道路条件和通行需要,道路划分为机动车道、非机动车道和人行道的,机动车、非机动车、行人实行分道通行;没有划分机动车道、非机动车道和人行道的,机动车在道路中间通行,非机动车和行人在道路两侧通行。道路划设专用车道的,在专用车道内,只准许规定的车辆通行,其他车辆不得进入专用车道内行驶。机动车、非机动车、行人在各自规定的道路内享有通行权。因故借道通行的机动车,应当让在该道内行驶的车辆或行人优先通行。

在交叉口上,车辆通过有交通信号、没有交通信号或交通标志控制的交叉口时,必须遵守驾驶规则;在画有导向标线的交叉口进口道上,必须按行进方向分道行驶;遵守各种行进方向的车辆、干支道路车辆及机动车与非机动车辆间的先行权(即转弯车让直行车先行,支路车让干路车先行,其他车让公交车先行,在人行横道线内车辆让行人先行等)。

2. 最高车速

《实施条例》规定,机动车应按交通标志标明的限速行驶,对机动车在没有限速标志、标线的道路上的最高行驶速度给出如表4-1所示的限制。

机动车最高行驶车速　　　　　表4-1

道路类型		最高行驶车速(km/h)
没有道路中心线的道路	城市道路	30
	公路	40
同方向只有1条机动车道的道路	城市道路	50
	公路	70

在特殊情况下,如在进出非机动车道,通过窄路、窄桥、铁路道口、急弯路时,或车辆掉头、转弯、下陡坡时,或遇风、雨、雪、沙尘、雾天、冰雹,能见度低于50m时,或在冰雪、泥泞的道路上行驶时,或牵引发生故障时,机动车的最高时速不准超过30km/h。

3. 驾驶规则

驾驶规则是关于驾驶车辆的各种基本操作的基本规则。

(1) 跟车:同车道行驶的机动车,后车同前车必须保持足以采取紧急措施的安全距离。

(2) 会车:窄路、窄桥、坡路、有障碍道路以及夜间的会车规则,是保障车辆在狭路相逢时避免对撞及僵持的基本规则。

(3) 超车、让车、掉头、倒车、停车:不准超车、掉头、倒车、停车的路段不得进行相关操作,以及要遵守超车、让车、掉头、倒车、停车驾驶操作的基本规则。

(4) 要遵守通过铁路道口、渡口以及下坡等特殊路段的驾车规则。

(5) 在行驶中要遵守正确使用车灯、转向灯和喇叭等的规则。

(6) 在行驶中要遵守车辆发生故障时的处理规则。

(7) 为提高高速公路的交通安全水平,《实施条例》还专列一节对高速公路作了特别的规定。有关内容详见本章第五节。

二、非机动车行驶秩序管理

非机动车应当在非机动车道行驶;在没有划分机动车与非机动车道的道路上,非机动车应当在靠道路右侧限定的宽度(自行车1.5m,三轮车2.2m,畜力车2.6m)内行驶。

非机动车通过信号灯控制的交叉口,必须是绿灯亮时准许通行;红灯亮时不准通行;黄灯亮时,已越过交叉口停止线的迅速通过,若在红灯亮之前来不及驶出交叉口,应退回交叉口停止线以内,等待下一次绿灯亮时再通过;转弯时让直行的车辆、行人优先通行。

非机动车通过无信号灯控制的交叉口时,在交通标志规定优先通过的交叉口,有优先通行权的一方先行;转弯的非机动车不得妨碍直行的车辆、行人通行。

非机动车在路段横穿过街时,驾驶人应当下车,有人行横道的,从人行横道推行通过;没有人行横道的,应当伸手示意,确认安全后推行通过。

驾驶非机动车人必须遵守下列规定:骑自行车人应年满12周岁,其他非机动车驾驶人应年满16周岁,畜力车驾驶人应年满18周岁;骑自行车、人力三轮车不准扶身并行、追逐或者曲折行驶,不准双手离把牵引、攀扶其他车辆,不许一手离把持物行驶;骑车转弯前应减速慢行,注意瞭望,伸手示意;骑车通过陡坡,车闸失效时,必须下车推行;畜力车必须使用已驯服的牲畜,夜间在公路上行驶时,应悬挂照明设备;停放时必须拉紧车闸,拴牢牲畜后要有人看管;通过交叉口、铁路道口、繁华地区时,驾驶人应下车牵引牲畜;非机动车超车,不得妨碍被超车辆或者其他车辆、行人的正常通行;醉酒后不得驾驶非机动车。

三、行人交通秩序管理

我国道路交通的特点是混合交通,车多、人更多,人行道、车行道被占为他用的情况在城市里相当严重;人车混行、快慢不分、秩序混乱、交通拥塞问题频现。有研究统计,我国行人死亡人数占交通事故死亡总人数的40%以上。原因是步行设施不够完善,驾驶人和行人的交通法制观念淡薄,车辆在人行横道上不让行人先行以及人们自由行路的旧习惯妨碍正常的交通控制和管理。据调查,在没有交通警察管理的交叉口,车辆与行人交通违章率可达到95%以上。因此,在交通秩序管理中,对完善步行设施和对车辆、行人的守法管理应加以重视。

1. 一般行人通行管理

行人应当在人行道或其他行人通行设施内行走,没有人行道的靠路边1m以内行走;行人横穿道路应走人行横道、行人过街天桥、地下通道。行人通过交叉口,必须遵守下列规定:在信号灯控制的交叉口,绿灯亮时允许通行,红灯亮时不准通行;黄灯亮或行人专用信号灯绿灯闪亮时,不得进入人行横道,已进入人行横道的应迅速通行。在未设信号灯控制的交叉口,要求注意来往车辆,在人行横道通过。行人不得在道路上嬉戏、游玩、坐卧;不得跨越、倚坐护栏和隔离设施;不准扒车、追车、强行拦车或者抛物击车,以及进行其他妨碍交通的活动。

2. 特殊行人通行管理

儿童、老人、残疾人和法律规定需要帮助的其他人在进行道路交通活动时,必须给予特别注意和保护;6岁以下幼儿、精神疾病患者、智力障碍者在道路上行走时,必须由其监护人带领;盲人在道路上行走时,必须使用盲杖或采取其他导盲手段。

3. 列队通行管理

一般行人列队通行时,每横列不准超过2人,在人行道内行进;没有人行道的,靠路边1.5m以内行走。未成年人列队通行,必须由成年人带领;列队横过车行道时,必须从人行横道或者其他行人通行设施通过。

有关人行横道、人行信号灯、行人过街设施的设置等问题将在下一章讨论。

四、乘车人交通秩序管理

乘坐公交车、长途汽车和轨道交通车辆,须在站台或指定地点依次排队候车,待来车停稳后,再有秩序地先下后上;不得携带易燃易爆等危险物品;不得在机动车道上拦乘机动车;在机动车道上不得从机动车左侧上下车;开关车门不得妨碍其他车辆和行人通行;机动车行驶中,不得干扰驾驶,不得将身体任何部分伸出车外,不得跳车等。

第二节 道路使用管理

道路使用管理是指依据法律规定和权力机关授权的道路使用管理机构采取各种措施,保证最大限度地合理使用现有道路,以及对在生产、生活过程中使用道路的单位、个人、车辆、物品,按规定进行管理、监督的活动。道路使用管理是道路交通秩序管理的主要任务之一。道路使用管理分交通活动道路使用管理和非交通活动道路使用管理两大类。

一、交通活动道路使用管理

交通活动道路使用管理,是指公安交通管理部门根据本地区道路交通流的特点,采取各种有效措施,对单位或个人在生产、生活过程中,以交通行为方式使用、占有道路进行计划、监督和控制的管理活动。主要包括交通方式通行空间划分、交通空间均衡管理以及停车占用道路管理三个方面。

1. 交通方式通行空间划分

通行空间是指不同交通行为方式在道路上通行时的活动范围。划分通行空间就是以物体隔离形式或路面文字标记、标线形式或行政规章形式等,确定机动车通道、非机动车通道和行人通道。在我国相当一部分道路上,未设置或无法设置道路交通标线或道路交通分隔设施。在这类道路上,机动车、非机动车与行人通行区域的划分,全国尚无统一规定。《道路交通安全法》和《实施条例》规定:没有划分机动车道、非机动车道和人行道的,机动车在道路中间通行,非机动车和行人在道路两侧通行。

交通方式空间划分包括混合式划分、隔离式划分以及分道式划分三种形式。维持各类交通参与者在同一道路平面上通行,通过交通法规规定和道路交通标线设施实现的交通方式空间划分叫作混合式划分;依据人流和车流所具有的不同流动形式,用隔离墩、隔离栏等实物实现的交通方式空间划分叫作隔离式划分;分道式划分是指设置机动车专用道、公交专用道、非机动车专用道、步行街、高速公路、城市快速道路等机动车、非机动车与行人各自固定通行带的交通空间划分方法。

2. 交通空间均衡管理

交通空间均衡管理指的是根据人流、车流流量、流向,对一定区域内的道路通行空间资源从时间、空间上进行合理分配的管理活动,如将汇集于主干路上的交通流中的一部分吸引到次干路、支路上,以减轻干道的交通压力;推进货物夜间运输,以减少白天道路交通流量;限制过境车辆进入城市中心区域,减轻城市中心区域的交通压力等。

3.停车占用道路管理

占用道路的路边停车管理是静态交通系统管理的重要组成部分,也是交通活动道路使用管理的重要内容,主要管理内容包括合理规划、设置道路停车点,以及路内停车的收费与管理。占用非交通主干道的富余路面或断头路,设置用于短时间停放车辆的路边停车泊位或小型停车场,应坚持必要性与合理性相结合,科学从严控制设点和占路面积,尽可能地减少对正常道路通行秩序的影响。路内停车应严格管理,停车收费应高于路外专用停车位收费费率,以提高路内停车位的使用周转率。

二、非交通活动道路使用管理

道路的基本功能是通行车辆和行人。道路管理的基本原则是使道路为交通所用,维护道路上的交通安全与畅通,清除一切有碍交通的设施和物体。

在古代,传统上道路还是集市贸易和沿街居民的活动场所。而在现代,道路还是地下、地上公用管线的通道,是城市绿化的组成部分之一。

在非机动车的低速交通时代或机动车交通量不太大时,因道路被占用而形成的问题还不太突出;在机动车数量大增、道路不敷交通需求的当代,仍按古代留传下来的传统观念任意占用道路,就会使合理使用道路的问题变得严重。为交通而修建的大量道路被各类非交通行业或沿街居民所占用,使得车辆在路上拥挤阻塞,是极不正常的现象。要知道,道路被任意占用,绝非小事。被占用的往往是路边人行道,行人被迫走上车行道,于是人车混行,交通混乱,事故、阻塞因此而生。可以说,乱占道路是交通混乱、交通事故的根源之一。

要合理使用道路,必须对其严加管理,随时清除非法占用的人或物,把道路还给车辆与行人,以保证交通安全与畅通。

处理这类矛盾,也要区别不同情况,关键是要区别被占道路所处的地位及其在当前的主要用途。

1.清除任意占用道路的人或物

《道路交通安全法》规定:未经许可,任何单位和个人不得占用道路从事非交通活动。

对于非法占用道路所搭盖的棚、屋等,必须严格清除。对于便民的摆摊设点、集市贸易等,应该考虑妥善安排。摆摊设点、集市贸易等占据市内主要街道、交通性道路时应该清除,完全可以将其迁移到非交通性的支路上去。然而各类占用道路的现象随时都会发生,所以,重要的是在将其清除之后,保持道路不再被占用。在执勤方式上,应采取巡回检查的方法,随时发现随时处理,使之不成为普遍现象。

2.清理道路上有碍交通的设施

《道路交通安全法》规定:道路两侧及隔离带上种植的树木或者其他植物,设置的广告牌、管线等,应当与交通设施保持必要的距离,不得遮挡路灯、交通信号灯、交通标志,不得妨碍安全视距,不得影响通行。

妨碍交通设施的现象在路上并不少见,而且会随时出现,原则上也应对其区别对待。在主要街道及交通干道上必须严格加以清除,同时也应列为巡回检查的项目之一。

3. 道路施工和开挖埋管的管理

任意开挖道路也是导致当前不能正常使用道路的普遍问题之一。道路施工、开挖的现场往往又是引起交通混乱和事故多发的地点。

《道路交通安全法》规定,因工程建设需要占用、挖掘道路,或者跨越、穿越道路架设、增设管线设施,应当事先征得道路主管部门的同意;影响交通安全的,还应当征得公安机关交通管理部门的同意。施工作业单位应当在经批准的路段和时间内施工作业,并在距离施工作业地点来车方向安全距离处设置明显的安全警示标志,采取防护措施;施工作业完毕,应当迅速清除道路上的障碍物,消除安全隐患,经道路主管部门和公安机关交通管理部门验收合格,符合通行要求后,方可恢复通行。对未中断交通的施工作业道路,公安机关交通管理部门应当加强交通安全监督检查,维护道路交通秩序(相关内容可参阅本教材第八章第四节)。

第三节　道路交通安全违法与事故处理

道路交通安全违法处理是公安交通管理部门及交通警察为了保障道路交通安全和畅通、维护道路交通秩序,依照法律、法规、规章的规定,对道路交通安全违法行为所进行的纠正、教育和处罚等行政执法活动的总称。道路交通事故(简称交通事故),是指车辆包括机动车和非机动车,在公路、城市道路或其他用于公众通行的场所,因过错或意外造成人身伤亡或财产损失的事故。依法对道路交通安全违法和事故进行处理,是交通秩序管理的主要执法活动和基本手段。

一、道路交通安全违法处理

1. 道路交通安全违法处理管辖

违反道路交通安全法律、法规规定的公民、法人及其他组织统称违法行为人,均需接受公安交通管理部门及交通警察对违法行为的处理。对交通警察执勤、执法中当场发现的违法行为的处罚由违法行为地的公安交通管理部门管辖。对交通技术监控资料记录的违法行为的处罚可以由违法行为发生地、发现地或者机动车号牌核发地的公安交通管理部门管辖。对违法行为人处以罚款或者暂扣机动车驾驶证处罚的,由县级以上公安交通管理部门作出处罚决定。对处以吊销机动车驾驶证处罚的,由设区的市公安交通管理部门作出处罚决定。对违法行为人处以行政拘留的,由县、市公安局、公安分局或者相当于县一级的公安机关作出处罚决定。对管辖权有异议的,报请共同的上级公安交通管理部门,上级公安交通管理部门应当及时确定管辖主体,并通知争议各方。公安交通管理部门及交通警察对违法行为的处理,应当遵循合法、及时、公正、公开和处罚与教育相结合的原则。对应当给予处罚的,依据违法行为的事实和法律、法规的规定作出处罚决定。

2. 道路交通安全违法处罚

对道路交通安全违法行为的处罚种类包括:警告、罚款、暂扣机动车驾驶证、吊销机动车驾驶证、拘留五种。

(1) 警告是对违法人最轻的一种行政处罚,适用于道路交通安全违法情节十分轻微、未影响道路通行并能主动消除或纠正,以及有其他法定从轻处罚情节的行为人。

（2）罚款是强制道路交通安全违法行为人缴纳一定数额货币的行政处罚，是适用最多、最普遍的一种处罚，适用于违法情节及后果一般的行为人。

（3）暂扣机动车驾驶证是公安交通管理部门对具有道路交通安全违法行为的机动车驾驶人在一段时期内剥夺其驾驶机动车资格的行政处罚。这种处罚仅适用于机动车驾驶人。这种处罚可以与其他处罚合并适用，也可单独适用。

（4）吊销机动车驾驶证是公安交通管理部门对违反道路交通管理法规，造成重大交通事故，负同等责任以上和造成特大交通事故，负次要责任以上的机动车驾驶人，剥夺其机动车驾驶资格的一种处罚。被吊销机动车驾驶证的驾驶人，至少两年不准重新申请领取机动车驾驶证。若为饮酒后或者醉酒驾驶机动车发生重大交通事故，构成犯罪的，要依法追究刑事责任，终生不得重新取得机动车驾驶证。

（5）拘留是公安交通管理部门短期剥夺道路交通安全违法行为人人身自由的一种行政处罚。拘留适用于违法行为情节严重、危害较大但尚不构成犯罪的道路交通违法行为人。

公安交通管理部门对机动车驾驶人的道路交通安全违法行为除给予行政处罚外，还实行道路交通安全违法行为累积记分（简称记分）制度。

3. 道路交通安全违法处理程序

《道路交通安全违法行为处理程序规定》及《公安机关办理行政案件程序规定》对道路交通违法行为人给予处罚的过程有明确的规定。根据交通警察对违法行为的发现与处理的场所不同，道路交通安全违法处理程序分为现场处理与非现场处理。通常，交通警察对于当场发现的违法行为采用现场处理程序，对于根据交通技术监控记录资料发现的违法行为采用非现场处理程序。根据处罚的轻重程度及处罚的方法步骤不同，处理程序分为简易程序和一般程序。一般对危害轻微、案情简单、事实清楚的道路交通违法行为，按照简单的方法、步骤，在违法行为的发生地或处理地当场对该行为人作出200元以下罚款处罚的，可以采用简易程序进行道路交通安全违法处理。

简易程序道路交通安全违法行为处理流程如图4-1所示。

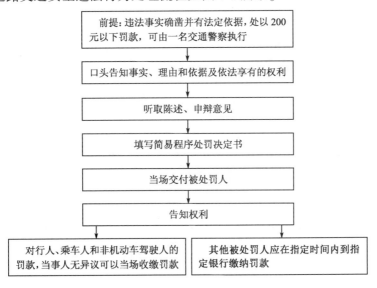

图4-1 道路交通安全违法行为处理简易程序流程

一般程序又称普通程序，是指公安交通管理部门对道路交通违法情节较为严重、罚款数额超过 200 元的违法行为人作出处罚决定的过程。使用一般程序要经过询问当事人、调查取证、确认违法行为，告知违法人作出处罚的事实、理由、依据和违法人依法享有的权利，制作《公安行政处罚决定书》，并送达当事人等几个步骤。一般程序的执行过程和内容比简易程序复杂、要求严格，在实践中如不严格遵守一般程序的法定必经过程和内容，一旦当事人提起行政诉讼，公安交通管理部门及交通警察就会败诉。在一般程序的执行过程，若公安交通管理部门作出责令停业、停产、吊销许可证、较大数额罚款等较重处罚，或当事人要求，则还需要进行案件处理的听证程序。听证程序是在作出行政处罚决定时，让当事人和利害关系人对其行为和要认定的违法事实进行申辩、陈述、举证质证等程序。使用听证程序一般应当按照下列顺序进行：告知当事人有要求举行听证的权利；受理审查当事人的听证要求和期限；在举行听证日的 7 天前将举行听证的时间、地点告知当事人；指定听证主持人；按期举行听证；制作笔录；听证结束；作出处理决定。道路交通违法案件一般应采用公开听证的方式。

道路交通安全违法行为处理一般程序流程如图 4-2 所示。

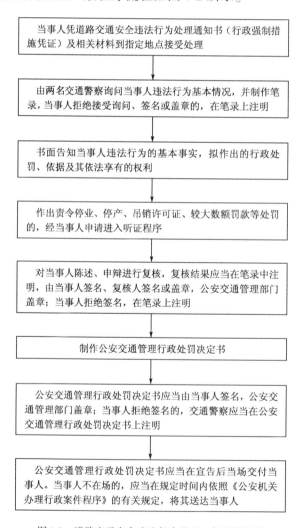

图 4-2　道路交通安全违法行为处理一般程序流程

二、道路交通事故处理

1. 交通事故分类

为了便于统计分析、研究和预防、处理交通事故,寻求科学合理的交通事故对策,需对交通事故进行分类。根据分析角度、方法的不同,交通事故分类一般有按事故责任分类、按事故后果分类、按事故原因分类、按事故对象分类以及按事故发生地点分类五种分类方法。

(1)按事故责任分类。根据交通事故的主要责任方所涉及的车种和人员的不同,交通事故分为机动车事故、非机动车事故和行人事故三类。

(2)按事故后果分类。根据事故的严重程度,即事故引起的人身伤亡或者财产损失的程度或数额,交通事故可分为轻微事故、一般事故、重大事故以及特大事故四类。

(3)按事故原因分类。从事故发生的原因上分析,可将交通事故分为主观原因造成的事故和客观原因造成的事故两类。

(4)按事故对象分类。可分为车辆间的交通事故、车辆与行人的交通事故、机动车对非机动车的交通事故、车辆自身事故、车辆对固定物的事故五类。

(5)按事故发生地点分类。交通事故发生地点一般是指事故发生在哪一级道路上。在我国,公路分为高速公路、一级公路、二级公路、三级公路、四级公路,城市道路分为快速路、主干路、次干路和支路。另外,事故发生地点还可按事故是发生在交叉口还是路段来分类。

公安交通管理部门处理交通事故时,主要按事故责任和事故后果分类。在统计分析事故原因、寻求有效事故预防对策时,主要按事故原因、事故对象和事故发生地点分类,并且和事故责任与事故后果分类进行交叉统计分析。

2. 交通事故责任认定

交通事故的责任,是公安交通管理部门依法对交通事故当事人因交通事故而产生的法律关系的确认。交通事故是一种法律事实,是交通法规规定能够引起法律关系的产生、变更和消灭,以及因此而导致一定法律后果的一种现象。因此,公安交通管理部门必须依照有关法律文件,确认当事人因交通事故而产生的法律关系,包括行政法律关系、刑事法律关系和民事法律关系,法律关系的主体涉及自然人、法人、非法人组织和国家。在交通事故处理中,当事人之间的损害赔偿关系,当事人受到行政处罚或刑事制裁,都是基于交通事故责任。

交通事故当事人的交通事故责任一旦被确认,其权利和义务也被确定。其权利在民事方面,体现在对财产损失的恢复原状权及请求赔偿损失权和对人身损害的请求赔偿损失权;在其他法律关系中还有申诉权、复议权、诉讼权等。其义务则体现在对交通事故侵权损害的赔偿,接受行政处罚或刑事制裁。交通事故责任认定,是公安交通管理部门在查明交通事故原因的基础上,根据当事人的违章行为与交通事故之间的因果关系,以及违章行为在交通事故中所起的作用,对当事人应负的责任加以认定的行为。交通事故责任认定的前提是基本事实清楚、基本证据确实充分、法律依据有力。交通事故责任分全部责任、主要责任、同等责任和次要责任四类。

3. 交通事故处理程序

交通事故处理应当遵循《道路交通事故处理程序规定》,保证依法办案,提高办案质量和效率,公安交通管理部门在办理交通事故案件时,必须遵循统一的办案程序。

为缓解因交通事故造成的交通堵塞，提高通行效率，方便群众，维护广大交通参与者和交通事故当事人的合法权益，在道路上发生交通事故，未造成人身伤亡，当事人对事实及成因无争议的，或仅造成轻微财产损失，并且基本事实清楚的，可以使用简易快速程序处理。适用简易程序的，可以由一名交通警察处理。交通警察采用简易程序处理道路交通事故时，应当在固定现场证据后，责令当事人撤离现场，恢复交通。拒不撤离现场的，予以强制撤离。当事人无法及时移动车辆影响通行和交通安全的，交通警察应当将车辆移至不妨碍交通的地点。撤离现场后，交通警察应当根据现场固定的证据和当事人、证人陈述等，认定并记录道路交通事故发生的时间、地点、天气、当事人姓名、驾驶证号或者身份证号、联系方式、机动车种类和号牌号码、保险公司、保险凭证号、道路交通事故形态、碰撞部位等，确定当事人的责任，当场制作道路交通事故认定书。不具备当场制作条件的，交通警察应当在三日内制作道路交通事故认定书。道路交通事故认定书应当由当事人签名，并现场送达当事人。当事人拒绝签名或者接收的，交通警察应当在道路交通事故认定书上注明情况。当事人共同请求调解的，交通警察应当当场进行调解，并在道路交通事故认定书上记录调解结果，由当事人签名，送达当事人。若有当事人对道路交通事故认定有异议，或当事人拒绝在道路交通事故认定书上签名，或当事人不同意调解的情况，不适用调解，交通警察可以在道路交通事故认定书上载明有关情况后，将道路交通事故认定书送达当事人。

　　道路交通事故处理的一般程序流程如图4-3所示。

4. 道路交通事故紧急救援

　　道路交通事故处理的另一重要方面是对发生事故路段交通的快速疏导和对事故当事人的紧急救援。道路交通事故的随机性、突发性和社会性，决定了道路交通事故紧急救援的核心是快速响应和联动调度。

1）道路交通事故的快速响应

　　道路交通事故涉及事故当事人的生命安全。根据事故伤员生存率与救援时间的关系，80%以上的人员伤亡是事故发生后1~2h内发生的。事故伤员得到及早治疗，提高他们的早期生存率对事故抢救至关重要。因此，抢救伤员是事故紧急救援的第一要务，对事故的快速响应是道路交通紧急救援的关键。

　　第一时间获取交通事故位置、性质与严重程度信息的途径主要有两个：一个是交通事故报警系统；另外一个是道路交通监控系统，即通过电子监控、闭路电视、紧急电话、驾驶人互助救护系统以及巡逻车等获得道路交通事故信息。

2）道路交通事故救援的快速联动

　　道路交通事故紧急救援包括伤员救护、交通排障疏导、防火防灾消防、事故勘查等一系列事务，涉及公安、交通、消防、路政等多个部门。事先建立良好的联动机制，是成功施行紧急救援行动的必备条件。

5. 道路交通事故档案记录

　　公安交通管理部门通过交通事故档案（也称交通事故卷宗）全面、客观地记录交通事故发生的全过程。建立道路交通事故档案，主要有两个目的：一是作为交通事故处理的法律依据；二是以道路交通事故档案为基础，建立道路交通安全管理信息系统，为交通事故统计分析、制定交通安全政策和交通事故预防措施服务。

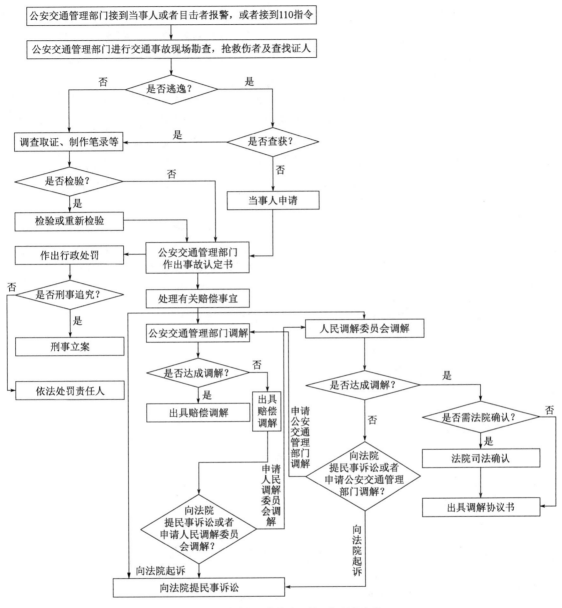

图 4-3 道路交通事故处理的一般程序流程

道路交通事故档案资料主要由公安交通管理人员从交通事故现场直接获得,其建立的一般过程为:

(1) 实地测绘事故现场图。勘测肇事主体事故发生前后的运动轨迹、碰撞点,在道路上的具体位置。

(2) 拍照录像。拍摄整个事故现场、车辆损坏情况、人员伤亡情况的照片,摄录事故现场、勘查过程、事故调查询问录像。

(3) 填写道路交通事故信息采集表。在整个事故处理过程完成后,填写全国统一的交通事故信息采集表。

6.道路交通事故黑点鉴别与治理

道路交通事故的发生是随机事件,但是如果道路某处经常发生交通事故,并且事故类型相近,就应该考虑此处道路特征与事故发生的内在规律,因此,在交通安全领域,常将某一时期内发生事故数量或特征比其他地方明显突出的位置(包括交叉口点、路段或某一小区域)称为道路交通事故黑点。

道路交通事故黑点鉴别就是将那些事故发生数量与特征异常的道路位置挑选出来,以便采取相应的措施。鉴别道路交通事故黑点,最简单的方法就是根据事故发生的绝对次数来决定。挪威规定,长100m的路段内,4年发生4起以上人员伤亡的交通事故就称该路段为道路黑点。但绝对次数法过于简单,不利于找出道路上预防交通事故的关键点,所以实践中应用更多的是考虑事故严重程度、道路等级因素和交通量大小及车种组成的当量事故次数法与相对事故率法。

道路交通事故黑点治理对策主要分为非道路设施与道路设施两类。非道路设施改善措施包括加强道路安全教育、加强交通执法力度、机动车安全改善措施等。道路设施改善措施主要包括道路线形、路面性能的改善,交通标志和标线与其他交通安全设施的完善等。

第四节　交通秩序管理设施

交通秩序管理的主要设施包括道路交通标志、道路交通标线以及其他交通秩序管理设施。

一、道路交通标志

道路交通标志是用图形符号、颜色和文字向交通参与者传递特定交通管理信息的一种交通管理设施。一般设置在路侧或道路上方(跨路式)。道路交通标志给道路使用者以确切的道路交通信息,使道路交通达到安全、畅通、低公害和节约能源的目的。

1.道路交通标志类别及其内容

目前我国道路上实施的是国家质量技术监督局发布的中华人民共和国国家标准《道路交通标志和标线　第2部分:道路交通标志》(GB 5768.2—2022)(简称《交通标志》)。按《交通标志》规定,道路交通标志分为主标志和辅助标志两大类。

1)主标志

主标志分为警告标志、禁令标志、指示标志、指路标志、旅游区标志、作业区标志和告示标志7类。

(1)警告标志:警告车辆、行人注意危险地点的标志。

(2)禁令标志:禁止或限制车辆、行人交通行为的标志。

(3)指示标志:指示车辆、行人行进的标志。

(4)指路标志:传递道路方向、地点、距离信息的标志。

(5)旅游区标志:提供旅游景点方向、距离的标志。

(6)告示标志:告知路外设施、安全行驶信息以及其他信息的标志。

2) 辅助标志

附设在主标志下,起辅助说明作用的标志。

另外,我国还发布了《道路交通标志和标线　第 4 部分:作业区》(GB 5768.4—2017),对作业区道路交通标志做了专门规定。

2. 道路交通标志的设计原则

易于在极短时间内辨别和记忆是对道路交通标志的主要设计要求,这就是道路交通标志的视认性要求。决定视认性的要素有交通标志的形状、颜色和图符等。

1) 形状

不同形状的标志,在其辨认过程中是有差别的。实践表明,外形面积相等的标志,容易辨认的顺序是:三角形、正方形、正五边形、圆形、正八边形等。可见棱角越多,视认性较差。矩形标志容易同广告及其他结构物相混淆。因此,联合国及许多国家的道路警告标志都采用三角形。但也有些国家,如美国、日本、澳大利亚,采用菱形作为警告标志,原因是菱形有比三角形大的面积,增强了视认性。

2) 颜色

多数心理学专家认为,颜色对视觉是最能引起人们注意的一种刺激。不同颜色的刺激作用会使人们产生不同含义的思维反应,也即产生不同的视认效果,从而提高人们的视认能力。研究表明,在固定 230m 的视距下,不同颜色所对应的视觉清晰面积是不同的,具体见表 4-2。

不同颜色的视觉清晰面积　　表 4-2

颜色	黄	白	红	蓝	绿	黑
清晰面积(m^2)	1.3	1.5	1.7	1.9	2.0	3.3

由表 4-2 可知,在相同视距下,标志颜色以黄色最明显,程度由强至弱依次是白色、红色、蓝色、绿色、黑色。

在视认清晰度方面,颜色的组合选择也是至关重要的。一般明亮颜色与暗淡色搭配,视觉清晰度为最佳。

选择道路交通标志颜色时,除了从视觉清晰度上考虑外,尚应从人们的心理效果上考虑,因而各国道路交通标志颜色的选用基本上是相同的。如红色对人的视觉刺激特强,使人产生危险感,在交通上表示停止、约束之意,故红色常用于禁令标志;黄色比较醒目,能激起人们的注意,具有警戒、警告之意,这种颜色常用于警告标志;蓝色具有宁静之意,多用于指示标志;绿色含有沉静、通向和平之意,富有安全感,在交通上表示安全可通行,高速公路上的指路标志,如出入口标志、起终点标志、收费处标志等都采用绿色。白色和黑色主要起到颜色搭配的作用,以增强色泽鲜明感。

3) 图符

图符是文字、符号及图案的简称。道路交通标志中大量是以图符表示的,要求文字具有简洁性和准确性,符号具有直观性与单义性,图案具有形象性和通俗性。图符应一目了然,不易被误解,以至外国人也能理解图符的含义。如表示十字交叉口的标志,设置在交叉口前方,使人一看便知前方有十字交叉口。

图符中应尽量少用文字,只有在非常必要时才用。对某些道路条件复杂地段的标志,使用简洁文字能起到准确、迅速地反映标志内容的效果。如"禁止""限制重量(或高度、速度)"

等。另外,在指示标志和指路标志中都应使用简明易懂的文字。

在道路交通标志中出现的数字号码,规定一律用阿拉伯数字。

道路交通标志的设计原则,主要从以上几方面来考虑。它们之间既有各自的个别特征,又有结合起来统一的综合特征,总的原则是道路交通标志应易于辨认、便于记忆。

3. 道路交通标志的设计规定

1) 警告标志

警告标志的颜色为黄底、黑边、黑图案。其形状为顶角朝上的等边三角形,如图4-4所示。它的边长和黑边宽度等依据计算行车速度按表4-3选取。

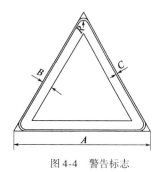

图4-4 警告标志

警告标志尺寸与计算行车速度的关系　　　表4-3

计算行车速度(km/h)	100~120	71~99	40~70	<40
三角形边长 A(cm)	130	110	90	70
黑边宽度 B(cm)	9	8	6.5	5
黑边圆角半径 R(cm)	6	5	4	3
衬底边宽度 C(cm)	1.0	0.8	0.6	0.4

警告标志设置的前置距离,依据道路的计算行车速度按表4-4选取。

警告标志前置距离　　　表4-4

速度(km/h)	条件A	减速到下列速度(km/h) 条件B											
		0	10	20	30	40	50	60	70	80	90	100	110
40	100	30	*	*	*								
50	150	30	*	*	*	*							
60	190	30	30	*	*	*	*						
70	230	50	40	30	30	*	*	*					
80	270	80	60	55	50	40	30	*	*				
90	300	110	90	80	70	60	40	*	*	*			
100	350	130	120	115	110	100	90	70	60	40	*		
110	380	170	160	150	140	130	120	110	90	70	50	*	
120	410	200	190	185	180	170	160	140	130	110	90	60	40

注:1. 条件A指交通量较大时,道路使用者有可能减速,同时伴随变换车道等操作通过警告地点,典型的标志如注意车道数变少标志。

2. 条件B指道路使用者减速到限速值或建议速度值,或停车后通过警告地点,典型的标志如急弯路标志、连续弯路标志、陡坡标志、注意信号灯标志、交叉口标志、铁路道口标志等。

* 指不提供具体建议值,视当地具体条件确定。

按《交通标志》的规定,警告标志共有47类。图4-5展示的是其中的3种标志。图4-5a)是"双向交通"标志,用以促使车辆驾驶人注意会车。设在由双向分离行驶,因某种原因出现临时性,或永久的不分离双向行驶的路段,或由单向行驶进入双向行驶的路段以前适当位置。

图4-5b)是"注意行人"标志,用以促使车辆驾驶人减速慢行,注意行人。设在行人密集,或不易被驾驶人发现的人行横道线以前适当位置。图4-5c)是"窄路"标志(两侧变窄),用以告示前方道路施工,车辆应减速慢行或绕道行驶。设在施工路段以前适当位置。

图4-5 警告标志示例
a)"双向交通"标志;b)"注意行人"标志;c)"窄路"标志(两侧变窄)

2)禁令标志

禁令标志的颜色,除个别标志外,为白底、红圈、红杠、黑图案,图案压杠。禁令标志的形状为圆形、八角形、顶角朝下的等边三角形,如图4-6所示。其各部尺寸的最小值根据道路计算行车速度按表4-5选取。

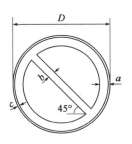 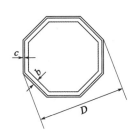 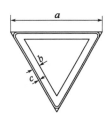

图4-6 禁令标志

禁令标志尺寸与计算行车速度的关系 表4-5

	计算行车速度(km/h)	100～120	71～99	40～70	<40	最小值
圆形	标志外径 D(cm)	120	100	80	60	50
	红边宽度 a(cm)	12	10	8	6	5
	红杠宽度 b(cm)	9	7.5	6	4.5	4
	衬边宽度 c(cm)	1	0.8	0.6	0.4	0.4
三角形	三角形边长 a(cm)	—	—	90	70	60
	红杠宽度 b(cm)	—	—	9	7	6
	衬边宽度 c(cm)			0.6	0.4	0.4
	红边圆角半径(cm)			4	3	3
八角形	标志外径 D(cm)	—	—	80	60	50
	白边宽度 b(cm)			3	2	2
正方形	边长 A(cm)	120	100	80	60	—
长方形	长 B×宽 C(cm×cm)	120×96	100×80	80×64	60×48	—
	矩形衬边宽度(cm)	1	0.8	0.6	0.4	—

禁令标志设置在需要禁止或限制车辆、行人交通行为的路段或交叉口附近。

按《交通标志》的规定,禁令标志共有48类。图4-7展示的是其中的4种标志。图4-7a)是"禁止载货汽车驶入"标志,标志禁止载货汽车驶入,设在禁止载货汽车通行路段的入口处。图4-7b)是"禁止直行"标志,表示前方交叉口禁止一切车辆直行。设在禁止直行的交叉口以前适当位置。图4-7c)是"减速让行"标志,表示车辆应减速让行,告示车辆驾驶人必须慢行或停车,观察干道行车情况,在确保干道车辆优先的前提下认为安全时方可续行。主要设置在与交通量不大的干路交叉的支路路口或其他需要设置的地方。图4-7d)是"停车让行"标志,表示车辆必须在停止线以外停车瞭望,确认安全后,才准许通行。主要设置在与交通量较大的干路平交的支路交叉口、无人看守的铁路道口或其他需要设置的地方。另外,图4-7e)和图4-7f)分别表示"限制速度"标志和"解除限制速度"标志。前者表示机动车行驶速度(km/h)不准超过标志所示数值,限制速度标志设在需要限制车辆速度的路段的起点,标志上的数字"40",表示速度上限为40km/h。后者表示限制速度路段结束,设在限制车辆速度路段的终点,标志颜色为白底、黑圈、黑细斜杠、黑字,标志上的数字"40",表示限制速度为40km/h的路段结束。

图4-7 禁令标志示例

a)"禁止载货汽车驶入"标志;b)"禁止直行"标志;c)"减速让行"标志;d)"停车让行"标志;e)"限制速度"标志;f)"解除限制速度"标志

3) 指示标志

指示标志的颜色为蓝底、白图案。其形状分为圆形、长方形和正方形,如图4-8所示。其各部尺寸的最小值根据道路计算行车速度按表4-6选取。

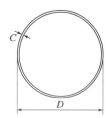 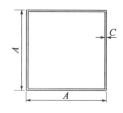 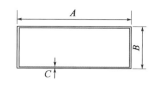

图4-8 指示标志

指示标志尺寸与计算行车速度的关系　　　　　　　　　　　　　　　表4-6

	计算行车速度(km/h)	100~120	71~99	40~70	<40	最小值
圆形	标志外径 D(cm)	120	100	80	60	50
	红边宽度 a(cm)	12	10	8	6	5
	红杠宽度 b(cm)	9	7.5	6	4.5	4
	衬边宽度 c(cm)	1	0.8	0.6	0.4	0.4
正方形	边长 A(cm)	120	100	80	60	—

续上表

计算行车速度(km/h)		100~120	71~99	40~70	<40	最小值
长方形	长B×宽C (cm×cm)	120×96	100×80	80×64	60×48	—
区域限制和解除标志	长B×宽C (cm×cm)	—	—	170×120	130×90	
	黑边宽度(cm)	—	—	3	2	—
单行路标志	长B×宽C (cm×cm)		100×50	80×40	60×30	
车道行驶方向标志	长B×宽C (cm×cm)	90×70				
占用部分人行道边缘停车标志	长B×宽C (cm×cm)	—	—	60×40	30×20	
矩形衬边宽度(cm)		1	0.8	0.6	0.4	—

指示标志设置在需要指示车辆、行人行进的路段或路口附近。

按《交通标志》的规定,指示标志共有43类。图4-9展示的是其中的4种标志。图4-9a)是"公交线路专用车道"标志,表示该道路仅供公交车行驶,设在该道路的起点及各交叉口入口处。图4-9b)是"鸣喇叭"标志,表示机动车行至该标志处必须鸣喇叭,设在公路的急弯、陡坡等视线不良路段的起点。图4-9c)是"单行路(向左或向右)"标志,表示一切车辆向左或向右单向行驶,设在单行路的交叉口和入口处的适当位置。图4-9d)是"直行和右转合用车道"标志,表示车道的行驶方向,设在导向车道以前适当位置。

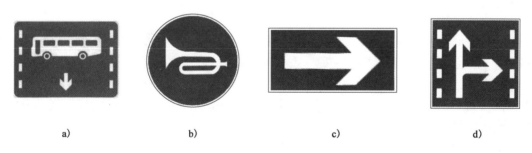

图4-9 指示标志示例

a)"公交线路专用车道"标志;b)"鸣喇叭"标志;c)"单行路(向左或向右)"标志;d)"直行和右转合用车道"标志

4)指路标志

指路标志分为一般道路指路标志和高速公路、城市快速路指路标志。一般道路指路标志分为路径指引标志、地点指引标志、道路沿线设施指引标志、其他道路信息指标志。高速公路、城市快速路指路标志分为路径指引标志、沿线信息指引标志、沿线设施指引标志。指路标志的颜色,除里程碑、百米桩、道路编号标志外,一般道路指路标志为蓝底、白图案,高速公路、城市快速路为绿底、白图案。其形状除地点识别标志、里程碑、分合流标志外,为长方形和正方形。指路标志的汉字采用标准黑体(简体),汉字高度应符合表4-7的规定,字宽与字高相等,阿拉伯数字和拼音、拉丁字或少数民族文字的高度根据汉字高度确定,它们与汉字高度的关系应符合表4-8的规定。汉字或其他文字的间隔、行距等应符合表4-9的规定。

汉字高度与计算行车速度的关系　　　　　　　　　　　　　　　　　　　　表 4-7

计算行车速度(km/h)	100~120	71~99	40~70	<40
汉字高度(cm)	60~70	50~60	35~50	25~30

阿拉伯数字和其他文字与汉字高度的关系　　　　　　　　　　　　　　　表 4-8

阿拉伯数字和其他文字		与汉字高度 h 的关系
字母或少数民族文字	大小写	$h/3 \sim h/2$
阿拉伯数字	字高	h
	字宽	$h/2 \sim h$
	笔画粗	$h/6 \sim h/5$

文字间隔、行距等的规定　　　　　　　　　　　　　　　　　　　　　　表 4-9

文字设置	与汉字高度 h 的关系	文字设置	与汉字高度 h 的关系
字间隔	$h/10$ 以上	字行距	$h/5 \sim h/3$
笔画粗	$h/14 \sim h/10$	距标志边缘最小距离	$2h/5$

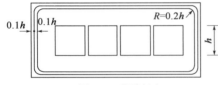

图 4-10　指路标志

指路标志外边框和衬底边的尺寸如图 4-10 所示。

指路标志按用于一般道路和高速公路分类,但有的指路标志既可用于一般道路,也可用于高速公路,因此,可根据道路等级选择其颜色和尺寸。

指路标志设置在需要传递道路方向、地点、距离信息的路段或交叉口附近。

按《交通标志》的规定,一般道路指路标志共有 28 类,高速公路、城市快速路指路标志共有 49 类。图 4-11 展示的是其中的 3 种标志。图 4-11a)是"著名地点"标志,设在道路沿线经过的名胜古迹、疗养地、大桥和垭口等著名地点。图 4-11b)是"交叉口预告"标志,设在距交叉口 30~50m 处。图 4-11c)是无编号"高速公路或城市快速路入口预告"标志,标志版面上的地名信息宜选用高速公路或城市快速路行进方向上距当前所在地最近的信息。

近年来,一些城市根据城市道路交通管理的特点,设计使用的指路标志不仅指示了前方横向道路的名称,还指示了横向道路的走向以及该道路上建筑物的门牌号码,深受车辆驾驶人和行人的欢迎,如图 4-11d)所示的是某道路交叉口上游所设置的指路标志牌。

图 4-11　指路标志示例
a)"著名地点"标志;b)"交叉口预告"标志;c)"高速公路或城市快速路入口预告"标志;d)"横向道路"标志

5) 旅游区标志

为吸引和指示人们从高速公路或其他道路上前往邻近的旅游区,应在通往旅游景点的交叉口设置一系列旅游标志,使旅游者能方便地识别通往旅游区的方向和距离,了解旅游项目的类别。

按《交通标志》的规定,旅游区标志分为指引标志和旅游符号标志,共有 17 类。

(1) 指引标志

指引标志提供旅游区的名称、具代表性的图案及前往旅游区的方向和距离。设在高速公路出口附近及通往旅游区各连接道路的交叉口附近。

(2) 旅游符号标志

旅游符号标志提供旅游项目类别、具代表性的符号及前往各旅游景点的指引。设在高速公路或其他道路通往旅游景点的交叉口附近,或在大型服务区内通往各旅游景点的交叉口。也可在指路标志上附具代表性的旅游符号标志,让旅游者了解景点的旅游项目。旅游符号标志下可附加辅助标志以指示前进方向或距离。

旅游区标志的颜色为棕色底、白色字符。旅游指引标志的尺寸应根据速度确定字高,再根据字数和图案确定版面大小。

旅游区标志设置在需要指示旅游景点方向、距离的路段或交叉口附近。

图 4-12 展示的是其中的两种标志。图 4-12a) 是"指引"标志,图 4-12b) 是"旅游符号"标志。

a) b)

图 4-12 旅游区标志示例

a)"指引"标志;b)"旅游符号"标志

6) 告示标志

告示标志用以解释道路设施、指引路外设施或告示有关道路交通安全法规及交通管理安全行车的提醒等内容。告示标志的设置有助于道路设施、路外设施的使用和指引,以及安全行车。

告示标志一般为白底、黑字、黑图形、黑边框,版面中的图形标识如果需要可采用彩色图案。图 4-13 展示的是其中的两种标志。图 4-13a) 是"驾驶时禁用手持电话"标志,图 4-13b) 是"路外设施指引"标志。

a) b)

图 4-13 告示标志示例

a)"驾驶时禁用手持电话"标志;b)"路外设施指引"标志

7) 辅助标志

凡主标志无法完整表达或指示其规定时,为维护行车安全与交通畅通之需要,应设置辅助标志。

辅助标志的颜色为白底、黑字(图形)、黑边框。

辅助标志的形状为长方形。其尺寸由字高、字数确定,以字高 10cm 为下限值。字的间隔、行距等按表 4-9 的规定执行。如有需要,可增加辅助标志板的尺寸。

辅助标志安装在主标志下面,紧靠主标志下缘。

按《交通标志》的规定,辅助标志主要分为表示时间、表示车辆种类、表示方向、表示区域或距离、表示警告或禁令理由以及组合辅助标志等 6 类。图 4-14 展示的是其中的 6 种标志。图 4-14a) 是"时间范围"标志,图 4-14b) 是"除公共汽车外"标志,图 4-14c) 是"行驶方向"标志,图 4-14d) 是"向右 100m"标志,图 4-14e) 是"事故"标志,图 4-14f) 是组合标志。

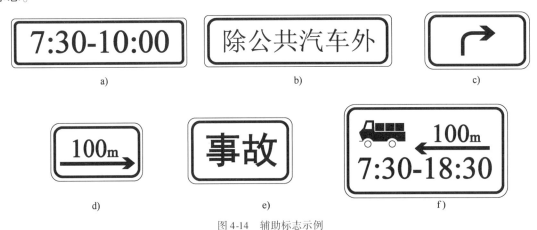

图 4-14 辅助标志示例

a)"时间范围"标志;b)"除公共汽车外"标志;c)"行驶方向"标志;d)"向右 100m"标志;e)"事故"标志;f)组合标志

8) 作业区道路交通标志

作业区道路交通标志用以通告道路及一般道路交通阻断、绕行等情况,设在道路施工、养护等路段前适当位置。图 4-15 展示的是其中的 4 种标志。图 4-15a) 是"作业区距离"标志,图 4-15b) 是"车道数变少"标志,图 4-15c) 是"绕行"标志,图 4-15d) 是"注意交通引导人员"标志。

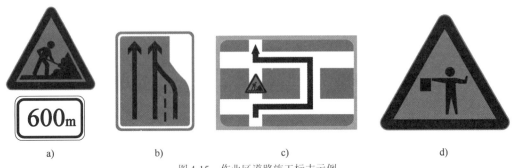

图 4-15 作业区道路施工标志示例

a)"作业区距离"标志;b)"车道数变少"标志;c)"绕行"标志;d)"注意交通引导人员"标志

9）可变信息标志

可变信息标志是一种因交通、道路、气候等状况的变化而改变显示内容的标志。一般可用作速度限制、车道控制、道路状况、交通状况、气象状况及其他内容的显示。主要用于高速公路、城市快速路的信息显示。

可变信息标志的显示方式有多种，如高亮度发光二极管、灯泡矩阵、磁翻板、字幕式、光纤式等。可根据标志的功能要求、显示内容、控制方式等进行选择。

可变信息标志的板面应根据需要进行专门设计。

4．道路交通标志的设置原则

设置交通标志是以确保交通畅通和行车安全为目的，应结合道路线形、交通状况、沿线设施等情况，根据交通标志的不同种类来设置。以利向道路使用者提供正确的、及时的信息，使其通过交通标志的指令引导，能顺利、快捷地抵达目的地，不致发生违规等错误行驶行为。

1）根据客观需要设置

《交通标志》中规定的各类标志，每一种都有一定的设置条件，应根据实际需要进行总体布局，结合具体情况合理设置，为保证交通畅通和行车安全服务，防止出现信息不足或过量的现象。对于重要的信息，应给予重复显示的机会。例如某一道路机动车流量增加，可通过限制车速来减少交通事故，同时还可使一些车辆改道，起到分流作用。如不从实际情况考虑，一遇到道路上发生多起交通事故，不加分析研究，就在该路上连续设置警告标志，这对驾驶人是起不到警告作用的。

2）统一性和连续性相结合

交通标志的设置应充分考虑道路使用者的行动特性，即充分考虑在动态条件下发现、判读标志及采取行动的时间和前置距离。

统一性是指在一定距离内，交通标志之间及和其他交通设施应是协调的，即不矛盾的。总体考虑布局，避免出现标志内容相互矛盾、重复的现象，尽量用最少的标志把必需的信息展现出来。如在50m内有一块禁止停放车辆标志及一块指示停放车辆标志，这将使驾驶人不知所措。另外，交通标志和交通标线、隔离墩、交通信号应是统一的。

连续性是指交通设施的设置要使驾驶人的观念有时空上的连续性。一般驾驶人对城市的交通标志设置有一个从不熟悉到熟悉习惯的转变过程，形成相对稳定的观念。若交通标志的设置地点、标志内容突然变化，则驾驶人对交通标志所具有的时空上的连续性观念就会中断，将造成驾驶人心理紧张，发生辨认错误。故设置交通标志时应充分考虑驾驶人的心理特点，并做好宣传。统一性是从整体上考虑布设交通标志，连续性是从时空顺序上考虑布设交通标志，它们既有联系，又有区别。

3）设在易见位置

交通标志应设在车辆行进正面方向最容易看清的地方，根据具体情况可设置在道路右侧、中央分隔带或车行道上方。

同一地点需要设置两种以上标志时，可以安装在一根标志柱上，但最多不应超过4种。

解除限制速度标志、解除禁止超车标志、干路先行标志、停车让行标志、减速让行标志、会车先行标志、会车让行标志等应单独设置。

标志牌在一根支柱上并设时，应按警告、禁令、指示的顺序，先上后下、先左后右地排列。

路侧式标志应尽量减少标志板面对驾驶人的眩光。在装设时，应尽可能与道路中线垂直或呈一定角度:禁令和指示标志为 0~45°,指路和警告标志为 0~10°(角度是指道路中线与标志牌的法线之间的夹角)。

4)昼夜性作用标志的照明或反光性

除了少数交通标志在白天起作用外,大部分标志都是昼夜起作用的。故交通标志必须设置在照明条件较好位置,或有发光或反光装置,否则将不能保证夜间的视认性。夜间交通量较大的道路,应尽量采用反光标志。选择以下反光方式可使反光标志获得最佳效果:

(1)禁止驶入标志、禁止通行标志、停车让行标志等红、白两色组成的标志,采用全部反光。

(2)警告标志,采用黄底反光,黑色图案和边框不反光。

(3)其他禁令标志,采用红圈、红杠、白底反光,黑色图案不反光。

(4)指示标志中,图案比较简单(如指示行驶方向)的标志,可采用全部反光,也可采用白色图案反光,蓝底不反光。

(5)指路标志和图案比较复杂的指示标志,采用白色图案或文字反光,蓝底不反光。

(6)辅助标志,采用白底反光,黑字、黑边框不反光。

5)交通标志照明方式

(1)外部照明:光源安装在标志上方的旁边或下方。

(2)内部照明:光源安装在标志的内部或后部。

(3)其他有效设备。

5. 道路交通标志的构造

交通标志的构造由标志板和支架两部分组成。

1)标志板

标志底板可用铝合金板、合成树脂类板材(如塑料、硬质聚氯乙烯板材或玻璃钢等)材料制作。铝合金板材的抗拉强度应不小于 289.3MPa,屈服点不小于 241.2MPa,延伸率为 4%~10%。

标志板背面可选用美观大方的颜色,铝合金板可采用原色。

一般结构的标志板,应采用滑动槽钢加固,以方便与立柱连接。

标志板和支柱的连接应根据板面大小、连接方式选用多种方法。在设计连接部件时,应考虑安装方便、连接牢固、板面平整。

2)支架

支架为标志板的支托部分。支架的支持方式有柱式、悬臂式、门式及附着式 4 种。

(1)柱式。柱式标志不应侵入公路建筑限界以内,标志内边线距路面或土路肩边缘不得小于 25cm。标志下缘距路面的高度为 100~250cm。

柱式有单柱式和双柱式。单柱式标志安装在一根立柱上,适用于中、小型尺寸的警告、禁令、指示等标志。双柱式标志安装在两根立柱上,适用于长方形的指示或指路标志。

各种标志立柱的埋设深度,取决于板面承受外力的大小及地基的承载力。一般应浇筑混凝土基础。立柱的金属预埋件应进行防腐处理。

交通标志立柱可选用 H 型钢、槽钢、钢管及钢筋混凝土管等材料制作,临时性的也可用木柱。钢柱应进行防腐处理,钢管顶端应加柱帽。标志立柱应考虑与基础的连接方式。

钢制立柱、横梁、凸缘盘及各种连接件,可采用热浸镀锌。立柱、横梁、凸缘盘的镀锌量为

550g/m², 紧固件为350g/m²。

各种标志立柱的断面尺寸、连接方式、基础大小等,应根据设置地点的风力、板面大小及支撑方式由计算确定。

(2)悬臂式。标志安装于悬臂上。标志下缘离地面的高度,至少按该道路规定的净空高度设置。悬臂式适用于:

①柱式安装有困难时;
②道路较宽、交通量较大、外侧车道大型车辆阻挡内侧车道小型车道视线时;
③视距受限制时;
④景观上有要求时。

(3)门式。标志安装在门架上。标志下缘距路面的高度,至少按该道路规定的净空高度设置。门架式标志适用于:

①多车道道路(同向三车道以上)需要分别指令、警告或指示各车道去向时;
②道路较宽、交通量较大、外侧车道大型车辆阻挡内侧车道小型车辆视线时;
③互通式立交间隔距离较近标志设置密集之处;
④空间限制,柱式、悬臂式安装有困难时;
⑤车道变换频繁,出口匝道为多车道者;
⑥景观上有要求时。

(4)附着式。标志安装在上跨桥和附近构造物上。附着式标志的安装高度也应符合上述净空的规定。

二、道路交通标线

道路交通标线是由标画于路面上的各种线条、箭头、文字、立面标记、突起路标和轮廓标等所构成的交通安全设施。它的作用是管制和引导交通。可以与标志配合使用,也可单独使用。

高速公路、一级公路、二级公路和城市快速道路、主干路应按《道路交通标志和标线 第3部分:道路交通标线》(GB 5768.3—2009)(简称《交通标线》)规定设置反光交通标线,其他道路可根据需要按《交通标线》设置标线。

1.道路交通标线一般分类

1)道路交通标线的类别

《交通标线》把道路交通标线分成以下几种类别。

(1)按设置方式分

①纵向标线:沿道路行车方向设置的标线。
②横向标线:与道路行车方向成角度设置的标线。
③其他标线:字符、标记或其他形式标线。

(2)按功能分

①指示标线:指示车行道、行车方向、路面边缘、人行道等设施的标线。
②禁止标线:告示道路交通的遵行、禁止、限制等特殊规定,车辆驾驶人及行人需严格遵守的标线。

③警告标线:促使车辆驾驶人及行人了解道路上的特殊情况,提高警觉,准备防范应变措施的标线。

(3)按形态分

①线条:标画于路面、缘石或立面上的实线或虚线。

②字符标记:标画于路面上的文字、数字及各种图形符号。

③突起路标:安装于路面上用于标示车道分界、边缘、分合流、弯道、危险路段、路宽变化、路面障碍物位置的反光或不反光体。

④路边线轮廓标:安装于道路两侧,用以指示道路的方向、车行道边界轮廓的反光柱(或片)。

2)道路交通标线的标画区分

(1)白色虚线:画于路段中时,用以分隔同向行驶的交通流或作为行车安全距离识别线;画于交叉口时,用以引导车辆行进。

(2)白色实线:画于路段中时,用以分隔同向行驶的机动车和非机动车,或指示车行道的边缘;画于交叉口时,可用作导向车道线或停止线。

(3)黄色虚线:画于路段中时,用以分隔对向行驶的交通流;画于路侧或缘石上时,用以禁止车辆长时在路边停放。

(4)黄色实线:画于路段中时,用以分隔对向行驶的交通流;画于路侧或缘石上时,用以禁止车辆长时或临时在路边停放。

(5)双白虚线:画于交叉口时,作为减速让行线;画于路段中时,作为行车方向随时间改变之可变车道线。

(6)双黄实线:画于路段中时,用以分隔对向行驶的交通流。

(7)黄色虚实线:画于路段中时,用以分隔对向行驶的交通流。黄色实线一侧禁止车辆超车、跨越或回转,黄色虚线一侧在保证安全的情况下准许车辆超车、跨越或回转。

(8)双白实线:画于交叉口时,作为停车让行线。

2. 道路交通标线的种类及其作用

如上所述,按照功能划分,道路交通标线可分为指示标线、禁止标线和警告标线。各类标线的具体功能见表4-10。

道路交通标线种类及其作用　　　　　　　　表4-10

标线种类	标线名称	标线作用
指示标线	双向两车道路面中心线	用于分隔对向行驶的交通流,指示车辆驾驶人靠右行驶,各行其道,分向行驶
	车行道分界线	用来分隔同向行驶的交通流
	车行道边缘线	用来指示机动车道的边缘或划分机动车道与非机动车道的分界
	左转弯待转区线	用来指示左转弯车辆可在直行时段进入待转区,等待左转
	左转弯导向线	表示左转弯的机动车与非机动车之间的分界,主要用于畸形平面交叉口
	人行横道线	表示准许行人横穿车行道的标线
	高速公路车距确认标线	用以提供车辆驾驶人保持行车安全距离之参考
	高速公路出入口标线	为驶入或驶出匝道车辆提供安全交会,减少与突出部缘石碰撞的标线

续上表

标线种类	标线名称	标线作用
指示标线	停车位标线	用以表示车辆停放位置
	港湾或停靠站标线	用以表示公共客车通向专门的分离引道和停靠位置
	收费岛标线	用以表示收费岛的位置,为驶入收费车道的车辆提供清晰的标记
	导向箭头	用以表示车辆的行驶方向
	路面文字标记	利用路面文字,指示或限制车辆的行驶
禁止标线	禁止超车线	中心黄色双实线表示严格禁止车辆跨线超车或压线行驶。中心黄色虚实线表示实线一侧禁止车辆越线超车或向左转弯,虚线一侧准许车辆越线超车或向左转弯。中心黄色单实线表示不准车辆路线超车或压线行驶
	禁止变换车道线	用于禁止车辆变换车道和借道超车
	禁止路边停放车辆线	用以指示禁止路边长时停放车辆的路段
	停止线	表示车辆等候放行信号的停车位置
	让行线	表示车辆在此路口必须停车或减速让干道车辆先行
	非机动车禁驶区标线	用以告示骑车人在交叉口内禁止驶入的范围
	导流线	表示车辆需按规定的路线行驶,不得压线或越线行驶
	网状线	用以告示驾驶人禁止在设置本标线之交叉口(或其他出入口处)临时停车,防止交通阻塞
	车种专用道线	用以指示仅限于某车种行驶之专用车道,其他车种或行人不得进入
	禁止掉头标记	用于禁止车辆掉头的交叉口或区间
	中心圈	用以区分车辆大、小转弯及交叉口车辆左右转弯的指示,车辆不得压线行驶
警告标线	车行道宽度渐变段标线	用以警告车辆驾驶人路宽缩减或车道数减少,应谨慎行车,并禁止超车
	路面障碍物标线	用以指示路面有固定性障碍物,警告车辆驾驶人谨慎行车,绕过路面障碍物
	近铁路平交道口标线	用以指示前方有铁路平交道口,警告车辆驾驶人谨慎行车
	减速标线	用于警告车辆驾驶人前方应减速慢行
	减速车道线	用于警告车辆驾驶人前方应减速慢行
	立面标记	用以提醒驾驶人注意在车行道或近旁有高出路面的构造物,以防止发生碰撞

在道路交通标线中,还有轮廓标和突起路标。

轮廓标用以指示道路的方向、车行道的边界。在高速公路、一级公路的主线,以及互通立交、服务区、停车场的进出匝道或连接道,需要连续设置轮廓标。轮廓标沿着公路前进的方向左、右侧对称设置。轮廓标结构按设置条件可分为埋设于土中和附着两种。

突起路标是固定于路面上起标线作用的突起标记块。在高速公路或其他道路上用来标记中心线、车道分界线、边缘线,也可用来标记弯道、进出口匝道、导流标线、道路变窄、路面障碍物等危险路段。突起路标可分为反光和不反光两大类。反光突起路标根据不同反光原理有棱镜型、透镜型等结构,不反光的可用瓷片、塑钢等多种材料制作。

3. 道路平面交叉口标线的设置原则

道路平面交叉口的标线包括人行横道线、停止线、车行道中心线、车道分界线、导向箭头等，上述标线在设置时，应考虑交叉口的形式、交通量、车行道宽度、转弯车辆的比率、非机动车的混入率等因素，并遵循下列原则设置：

(1) 要积极开辟左转弯车道。可利用减狭中央分隔带的方法，也可利用缩窄车道宽度和偏移车行道中心线等方法开辟左转弯专用车道。

(2) 交叉口的导向车道线的长度应根据交叉口的几何线形确定，其最短长度为30m。导向车道线应画白色单实线，表示不准车辆变更车道。

(3) 平面交叉口的进口车道内，应有导向箭头标明各车道的行驶方向。距交叉口最近的第一组导向箭头，设置在导向车道线的末尾。导向箭头重复设置的次数和距离，应根据交叉口进口道的具体情况确定。一般计算行车速度大于60km/h的道路，导向箭头按导向车道线的长度重复三次；计算行车速度小于60km/h的道路，导向箭头按导向车道线的长度重复两次。

4. 道路交通标线的设计原则

道路交通标线的视认性取决于其颜色对比度和标线的长、宽尺寸。

1) 道路交通标线的颜色

传统的道路交通标线采用白色，是因为白色比较醒目，尤其在沥青路面上的色度对比下，它的视认效果较好。近年来许多国家在交通标线中使用了黄色标线，用于分隔道路上对向车流，限制其相互跨越和干扰。黄色标线主要避免了原来标线的单调色彩，使驾驶人减少长途驾驶后的疲劳感，对交通安全是一个有利的因素。但黄色标线对光的反射性比白色标线低53%，白色标线的亮度是黄色标线的1.3倍。另外，黄色标线漆价格高于白色标线漆。我国目前较少使用黄色交通标线，一般在同方向有两条以上机动车道且道路照明条件较好的情况下才使用。

2) 道路交通标线的宽度

驾驶人的行车视觉对纵向和横向交通标线的宽度有着不同的要求。国外对纵向标线的研究表明：其宽度对道路交通和驾驶人的心理、生理指标没有影响。就宽度分别为10cm、15cm、20cm的交通标线进行测验，当车速分别为20km/h、40km/h、60km/h、80km/h、100km/h时，不同宽度的纵向标线对行车可见性无甚影响。各国对纵向标线宽度一般取为10～15cm，最小和最大值分别为7.5cm和20cm。标线宽度应与道路宽度成正比。

横向标线宽度应比纵向标线宽，因为驾驶人在行车中发现横向标线往往是由远到近，尤其在距横向标线较远的时候其视角范围很小，加上远小近大的原理，加宽横向标线是很有必要的，一般其宽度为20～40cm。

3) 道路交通标线的虚线间隔长度的确定

根据心理学家的研究，虚线中的实线段与间隔长度的比例与车辆的行驶速度直接有关。实线段与间隔距离太近，会造成闪现率过高而使虚线出现连续感，对驾驶人产生过分的刺激。但闪现率太低，使驾驶人在行驶中获得的信息量太少，起不到标线应有的作用。线段与间隔的尺寸对道路上的车速有一定影响，在郊外公路上线段与间隔的闪现率不大于4次/s被认为是可以接受的，闪现率为2.5～3.0次/s时效果最好。

4) 导向箭头最佳形式的确定

车辆驾驶人在道路上行进时辨认路面上的导向箭头,由于视线高度的限制,箭头的平面形状应与观察距离成正比地拉长。所以,施划在路面上的箭头形状同正常的箭头形状有很大的不同。

为寻求导向箭头的最佳形式,需要对各种直行、转弯、直行和转弯组合箭头进行比较,在对比试验中控制箭头的尺寸、亮度、对比度以及路面颜色不均匀所产生的干扰等因素。而上述因素的变化将会影响认读速度。试验中认读速度最快、错误率(混淆率)最小的就被认为是最佳的箭头形状。

根据认读速度和错误率试验的结果来统计分析,可以区别各种箭头形式的好坏。最终的箭头形式是根据试验结果的平均值来选用的,最好的箭头形式可归纳如下:

最好的直行箭头的特征是,箭头的宽约为箭杆宽的3倍,箭头长要比箭杆短,后掠式箭头和锥形式箭头都是不好的;最好的转弯箭头的特征是,在很大程度上是以不对称的形式来显示方向的,因为它是从直行箭头演变过来的,若采用独特的设计形状,则可以获得较为理想的认读效果;最好的组合箭头的特征是,保持箭头的转弯部分清晰。

三、其他交通秩序管理设施

1. 隔离设施

道路交通隔离设施是交通管理部门在道路上设置的一种分隔交通流,保证车辆和行人交通安全、畅通的交通设施。它的特点是以物理实体强制分隔道路和车道,从而达到限制交通流的目的。交通管理部门在道路上设置的主要隔离设施有护栏、隔离墩、绿化隔离带及水泥体等。

1) 护栏

护栏设置在路肩的外侧、分隔带、人行道等处。设置护栏是为了防止车辆冲出路外或冲到对向车道上,减轻碰撞后果,保护车辆和乘客的安全;诱导驾驶人视线,提高驾驶人注意力;限制行人横穿,保护行人安全。为实现不同的功能,可选用不同的护栏。按防护目的的不同,可分为路旁护栏、分隔带护栏、行人护栏3种;按结构不同,可分为刚性、柔性、刚柔性3种。

2) 隔离墩

隔离墩主要用钢筋混凝土制作或生铁铸造,表面涂刷红白相间油漆或贴反光膜、镶嵌视线诱导器,提高夜间行车时驾驶人的视认距离。隔离墩的高度为0.5~1m,隔离墩的间距为3~5m,中间用钢管或环链连接。在城市中,可在中心线上设置隔离墩分隔对向机动车,减少对向机动车之间的碰撞;可在同向外侧机动车与非机动车之间设置隔离墩,以减少非机动车与机动车间的相互干扰;也可在环形立交桥或交织型立交桥上设置,充分隔离机动车与非机动车,减少因相互交织而引起的非机动车对机动车的干扰。另外,也常在城市平面交叉口各进口引道处,设置20~60m长的机非车道隔离墩或在中心线处设置中心隔离墩。隔离墩在城市道路中普遍采用,是一种制造简便、安装容易、移动方便的交通设施。

3) 绿化隔离带

绿化隔离带是在对向机动车道之间或同向机动车道与非机动车道之间,用水泥混凝土路缘石围砌成的一定宽度的空间,其上可以种植花草树木。绿化隔离带是分隔车辆的一种交通设施,同时起到美化城市或道路环境的作用。在干线公路和城市道路上常用绿化隔离带作为中央分隔带,在机动车道与非机动车道之间也常常采用此种形式。其缺点是占用一定道路宽度,如未定期修剪或有行人从中穿越时,易造成交通事故。

4) 水泥体

水泥体是由钢筋混凝土浇筑而成的交通分隔设施,宽 0.3~1m,高 0.3~0.5m。一般用于中央隔离,有时在机动车道与非机动车道之间设置,既起到分隔交通作用,又起到公交车停靠站的作用。具有安全性强、驾驶人不易受对向来车干扰等优点。

2. 道路照明

设置道路照明的目的是确保车辆驾驶人和行人、自行车骑行者夜间出行时能随时、清楚地掌握道路交通状况,改善视觉环境,保证出行安全、迅速,减少因视线不清而引发的交通事故。照明光源分汽车前照灯和路灯两种。

英国、美国、瑞士等国的调查表明:安装路灯后,高速公路的事故率减少 40%~60%,一般公路减少 30%~70%,城市道路减少 20%~50%。考虑道路交通状况,照明可以是全线连续照明,也可对必要地点局部照明。夜间交通量较大的城市快速路、主干路应全线连续照明;一般道路的重要地点,如交叉口、人行横道、桥梁、铁路道口、事故多发地点等,可局部照明。我国城市中,主干路、部分次干路及居民住宅小区、快速路等均设有照明设施,而绝大多数公路则不设照明设备。良好的照明设计应满足路面亮度、亮度均匀性的要求,防止眩光产生并具有较好的诱导视线的作用。

1) 路面亮度

路面亮度是指路面单位投影面积上的发光强度。评价路面的光照条件通常使用路面平均亮度(cd/m^2),其为按照国际照明委员会(CIE)规定的在路面上预设的点上测得的或计算得到的各点亮度的平均值。路面亮度由路面照度、路面反射特征以及观察角度决定,其中路面照度是指路面单位面积上所接受可见光的光通量,只与灯源本身相关,而与路面情况无关。路面照度随路面材料种类、干湿不同而变化,照明设计时采用干燥路面的照度。照度不同于亮度,受到路面材料的影响,如水泥混凝土路面所需的路面照度约为沥青路面的 70%。

2) 亮度均匀度

为使驾驶人和行人能清晰地看到路面上的障碍物,路面除应具有足够的平均亮度外,还应有一定亮度均匀度。路面最低亮度 L_{min} 与路面平均亮度 L_r 的比值称为亮度均匀度 U_0,一般道路需要满足 $U_0 \geq 0.4$。亮度均匀度差,障碍物在路面暗黑部分时,出行者不易看清,有时会导致交通事故发生。因此,为降低亮度分布不均匀的影响,应采取必要措施提高路面平均亮度。

3) 光源与灯具

道路照明一般使用的光源有钠光灯、荧光水银灯、荧光灯、汞灯或卤化金属灯等。钠光灯色为橙白色(高压)、橙黄色(低压),透视性较好,特别适用于多雾的山区。另外,将它用于交叉口、急转弯处、危险地点可以唤起驾驶人的注意,效果好。荧光水银灯是道路照明中最常用的照明光源,寿命长、经济,光色为白色。光源设置既应满足充分照明的要求,还应保证不使驾驶人感到眩目。眩目与灯具种类和安装的亮度有关。灯具按配光特性分为围遮型、半遮光型、无遮光型 3 种。围遮型灯具适用于避免眩光的主干道,半遮光型适用于道路两侧较明亮的道路。灯具安装高度一般为 8~12m,5~15m 较经济。为了确保路面有良好的亮度均匀度,应考虑灯具排列方法。灯具排列方式分为单侧排列、交错排列、对向排列 3 种。

4) 道路照明方式

照明器安装在 10~15m 高的灯杆顶端,沿道路两侧或一侧布置,此方式应用最为广泛。在 15~40m 的高杆上装有多个大功率照明灯进行大面积照明,此方式适用于复杂的立体交叉口、汇合点、停车场、收费站、广场等处的照明。在道路中央分隔带中,安置高为 15~20m 的灯杆,在灯杆之间拉钢索,把照明器悬挂在钢索上进行照明,此方式用于有隔离带的道路。在车道两侧的护栏上约 1m 高的位置设置照明器。

3. 其他附属设施

1) 视线诱导标

(1) 视线诱导标的概念和分类。视线诱导标是指沿车道两侧设置的,为使驾驶人夜间行车时在充分看清前方道路的情况下,保持安全、畅通行驶,用以指示道路方向、车行道边界及危险路段位置的设施总称。视线诱导设施分为轮廓标、分流和合流诱导标、线形诱导标三种。国道、省道、县道个别路段沿道路两侧植树,并在树干上涂白色反光漆,车灯照射下起诱导视线作用。公路线形、路面宽度等变化处,仅靠树木难以辨清,应设置反光性视线诱导标。高速公路、汽车专用一级公路应设置由反射器、立柱和各种连接件、基础等组成的反光性视线诱导标,以确保高速行车安全。

(2) 视线诱导标的构造及设置要求。视线诱导标一般由反射器、立柱和基础组成。分、合流诱导标和线形诱导标都是由反射器、底板、立柱、连接件和基础等组成。反射器一般为圆形或长方形,颜色有白色与橘黄色,所用材料为合成树脂、玻璃或反光镜片。立柱为铁管,颜色一般为白色,有时也可涂黑白相间线条,便于白天分辨。干线公路除视线良好的路段外,都应按要求设置视线诱导标。反射器的位置设置在行车道右侧路肩外缘、中央分隔带上,高度在路面上 0.9~1.2m 范围内,设置间距为 40~50m。若是小半径右向曲线,应设在外侧。在城市快速路上应设置视线诱导标,在照明设施很完善的城市主干路和一般街道上不予考虑。立交桥左右转弯匝道,在左右两侧均应设置连续视线诱导标,反射器的颜色为橘黄色,最大间距为 25m。

2) 道路反光镜

道路反光镜一般设在道路视距不足的小半径曲线或无控制装置的小型平面交叉口、铁路道口等处。驾驶人或行人通过反光镜辨认前方道路、交通状况,便于提前采取动作,预防事故发生,属于临时措施。尤其在山岭地区拐弯处、事故多发路段根据实际情况适当设置反光镜,有一定的安全效果。道路反光镜由反光镜和立柱构成,分为圆形、方形与椭圆形,其中圆形反光镜最常用、最普遍,有单面镜和双面镜。反光镜采用凸形镜,凸形镜反映的图像必须清晰、明确,其镜面半径应满足标准规定要求。圆形镜适用于纵向需要有宽阔视野的情况,方形镜或椭圆形镜适用于横向需要有宽阔视野的情况。在平面交叉口通常设双面圆形镜,镜面材料有丙烯树脂、玻璃不锈钢、聚碳酸酯等,圆形反光镜的直径有 90cm、120cm、160cm 三种,常用直径为 90cm。镜面中心离地面约 1.5m,支柱用警戒色——黄色涂刷。

3) 反光道钉和反光几何体

反光道钉俗称反光路钮或猫眼道钉,用铝合金或其他材料(其中铝合金占较大比重)铸成。从结构上分为直柄式、宽体式和黏附式。反光道钉多用在城市快速路、主干路、高速公路以及汽车专用一级公路上,如城市道路中心线、分道线,或交通岗四周、道路建筑物四周、环道四周,以及立交桥上和道路转弯处。在高速公路上多用于进出口匝道的转弯处和桥梁隧道内,或部分路段设置连续反光道钉,如广州至汕头高速公路沿线设有连续反光道钉。成串反光道钉,在夜间形成夜间行车导向带,对驾驶人夜间视线诱导起着重要作用,有利于交通安全。反光几何体用有色或无色的透明塑料制成,是一种与道钉功能相同的反光体。其反光原理是利用光线在几何体内折射形成。常用在路缘栅栏上,或是中央护栏上,也可用在道路中心的实线中间。

4)减速垄和阻车器

(1)减速垄。减速垄由橡胶、金属材料或水泥混凝土制成,设于停车场出入口处,形状为人字形,两边有5%~10%的斜坡,其目的是使驶入、驶出停车场的车辆减速,确保安全。由橡胶材料制成的减速器,价格便宜,安装方便,其上可涂刷黄黑相间的管理线以引起驾驶人注意。减速垄也常设置在城市主干路、快速路的出入口处。

(2)阻车器。阻车器是由生铁或其他金属材料制成的,设于停车场内的停车泊位一端,可阻止停放车辆溜车或限制车辆倒车,以防止碰撞的一种安全设施。

5)交通岛

交通岛是为控制、引导车辆行驶,保护行人安全,在道路上设置的安全设施。交通岛按使用要求分为导流岛、安全岛等。导流岛一般采用缘石围成高于路面的实体岛。当岛面窄小时,可采用路面柱线表示的隐形岛。在计算行车速度大于60km/h的公路上,当平面交叉口处横穿的行人较多,且横穿距离较长时,应设置安全岛。在无地下通道和人行天桥的城市主干路、快速路上,人行横道中间应设置安全岛,以确保行人安全。安全岛由钢骨架和铁皮制成,外侧涂成黄色底漆、红色线条,并写有"安全岛"字样。也有采用钢筋混凝土结构的安全岛。安全岛一般设在路面宽度超过24m,且车流量大,行人量也较大,行人常常不能一次通过的道路上。

此外,其他附属设施还有橡胶护角、护墙胶、路栏、路障、导向标、道口标柱等。

第五节　高速公路通行秩序管理

由于高速公路具有普通公路所没有的良好的行车条件,为保障高速公路上车辆高速行驶时的安全与畅通,需要对进入高速公路的车辆及车辆的运行作出专门的规定。

一、禁行规定

《道路交通安全法》规定,行人、非机动车、拖拉机、轮式专用机械车、铰接式客车、全挂拖斗车以及其他设计最高时速低于70km的机动车,不得进入高速公路。

二、限速规定

按照《道路交通安全法》和《实施条例》,高速公路限速标志标明的最高时速不得超过120km,最低时速不得低于60km。具体最高和最低限速的规定分别见表4-11和表4-12。

高速公路最高时速限速规定　　表4-11

车辆类型	最高限速(km/h)	车辆类型	最高限速(km/h)
小型载客汽车	120	摩托车	80
其他机动车	100		

高速公路最低时速限速规定　　　　表4-12

车道位置	最低限速(km/h)	车道位置	最低限速(km/h)
同方向有2条车道的左侧车道上	100	同方向有3条车道以上的中间车道上	90
同方向有3条车道以上的最左侧车道上	110		

《实施条例》还规定,道路限速标志标明的车速与上述车道行驶车速的规定不一致的,按照道路限速标志标明的车速行驶。

三、车辆运行规定

(1)机动车从匝道驶入高速公路,应当开启左转向灯,在不妨碍已在高速公路内的机动车正常行驶的情况下驶入车道。

(2)机动车驶离高速公路时,应当开启右转向灯,驶入减速车道,降低车速后驶离。

(3)机动车不得在匝道、加速车道或减速车道上超车。

(4)非紧急情况时不得在应急车道行驶或停车。

(5)试车或学习驾驶机动车不得在高速公路上行驶。

四、各种驾车操作的基本规则

1. 跟车

车辆在高速公路上正常行驶时,同一车道的后车与前车必须保持足够的行车空间。正常情况下,行驶速度超过100km/h,行车间距为100m以上,车速低于100km/h时,与同车道前车之间的距离可以适当缩短,但最小距离不得少于50m。

2. 超车或变更车道

车辆在行驶中需要超越前车或变更车道时,必须提前开启转向灯,夜间还需变换使用远、近光灯,确认与要进入的车道前方车辆以及后方来车均有足够的行车间距后,再驶入需要进入的车道。超车时,只允许使用相邻的车道。不准骑、压车道线行驶或在路肩上行驶。

3. 倒车、掉头

不准倒车、逆行,不准穿越中央分隔带掉头或转弯。

4. 停车

除遇障碍、发生故障等必须停车的情况外,不准随意在车道内停车。

5. 故障

车辆行驶中,因故障需要临时停车检修时,应当立即开启危险报警闪光灯,并开启右转向灯驶离车道,将车移至不妨碍交通的地方停放;难以移动的车辆,应当持续开启危险报警闪光灯,在高速公路上应在故障车来车方向150m以外设置警告标志,在一般道路上应设在车后50~100m处,夜间还需同时开启示宽灯和尾灯。驾驶人和乘车人必须迅速转移到路肩或紧急停车带内,并迅速报警。

五、低能见度时的交通管理

在遇有雾、雨、雪、沙尘、冰雹等低能见度气象条件时,对于在高速公路上行驶的车辆必须开启的灯光、限速和必须保持的前后车安全车距,有关要求归纳于表4-13中。

低能见度时高速公路交通管理规定　　表4-13

能见度(m)	开灯	限速(km/h)	车距(m)
200~100	雾灯、近光灯、示廓灯、前后位灯	60	>100
100~50	雾灯、近光灯、示廓灯、前后位灯、危险报警闪光灯	40	>50
<50	雾灯、近光灯、示廓灯、前后位灯、危险报警闪光灯	20	—

第六节　数字交通与交通秩序管理

数字交通是指利用信息技术和互联网等数字化手段,对交通运输领域进行智能化、自动化和网络化改造,实现交通系统的高效、安全、便捷和可持续发展的一种新型交通形态。传统的交通秩序管理中,无论是交通管理者还是交通用户,由于获取信息的渠道有限,都会影响交通秩序管理效果。随着数字交通技术的应用,基于实时感知设备获取交通参与者的信息,通过数据分析获取危险交通事件和违法违章事件等信息,辨识重点对象并进行管理,改善交通秩序,可以有效提升交通秩序管理的质量和水平。下面介绍一些应用情况。

1. 公安交通管理信息化综合平台

图4-16是我国公安部开发的四大公安交通管理信息化平台。通过运用信息技术和互联网技术,实现各业务系统的互联工作以及跨区域交管数据信息共享汇聚,搭建了全国统一的公安交通管理综合应用平台、公安交通集成指挥平台、交通管理大数据研判分析平台和互联网交通安全综合服务平台等四大平台,形成部、省、市三级信息系统架构,有利于系统化管理,为整个公安交通管理工作提供强大的技术支撑。

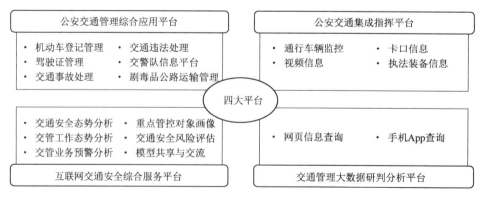

图4-16　四大公安交通管理信息化平台与功能

2. 交通电子执法系统

交通电子执法系统可自动识别机动车的各类违法违章行为,并对机动车违法的过程自动进行视频或拍照记录,再将其上传至后台监管系统并自动进行处罚。该系统主要针对的违法行为包括但不限于机动车违法超速、违法使用公交专用道和紧急停车带、违法闯红灯和违反禁令标线等交通违法行为。该系统使监管做到稳定、精准和高效,增强对机动车违法违章行为的管理和监控,有效降低机动车违法行为。

3. 交通事故快速处理系统

交通事故快速处理系统可在没有交通警察的情况下,方便车辆驾驶人快速处理轻微的车损事故。通过事故数据的高精度采集,对事故分析研判,做到远程定责、定损、理赔、修车等服务,同时通过事故大数据分析系统,分析事故成因,实现事故预防精准实施,降低同类事故发生率。该系统能缓解发生轻微事故时该路段的交通堵塞情况,降低道路交通压力,提升交警工作效率。

4. 重点车辆及驾驶人安全管理系统

重点车辆及驾驶人安全管理系统把公安、运管(道路运输管理)、安监(安全生产监督)和企业四方数据进行联动互通,实现多部门的联动监管,同时通过车载视频终端设备,对行驶车辆内的图像及声音环境进行实时监测。以车辆实时运行计算为核心服务,整合地理信息、车辆运营数据以及驾驶人监控数据,实现多种信息发布功能的融合,建立人、车、企业综合数据模型进行情报研判、安全评估以及事件预警。该系统可实现全方位监管,提升监管部门的监管效率和企业的管理水平。

5. 非机动车综合管控系统

通过智能摄像机在多种道路场景中精准识别非机动车,对非机动车入侵机动车道、逆行、闯红灯、不戴头盔和违规载人等违法违章行为进行智能抓拍,并将时间、地点、车牌号以及具体违法违章行为等详细数据提供给交通管理部门,作为交管部门的执法依据。该系统能有效增强非机动车驾驶人遵守交通法律法规的意识,降低交通违法违章行为处理的人力成本,提升处理效率。

6. 行人过街安全警示系统

当行人违反交通信号灯指令走上人行横道穿越车道时,安装在人行横道周围的智能摄像将检测行人轨迹,并触发警示装置。警示装置以声光电的形式同时对行人发出预警提示,提醒行人按行人信号灯指令安全过街,同时警示机动车驾驶人减速慢行或停车等待。该系统可有效应对各种交通路口的安全问题,强化行人的守法意识,有助于规范行人通行秩序,并减轻交通执法人员的工作强度。

【思考题】

1. 什么是交通秩序管理?
2. 交通秩序管理主要包括哪些内容?
3. 如何实施道路使用管理?

4. 什么是道路交通违法?
5. 如何进行道路交通事故处理?
6. 道路交通标志和标线是如何分类的?各有何作用和特点?
7. 设置交通标志要注意什么问题?
8. 交通数字化对交通秩序管理会有哪些影响?

第五章
交通运行管理

　　为了有效地使用交通设施,最大限度地发挥现有系统的潜能,提高和改善交通设施的服务功能,同时加强对交通运行的管理提供依据,有必要研究交通运行的特征和规律。当前的道路交通阻塞,尤其是高峰时段的交通阻塞所产生的延误及其不可预见性,是影响道路交通系统可靠性的一个主要原因。实践证明,当道路系统承担的交通负荷持续保持在或接近其通行能力水平时,任何单一措施都难以明显改善系统的可靠性。由于不断地修建更多的道路设施并非解决交通问题的好方法,因此,通过交通管理技术来解决交通运行中出现的问题,是解决交通问题的有效手段。

　　在欧美等交通发达国家,随着大规模交通基础设施建设任务的完成,人们越来越重视对道路交通运行的管理。在美国,提高管理水平、增强系统功能已成为交通领域,包括联邦和各州运输管理机构关注的中心课题。为了适应交通运输系统各方用户的需求,交通运输业要进行自身调整,以适应将工作重点从大规模的基础设施建设转向基础设施运行效率的提高及其服务功能的改善。这种调整的潜在效益是巨大的,将以减少出行延误、增强设施的安全性能、提高运行效率和用户的满意程度等形式具体体现出来。

　　本章主要讨论交通运行最基本的管理模式,包括机动车行车管理、步行管理、停车管理、无信号控制平面交叉口交通管理、快速道路交通管理和交通组织优化等内容,在本书的其他章节中还将结合相关内容进一步讨论交通运行管理的其他方法,如优先通行管理技术、交通系统管理技术、交通需求管理技术、交通控制技术以及智能交通技术等。

第一节 机动车行车管理

一、车速管理

1. 限速及其依据

车速管理是指运用交通管制的手段,强制性地要求机动车按照规定的速度范围在道路上运行,以确保道路交通安全。《实施条例》对路上行驶最高车速的规定见第四章第一节。

从各地发生的交通事故情况分析来看,由于违章超速行驶所造成的交通事故占有很大比重,这就使得我们不能不对行驶车速进行严格的管理和控制。

此外,特别是对那些不符合设计技术标准的路段,必须严格采取限速措施,以确保行车安全。

(1)对于因受条件限制,实际通视距离不能满足最小视距要求的路段,应按实际通视距离验算该路段的限制车速。

已知汽车停车视距 S_s 为:

$$S_s = \frac{v}{3.6}t + \frac{v^2}{2g(\phi \pm i) \times 3.6^2} + l_0 \tag{5-1}$$

式中:S_s——汽车停车视距,m;
　　　v——汽车行驶速度,km/h;
　　　t——反应时间,s(通常为留有余地,取为2.5s,其中判断时间为1.5s,操作时间为1.0s);
　　　g——重力加速度,9.8m/s²;
　　　ϕ——汽车轮胎和路面的纵向摩阻系数;
　　　i——道路纵坡(上坡i前取"+",下坡i前取"-");
　　　l_0——前后两车的安全距离,m,通常取5m。

式(5-1)前两项分别表示反应距离和制动停车距离。制动停车距离在路面湿润的情况下,取 $\phi = 0.29 \sim 0.44$。进行道路限速设计时,应考虑潮湿路面上的实际车速,按设计车速的85%~100%计算,参见表5-1。

在水平路段上路面湿润时的自动停车距离与停车视距　　　　表5-1

设计车速 (km/h)	行驶车速 (km/h)	ϕ	反应距离 $S_1 = 0.694v$ (m)	制动停车距离 $S_2 = 0.00394v^2/\phi$ (m)	S_s (m)	S_s^* (m)
120	102	0.29	70.7	141.3	217.0	210
100	85	0.30	58.9	94.8	158.7	160
80	68	0.31	47.1	58.7	110.8	110
60	54	0.33	37.4	34.8	77.2	75

续上表

设计车速 （km/h）	行驶车速 （km/h）	ϕ	反应距离 $S_1=0.694v$ （m）	制动停车距离 $S_2=0.00394v^2/\phi$ （m）	S_s （m）	S_s^* （m）
50	45	0.35	31.2	22.8	59.0	55
40	36	0.38	24.9	13.4	43.3	40
30	30	0.44	20.8	8.1	33.9	30
20	20	0.44	13.8	3.5	22.3	20

注：S_s^* 为日本《道路工程技术标准》规定值。

对于迎面驶来的车辆，采用表5-1中所列停车视距值的2倍，即会车视距 S_h 为：

$$S_h = 2S_s \tag{5-2}$$

在弯道、凸形竖曲线路段中间有严格实物分隔设施时，应验算该路段停车视距；实际通视距离小于设计停车视距时，须按实际通视距离计算该路段应采取的限制车速。路段中间无严格的实物分隔设施时，应验算该路段会车视距；实际通视距离小于设计会车视距时，须按实际通视距离计算该路段应采取的限制车速。

（2）在该设而不设或不便设超高的小弯道上，应按弯道的转弯半径验算可通过的安全行驶车速作为通过该弯道的限制车速，即：

$$v_1 \leqslant \sqrt{127(\mu + i_0)R} \tag{5-3}$$

式中：v_1——限制车速，km/h；

R——转弯半径，m；

μ——路面横向力系数；

i_0——路面横坡度。

另外，在住宅区内道路上，为保障住宅区内居民在路上行走时的安全、维护住宅区的环境安宁、限制过境车辆穿越住宅区道路，也可在住宅区道路上规定极低的限制车速。

（3）驾驶人视野与车速关系研究结果表明：驾驶人视野随行驶车速的增加而减小，注视点前移，形成隧洞视，如图5-1所示。同时，视焦距变长，视认景物模糊，视认能力减退，导致事故率上升。表5-2反映了驾驶人注视点、视野与行驶车速间的关系。

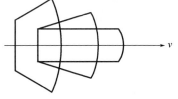

图5-1 视野减小、注视点前移

驾驶人注视点、视野与行驶车速间的关系 表5-2

行驶车速(km/h)	注视点（前方）(m)	视野
40	183	90°~100°
72	366	60°~80°
105	610	40°

为降低随着行车速度增加时驾驶人视野减小、视点前移、形成隧洞视现象的影响，除了采取在道路线形设计中适当加入弯道等措施外，还要在交通管理和控制上采取限速措施，以确保车辆行驶安全和畅通。

2. 限速措施

1) 车速限制

最高行驶车速的限制是指对各种机动车辆在无限速标志路段上行驶时的最高行驶车速的规定。它是由道路设计车速或实际地点车速的累积频率分布曲线上的 $v_{85\%}$ 值等因素确定的，如图5-2所示。

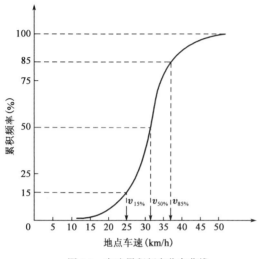

图5-2 车速累积频率分布曲线

道路上某点的时间平均车速是单位时间内各辆车在该点上的地点车速分布平均值，这种地点车速分布平均值可通过车速频率分布曲线及车速累积频率分布曲线来确定。

地点车速频率分布曲线及累积频率分布曲线反映了所观测路段上地点车速的统计特征，从中选出以下特征指标。

$v_{85\%}$（85%位地点车速）：地点车速累积频率分布曲线图中，对应累积频率为85%的地点车速，记为 $v_{85\%}$。它表示观测路段有85%的行驶车辆，其地点车速 $\leq v_{85\%}$。它被用来确定路段的最大限制车速，简称为车速上限。$v_{85\%}$ 被确定后，实际上仅对15%的驾驶人进行了限制。

$v_{15\%}$（15%位地点车速）：地点车速累积频率分布曲线图中，对应累积频率为15%的地点车速，记为 $v_{15\%}$。它表示观测路段有15%的行驶车辆，其地点车速 $\leq v_{15\%}$。换言之，有85%的车辆，其地点车速高于 $v_{15\%}$。它被用来确定路段的最小限制车速，简称为车速下限。此指标在高速道路上尤为重要。

$v_{50\%}$（中位地点车速）：地点车速累积频率分布曲线图中，对应累积频率为50%的地点车速，记为 $v_{50\%}$。

2) 特殊情况下的车速限制

在道路条件与交通条件（如交叉口、街巷、穿越铁路、下陡坡等）的影响下，对行驶车速应有一定的限制。如在交通信号控制系统（线控制、面控制等）中的车辆要求以适应"绿波带"的所谓"推荐车速"行驶；在车辆运行中途发生故障（如喇叭、灯光设备、机件等损坏但仍能行驶）时，根据交通规则进行现场限速管理；在天气条件恶劣（如遇到风、沙、雨、雪、雾天气，道路能见度在30m以内，或者道路结冰、有积雪等情况）时，依据交通规则进行现场限速管理。

3) 控制行驶车速的方法

(1) 法规控制。法规控制是指根据交通规则中的规定对车速加以限制。如通过交通信号、标志对车速进行限速，道路上的最高限速和高速公路上的最低限速等都属于这类情形。

(2) 心理控制。心理控制是指利用人的心理作用对车速加以控制。它是根据人们的心理特点，起到对车速限制的作用。运用视力判断方法，使驾驶人对前方道路条件产生不良反应，本能地降低车速。如在急转弯处路面上画有斑马线、横线；在下陡坡处画有鱼骨刺形条纹，使驾驶人产生快速不安全感及道路条件不良感，自觉地放慢驾驶速度；在接近有横向干扰的交叉口，有意识地使道旁树木的树梢互相靠近，从心理上给驾驶人造成道路狭窄之感，从而促使驾驶人自动减速。

(3) 工程控制。工程控制是指通过道路工程设施对车速进行强制减速的控制。如在住宅区道路或高速公路、快速道路的出口处设置颠簸路面、波状路面、齿状路面和分隔岛（设障碍物强迫车辆减速绕行）等。

二、车道管理

1. 单向交通

单向交通又称单行线,是指道路上的车辆只能按一个方向行驶的交通。

当城市道路上的交通量超出其自身的通行能力时,将造成城市交通拥塞、延误及交通事故增多等问题。此时,在道路交通系统中,若对某条道路或几条道路,甚至对某些路面较宽的巷、弄,考虑组织单向交通,将会使上述交通问题得到明显的缓解和改善。故单向交通是在城市道路交通系统中,缓解城市交通拥挤,充分利用现有城市道路网容量的一种经济、有效的交通管制措施。

应该强调指出,在旧城区街道狭窄、路网密度很大的地方,需要且有可能在一些街道上组织单向交通。说它需要,是因为这些街道车行道狭窄;说它可能,是由于道路网密度大,便于划出平行的单向交通道。

20 世纪初,在美国的一些城市(费城、纽约、波士顿等)中,开始在两条毗邻的街道上实行单向交通,到 20 世纪 20 年代还出现了整个区域内的单向街道交通系统。这种办法得以广泛地推行,是因为它不需要很多投资就能较容易地达到改善交通条件的目的。到了 20 世纪 30 年代,仅纽约的单向交通街道总长度就已超过了 2 000km。同一年代,欧洲各国,如英国(伯明翰)、法国(巴黎)、意大利、瑞典、瑞士、希腊及其他国家的城市也开始推广这种单向交通的交通组织方式。苏联在 20 世纪 50 年代开始推广组织单向交通,在莫斯科、圣彼得堡、巴库、图拉等许多城市实行单向交通并取得了成功。

1) 单向交通的种类

(1) 固定式单向交通。对道路上的车辆在全部时间内都实行单向交通称为固定式单向交通。常用于一般辅助性的道路上,如立交桥上的匝道交通多是固定式单向交通。

(2) 定时式单向交通。对道路上的车辆在部分时间内实行单向交通称为定时式单向交通。如城市道路交通在高峰时间内,规定道路上的车辆只能按重交通流方向单向行驶,而在非高峰时间内,则恢复双向运行。所谓重交通流方向,是指方向分布系数 $K_D > 2/3$ 的车流方向。必须注意,实行定时式单向交通时,应给非重交通流方向的车流安排出路,否则会导致交通混乱。

(3) 可逆性单向交通。可逆性单向交通是指道路上的车辆在一部分时间内按一个方向行驶,而在另一部分时间内按相反方向行驶的交通。这种可逆性单向交通常用于车流流向具有明显不均匀性的道路上。其实施时间应依据全天的车流量及方向分布系数确定,一般当 $K_D > 3/4$ 时,即可实行可逆性单向交通。同样,应注意给非重交通流方向的车流安排出路。

(4) 车种性单向交通。车种性单向交通是指仅对某一类型的车辆实行单向交通。这种单向交通常应用于具有明显的方向性及对社会秩序、居民生活影响不大的车种,如载货汽车。实行这类单向交通的同时,对公交车和自行车仍可维持双向通行,目的是充分利用现有道路的通行能力。

2) 单向交通的优缺点

(1) 单向交通的优点。单向交通在路段上减少了与对向行车的可能冲突,在交叉口上大量减少了冲突点,故单向交通在改善交通方面具有以下较为突出的优点:

①简化交叉口交通组织,提高通行能力。在交叉口,大量的机动车及非机动车汇集于此,由于车辆的行驶方向和交会方式不同,会形成许多冲突点和交织点。实施单向交通后,可以大大减少在交叉口的冲突点数和交织点数。机动车与机动车、机动车与非机动车之间的干扰也明显减少,因而提高了交叉口的通行能力。

②提高路段通行能力。由于单向交通减少了对向行车的可能冲突及减轻了快慢车之间的干扰,故道路通行能力将会有明显的提高。根据美国的有关资料,宽为12m的街道,在禁止路旁停车的情况下,双向交通的通行能力为2 800辆/h,单向交通的通行能力可达3 400辆/h,提高了20%以上。

③降低交通事故。冲突点可被看作交通事故可能发生的地点。由于单向交通能起到大量减少冲突点数目的作用,即一些交通事故的可能发生点将不存在,自然地,行车的安全性将会有明显的提高。如苏联实行单向交通的城市,事故数量平均减少了20%~30%,有的减少了50%以上。表5-3反映了美国和苏联一些城市通过组织单向交通而使道路交通安全水平得以提高的情况。

美国、苏联实行单向交通前后的交通安全水平比较　　　表5-3

城市	街道	交通事故数量与前一年数量的比值
纽约(美国)	6号及7号线	50%
	6号及7号大道	80%
	7号及8号大道	70%
伊利诺伊(美国)	主街道	25%
堪萨斯(美国)	13号及14号街	31%
莫斯科(苏联)	季亚科夫巷	25%
	奥尔利科夫巷	70%
	利霍夫巷	0%
	叶尔莫洛娃街	0%
圣彼得堡(苏联)	普里亚日卡河滨路	75%
	环渠河滨路	70%
	肖尔斯大街	50%
	波罗地街	20%

单向交通所发生的事故多为追尾事故,故恶性事故率也将下降。此外,双向交通改成单向交通后,可消除对向来车的眩光影响,行人过街只需注意一个方向,事故率也会有所下降。

④提高行车速度。实行单向交通可使行车速度得以提高,行程时间得以缩短,这些都已被实践所证明。如英国伦敦的一些街道实行单向交通后,平均行驶车速从13~16km/h提高到了26~32km/h;苏联20个城市的单向交通调查资料表明,实行单向交通后,交通条件明显改善,车速提高了10%~20%;美国实行单向交通的城市,其车速也提高了20%以上。

⑤其他优点。单向交通道路有利于实施各交叉口间交通信号的协调联动控制。

单向交通有助于解决停车问题。窄路上的双向交通如有停车,就会引起交通阻塞;若能允许路旁停车,而将留下的道路改为单向交通,则能有效地解决窄路上停车困难及交通阻塞的问题。美国的有关资料表明,12m 宽的街道,在可以停车的情况下,单向交通的通行能力为1 600 辆/h,双向交通为 1 250 辆/h。

为减轻复杂交叉口的交通拥挤与混乱,若将进口道改为单向交通,则可减少交叉口的停车次数,且汽车排放废气对空气的污染也会有所改善。

此外,单向交通可充分利用狭窄的街巷减轻主路(相交道路中交通量较大的道路)上的交通负荷,在一定程度上避免了旧城道路的改建,能带来较大的经济效益。

(2)单向交通的缺点:

①增加了车辆绕道行驶的距离,增加了附近道路上的交通量。

②给公共车辆乘客带来不便,增加了步行距离。

③容易导致迷路,特别是对不熟悉情况的外地驾驶人。

④增加了为单向管制所需的道路公用设施。

3)单向交通的实施条件

总的来说,单向交通对于改善交通条件,优点多于缺点。但并非无论什么道路条件与交通条件,都可实施单向交通。国内外实行单向交通的经验表明,实行单向交通一般应具备以下条件:

(1)两条大致平行、起终点较为接近的道路,它们之间的距离不超过 400m。

(2)具有明显潮汐交通特性的街道,其宽度不足三车道的可实行可逆性单向交通。

(3)复杂的多路交叉口,某些方向的交通可另有出路的,才可将相应的进口道改为单向交通。

当各条平行的横向街道的间距不大,车行道狭窄又不能拓宽,而交通量很大造成严重交通阻塞时;当车行道的条数为奇数时;在复杂地形条件下或对向交通在陡坡上产生很大危险性等情况下,实施单向交通能取得很好的效果。

应认识到,当现有的道路系统负荷过大,但尚未超负荷之前,就应根据条件着手考虑组织实施单向交通,规划出完善、合理并设置易于识别的交通标志的单向交通系统。例如,在单向交通与双向交通的过渡段,提前设置预告标志、夜间照明及反光标志等。同时应该认识到,位于街道中心的有轨电车道是组织单向交通的严重障碍。

4)单向交通实施效果分析

(1)交叉口的复杂性。采用交通枢纽复杂性指标 A 来评价交叉口的复杂程度。其计算公式为:

$$A = n_B + 3n_M + 5n_C \tag{5-4}$$

式中:n_B、n_M、n_C——交通流在交叉口内的分流点、合流点和交叉点数。

当交通枢纽复杂性指标 $A = 10 \sim 25$ 时,认为枢纽是简单的;当 $A = 25 \sim 55$ 时,认为枢纽属于中等复杂程度;当 $A > 55$ 时,认为枢纽为复杂的。

比较按双向和单向原则组织交通的道路网的一个局部,如图 5-3 所示,就能算出这两种情况下 4 个交叉口的总复杂程度。计算表明,单向交通所有 4 个交叉口的复杂程度仅为双向交通的 12%,见表 5-4。

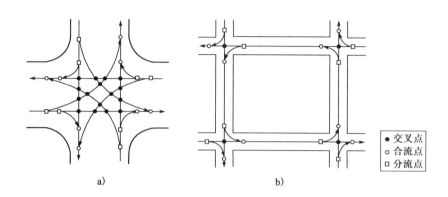

图 5-3 双向交通与单向交通交叉口的复杂程度比较
a) 双向交通；b) 单向交通

按双向和单向组织交通 4 个交叉口的总复杂程度　　　　表 5-4

比较项目		冲突点数							
		双向交通				单向交通			
		交叉点 n_C	合流点 n_M	分流点 n_B	合计	交叉点 n_C	合流点 n_M	分流点 n_B	合计
在 1 个枢纽点上	实际数值	16	8	8	32	1	2	2	5
	考虑换算系数时	80	24	8	112	5	6	2	13
在 4 个枢纽点上	实际数值	64	32	32	128	4	8	8	20
	考虑换算系数时	320	96	32	448	20	24	8	52

如图 5-4 所示的交叉口，采用单向交通可完全排除交叉口上的车流交叉。

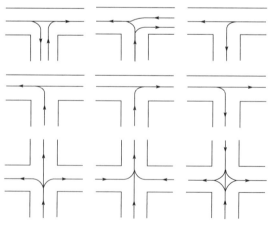

图 5-4 没有交叉车流的交叉口

（2）信号（灯）控制实效。分析证明，组织单向交通可使信号灯控制收到实效。表现在以下几点：

①在保持主流方向绿灯信号时间不变的情况下,缩短红灯和黄灯信号时间,从而缩短信号周期。

②由于减少信号的损失时间而提高交叉口的有效通车时间。

③因与交通主流方向同时解决左转和右转交通而提高绿灯信号的利用率。

(3)干道线控实效。干道线控的实效表现在以下几个方面:

①不因交叉口间距不等而产生问题,相反,十分容易根据交叉口的间距安排绿灯起步时差。

②绿灯时间可得到充分利用而增长"通过带"的宽度。

③通过带宽与绿灯时间的比值称为线控交通效率系数,用 η_c 表示。单向交通情形,$\eta_c = 1$;双向交通情形,$\eta_c < 1$,甚至 $\eta_c < 0.5$。

(4)经济效益。实行单向交通能保证提高车速和减少道路交通事故,经济效益显著。其估算公式为:

$$B_1 = B_D + B_A \tag{5-5}$$

式中:B_1——实行单向交通的经济效益;

B_D——减少延误和提高车速的经济效益;

B_A——减少交通事故的经济效益。

B_D 和 B_A 的估算公式如下:

$$B_D = 365Q[(C_2 - C_1)L + (t_{2D} - t_{1D})R] \tag{5-6}$$

$$B_A = 365Q \cdot L \cdot a \cdot (A_{1B} - A_{1A}) \times 10^4 \tag{5-7}$$

式中:Q——日交通量,辆/d;

C_1、C_2——单向及双向交通的运营成本,元/(车·km);

L——道路长度,km;

t_{1D}、t_{2D}——单向及双向交通车辆在行驶时的总延误时间,h/辆;

R——车辆怠速状态的平均消耗定额,元/(车·h);

A_{1B}、A_{1A}——实行单向交通以后和以前的相对交通事故数,起/(100万车·km);

a——每起交通事故的平均代价,元/起。

2. 变向交通

变向交通是指在不同的时间内变换某些车道上的行车方向或行车种类的交通。变向交通又称"潮汐交通"。

变向交通按其作用可分为两类:方向性变向交通和非方向性变向交通。在不同时间段内变换某些车道上行车方向的交通称为方向性变向交通。这类变向交通可使车流量方向分布不均匀现象得到缓和,从而提高道路的利用率。在不同时间段内变换某些车道上行车种类的交通称为非方向性变向交通,可分为车辆与行人、机动车与非机动车之间相互变换使用的变向车道。这类变向交通对缓和各种类型的交通在时间分布上不均匀性的矛盾有较好的效果。例如,在自行车早高峰时段,变换机动车外侧车道为自行车道,到了机动车早高峰时段,再变换非机动车道为机动车道。另外,在中心商业区变换车行道为人行道及设置定时步行街等,这些都是非方向性的变向交通。

变向交通的优点是合理使用道路,充分提高道路的利用率,从而提高道路的通行能力,这对解决交通流方向和各种类型的交通在时间分布上不均匀的矛盾有较好的效果。

变向交通的缺点是增加了交通管制的工作量和相应的设施,要求驾驶人有较好的素质,且注意力集中,特别是在过渡地段。

1)方向性变向交通的实施条件

与实行单向交通有其条件一样,实行变向交通也是有条件的。方向性变向交通的实施条件是:

(1)道路上机动车道数应为双向三车道以上。

(2)交通量方向分布系数 $K_D > 2/3$。

(3)重交通方向在使用变向车道后,通行能力应得到满足;轻交通方向在去掉变向车道后,剩余的通行能力应能满足交通量的需求。

(4)在城市道路上使用时,应在信号控制交叉口进口道上相应地增加进口道的车道数。

2)非方向性变向交通的实施条件

(1)自行车借用机动车道仅适用于一块板、两块板的道路,借用后机动车剩余车道的通行能力应能满足机动车交通量的需求。

(2)机动车借用自行车道后,剩余车道应能保证自行车通行的安全。

(3)行人借用车行道适用于中心商业区,除定时步行街外,要对机动车流进行分流疏导和控制。

3)变向交通的管制设施

(1)对于方向性和非方向性变换车道中机动车和自行车道相互借用的情形,可采用变换车道标志门和交通信号灯显示进行动态控制,使用锥形交通路标进行分隔。

(2)对于非方向性变换车道中行人借用车行道的情形,可采用报纸、电视、广播等宣传公告及轻质材料护栏等分隔设施。

(3)在高速公路上,除采用门式变换车道标志外,还可用液压式栏式缘石来分隔车道。

(4)在变换车道上应配备警力,有警车巡逻,清除、处罚违章者,以确保交通安全。

3. 专用车道

规划专用车道(或专用道路系统)是缓解城市交通问题的途径之一。专用车道包括公共车辆专用车道和自行车专用车道,简要介绍如下(第六章还将进行专门讨论):

1)公共车辆专用车道

公共车辆是指公共汽(电)车、轻型有轨车辆、地铁列车及城市铁路列车等。此外,出租汽车也属于公共车辆。

公共车辆载客量大,人均占用道路面积小,且可有效地利用道路,故采用公共车辆专用车道的办法来提高公共车辆的运行效率和服务水平,达到减少城市小汽车交通量的目的,使整个城市的交通服务质量得到改善,带来较大的社会经济效益。例如,开辟公共汽(电)车专用车道、公共汽(电)车专用道路,发展轻型有轨交通和地下铁道等。

开辟公共汽(电)车专用车道,可在多车道道路上划出一条车道,用路面标识或交通岛同其他车道分隔,专供公共汽(电)车通行,这可避免公共汽(电)车同其他车辆相互干扰。再有,在单向交通的多车道道路上,若车道有余,可划出一条靠边车道,专供对向公共汽(电)车行驶,称为对向公共汽(电)车专用车道,即在单向交通道路上,只允许公共汽(电)车双向通行。

公共汽(电)车专用街是只允许公共汽(电)车和行人通行的街道。对于较宽的街道,也可允许自行车通行。城市的中心商业区或只有两条车道而公共汽(电)车又必须通过的窄街道,特别适宜划为公共汽(电)车专用街。

2) 自行车专用车道

根据自行车交通早高峰流量大的特点,可将自行车和公共车辆流量大的路线、路段开辟成自行车和公共车辆专用线路、路段,定时将自行车与公共车辆及其他车辆分开,还可以开辟某些街巷作为自行车专用道。

三、禁行管理

为了调节道路上的交通流,或将一部分交通流量均分到其他负荷较低的道路上去,或应某些特殊的通行要求,根据道路条件和交通条件,实行对机动车和非机动车的某种限制通行的管理,称为禁行管理。禁行管理大致有以下几种情形:

1. 时段禁行

根据机动车和非机动车的不同高峰时段,安排其不同的通行时间,如7:00—19:00禁止载货车辆进入城市中心地区的道路。

2. 错日禁行

如某些主要街道规定某些车辆单数日通行,某些车辆双数日通行;或规定牌照尾号为单数的车辆单数日通行,双数的双数日通行。

3. 车种禁行

如禁止某几种车(载货汽车和各类拖拉机)进入城市道路和城市中心区。

4. 转弯禁行

在某些交通拥挤的交叉口,禁止机动车和非机动车左(右)转弯。应注意,在禁止左转交叉口的邻近路口必须允许左转,尤其是自行车,如可安排它们在支路上完成左转或变右转为左转。自然,这些措施应依据交通流量及道路、交通条件而定。

5. 载质量(高度、超速等)禁行

规定机动车和非机动车按规定的吨位(高度、速度)通行。

第二节 步 行 管 理

步行是人类最原始然而又最基本的一种交通方式。人们采用任何交通工具和任何目的的正常出行,其起终点总少不了步行。人们对步行也有"质量"的要求,当然也是最原始而又最基本的要求,行人一般都希望能自由自在、毫无顾忌地到达目的地。一方面,行人最初都不熟悉交通法规,任何人不必通过法规考试就能成为行人;另一方面,行人对车辆遵守交通法规的要求与信赖往往过高,总想自由自在地在街上行走。要求行人自觉遵守交通法规,并非易事。然而,行人与车辆相比显然是弱者,行人与车辆相撞往往非死即伤,因此交通管理应以保障行人安全为重。

我国城镇人口密集,步行交通量很大,这是我国城镇交通的又一特点。但过去普遍存在交通上重视车忽视人的思想,使得至今许多城市的不少街道上还没有完善的步行系统。实际上,忽视步行交通,没有足够的人行道或人行道被占用,人们只得走上车行道,这是造成我国道路上交通混乱与交通事故的重要因素之一。

因此,在我国,步行管理在交通管理中占有特殊重要的地位。步行管理的基本观念是"以人为本",基本目标应该是保障行人的安全。从交通工程的观点看,在满足这个基本要求的前提下,还得考虑如何同其他交通要求取得协调。

一、人行道

在城市道路中,人行道是重要的组成部分,它是专供行人使用的通道,并靠近机动车和非机动车道,可在建造时采用不同的高度将两者分隔开来。

《城市道路工程设计规范》(CJJ 37—2012)规定人行道宽度必须保证行人通行的安全和通畅,其最小宽度为2m。显然,在这最小宽度内,不应包括树木、路灯、护栏或其他道路设施。

在行人很多、车流量又较大的道路上和/或有临街商业服务、交通枢纽、学校等的道路上,应保证人行道有足够宽度以容纳所有的活动而不必使行人走到车行道上。

为了保证行人步行的安全与畅通,应保证人行道不被其他设施任意占用或任意停放车辆。人行道应当采用质量好的材料建筑而成,并得到正确的养护以及具备良好的照明设施。在一些重要的人行道上应当设置指示方向的标志,还要有有利于残疾人的相关措施和无障碍设施。

二、人行横道

1. 人行横道的作用及其标线的含义

1) 人行横道的作用

在行人需要穿过街道时,若满足行人自由自在地过街要求的话,势必会同街上行驶的车辆发生冲突,损害行人安全的根本要求,同时也会影响车辆通畅行驶的要求。

人行横道就是防止行人乱穿道路而在车行道上用标线等标示出的行人过街的地方。《实施条例》规定,行人横过机动车道,应当从行人过街设施通过;没有行人过街设施的,应当从人行横道通过。在伦敦,英国学者对行人在不同情况下过街的相对危险程度所做的调查表明:在有人行横道的地方通行,比没有人行横道的地方更安全;行人过街设施越完善的地方越安全。重视人行横道设施的设置对保障交通安全与整治交通秩序具有明显的作用,见表5-5。

不同情况下行人过街的相对危险程度　　　表5-5

行人过街设施	相对危险程度	行人过街设施	相对危险程度
无人行横道,也无交通信号控制	1.00	有人行横道,有交通信号控制	0.53
有人行横道,无交通信号控制	0.89	有人行横道,有交通信号控制且有安全岛	0.36

2) 人行横道的标线方式和含义

人行横道的标线方式有两种:条纹式(或称斑马纹式)人行横道线和平行式人行横道线。英国等国的交通法规明确规定,在斑马纹式人行横道上,行人有先行权。

2. 人行横道及安全岛的设置

人行横道的设置应以在整条道路上作通盘布置为宜,应根据行人横穿道路的实际需要确定,一般先布置交叉口上的人行横道,再考虑在交叉口中间加设路段上的人行横道。人行横道应设在车辆驾驶人容易看清楚的位置且尽可能靠近交叉口,与行人的自然流向一致,并尽量与车行道垂直。

在设置人行横道时,应根据交叉口的布局,设置适合的行人安全岛。

1)交叉口人行横道的设置(图 5-5)

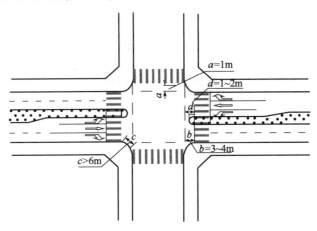

图 5-5 交叉口人行横道的设置示意图

注:1. 人行横道位置应平行于路段人行道的延长线并适当后退(见图中 $a=1m$ 部分),在右转机动车容易与行人发生冲突的交叉口,该后退距离宜取 $3\sim4m$(见图中 $b=3\sim4m$ 部分)。

2. 人行道的转角部分(见图中 c 部分),长度不应小于小汽车的车身长(6m),并应设置护栏等隔离设施。

3. 有中央分隔带的道路,人行横道应设在分隔带端部向后 $1\sim2m$ 处(见图中 d 部分)。

(1)交叉口人行横道的设置位置。交叉口人行横道若设在同向人行道的延长线上,比较顺应行人的走向,但这样会使交叉口的每个转角上都拥挤着两个方向的过街行人,侵占了右转车辆与自行车的行驶空间;而且过街行人踏上人行横道时,不易注意同向右转车辆从其背后驶来,很不安全。所以交叉口人行横道最好向交叉口外侧移一段距离,使之不占用街道转角,留出这段空间给右转车辆等候行人过街之用。这样,不但使行人可以注意到右转车,提高安全感,而且可为交叉转角处设置雨水口、信号灯杆、标志、照明灯杆、路名牌等设施提供位置。这段距离需视转角半径大小而定,且应考虑避开雨水口。交叉口转角处的雨水口应设在人行横道的上游。

(2)交叉口人行横道的宽度。交叉口人行横道的宽度应根据高峰小时的设计人流量确定,人行横道通行能力可取 2 000 人/(绿灯小时·m)。通过交叉口的人行横道宽度应略宽于其两端人行道的宽度,建议取人行道宽度的 1.5 倍。人行横道的最小宽度,各国规定不一,上海《城市道路平面交叉口规划与设计规程》(DGJ 08-96—2013)规定,顺延干路的人行横道宽度不宜小于 5m,顺延支路的人行横道宽度不宜小于 3m。在人行横道的两端与人行道的衔接处,要专门按照无障碍设计要求进行设计。

(3)交叉口人行横道的长度。交叉口人行横道的长度最好不超过 15m。上海《城市道路平面交叉口规划与设计规程》(DGJ 08-96—2013)规定交叉口"进出口道机动车达 6 条时,应在中间设置行人安全岛;新建交叉口岛宽应大于 2m,改建、治理交叉口应大于 1m"。

在斜交或畸形交叉口,人行横道应尽可能与车行道垂直,以缩短人行横道的长度,参见图 5-6。

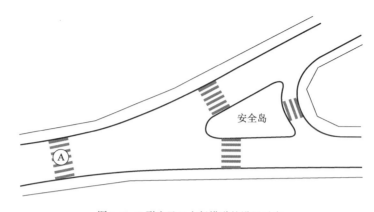

图 5-6　Y 形交叉口人行横道的设置示意
注:Y 形交叉口可结合导向岛设置人行横道,若行人流量较少,可不设 A 段人行横道。

T 形交叉口、高架路下行人过街横道的设置分别参见图 5-7 和图 5-8。

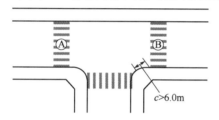 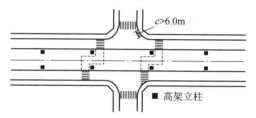

图 5-7　T 形交叉口人行横道的设置示意
注:T 形交叉口人行横道的设置,若机动车流量或行人流量较少,可不设 A 段或 B 段人行横道。

图 5-8　高架路下人行横道的设置示意
注:高架路桥墩设在交叉口附近,应在桥墩所处的分隔带上设置人行横道,必要时增设行人(二次过街)专用信号。

(4)行人过街安全岛的设置。设置行人过街安全岛可大大改善交叉口整体交通秩序,如规范驾驶人行车轨迹,增强机动车驾驶人对过街行人的视认性;为不能一次完成过街的行人提供安全的驻足区域;缩短行人一次过街距离,并可相应缩短行人清空时间,配合采用二次过街信号控制增加同一周期内行人放行时间或次数,使交通控制更加灵活、可靠,从而提高整个交叉口的通行效率和行人交通流的可控性;为交通设施(如信号灯杆、标志牌、供电通信等)的布置创造条件等。《城市道路交叉口规划规范》(GB 50647—2011)要求当交叉口进出口道(不计非机动车车道)宽度大于 16m 时,需设置行人过街安全岛,并在用地规划时预留适当的空间,合理规划其尺寸。考虑非机动车也可能有在安全岛上停留的要求,过街安全岛宽度应不小于 2m。此外,设计行人过街安全岛时须考虑大型转向车辆对行驶空间的需求,不得阻碍车辆正常通行。同时,还应综合考虑照明、指示标志、排水等方面的要求。为便于童车及残疾人轮椅通过,安全岛还要专门按照无障碍设计要求进行设计。

2)两交叉口间路段中人行横道的设置

人行横道的最小间距,最好视当地行人需求与可能条件而定。一般在交叉口上设置人行横道后,根据两交叉口的间距、该道路的性质(交通性或其他)、车流量、两交叉口间有无吸引大量人流的场所以及是否允许路边存车等情况,考虑在路段中间是否必须且可能增设人行横道。原则上既要方便行人,又要考虑不使车辆受到行人的严重干扰。干道上两交叉口间距不太远(比如500m)时,中间最好不再加设人行横道;在车流量不太大的次要道路上,可考虑在两交叉口间的居中位置加设人行横道。交叉口间距较大(500m以上),中间须加设人行横道时,考虑在过街人流最集中的地点加设人行横道。

在公共交通的重要转车站,人行横道的设置应与站点位置统一考虑,以有利于转车行人的过街。

3) 不宜设置人行横道的地方

为确保过街行人的安全,在下列地段不宜设置人行横道:

(1) 弯道、纵坡变化路段等视距不足的地方。英国规定的车辆驾驶人对人行横道的最小视距列于表5-6。

车辆驾驶人对人行横道的最小视距　　　　表5-6

平均车速(km/h)	48	65	80
视距(m)	70	90	150

如果设置人行横道的地点,视距不能满足表5-6的规定,则不能设置斑马线式人行横道,必要时只能设置由信号灯控制的人行横道。

(2) 在信号控制交叉口附近(英国规定135m范围内)设置人行横道信号灯,其必须由交叉口的信号控制机控制,与交叉口的车辆信号控制协调。

(3) 瓶颈路段,不设人行横道。

(4) 车辆进出口的附近,不设人行横道。

三、人行横道信号灯

1. 人行横道信号灯的显示

我国不少城市采用在交叉口人行横道处配置人行信号灯的方式。人行横道信号灯一般为红绿两色,红色灯面上有行人站住不走的图像,绿色灯面上有行人行走过街的图像。目前,人行横道信号灯的显示一般与同向车行灯同步,绿灯结束前有闪烁绿灯(或同时显示倒计时),表示尚未离开人行道的行人应该停步,已在人行横道内的行人可以继续通行。

一般人行横道信号灯大多只能分离行人与侧向直行车辆的冲突,仍不能避免同左右转弯车辆的冲突,除非对左右转弯车辆采取补充管制措施或该交叉口信号相位中配有行人专用相位。

2. 人行横道信号灯的设置

一般在信号控制交叉口及非支路路段中间和干道优先交叉口越过干道(相当于路段中间)人行横道处都应设置人行横道信号灯,在特殊地点(如附近有学校时)还可设置声音提示装置。

1) 信号灯配时

信号控制交叉口上人行横道信号灯的配时,按交叉口信号灯组的配时统一安排。行人过街所需的最短绿灯时间 G_{min} 根据人行横道长度及行人过街步行速度确定。美国采用:

$$G_{\min} = 7 + \frac{D}{v_r} - Y \tag{5-8}$$

式中:$G_{\min}$——行人过街所需的最短绿灯时间,s;

v_r——采用第 15 百分位步行速度,m/s;

Y——绿灯间隔时间,s;

D——人行道长度,m。

澳大利亚采用:

$$G_{\min} = 6 + \frac{D}{v_r} \tag{5-9}$$

式中,v_r 采用 1.2m/s。

上海按照《城市道路平面交叉口规划与设计规程》(DGJ 08-96—2013)的规定采用同美国相类似的计算公式:

$$G_{\min} = 7 + \frac{L_p}{v_p} - I \tag{5-10}$$

式中:$G_{\min}$——行人过街所需的最短绿灯时间,s;

v_p——行人过街步行速度,m/s,宜取 1.0m/s;

I——绿灯间隔时间,s;

L_p——人行横道长度,m。

在主次干道相交的交叉口上,当主街很宽,步行所需最短绿灯时间超过次街车辆通过交叉口所需绿灯时间,以致主街车辆绿灯时间不敷应用时,应考虑在主街中央设置安全岛,让行人分两段过街,以缩短步行最短绿灯时间。

2)信号灯控制形式

在信号控制交叉口,人行横道信号灯的显示一般与同向车行灯同步。路段中间人行横道信号灯,可与上下游交叉口机动车信号联动控制。有些交叉口采用行人按钮式信号灯,实际上是一种半感应信号。采用这种信号灯时,主街车辆难免要为行人过街而在信号灯前停车,影响主街车辆畅通行驶。另一种方法是在人行横道前一定距离内设置车辆检测器,由检测器测得主街车辆的车头时距大于步行最短绿灯时间时,放一次行人绿灯。这种方法须在主街上设置车辆检测器。

另外,有些特殊的地方,比如有大量小学生过街的地方,应考虑设置人行横道信号灯。

四、行人过街设施

在伦敦,英国学者对行人在人行横道及其附近过街的相对危险程度做过调查,结果见表 5-7。

在人行横道及其附近过街的相对危险程度　　　　表 5-7

过街地点	相对危险程度	过街地点	相对危险程度
斑马纹式人行横道	0.42	距有信号控制的人行横道 50m 以内	3.94
距斑马纹式人行横道 50m 以内	1.75	其他地点	1.00
有信号控制的人行横道	0.17		

这个调查说明:在人行横道上过街,可减少交通事故,但在其前后两侧过街,交通事故反而增多,在过街设施越完善的人行横道两侧,事故增加越多。所以,为保证过街行人的安全,在行人过街设施的前后,设置导行护栏、绿篱等人车隔离设施是十分必要的。

1. 人行天桥及地下通道

人行天桥及地下通道虽是一种最彻底的人车分离措施,但也是一种昂贵的行人管理措施。同时,行人过街必须上下人行天桥或进出地下通道,增加了行人,特别是老弱病残行人的不便,因此,它并不是"以人为本"的人行设施。应尽量避免在人流大的地方或市中心设置人行天桥或地下通道,只有在确实需要设置的地方,才能使投资见到交通效益,不然,反而会引起行人在人行天桥或地下通道前后乱穿道路,诱发交通事故。从"以人为本"的原则出发,人行天桥与地下通道宜配合轨道交通站台设置,以方便行人、轨道交通乘客过街;或宜配合大型多层、地下商业建筑修建,以利行人购物过街。北京、上海、天津、广州等许多城市修建了不少人行天桥和地下通道,有些效果非常显著,如北京西单百货商场路段中间的人行天桥、西单等配合地铁站而设置的地下通道和上海徐家汇地区衡山路上配合多层商厦的人行天桥等。但也有一些设置不当的人行天桥和地下通道,因行人不愿使用而效果不佳,已经或正在逐步拆除。

2. 行人过街设施的选用依据

1)平面行人过街设施的选择依据

英国根据对过街行人和驾驶人的心理状态、行人穿越车流过街行动规律的调查和统计分析,有了一个平面行人过街设施的选择依据,见表5-8。

英国平面行人过街设施的选择依据　　　　　表5-8

PQ^2	P(人次/h)	Q(pcu/h)	适用的行人过街设施
$10^8 \sim 2 \times 10^8$	50~1 100	300~500	不设安全岛的斑马纹式人行横道
$10^8 \sim 2 \times 10^8$	50~1 100	>500	设安全岛的斑马纹式人行横道
$>2 \times 10^8$	50~1 100	300~750	不设安全岛的信号控制人行横道
$>2 \times 10^8$	50~1 100	>750	设安全岛的信号控制人行横道
$>2 \times 10^8$	>1 100	>400	设安全岛的信号控制人行横道

注:P为拟设置人行横道处两侧各50m范围内高峰小时双向过街行人交通量(人次/h);Q为拟设置人行横道处高峰小时双向机动车交通量(pcu/h)。

2)行人过街立交设施的选择依据

当行人需要穿越快速道路或铁路时,应当设置行人过街立交设施。在城市商业密集区、文体场馆、轨道交通车站附近的交叉口以及学校、医院等有特殊要求的地方,应当因地制宜设置行人过街立交设施。

在设置行人过街立交设施时,应同时考虑设置自动扶梯或预留自动扶梯的位置。

上海《城市道路平面交叉口规划与设计规程》(DGJ 08-96—2013)规定的平面交叉口设置人行天桥或地下通道的条件为:

(1)快速道路的过街设施必须修建为人行天桥或地下通道。

(2)城市干路(进口道单向三车道以上,且无中央分隔带道路)的行人过街设施,视行人过街交通及其相交的汽车交通流饱和度而定,当行人过街交通及其相交的汽车交通流饱和度、人均待行区面积和待行时间同时满足表5-9的条件时,应考虑规划行人过街天桥或地下通道。

城市主次干道设置人行天桥或地下通道的基本条件　　　　表 5-9

道路性质	行人过街交通平均饱和度	机动车交通平均饱和度	人均待行区面积	待行时间
主干路	≥0.85	≥0.7	行人待行区人均空间 <0.6m²/人	超过一个周期
次干路	≥0.85	≥0.75		

注：行人待行区人均空间可用行人待行驻足面积（m²）除以待行行人数得到。

（3）商业区道路交叉口或道路两侧存在大量人流来往的大型建筑物，可结合实际条件和需要设置人行天桥或过街地下通道。

第三节　停车管理

车辆有行必有停，相对于行驶中的车辆，把停车称为静止交通或静态交通。

在车辆不太多的时代，车辆开到哪里就停在哪里，对路上行驶着的车辆没有多大影响，停车不成为问题，所以不会受到重视。随着车辆数量的增长，原有的道路越来越不能满足交通量增长的需求，路上随便停车，对行驶车辆的影响也越来越严重，停车问题开始受到人们的重视，人们才逐步认识到必须研究停车问题。从交通规划及管理上采取解决停车问题的对策，就是要考虑对有限的道路交通设施空间，如何在行驶车辆与静止车辆间作合理的安排与分配。这就像对行驶的车辆一样，采取需求管理的方法：在机动车交通繁忙的地区，应"按供限需"。

从交通运行的层面讲，停车管理主要指依据交通法规，通过采取相关的技术与措施，对停车行为进行有效的组织与引导，不断改善停车体验，提升停车运行效能的过程。

停车包括车辆到达目的地后的停车（分路边停车和路外停车两种），以及上下乘客或装卸货物及其他原因所需的临时停车，不包括遵守信号灯及管理人员指挥的停车。凡禁止临时停车的地方，当然禁止车辆停放；禁止停放的地方，视交通条件不一定禁止临时停车。以下讨论的内容，基本上也适用于自行车的停车。

一、路边停车管理

路边停车是指在道路侧方车行道上的机动车停放，或人行道边的自行车停放。路边停车管理的目的是使道路在"行车"及"停车"两方面能够得到最高效的使用。

1. 禁止路边停车的管理

车辆不准在车行道、人行道和其他妨碍交通的地点任意停放，凡停车会影响到该路段交通的正常通行与安全，均应给与禁止。《道路交通安全法》第五十六条规定：机动车应当在规定地点停放；禁止在人行道上停放机动车，但是在不影响行人、车辆通行的情况下，在城市道路上施划停车泊位，并规定了使用时间的停车泊位除外。

有些国家的交通法规中，对于禁止停放车辆的地点规定得非常明确。例如，美国《统一车辆法规》规定：除人行道、桥梁、隧道内不准车辆停放外，在距交叉口、车辆进出口、人行横道、消防栓、停车标志、让路标志、信号灯等一定距离内的路边不准停车。

2. 允许路边存车的管理

1）路边停车地点的确定

路段上能否允许路边停车，取决于该路段的道路条件及行车与停车需求的相对重要性。

（1）在交通性干道，需要整宽都用于通车的道路上，应该禁止路边停车。

（2）在住宅区、事务办公中心、商业区等需要大量短时停车地区，尽可能提供路边停车空间。

（3）在市中心区，路上既要通行大量车辆，又有众多停车需求，是存车问题最为严重的地区，路边允许停车的地点一般难以满足停车需求。除尽可能在路边划出允许停车的地点外，尚必须在停车时间上加以严格限制，以提高这些停车地点的停车周转率。

（4）确定允许路边停车地点的方法，一般采取"排除法"，即首先把那些禁止停车的地点划出来，其余就划为允许停车的地点。

2）路边停车车位的划定

为提高允许停车地点的停车数量，应在路面上用标线划定停车车位。停车车位的布置有垂直式存放、平行式存放与斜角式停放三种方式。

在沿侧石线一定长度内，可停放车数最多的方式是垂直式，斜角式次之，平行式最少。然而，停放车数较多的方式，其占用车道宽度也较大。因此，采取何种停放方式应视当地道路宽度而定。

有较多大型车辆需要停放的地方，最好同小型车辆停放地点分开，以免大小车辆混停而影响道路空间的有效利用。

路边自行车停放点可通过画线定位或设置停车架来定位。

3）路边停车的限时管理

路边停车一般用来满足短时停车需求，在路边停车需求量超过可供停车车位的地区，为提高停车地点的停车周转率，可采取限时停车的管理措施。

停车时间的限制一般在市中心为最短，在市中心外围如果供需比较大可适当延长限制时间。

4）路边停车的收费管理

停车收费管理是对停车车位供需平衡进行调节的一种经济措施，也是限制车辆进入交通拥塞地区的一种"交通需求管理"策略。

（1）在交通拥塞地区收取高额停车费，而在外围地区收取较低费用，迫使部分驾驶人将车辆停放在外围地区，可以减少进入拥塞地区的车辆。

（2）对短时间停车收取较低的费用，对长时间停车收取多倍的高额费用，可以提高路边停车的周转率。

（3）对多人合乘车辆停车收取较低费用，对少人车辆停车收取较高费用，可以鼓励多人合乘车辆，减少路上的交通量。

二、路外停车管理

路外停车是指在道路用地范围之外的停车场/库内停车。在吸引大量车流的大型建筑设施或公共场所，都应修建专用的路外停车设施（包括自行车停车场/库）。

《道路交通安全法》第三十三条规定：新建、改建、扩建的公共建筑、商业街区、居住区、大（中）型建筑等，应当配建、增建停车场；停车泊位不足的，应当及时改建或者扩建；投入使用的停车场不得擅自停止使用或者改作他用。

1. 路外停车的出入口管理

路外停车场/库对道路交通影响最大的是出入口,为降低出入口对道路交通的影响,审查停车场/库出入口的布置时应考虑以下几点:

(1)出入口必须远离道路交叉口;
(2)出入口不该面向交通性干道,应设在背向干道的支路或次要道路上;
(3)出入口最好分开;
(4)进出车辆应"右进右出",即不准左转进出停车场/库。

2. 路外停车的交通组织管理

路外停车场/库的交通组织关乎停车的秩序与效率。在进行停车场/库的交通组织设计时,进出口可采用现代高新技术,提高车辆出入的便利性。停车场/库内部通道应尽量采用单向交通,以避免不必要的车辆交会与冲突,提升路径指引的有效性。在大型停车场/库要对停车的引导标志标识进行科学设计与合理设置,有条件的地方需要设置车位指示灯、动态车位显示器以及反向寻车终端等,为车辆的准确停靠与驶离提供有效的指引。

三、临时停车管理

在交通不安全或停车会严重影响交通的地方,禁止临时停车。《道路交通安全法》第五十六条明确规定:在道路上临时停车的,不得妨碍其他车辆和行人通行。《实施条例》第六十三条进一步明确规定机动车在道路上临时停车,应当遵守下列规定:

(1)在设有禁停标志、标线的路段,在机动车道与非机动车道、人行道之间设有隔离设施的路段以及人行横道、施工地段,不得停车;
(2)交叉口、铁路道口、急弯路、宽度不足4m的窄路、桥梁、陡坡、隧道以及距离上述地点50m以内的路段,不得停车;
(3)公交车站、急救站、加油站、消防栓或者消防队(站)门前以及距离上述地点30m以内的路段,除使用上述设施的以外,不得停车;
(4)车辆停稳前不得开车门和上下人员,开关车门不得妨碍其他车辆和行人通行;
(5)路边停车应当紧靠道路右侧,机动车驾驶人不得离车,上下人员或者装卸物品后,立即驶离;
(6)城市公交车不得在站点以外的路段停车上下乘客。

在交通繁忙的道路上,临时停车会形成道路上的临时"瓶颈",以致造成交通阻塞。除《实施条例》规定禁止停车的地点外,视道路交通条件,在道路系统内划定禁止或是允许临时停车的地点,也是停车管理的一项重要内容,一般应考虑以下几点:

(1)在交通繁忙的干道上应禁止临时停车,但在有商店、库房、工场等因装卸货物必须临时停车的地方,可允许在规定时间临时停车(如8:00以前、18:00以后等)。
(2)在旅馆门口、百货公司、交通枢纽点、车辆换乘点等有较多乘客上下车的地方,可允许临时停车,但只准上下乘客,并可规定临时停车时间不超过3~5min。
(3)为方便出租汽车乘客上下车,除《实施条例》规定的不准临时停车之外的路段上,可考虑允许上下乘客的短时停车。

四、停车管理的实施

停车管理的实施主要分为静态和动态两个方面,静态管理主要是采用交通标志标线等交通标识的方式对停车行为进行规范、制约和引导等;动态管理主要是采用通信技术、信息技术、计算机技术等以及相关的设施和装备对停车行为进行监控、调节和诱导等。

1. 停车静态管理

通过停车位标志或标线等可以注明机动车允许停放或是禁止停放的区域,如允许机动车在特定时段停放的区域或通道,应设置限时段停车位标志;车辆长时停放易引起道路交通拥阻或影响车辆通行,但允许车辆临时停放,完成上下客、装卸货等需要的地点,应设置禁止长时停车标志。对停车方式有特殊需求时,还可采用特殊要求停车位标志,如按标志箭头指示方向停放,可占用部分人行道边缘停放等。

通过在停车路径上设置停车引导标志与标线,指引驾驶人较快地找到停车位置。这种停车引导标志既包括区域停车指示静态信息板,也包括停车场/库里的车位引导标志和标线。科学合理的停车引导标志与标线,可以为需停车的车辆减少不必要的寻泊绕行,带来停车的便利性和快捷性。

2. 停车动态管理

针对不同的停车方式可以采用差异化的动态停车管理:

(1)对临时停车可采用视频监控、智能巡检等方式进行智能化管理。

(2)对路边存车可采用地磁配以手持终端、高位视频、低位视频桩、路牙机等技术,实现无人值守、无感支付。

(3)对路外停车场/库的管理主要采用停车诱导系统,有效消除停车信息壁垒,及时引导车辆的停放,保障车辆的安全。

3. 停车诱导系统

停车诱导系统(Parking Guidance Information System,PGIS),又称停车引导系统,是通过交通信息显示板、无线通信设备、手机、车载设备等方式向驾驶人提供停车场的位置、使用状况、诱导线路、停车场周边交通管制和交通拥堵状况的服务系统,可实现信息查询、车位预约、路径规划、反向寻车、错峰共享、统一支付等功能。

(1)停车诱导系统的作用

停车诱导系统旨在通过计算机与通信技术来消除停车信息障碍,为驾驶人及时提供有效的泊位指引,从而消除驾驶人寻找空停车位的压力,减少寻泊绕行,降低车辆排放,缓解交通拥挤,提高停车场的运营效能,增加商业区域的经济活力等。因此,它对于缓解一些区域停车泊位供应不足与另一些区域停车泊位未充分使用之间的矛盾起到一定的作用。

(2)停车诱导系统的组成

停车诱导系统由信息采集、信息处理、信息传输、信息发布等部分组成,如图 5-9 所示。其大致的工作原理是,通过一定的感知设备采集停车场内所有剩余空车位数、周边道路交通状况信息,经由控制中心计算、处理后,形成便于驾驶人使用的信息,通过数据传输设备发布到路边动态显示板或是互联网数据库,供使用者接收或是查询。

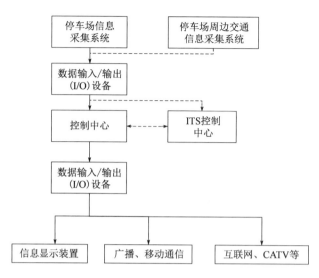

图 5-9 停车诱导系统的基本结构

(3)停车诱导系统的层次

停车诱导系统可分为三个层级:区域级、场库级和车位级。区域级诱导一般会包含三级诱导技术,其中一级诱导屏设置在区域进口处的主干路上,为驾驶人提供区域停车场/库的分布方位及空位信息;二级诱导屏设置在临近停车场/库的主干路上,为驾驶人指示车辆的前进道路两侧停车场/库空位信息及行进方向;三级诱导屏设置在目的停车场/库入口位置,显示准确的空位及相关辅助信息等。场库级诱导主要包括场/库内车位引导技术、反向寻车管理技术以及无感支付等多种缴费辅助系统。车位级诱导主要包括视频或传感监控技术以及车位状态显示器等。

第四节 无信号控制平面交叉口交通管理

平面交叉口(简称交叉口)按交通管制方式的不同,可分为全无管制交叉口、主路优先管制交叉口、信号(灯)控制交叉口、环形交叉口等几种类型。主路优先管制交叉口,是在次路上设停车让行或减速让行标志,指令次路车辆必须停车或减速让主路车辆优先通行的一种交叉口管制方式。

交叉口是道路网中道路通行能力的"隘路"和交通事故的"多发源"。国内外城市中的交通阻塞主要发生在交叉口,造成车流中断,事故增多,延误严重。如日本大城市中的机动车在市中心的旅行时间约1/3花在平面交叉口上。同时,交叉口也是交通事故的主要发生源。美国交通事故中有一半以上发生在交叉口;联邦德国城市道路上的交通事故有36%发生在交叉口,城市中的交通事故有60%~80%发生在交叉口及其附近。因此,交叉口这个交通事故的"多发源"问题不能不引起人们高度关注。怎样对平面交叉口实施科学管理就是本节要讨论的问题。实施管制的方式取决于交叉口的几何特征和交通状况,目的是保障交叉口的交通安全和充分发挥交叉口的通行能力。本节主要以十字形交叉口为主,讨论全无管制交叉口和主路优先控制交叉口,同时简要介绍现代环形交叉口的基本要点。

一、交叉口交通管理的原则

以下介绍对交叉口实施科学管理的五个主要原则。

1. 减少冲突点

交叉口交通安全的根本是减少冲突点,可采用单行线、在交通拥挤的交叉口排除左右转弯、用多相位交通信号灯控制交叉口各向交通等方法。

2. 控制相对速度

可采用严格控制车辆进入交叉口的速度;对于右转弯或左转弯,应严格控制其合流角,以小于30°为佳;必要时可设置一些隔离设施(如隔离墩或导向岛等),以减小合流角。

3. 重交通车流和公共交通优先

重交通车流是指较大交通流量的交通流。重交通车流通过交叉口应给予优先权。其方法是在轻交通流方向(支路)上设置减速让行或停车让行标志,或是延长重交通车流方向上的绿灯时间。对公共交通也可采取类似优先控制的方式。

4. 分离冲突点和减小冲突区

交叉口上的交通流是复杂的,各种车辆在合流与分流过程中所产生的车辆交叉运动,有的运动路径太接近甚至重叠,有的偏离过大,导致交叉口上冲突点增多和冲突区扩大,安全性大大降低。此时,运用分离冲突点和减小冲突区的原则能收到较好的效果。如按各向车辆行驶轨迹设置交通岛,规范车辆在交叉口内的行驶路线;左转弯时,规定机动车小迂回,而非机动车大迂回;画上自行车左转弯标线(有条件时设置隔离墩),防止自行车因急转弯而加大冲突区;在路口某些部分画上禁止车辆进入的标线,限定车辆通行区域;在交叉口设置左、右转弯导向线等,这些都是分离冲突点和减小冲突区的有效办法。

5. 选取最佳周期,提高绿灯利用率

在用固定周期自动交通信号控制交通的交叉口处,应经常对各方向的交通流做调查,根据流量大小计算最佳周期和绿信比,以提高绿灯利用率,减少车辆在交叉口的延误。

其他一些交叉口的交通管理原则,如对不同的交通流采取分离;对机动车和非机动车画出各自的车道线;对人行横道较长的道路(超过15m),在路中央设置安全岛等,都是常用且行之有效的管理原则。具体运用上述原则时,应注意综合考虑,灵活应用。

二、全无管制交叉口

1. 定义

全无管制交叉口是指具有相同或基本相同重要地位,从而具有同等通行权的两条相交道路,因其流量较小,在交叉口上不采取任何管理手段的交叉口。

在国外,都有无管制交叉口、主路优先管制交叉口及信号(灯)控制交叉口之分。主路优先管制交叉口是全无管制交叉口和信号(灯)控制交叉口之间的一种过渡形式。在我国,全无管制交叉口和信号(灯)控制交叉口居多,主路优先管制交叉口这一过渡形式很少见。通常,当全无管制交叉口流量增大至一定程度时,便将其改为信号灯控制交叉口。

2. 视距三角形

全无管制交叉口通常没有明确的停止线,在车辆到达交叉口时,驾驶人将在距冲突点一定距离处作出决策,或减速让路,或直接通过。驾驶人所作出的决策,很大程度上取决于在接近交叉口前,对横向道路两侧的通视范围。故全无管制交叉口的交通安全是靠交叉口上良好的通视范围来保证的。

美国在居民区或工业区内部支道之间的交叉口,由于车辆不多、车速不高、驾驶人又较熟悉本地情况,一般不采取管制措施。在有障碍物的交叉口,是否需要采取控制措施,须对交叉口上的可通视范围进行分析后作出决定。

在交叉口前,驾驶人对横向道路两侧的可通视范围,可用绘制交叉口视距三角形的方法确定,如图 5-10 所示。图中 S_s 是相交道路上同时到达交叉口的车辆在冲突点前能避让冲突及时制动所需的停车视距。这一停车视距可按式(5-1)计算。

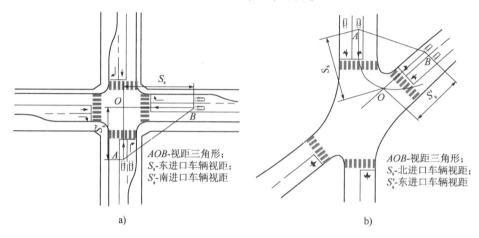

图 5-10 交叉口的视距三角形示意图
a)十字形平面交叉口视距三角形;b)畸形平面交叉口视距三角形

在水平路段上,不同车速的视距值列于表 5-10 中。

视距与车速对应值　　　　表 5-10

设计车速 v(km/h)	40	50	60	70	80	90	100
视距 S_s(m)	40	60	75	90	110	125	160

在多车道的道路上画视距三角形时必须注意,"视距线"应画在最易发生冲突的车道上。在双向交通的道路交叉口,如图 5-11 所示,对从西进口进入交叉口车辆的视距线,应画在最靠近人行道的车道上;而对从东进口进入交叉口的车辆,则应取最靠近路中线的车道,如图 5-11a)所示。在单向交通的道路交叉口,对从西进口进入交叉口车辆的视距线,应画在最靠近其右边的车道上;而对从东进口进入交叉口的车辆,则应取最靠近其左边的车道,如图 5-11b)和 c)所示。

在视距三角形内不得有任何高于 1.2m 妨碍视线的物体。

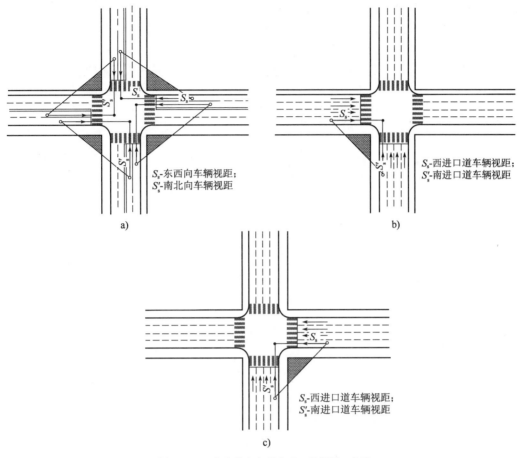

图 5-11 双向和单向交通交叉口的视距三角形
a) 双向交通的道路交叉口; b)、c) 单向交通的道路交叉口

3. 全无管制交叉口的冲突与通行规则

1) 全无管制交叉口的冲突

这里讨论的"冲突"是指当一辆车到达停止线时❶,如果在交叉口内有别的车辆正在行驶,致使该到达停止线的车辆减速等待,不能正常通过交叉口,这便产生一个冲突。发生冲突的车流称为冲突车流。当两冲突车流的车辆到达停止线的时间差很小时,就有可能发生撞击。反之,当可能发生冲突时,虽有两车都减速和互相观望,但根据礼貌和习惯等,总是有一车先通过交叉口。一般习惯是先到达车辆先通过,后到达车辆减速等待,然后安全通过。此时,等待通过的车辆就产生一个冲突,自然也受到一定的延误。

如图 5-12 所示,P_c 为冲突点,在正常情况下,保证后车安全通过交叉口的必要条件是:

$$t_{EA} \geqslant t_{EF} + h + t_F - t_A \tag{5-11}$$

式中: t_{EA}——后车进入交叉口的时刻,s;

---

❶ 全无管制交叉口通常没有明确的停止线,为描述和讨论问题方便起见,假想在接近交叉口处有一条参考线作为停止线,用以表示交叉口的范围。在不允许超越等不正常行驶的前提下,驾驶人将在停止线处作出决策,或进入交叉口,或减速让行。

t_{EF}——前车进入交叉口的时刻,s;

t_F——前车从停止线到冲突点 P_c 的行驶时间,s;

t_A——后车从停止线到冲突点 P_c 的行驶时间,s;

h——在保证安全情况下后车与前车相继通过冲突点的最小车头时距,称为最小冲突时距,s。

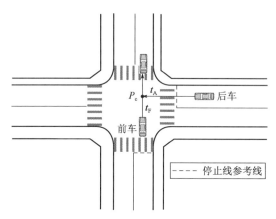

图 5-12 车辆之间的冲突

令安全冲突时间 H 为:

$$H = h + t_F - t_A \tag{5-12}$$

式中:H——安全冲突时间,s。

于是式(5-11)可简化成为式(5-13):

$$t_{EA} \geqslant t_{EF} + H \tag{5-13}$$

式(5-12)中 $t_F - t_A$ 为相冲突车流车辆自停车线到冲突点的行驶时间差。$t_F - t_A$ 值可正可负,视 t_F 与 t_A 的大小而定。

式(5-13)的意义是当前车在 t_{EF} 时刻进入交叉口,则后车必须在安全冲突时间 H 之后才能进入交叉口。H 值的大小与冲突点的位置、类型、前后车的流向以及冲突车流车辆通过的先后次序等因素有关。为使问题简单,假设 $t_F = t_A$(直~右向除外),于是式(5-12)可简化为:

$$H = h \tag{5-14}$$

2)全无管制交叉口的通行规则

由于交叉口存在许多冲突点,使得有些相冲突车流的车辆不能同时通过交叉口,因此,需要有一个通行规则,确定各入口车辆以怎样的次序进入交叉口。

若相交道路不分主次及不考虑优先,则先到达交叉口的车辆应先通过是理所当然的。但实际并非如此简单。根据我国现行的交通法规,车辆通过没有交通信号或交通标志、标线控制的交叉口时,在进入路口前应停车瞭望,让右方道路的来车先行;转弯的机动车让直行的车辆先行;相对方向行驶的右转弯的机动车让左转弯的车辆先行。

若相交道路有主次之分,则支路车让干路车先行。

三、主路优先管制交叉口

全无管制交叉口的延误是较小的,即使流量增加,延误增加也有限,理论和实测都表明了这点。但鉴于安全性考虑,即便这类交叉口的流量较小也要有管制措施。由全无管制立刻变为信号灯控制，交叉口延误将明显增加，这时就应综合考虑种种因素，权衡利弊后作出决定。较好的措施是在这两种管制方式之间，考虑一种过渡形式的控制。因为全无管制与信号灯控制之间管制程度差别较大，使得在流量与管制程度之间存在着矛盾：当流量稍增加时，马上设置信号灯，会增加延误；若不设信号灯，由交通警指挥又会造成延误时间过长。如能采取某种交通标志的管制措施，并有效实施之，则既能解决安全性问题，且延误又不至于增加许多，将是比较理想的，主路优先管制就能满足这种要求。主路优先管制可分为停车让行标志管制和减速让行标志管制，下面分别给以介绍。

1. 停车让行标志管制

相交的两条道路中，常将交通量大的道路称为主要道路（简称主路），小的称为次要道路（包括胡同和里弄，简称次路）。规定主路车辆通过交叉口有优先通行权，次路车辆必须让主路车辆先行，这种管制方式称为主路优先管制。停车让行标志管制也称停车管制，指的是进入交叉口的次路车辆必须在停止线以外停车观察，确认安全后，才准许通行。停车让行标志管制按相交道路条件的不同分为单向停车管制和多向停车管制。

1) 单向停车管制

单向停车管制简称单向停车或两路停车。这种管制在次路进口处设有明显的停车交通标示，即在次路进口右侧设有停车交通标志[参见第四章图4-7d)]，同时次路进口处的路面上写有非常醒目的"停"字。停车标志在下列情况之一下设置：

(1) 与交通量较大的主路平交的次路路口。
(2) 次路路口视距不太充分，视野不太好。
(3) 主路交通流复杂，或车道多，或转弯车辆多。
(4) 无人看守的铁路道口。

我国以前有一些铁路道口及次路路口常设有"一停二看三通过"的标志牌，这实际上是一种停车控制的方法。但在我国的交通规则中对此无明确规定，且在路面上也无与"一停二看三通过"相对应的交通标志，更无停止线画出，导致一些铁路道口常发生恶性交通事故。在美国，这种管制路口如发生车祸，事故责任多由次路车辆负责。

确定路口是否需要安装停车标志时，美国应用"次要道路50%车辆推迟行驶曲线"（图5-13），对最繁忙的12个小时（上午7:00至下午7:00）的车流量做检验，以每天至少有8h的交通流量的坐标点落在曲线右侧时，作为适合采用单向停车管制的条件。如果大多数交通量的坐标点落在曲线左侧，可不必安装停车标志，假如装上则反而会造成延误。

适合采用单向停车的视距条件，是以车辆进入交叉口的安全速度为基础的。交叉口转角视野内有障碍物，为确保行车安全，在视线过短时，就要减速行驶。当视线很差时，进入交叉口进口道的车速需降到16km/h，否则就不如用停车标志来管制。一些丁字交叉口常常会遇到这种情况。

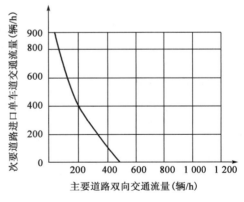

图5-13 次要道路50%车辆推迟行驶曲线

2）多向停车管制

多向停车管制又称多路停车管制，各路车辆进入交叉口均需先停车后再通过，其中四路停车较多。其标志设在交叉口所有进口道右侧。在美国，多路停车设置依据为：

（1）交叉口在12个月中，有5起或更多次直角碰撞或左转碰撞车祸事故记录，则可采用多路停车管制。

（2）当超过以下规定的最小流量时，可采用多路停车管制。

①进入交叉口的车辆总数，在一天24h内取任意连续的8h时间段，其进入交叉口的平均小时车流量必须至少为500辆/h。

②同时，在由次要道路上来的车辆和行人综合交通量，在这相应的8h内，必须至少为200个单位（车与人同样各按"单位"计值），并且在高峰小时期间，旁侧次要道路上车流的平均延误时间每辆为30s。

③当主要道路上85%的车流量在通过平面交叉口时，其速度超过64km/h，则上述①、②两项的标准要求可降低30%。

一般连续8h车流量的平均值，均小于第8个小时高峰流量，也小于最高8个小时车流量的平均值。因此，连续8h车流量的平均值如已达到规定的最小车流量时，则第8小时高峰流量和最高8个小时车流量的平均值，也均已达到了规定的最小车流量。

当达到上述①、②和③项中的任意一项要求时，即可实施多路停车。

已适合用信号灯控制的交叉口，由于投资困难，也可采用多路停车作为临时性措施，直至改用信号灯控制为止。

2. 减速让行标志管制

减速让行管制又称让路管制，是指进入交叉口的次路车辆不一定要停车等候，但必须放慢车速瞭望观察，让主路车辆优先通行，寻找可穿越或汇入主路车流的安全"空当"机会通过交叉口。在美国，当接近路口安全速度16~24km/h时，应考虑让路管制。让路管制与停车管制的差别在于后者对停车有强制性。

让路管制一般用在与交通量不太大的主路交叉的次路路口及快速道路入口匝道与主线相交处，其标志的设置位置与单向停车管制相同[参见第四章图4-7c)]。

在我国城市中，交通量较小的支路与干路相交的交叉口数量不少，还应有让路管制的交叉口。我国的交通规则对这种路口的通行权问题虽有规则规定（支路车让主路车），但毫无管制措施。从城市交通的现代化管理来说，在这种路口应画有明显的交通标志，并设有让路交通标志。与此同时，还要改善这种交叉口的视距条件，使支路上的车辆在进入交叉口前能看清楚主路上的车辆，能估计可穿越间隔。这种让路管制方法对自行车甚至行人同样适用。

目前，美国较少使用让路标志，原因是让路的含义比较模糊，一旦发生车祸，责任不易裁决。"让"与"不让"，是对交叉口能否通过的一种估计，当驾驶人疏忽时就容易出事。为了分清事故责任，美国伊利诺伊州在法律上作出明确规定，当发生事故时，让路管制与停车管制的责任是相同的。实践表明，这个法律规定收到了较好的效果。

3. 交叉口管制方式的选择

我国《城市道路交叉口规划规范》（GB 50647—2011）将城市道路平面交叉口分为信号控制交叉口（平A类）、无信号控制交叉口（平B类）和环形交叉口（平C类）三类，其中，信号控制交叉口又分为进、出口道展宽交叉口（平A1类）和进、出口道不展宽交叉口（平A2类）两类;无信号控制交叉口又分为支路只准右转通行交叉口(平 B1 类)、减速让行或停车让行标志管制交叉口(平 B2 类)和全无管制交叉口(平 B3 类)三类。按照上述分类,该规范规定了在控制性详细规划阶段平面交叉口管制方式的选择,见表5-11。

控制性详细规划阶段平面交叉口管制方式的选择　　　　　　　　表5-11

相关道路	主干路	次干路	支路
主干路	平 A1 类	平 A1 类	平 B1 类
次干路	—	平 A1 类	平 B2 类
支路	—	—	平 B2 类或平 B3 类

注:本表是该规范给出的必选管制方式,同时,该规范还给出了可选管制方式。

美国根据道路条件和交通条件来选择交叉口的控制方式如下:

1)按照道路分类选择

美国一般先将道路分成三类:主要道路、次要道路和支路,然后根据相交道路的分类,按表5-12选择交叉口及其控制方式。

按交叉口类型选择交通控制方式　　　　　　　　表5-12

交叉口类型	建议的控制方式	交叉口类型	建议的控制方式
主要道路与主要道路	信号灯	次要道路与次要道路	信号灯、多向停车、单向停车或让路
主要道路与次要道路	信号灯、多向停车或单向停车	次要道路与支路	单向停车或让路
主要道路与支路	单向停车	支路与支路	单向停车、让路或不设管制

2)按照交通量和交通事故选择

根据调查交叉口各相交道路交通量、发生交通事故次数、行人稠密程度以及今后的发展趋势等资料,按表5-13选择。

按交通量和交通事故次数选择交通控制方式　　　　　　　　表5-13

项目		控制方式				
		不设控制	让路	单向停车	全向停车	信号灯
交通量	主要道路(辆/h)	—	—	—	300	600
	次要道路(辆/h)	—	—	—	200	200
	合计 (辆/h)	100	100~300	300	500	800
	合计 (辆/d)	≤1 000	<3 000	≥3 000	5 000	8 000
每年直角碰撞事故次数		<3	≥3	≥3	≥5	≥5
其他因素		—	—	—	—	行人、间隙、信号灯联动等

注:表中设置信号灯时所需考虑的其他因素说明如下。
　1. 行人:行人流量特别大时,应考虑设置信号灯。
　2. 间隙:为了保障次要道路车辆进入交叉口,当主要、次要道路交通量达高峰小时的时候,由于间隙特别小,应安装车辆感应式自动控制信号灯,使在高峰时能自动调整主要、次要道路红绿灯间隙,以让次要道路上的来车通过或进入交叉口。
　3. 线联动信号:自动控制由点控制发展到线控制时,因信号联动距离不能超过0.8km,所以当两个交叉口相距太长时,应在中间加装信号装置。

四、现代环形交叉口

现代环形交叉口的概念最先是由英国在 20 世纪 60 年代提出来的。与传统环形交叉口不

同的是,现代环形交叉口克服了传统环形交叉口的固有缺陷,主要体现在两大方面:

(1) 环内车流优先通行,入环车流必须让行于环内车流。

(2) 交叉口进行渠化。

现代环形交叉口是把传统环形交叉口允许车辆在环道内的自由交织运行改为要求车辆相对有组织的运行,这不仅减少了车流在交叉口内的相互冲突,降低了交通事故发生率,而且使得车流有条件在环道内以多股车流进行交织,因此就可以通过增加进口道的车道数来提高交叉口的通行能力。

1. 现代环形交叉口(简称环形交叉口)的几何特征

一个典型的环形交叉口如图 5-14 所示,图中包含了环形交叉口的基本几何特征。

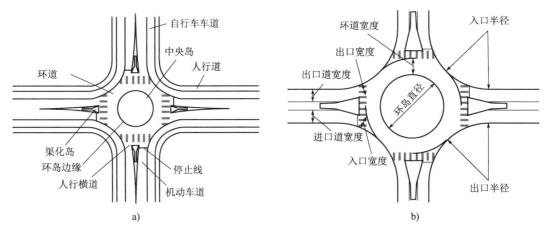

图 5-14 环形交叉口平面布置和几何要素
a) 平面布置;b) 几何要素

2. 环形交叉口与其他形式交叉口的交通冲突比较

应用环形交叉口的一个主要原因是,与其他形式交叉口相比较,环形交叉口的交通冲突数要少得多。图 5-15 是 T 形交叉口交通冲突数的比较。

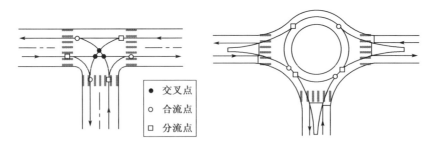

图 5-15 T 形交叉口交通冲突数比较

从图 5-15 中可以看出,在环形交叉口中完全消除了冲突点。

图 5-16 是十字形交叉口交通冲突数的比较,从比较中可以看出,采用环形交叉口后,机动车之间的冲突数从 16 个减少到了 4 个,机动车与行人之间的冲突数从 16 个减少到了 8 个。

运用同样的分析,还可以知道,采用环形交叉口后自行车与机动车的冲突数也是减少的。

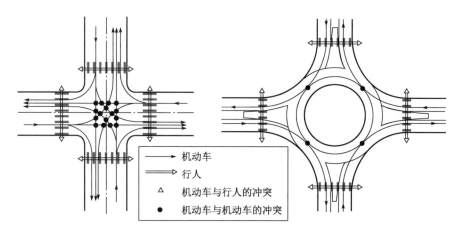

图 5-16　十字形交叉口交通冲突数比较

3. 停车视距

由于环形交叉口的交通运行主要是靠自行调节的,因此保证交叉口足够的停车视距就显得十分重要。

环形交叉口的停车视距也可以由式(5-1)计算得到。确定停车视距必须要对环形交叉口的进口道视距(图 5-17)、环道视距(图 5-18)和出口处人行横道视距(图 5-19)进行分析。与通常的视距三角形不同的是,在环形交叉口的视距三角形中,组成三角形的边往往不是直线而是曲线。另外,对于一辆即将入环的车辆来说,因为它是非优先通行车辆,需要对来自两个方向的车流作出判断,所以它有两个独立的视距三角形要进行分析(图 5-20)。

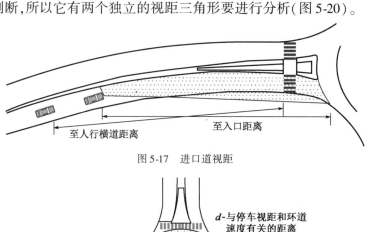

图 5-17　进口道视距

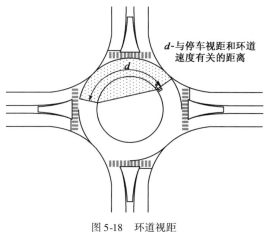

图 5-18　环道视距

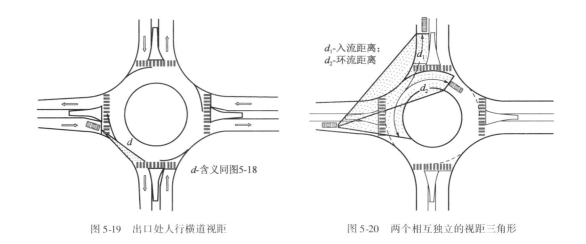

图 5-19 出口处人行横道视距　　　　图 5-20 两个相互独立的视距三角形

第五节　快速道路交通管理

快速道路是指专供汽车高速行驶的道路,可分为城市内快速道路和城市间快速道路。在我国,高速公路、汽车一级专用公路和汽车二级专用公路都属于城市间快速道路。联合国欧洲经济委员会运输部于1962年11月在日内瓦开会时对高速公路所作的定义是:"利用分离的车行道往返行驶交通的道路。车行道用中央分隔带分开,与其他任何铁路、公路不允许平面交叉,禁止从路侧的任何地方直接进入公路,禁止汽车以外的任何交通工具出入。"

通常,快速道路具有高标准线形,设有中央分隔带,全封闭,严格控制出入,实行最低和最高车速限制,相交道路全为立交,单向两车道或两车道以上,配备较多的管理与服务设施等特征。

修建快速道路的目的在于改善区域之间的交通条件,促进全国或某一区域交通形成一个整体,使交通状况得到普遍的发展和提高。另外,快速道路能够对其用户和居民区提供高水平的交通服务,保证他们不受外界干扰而快速地通行,同时还可提供有利于行车交通的专门服务,在这些方面,快速道路的效果远胜于一般道路网所能产生的效果。现代快速道路系统应能满足载人和载货的运输设备的一些要求,以最短的时间消耗最少的动力得到最好的效果。

一、快速道路主要交通问题

目前,快速道路面临的主要问题是交通拥挤、交通事故以及交通噪声,下面逐一进行分析。

1. 交通拥挤

交通拥挤是快速道路交通管理要解决的主要问题之一。图 5-21 为交通流量 Q 和交通密度 K 之间的关系曲线。当 K 从 0 增加到某一值 K_1 时,Q 随之增加,这时的交通流称为非拥挤交通流。当 K 从 K_1 增大到 K_m 时,Q 达到最大值 Q_m。若 K 继续增大,交通拥挤开始发生,交通流量随 K 的增加而趋于下降。理论上当 K 增大到阻塞密度 K_j 时,交通流量下降到 0。交通密度大于 K_m 时的交通流称为拥挤交通流,K_2 称为拥挤交通密度。拥挤密度的值取决于多种因素,如快速道路的几何形状、交通构成及气候条件等。

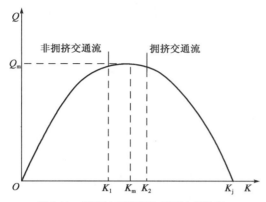

图 5-21 拥塞与交通流量、密度之间关系

按交通拥挤的发生特征,可以把交通拥挤分为两类:第一类叫作常发性拥挤,常发性拥挤的发生主要是交通需求超过通行能力和由道路本身几何特征的限制而引起的交通拥挤。交通需求过大可能是由于经济的持续增长导致了交通总体需求的增长,也可能是没有受到很好控制的出入匝道接纳了过多的其他道路的流量;几何特征的限制主要表现在一些路段车道数的减少、车道宽度变窄、交织段过短以及弯道、坡度的存在。第二类叫作偶发性拥挤,偶发性拥挤的发生主要是因为交通事故、车辆抛锚、车辆货物洒落、突发的恶劣气候或道路养护维修等临时性封闭车道而引起路段通行能力暂时降低而造成的。表 5-14 是美国洛杉矶地区交通拥挤类型分类及发生的百分比。

交通拥挤类型及其发生的百分比 表 5-14

类型	百分比
常发性交通拥挤	43%~57%
偶发性交通拥挤	40%~60%
其中:事故	30%~47%
周末	6%~8%
假日周末	3%~4%
其他(例如特殊事件)	1%

在评估交通拥挤时,应鉴别交通拥挤的原因和地点。在规划新的快速道路系统时,有必要采用仿真模型进行交通预测,因为它们可以提供潜在交通拥挤区的信息。

2. 交通事故

快速道路某一路段的安全性可通过分析导致死亡、伤害或财产损失的事故频率以及死伤人数来测定。在分析一定长度的快速道路时,这些数据和总行程(以 100 万车·km 计)有关;若针对某一地点而言,这些数据和交通量(以 100 万车计)有关。把这些数与基本的改进安全标准作比较,即可决定是否需要采取措施。由于在某些地点发生的事故相对而言可能比较严重,因此区分致命性事故和死亡这两个不同概念是很重要的。但在许多情况下计算出总的死伤事故率即可表明哪些地方需要增进安全。如果测量的是冲突数,那么也应采用比值(以 100 万车·km 的冲突数计)来表示,同时还应按冲突和路段的类型进行分类。在统计和处理事故时,美国联邦公路管理局常使用以下定义。

(1)伤害:交通事故中,车辆中人员受到各种的人身伤害。

(2)致命性伤害：在交通事故发生一年内导致死亡的各种伤害。
(3)非致命性伤害：除致命性伤害外的其他伤害。
(4)致命性事故：导致一人以上致命性伤害的车辆事故。
(5)非致命性伤害事故：导致一人以上非致命性伤害的车辆事故，其中无任何人死亡。
(6)死亡：遭受致命性伤害而致死。
(7)非致命性伤害人员：在致命性或非致命性伤害事故中遭受非致命性伤害的人员。

为了评价现有公路的事故记录，可通过与国家统计数字作对比，方便地估算出现有的事故数据。表5-15为美国1980年的州际道路事故率表，表中数据适合于检查快速道路主要路段上的事故记录。为了估计在特定位置的事故率，必须按位置类型对事故进行分类。表5-16为高速公路特定位置处可能发生的事故率表。

美国州际道路事故率（1980年）　　表5-15

指标	乡区	市区	合计	指标	乡区	市区	合计
公路里程(km)	51 190	147 74	65 964	非致命性伤害事故率	16.05	89.78	26.41
年车·km	214 627	256 475	471 102	死亡人数	2 300	2 225	4 525
日车·km	18 330	75 936	94 266	死亡率	1.07	0.87	0.96
致命性事故数	1 913	2 017	3 930	非致命性伤害人数	55 911	135 882	191 793
致命性事故率	0.89	0.79	0.83	非致命性伤害人率	26.05	52.98	40.71
非致命性伤害事故数	34 445	89 992	124 437				

注：事故率单位为亿车·km。

高速公路不同位置的事故率　　表5-16

位置	互通式立交观察数（起）	年平均事故数（起）	事故率（100万车辆事故数）	位置	互通式立交观察数（起）	年平均事故数（起）	事故率（100万车辆事故数）
全苜蓿叶式	186	19.25	1.69	全菱形式	681	4.12	1.02
部分苜蓿叶式	191	5.33	0.94	半菱形式	94	2.76	0.25
三叶或喇叭式	160	4.01	0.80				

我国关于交通事故的分类详见第四章第三节相关内容。

在进行规划和事故管理比较分析时，首先要证实分析是有根据的，要对预期可能发生的年事故总数作出估算。这项估算可由事故管理机构所收集的部分数据分析得出。若无可靠的收集数据，则可以依据上述提供的事故率数据估算。其次，应对引起延误的事故作出估算。在缺乏经验数据的情况下，可依据某些监控系统对事故的详细记录得到多种参数，最终预估出高速公路各个单独路段上所发生的事故数，从而确定年延误量。

1）引起延误的事故

将发生在车道上，而几乎立即被转移到路肩上的事故称为路肩事故，路肩事故对延误并不产生显著影响。对引起延误的事故可从以下六方面进行分类：

(1)道路上发生事故的位置。
(2)排除事故所需援助的程度。
(3)事故的类型。
(4)事故影响的车道数。

(5)车辆损坏的原因。
(6)机械故障的性质。

在美国,这种分类方法采用事故树来表示,如图 5-22、图 5-23 所示。它便于鉴别事故的百分比和类型,从而采取有效的补救措施。

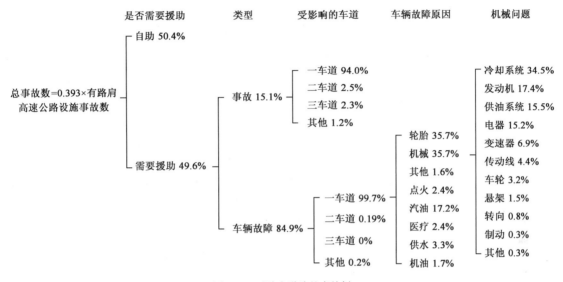

图 5-22　无路肩道路的事故树

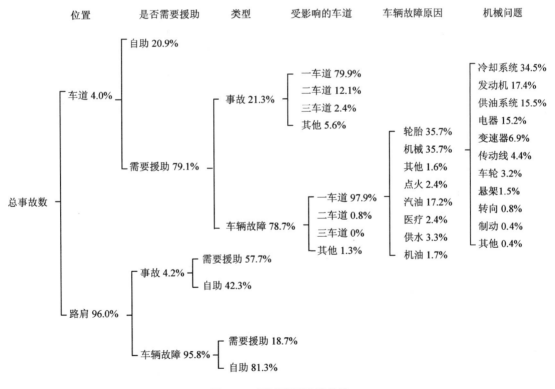

图 5-23　有路肩道路的事故树

采用事故树的目的是：

(1)制定一套经验的事故数据表格，为分析提供方便。

(2)在缺乏对于某一特定道路设施详细资料时，可对事故类型分布作出估计。

事故树的不足在于对事故树的进一步细分将花费昂贵的费用，且有时不可能获得细分的详细数据，为此，这里仅作出典型事故类型分布，用于评价各种事故管理方案。如图5-23中的系数是从美国闭路电视监视站所收集的数据中得到的。

无路肩的高速公路设施，如桥梁、隧道等，其年事故总数比有路肩的要小一些，但事故类型的分布变化很大。这种高速公路的事故估计等于有路肩的39.3%。在规划时，推荐采用每100万车·km事故124起的比率，则无路肩的高速公路每100万车·km事故为49起，在其设施上的事故分布如图5-22所示。

2) 逐段估算事故

预估某特定高速公路上的事故数主要取决于交通量及道路特性（如车道数、长度、有无路肩等），而这两个因素是随时间和位置变化而变化的。为了精确地估算年总延误量，应对高速公路进行逐段分类、估算。高速公路两互通式立交桥之间的道路应按不同道路特性进行分段估算，有时还应按管辖职责的不同对路段作进一步细分。利用标准表格记录每个路段的交通量和道路特性，包括识别路段和设立路段界标等资料一起列入表中。此外，还应测量或估算各段按时段计各方向上的交通量。

进行连续分析的重要标准，就是交通量是否达到引起交通拥挤和延误的程度。表5-17列出不同事故类型引起交通拥挤的最小交通量（超过表中数值，即导致交通拥挤），这便于鉴别哪些路段和什么时间存在问题。

引起交通拥挤的最小交通量(辆/h)　　　　表5-17

事故类型	每方向车道数		
	2	3	4
路肩事故	3 000	4 600	6 300
车道事故(所有类型)	1 300	2 700	4 300
多车道事故	全部	2 200	2 600

对路段按交通量及道路特性变化分类后，各段的年事故数可按式(5-15)估算：

$$A_T = R q_e T_e D_e L \times 10^{-6} \tag{5-15}$$

式中：A_T——年总事故数，起；

R——100万车·km事故率；

q_e——估算周期交通量，辆/h；

T_e——估算周期长，h；

D_e——估算天数，d；

L——单向路段长度，km。

在美国，通常事故率假定为：有路肩路段124起/(100万车·km)，无路肩路段49起/(100万车·km)。若有详细数据和经验，则另当别论。交通量采用年平均日交通量(AADT)，按美国《道路通行能力手册》计算。高峰时段常选取2h作为估算周期，并选用的估算天数为250d，一旦估算出某特定路段在某特定时间内的年事故数，即将总事故数按图5-22

或图 5-23 所示各种事故类型(分别按有路肩和无路肩两种情况)进行分配,将获得预期可能发生的事故类型和数量的全貌,从而对事故管理系统作出客观的评价,设计出有效的事故管理方案来减轻事故对交通流量的影响。

3. 延误

延误是快速道路上交通拥挤和事故的主要后果,它可以转换成诸如油耗、空气污染等其他指标来量度,还可转换成用户成本,以供综合评估用。

由常发性交通阻塞所引起的延误可依据图 5-24 确定。图中,交通需求线和通行能力线所围成的面积表示延误。对于一组实际数据,整个面积可分成一系列小面积,利用简单的代数方程分别计算各小面积所表示的某一时段的延误值。

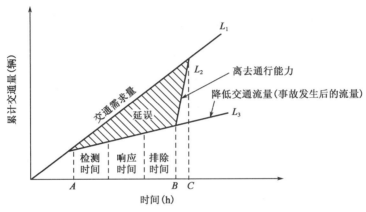

图 5-24 常发性交通阻塞引起的延误

1) 事故引起的延误

任何阻塞快速道路车道的事故都会引起延误。因在给定的时段内能通过阻塞地段的车辆数减少了,即使是被转移到路肩上的事故,也由于驾驶人的放慢速度而使交通流量显著降低,从而增大延误时间。故对延误计算必须考虑交通量的减少及减少的持续时间。在图 5-24 中,横轴表示与事故有关的某一事件的发生时间以及测定事故影响交通流的整个持续时间,纵轴表示累计交通量或在特定时段内通过快速道路某断面的车辆总和。图中 L_1 代表交通需求流量(使用快速道路的车辆总数)直线,发生事故在 A 时刻后,因车道阻塞导致交通流量降到 L_1 以下的直线 L_2,直到事故排除时刻 B 为止,这时排队的车辆以接近通行能力的离去率直线 L_3 驶出。当到达时刻 C 时,排队的最后一辆车恢复到正常车速,于是交通量回到交通需求流量。图中直线 L_1、L_2、L_3 所围成的阴影图形的面积即是因事故引起的总延误量(以车·h 计)。

2) 总延误的估算

影响事故引起的总延误因素有通行能力、交通需求流量、降低的交通流量、离去率、事故持续时间。其中,降低的交通流量与事故持续时间是最重要的两个影响因素,它们与事故处理过程有关;事故持续时间包括事故检测时间、事故响应时间及事故排除时间等。因此减少事故持续时间可大大地减少总延误量。影响总延误的重要因素的量值或取值范围一经确定,则总延误可按图 5-24 和图 5-25 估算[图中符号意义见式(5-16)和式(5-17)],分别估算在一般情况下和特定情况下适合各种不同管理程序的延误。一般延误公式适用于复杂情况。在多数情况下,使用简化公式,适用于如图 5-26 所列 4 种特殊情况。

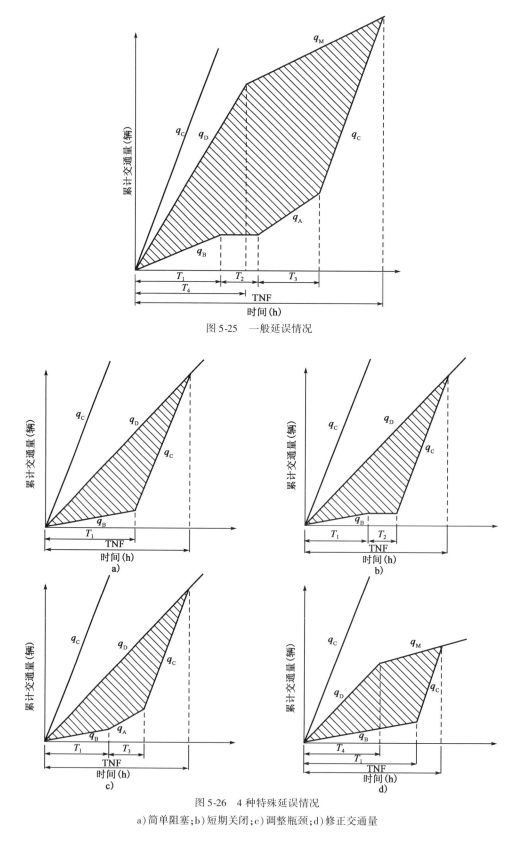

图 5-25 一般延误情况

图 5-26 4 种特殊延误情况

a) 简单阻塞；b) 短期关闭；c) 调整瓶颈；d) 修正交通量

延误估算应知道或估计至少 3~5 种与延误情况有关的交通流量,有些流量不难在现场观测到,而有些则需利用综合研究成果得到。现有的公路研究文献载有许多关于通行能力的资料,这些流量可看作事故发生后,排队车辆通过清除现场所保持的离去率上限值。在缺乏表 5-18 中的流量资料时,可假定离去率等于通行能力,推荐通行能力为 1 850 辆/h。表 5-18 为估算延误用的典型交通流量表。对于事故持续时间,应由熟悉当地事故管理系统的规划人员来估算或按观察到的持续时间来确定(参见图 5-24 中的时刻 A 至时刻 C)。

估算延误的典型交通量(辆/h)　　　　　　　　　　　　表 5-18

单方向车道数	通行能力 = 离去率(q_C)	车道内事故——阻塞一条车道(q_{B1})	路肩上事故(q_{B2})
2	3 700	1 300	3 000
3	5 550	2 700	4 600
4	7 400	4 300	6 300

(1)一般情况下的延误计算,见式(5-16)和式(5-17)。

$$D = [T_1^2(q_C-q_B)(q_M-q_B) + T_2^2 q_C q_M + T_3^2(q_C-q_A)(q_M-q_A) - T_4^2(q_C-q_D)(q_D-q_M) + 2T_1 T_2 q_C(q_M-q_D) + 2T_1 T_3(q_C-q_A)(q_M-q_B) + 2T_1 T_4(q_C-q_B)(q_D-q_M) + 2T_2 T_3 q_M(q_C-q_A) + 2T_2 T_4 q_C(q_D-q_M) + 2T_3 T_4(q_C-q_A)(q_D-q_M)]/2(q_C-q_M) \quad (5-16)$$

$$\text{TNF} = \frac{T_1(q_C-q_B) + T_2 q_C + T_3(q_C-q_A) + T_4(q_D-q_M)}{q_C - q_M} \quad (5-17)$$

式中:q_C——通行能力,辆/h;

q_D——初始交通需求流量,辆/h;

q_B——瓶颈处初始交通流量,辆/h,参见表 5-18;

q_A——调整的瓶颈交通流量,辆/h,视用途而定;

q_M——修正的交通需求流量,辆/h,取值范围为 q_D 的 15%~30%;

T_1——事故开始至第一次变化所需持续时间,h;

T_2——关闭总持续时间,h;

T_3——调整交通流量的事故持续时间,h;

T_4——初始交通需求的延续时间,h;

D——总延误,辆·h;

TNF——事故发生至交通流恢复正常所需总时间,h。

(2)简单阻塞延误情况。若事故不发生,可能通过的车辆数(交通需求流量)为 q_D;事故发生后,实际通过的(实际流量)减少,以 q_B 表示。从事故发生至排除的持续时间为 T_1,事故排除后,被事故延误的排队车辆以接近道路通行能力的离去率 q_C 离开事故现场,直至排队消失为止。于是 $T_2 = T_3 = T_4 = 0$,$q_D = q_M$,$q_B = q_A$,式(5-16)和式(5-17)简化为:

$$D = \frac{T_1^2(q_C-q_B)(q_D-q_B)}{2(q_C-q_D)} \quad (5-18)$$

$$\text{TNF} = \frac{T_1(q_C-q_B)}{q_C-q_D} \quad (5-19)$$

(3)短期关闭延误情况。为了排除事故,必须将高速公路完全关闭一段时间 T_2,一旦事故排除,交通流恢复到离去率 q_C,于是 $T_3 = T_4 = 0$,$q_D = q_M$,$q_C = q_A$,式(5-16)和式(5-17)简化为:

$$D = \frac{T_1^2(q_C-q_B)(q_D-q_B) + T_2^2 q_C q_D + 2T_1 T_2 q_C(q_D-q_B)}{2(q_C-q_D)} \quad (5-20)$$

$$\mathrm{TNF} = \frac{T_1(q_\mathrm{C} - q_\mathrm{B}) + T_2 q_\mathrm{C}}{q_\mathrm{C} - q_\mathrm{D}} \tag{5-21}$$

(4)调整瓶颈延误情况。在完全排除事故之前,提高现有的通行能力。例如,在事故开始可能有两条车道阻塞,但在事故完全转移之前已排除了一条车道。于是 $T_2 = T_4 = 0, q_\mathrm{D} = q_\mathrm{M}$,故:

$$D = \frac{T_1^2(q_\mathrm{C} - q_\mathrm{B})(q_\mathrm{D} - q_\mathrm{B}) + T_3^2(q_\mathrm{C} - q_\mathrm{A})(q_\mathrm{D} - q_\mathrm{A}) + 2T_1 T_3(q_\mathrm{C} - q_\mathrm{A})(q_\mathrm{D} - q_\mathrm{A})}{2(q_\mathrm{C} - q_\mathrm{D})} \tag{5-22}$$

$$\mathrm{TNF} = \frac{T_1(q_\mathrm{C} - q_\mathrm{B}) + T_3(q_\mathrm{C} - q_\mathrm{A})}{q_\mathrm{C} - q_\mathrm{D}} \tag{5-23}$$

(5)修正交通需求延误情况。交通需求流量的减小是由于上游交通有计划或无计划的分流,或者由于高峰期结束后,交通需求的减少而造成的。此时 $T_2 = 0, q_\mathrm{B} = q_\mathrm{A}$,于是:

$$D = \frac{T_1^2(q_\mathrm{C} - q_\mathrm{B})(q_\mathrm{M} - q_\mathrm{B}) - T_4^2(q_\mathrm{C} - q_\mathrm{D})(q_\mathrm{D} - q_\mathrm{M}) + 2T_1 T_4(q_\mathrm{C} - q_\mathrm{B})(q_\mathrm{D} - q_\mathrm{M})}{2(q_\mathrm{C} - q_\mathrm{M})} \tag{5-24}$$

$$\mathrm{TNF} = \frac{T_1(q_\mathrm{C} - q_\mathrm{B}) + T_4(q_\mathrm{D} - q_\mathrm{M})}{q_\mathrm{C} - q_\mathrm{M}} \tag{5-25}$$

4. 交通噪声

一般认为噪声是由市区交通引起的主要环境问题。通过对市区噪声的研究表明:交通噪声通常是指最响的和最常听到的噪声,而且是影响人们的主要交通因素。当交通噪声穿过建筑物内部而干扰人们谈话、睡眠以及听广播和看电视等娱乐活动时,就变成令人厌烦的因素。

为了减轻交通拥挤以及从次要道路和地方道路分离出过境交通而修建的市区快速道路,往往能普遍降低现代市区的交通噪声级。当然过境交通和附加交通都集中到快速道路上来,又会引起紧靠快速道路一带地区的噪声级升高。但是,只要通过对快速道路通道进行仔细规划和设计,就能防止附近建筑物内的居民和附近户外场地活动的人们受过高噪声的危害。在考虑如何能达到上述目的之前,有必要考虑交通噪声的性质和测量噪声及其危害的现行标准。

1)市区快速道路上的交通噪声

交通流量是影响噪声级的主要因素。噪声随着交通流量的增大而成比例增大,但当交通流量增大到一定程度时,交通流量再增大就对噪声的增大没有什么影响了,快速道路上的最大噪声级在一定程度上取决于特定类型快速道路的物理特征。对于交通流量超过4 000辆/h的快速道路(例如双向三车道或四车道快速道路),其路旁典型噪声级(预期超过整个时间的10%),白天为80~90dB(A),晚上为70~80dB(A),在引用具体噪声级方面,还存在不确定的区域。任何取值很大程度取决于读数时的精确条件。

2)快速道路附近的交通噪声

市区快速道路附近的交通噪声级显然要比快速道路本身的噪声级低。降低的程度取决于快速道路的类型(是高架式、地平式还是堑式),噪声源到接收噪声的距离,诸如建筑物、栅栏等地貌所提供的屏蔽程度。图5-27为不同类型快速道路地形情况下预期的噪声级。但是可能出现的许多各种各样的情况表明,必须仔细考虑每一种情况产生的噪声。

在紧靠堑式快速道路附近的地平面,设挡土墙的要比不设挡土墙的噪声级低。这两种堑式快速道路都比高架式或地平式快速道路具有更好的噪声防护作用,除非沿高架式或地平式快速道路整个路段设有防声屏障。在堑式快速道路的情况下,远离快速道路的地平面噪声衰

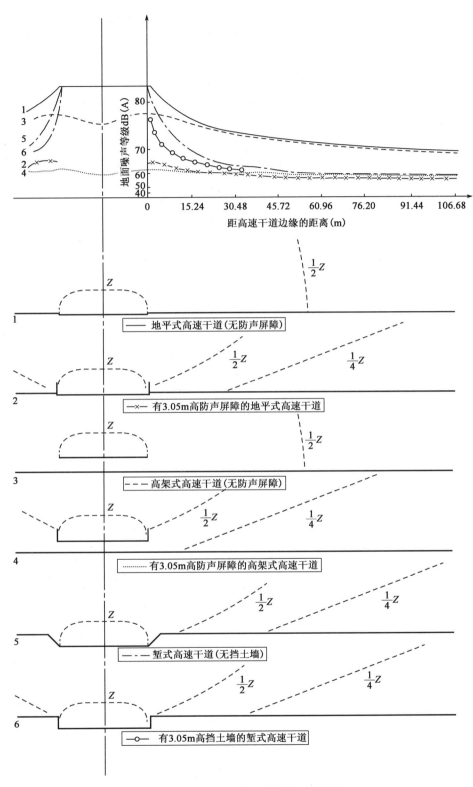

图 5-27 各种类型市区快速道路附近的噪声级
注：Z 表示噪声为 83dB(A)。

减量一般也最大。设有防声屏障的高架式快速道路,其噪声衰减量比设或不设防声屏障的堑式快速道路的噪声衰减量多少要大一些。在高架式快速道路正下方的噪声级要比路两旁大约15m范围以内地平面任何地方的噪声级要低。

对各种快速道路附近地面以上的噪声级也能进行类似的比较。一般,堑式快速道路比高架式快速道路能提供更好的噪声防护,除非沿高架式快速道路设有很高的防声屏障。

快速道路附近建筑物内的噪声级一般比建筑物外的要低,其衰减量取决于建筑物外墙所用的材料类型以及窗户是否打开。对于打开普通窗户的建筑物,从室外到室内的噪声级衰减预计为 5~19dB(A)。对于设有双层防眩玻璃窗户和机械通风设施的建筑物,例如办公楼,其室内噪声衰减为 30~35dB(A)。

由于交通噪声在任何典型的 24h 中具有复杂和完全随机的性质,因此很难建立各级噪声与它所造成的危害之间的关系。各人对噪声的忍受程度不同,这就进一步增加了估计噪声危害的复杂性。

美国有关研究表明:以危害程度表示的噪声骚扰,不仅和噪声级本身有关,还取决于社会经济因素以及公众对机动车和快速道路的态度。所有这些因素反过来可能反映快速道路和其他环境因素的视觉影响。例如,还发现在特定的区域,社会经济水平高的阶层比低的阶层对噪声的忍受程度要差,尽管后者更容易受到噪声的影响。研究得出的结论认为:人们对噪声的反应是混杂的,而且预测时必须考虑人们的心理因素和身体因素。

3)噪声测量

实质上,噪声在很短时间周期内都有变化,频率范围很宽,幅值范围又非常大。所有这些因素使得噪声难以测量,特别是由于这些因素都涉及收听者的感觉,因此必须考虑人耳响应。如果将噪声定义为不需要的声音,那么噪声会随各人和情况的不同而变化。

人耳一般响应 20~20 000Hz 的声波频率;但并不是这个范围内所有频率的收听效果都是相同的。人耳比较容易接受的频率范围是 500~5 000Hz,人耳还有一个特点,即比低频噪声高 1.5 倍频以上的噪声可屏蔽低频。这些条件以及其他条件,导致了 A 声级的建立,交通噪声就是用 A 声级进行测量的。常用累积声级值 L_{10}、L_{50} 和 L_{90},分别表示 10%、50% 和 90% 的时间的声级超过此声级。表 5-19 列出了不同强度的声级值。

噪声影响和噪声级示例 表 5-19

噪声影响		噪声等级 [dB(A)]	典型示例	噪声影响		噪声等级 [dB(A)]	典型示例
损害	振聋	150	爆炸	容许背景噪声级	舒服	60	大商店
	疼痛	140	引擎试验			50	安静的办公室
		120	雷鸣、炮击			45	一般住宅
	感觉阈	110	风钻、飞机			40	乡村道路
烦恼	降低工作效率	100	地铁			30	安静的谈话
	职业性耳聋	90	繁华街道				私语
		85	吵闹的工厂			20	安静的教室
	干扰正常讲话	80	吵闹的办公室			10	隔音室
		70	郊区火车				听阈
	心慌和厌倦	65	工厂				

4)噪声控制

在规划快速道路时,即可对快速道路产生的噪声量和能听到噪声的地区范围进行某种控制。这只要避免使用过陡的坡度,将入口匝道和滑行道路靠近交叉口设置,特别是在开挖和隐蔽路段处尽量采用堑式快速道路就能达到噪声控制的目的。但是,在许多情况下,选择采用高架式还是堑式道路也会受到诸如交通运行、视觉干扰、地区隔开以及对有关特定区域工程和经济上的考虑等因素的影响。

降低快速道路附近区域噪声级的最有效方法是采用某种形式的防声屏障,例如建筑物、墙、隔板、种树等。采用时应根据需求噪声衰减的程度以及视觉上和经济上可接受的程度,决定防声屏障是靠近道路修建还是结合道路一起修建。有了这些防声屏障就会降低建筑物内外的噪声级,防声屏障屏蔽快速道路交通噪声的程度取决于屏障的有效高度及其相距噪声源的距离。

防声屏障至噪声源的距离越近,屏蔽效果越好;当屏障位于噪声源和接收者中间时,屏蔽效果最差。当屏障不能靠近噪声源或快速道路附近某一需要屏蔽点时,最好使屏蔽尽可能靠近接收者。由于有效高度和距离变化无常,因此很难精确估计噪声衰减的程度。但一般预计可衰减 6~15dB,而在有些情况下甚至可衰减 20dB。表 5-20 列出了各种防范措施的噪声衰减值。

各种措施的噪声平均衰减值 表 5-20

降低噪声的措施	噪声平均衰减值[dB(A)]
路两侧设有 3.0m 高实体屏障的等级道路	(3~6)/2 倍距离
4.5m 高墙堑式道路	4~6
3.0m 高屏障的 4.5m 高墙堑式道路	5~7
随挖随填式隧道	10~12
30m 宽稠密多叶林带	35~45
打开的窗户	1~3
关闭的普通窗户	5~19
具有 200mm 间隔和机械通风设施的双层防眩玻璃窗户	10~15
230mm 厚砖墙	35~45

防声屏障作为快速道路结构的一部分,其结构形式应在视觉上使行人和驾驶人都能接受为宜。沿高架式快速道路设置高屏障,可在路周围增加高架结构视觉上的优势。如果屏障显著高于驾驶人的视水平线,需要沿屏障提供有规则的间隙,以防视觉单一而令人厌倦,同时在一定程度上要使驾驶人能通过间隙隐约瞥见周围景色,辨明方向。

利用绿化的路堤作为噪声屏蔽,对于地平式或堑式快速道路,特别是在远离市区或位于公园区域的快速道路(图 5-28)是非常适宜的。对于堑式快速道路,扩大挖方往往能降低挡土墙的高度,从而减少修建费用,并为驾驶人创造比较宽阔的视野。单独使用树林或灌木丛降低噪声级时,噪声的衰减程度取决于绿化环境的类型和稠密程度。

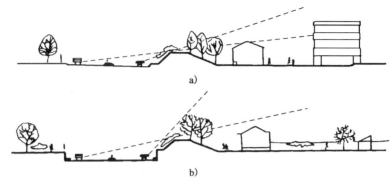

图 5-28 利用绿化路堤降低噪声
a) 地平式快速道路; b) 堑式快递道路

二、快速道路交通管理内容

快速道路的交通管理对于改善快速道路的交通运行具有明显的效果。美国联邦公路局《高速公路管理和运行手册》(2003 年 9 月)提供的有关资料表明,高速公路的管理会在保障交通安全、改善交通流、减少交通延误等方面带来可观的效益,具体见表 5-21。

高速公路管理效益 表 5-21

指标	效益
运行时间	减少 20% ~48%
运行速度	提高 16% ~62%
通行能力	增加 17% ~25%
事故数	减少 15% ~50%
燃油消耗	在拥挤区域减少 41%
废气排放	每年减少碳氢化合物排放量 1 400t,减少氮氧化合物排放量 1 200t

1. 快速道路车辆行驶管理

由于快速道路与普通道路相比具有流量大、车速快等特点,因此,对于在快速道路上行驶的车辆必须要有专门的管理规定。我国现行的道路交通法规也专列一节提出高速公路和城市快速道路行驶管理规定,参见第四章第五节。

2. 快速道路交通拥挤管理

根据快速道路的两类交通拥挤,其交通管理也可以分为两大类。

1) 常发性拥挤的交通管理

常发性拥挤的交通管理涉及交通系统管理(TSM)、交通需求管理(TDM)、快速道路交通控制和快速道路的几何设计改善等多个方面。前三个方面在本书的相关章节中进行了讨论,最后一个方面因不是本书讨论的内容,可参见其他相关参考文献。

2) 偶发性拥挤的交通管理

由于这些事件的发生具有偶然性和突发性而不易被预先掌握,所以给管理带来了难度。

对于偶发性拥挤的交通管理策略通常包括以下环节:

(1)事件监视与检测。事件检测有非自动检测技术和自动检测技术。前者包括路边紧急电话或事件发生热线电话、高速公路巡逻服务、高峰期间摩托车巡逻、收音机广播、空中巡逻、固定地点观察员或支援服务者、闭路电视、驾驶人报告等,后者包括检测线圈、地磁表、微波或雷达、激光、远红外线、超声波、音响、机械观察、车辆探头等。

(2)事件确认,快速响应要求在5~8min以内。

(3)事件响应,如图5-29所示。

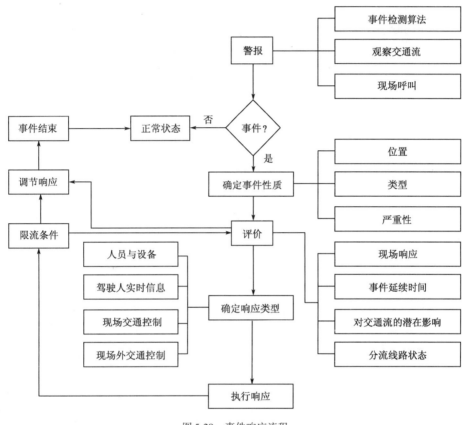

图5-29 事件响应流程

(4)为驾驶人提供信息。
(5)现场交通管理与控制。
(6)事件清除,恢复交通。

三、快速道路交通管理系统

传统的快速道路交通管理主要是对快速道路上的车流进行控制和诱导,随着交通需求的持续增长,快速道路交通管理已经拓展到了更多的方面。因此,需要通过建立快速道路交通管理系统来实现交通管理的目标。

快速道路交通管理系统是交通管理机构运用交通管理战略和有关技术实施对快速道路的交通管理,并使现有的道路系统发挥更大效益的工具。这个工具可以尽可能快地消除快速道路上出现的拥挤、缩短拥挤延续的时间或降低拥挤发生的严重性。

一个快速道路交通管理系统至少应当具有以下功能:

(1) 减少常发性拥挤的影响。
(2) 使偶发性拥挤的延续时间和影响最小。
(3) 使快速道路系统的安全性和交通效率最大。
(4) 能够为道路使用者提供有效和必要的信息,并减少他们的精神压力。
(5) 能够为遇到问题的(如车辆抛锚、车祸等)道路使用者提供援助。

美国把高速公路交通管理系统分成六大部分,具体如图 5-30 所示。

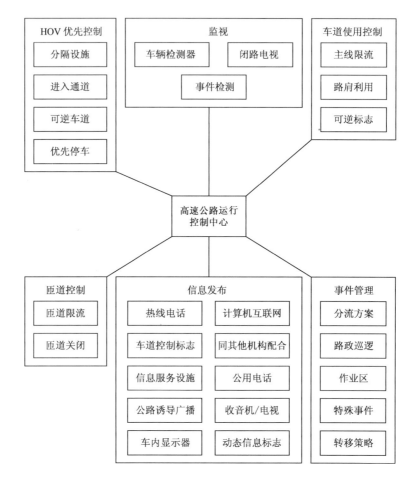

图 5-30　高速公路交通管理系统

该系统各部分的功能简要说明如下:

(1) 监视和事件检测是任何一个高速公路交通管理系统必须具备的功能,随着交通需求的增长,监视的功能和范围也在扩大。

(2) 车道使用控制可以使车道使用的效率最大化,包括主线限流、临时路肩利用、开辟可逆车道和限制货运车等。

(3) HOV 优先控制是为公交车、合乘车等大容量客运车提供优先出入服务,这些服务包括提供专用道、优先匝道控制和事件发生时的优先通行等。

(4) 匝道控制是高速公路交通管理系统的主要功能之一,包括出入匝道的限流和高峰期间的匝道关闭等。

（5）对于道路使用者来说,信息发布是高速公路交通管理系统最重要的功能。通过发布实时信息,可使道路使用者知道道路的交通状况,如可替换的线路、气候情况、道路养护施工情况和专用道使用情况等。

（6）事件管理包含了高速道路交通管理系统的各个环节,也是由监视、控制中心运行、路政巡逻、匝道控制、事件确认决策过程控制策略和车道使用控制信号等组成。具体内容见前述的"偶发性拥挤的交通管理"。

第六节　交通组织优化

一、交通组织优化的概念

交通组织优化是指在有限的道路空间,综合运用交通工程规划、交通限制和管理等措施,科学合理地分时、分路、分车种、分流向使用道路,使道路交通始终处于安全、有序、高效的运行状态。

随着道路交通的发展,道路交通流必然随之发生变化,往往会出现总体上的比例失调、交通混乱等问题。因此,交通组织优化是一项综合性、系统性的工作。根据组织优化的层次不同,可以划分为宏观交通组织优化、区域交通组织优化和微观交通组织优化三个层次;根据组织优化的方式不同,可以区分为道路通行时空资源的分配优化与交通流的管制与诱导优化两类。

二、交通组织优化的思路

产生交通问题的本质是在交通系统中出现交通供应和需求的矛盾,因此交通组织优化的核心思路为分解矛盾、消除矛盾。对于宏观交通组织优化,主要考虑在时间上削峰填谷,在空间上要控密补稀,体现出矛盾分散、时空均分的原则;对于微观交通组织优化,考虑信号配时的分秒必争、车道渠化的寸土必夺,体现出在冲突分离基础上充分利用空闲时间和空闲面积。对于道路通行时空资源的分配优化,重点解决通行能力和路权分配问题,为动态流量调控和组织奠定基础;而交通流的管制与诱导优化,重点需要解决路网负荷均分问题,防止交通压力过于集中造成拥堵。换言之,道路通行时空资源的分配是基础,交通流的管制与诱导是手段;宏观上要解决好压力均分,微观上要解决好冲突分离。

三、交通组织优化的原则

1. 优先考虑宏观交通组织优化原则

从土地利用、道路网络规划、交通模式结构的选用等宏观方面优化城市交通系统,是解决一切交通问题的根源。

2. 交通流分离原则

对混合道路交通实行各从其类、各行其道,在时间上与空间上的调整控制。

3. 交通流量均分原则

对分布具有明显时间性、方向性、区域性和形态差异较大的道路交通流量实行时间和空间上的调整和疏导。

4. 交通连续原则

对交通系统中的交通方式、交通设施、交通线路彼此间实行合理和有机联系不中断。

5. 总量削减原则

努力使道路上行驶的车辆运行时间缩短，行走的行人数量减少，减少对道路通行时空资源的占用。

6. 公共交通优先通行原则

在道路通行时空资源分配上，优先按照公交、步行、自行车、出租汽车、私人小汽车这样的顺序来排列，优先从时间和空间上保障公共交通的行驶环境。

7. 排障导流原则

排除道路和路面上的各种障碍，疏导交通流，使之畅通无阻。

四、交通组织优化的常用措施

1. 宏观交通组织优化

1) 控制交通发生源

主要包括区域系统合理布局、人流系统结构调整以及物流系统结构调整。区域交通合理布局即对城市和地区的生产系统、生活系统及其总体系统实行合理布局；人流系统结构调整即通过对城市中住宅区、商业区、工业区、文化区等功能区合理调整，使得人流出行更方便，同时又能缩减交通量；物流系统结构调整即指理顺物资供需关系，协调流通环节。

2) 改善交通服务方式

主要包括在客运交通系统中优先发展公共交通，在大城市建立可提供高效服务的轨道交通服务系统；物流系统中发展专业性货物运输事业。

3) 将道路交通转向广义交通

依靠更广意义上的交通来转移、降低道路上交通量的需求，主要发展方向有发展管道交通运输，解决液体和气体物资的运输；广泛应用信息技术，利用信息的沟通来降低交通出行的需求。

2. 区域交通组织优化

1) 分离交通流

包括按照交通流类别分离、利用隔离设施对不同交通方式进行分离、按专用通行带进行交通分离。

2) 合理分配交通流

在时间上对交通流错时削峰，即在城市区域范围内实行错时上下班制、弹性工作制、轮流休息制；在空间上对交通流量进行调节，实行单向线、可变车道、禁止左转等。

3. 微观交通组织优化

1) 平面交叉口交通组织优化

对于平面交叉口，可以考虑设置路口导向车道、组织左转车辆行驶、渠化平交路口车行道（利用画线和渠化岛组织交通走向，渠化岛包括方向岛、分隔岛、中心岛和安全岛）、信号控制等。

2)路段交通组织优化

路段交通组织即对同一条道路分布的不同方式、不同形态、不同流向的交通流,进行资源与交通流相结合、道路交通与交通环境相结合、局部道路与整体路网相结合的优化组织。主要通过路段交通流系统组织使得各交通流各行其道,通行顺畅(合理设计道路横断面、规范交叉道路和路侧用地开口等)。

【思考题】

1. 什么是交通运行管理?
2. 交通运行管理主要包括哪些内容?
3. 什么情况下考虑实施单向交通?
4. 车速限制的作用有哪些?
5. 计算停车泊位的角度分别为30°、45°和60°时的停车泊位数。
6. 路边停车与路外停车对交通影响的主要区别是什么?
7. 为什么要采用交叉口主路优先的控制方式?
8. 平面交叉口交通管制方式的影响因素有哪些?
9. 快速道路交通管理的主要策略是什么?
10. 什么是交通组织?其原则和措施有哪些?
11. 在交通运行管理中,如何体现"以人为本"的理念?
12. 在交通运行管理中,如何处理安全与效率的相互关系?

【计算题】

1. 对某一公路进行车速观测,得到车速观测数据如表所示(单位:km/h),请根据表中数据分别计算 $v_{85\%}$、$v_{15\%}$ 和 $v_{50\%}$。

序号	车速	序号	车速	序号	车速	序号	车速	序号	车速
1	17	11	56	21	37	31	49	41	39
2	19	12	29	22	54	32	24	42	35
3	30	13	46	23	45	33	19	43	49
4	41	14	48	24	36	34	48	44	55
5	33	15	42	25	31	35	51	45	52
6	18	16	40	26	22	36	54	46	43
7	25	17	28	27	43	37	37	47	24
8	27	18	38	28	23	38	39	48	54
9	35	19	45	29	35	39	32	49	50
10	45	20	44	30	38	40	19	50	40

2. 已知图示交叉口东进口直行车辆行驶轨迹线为 xx，车速为 30km/h，南进口直行车辆行驶轨迹线为 yy，车速为 40km/h，道路纵向摩阻均为系数为 0.44，重力加速度为 9.8m/s^2，驾驶人的制动反应时间为 2.5s，车辆制动后停车的安全距离为 5.0m。现东进口有一养护施工作业区（图中阴影部分），其西侧围栏长度 ac 为 3.0m，北侧围栏 ab 距车辆行驶轨迹线 xx 的距离 y_1 为 1.8m，西侧围栏 ac 距车辆行驶轨迹线 yy 的距离 x_1 为 2.0m。因作业区围栏会遮挡两进口道车辆驾驶人的视线，故在设置围栏时要保持其在一定范围的视线通透。请利用视距三角形的原理，计算作业区围栏 ac、ab 和 cd 需要在什么范围内保持视线通透的长度，并在图上画出示意图。

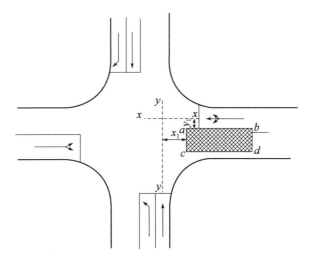

第六章
优先通行管理

　　不同的交通状态、管控目标和通行需求等条件下,各类交通流有不同的优先级,本章的优先通行管理重点集中在城市客运交通方式的优先管理。城市客运交通方式(工具)可分为两大类:一类是公共交通,另一类是个人交通。公共交通又可分为大宗公共交通和个别公共交通两种。大宗公共交通是指由公共汽(电)车、轻型轨道、地下铁道、城市铁路和磁悬浮等承担的客运交通,其中由公共汽(电)车所承担的客运交通常称为常规公共交通(简称常规公交),由轻型轨道、地下铁道、城市铁路和磁悬浮等承担的客运交通常称为轨道公共交通(简称轨道交通);个别公共交通是指出租汽车。私人小汽车、摩托车、自行车等都称为个人交通,或称私人交通。

　　交通管理不仅要指挥和疏导交通,还要了解与研究各种交通方式在其环境中的地位与作用,据此制定出相应的交通管理政策及管理方法。本章主要讨论公共交通在交通环境中的地位和作用、公共交通的管理政策及相应的管理方法,以及常规公交等的优先通行管理等。

第一节 我国公共交通发展历程与现状、发展政策、经营和管理

一、发展历程

从中华人民共和国成立至今,我国城市公共交通行业历经七十余年发展历程,经历了中华人民共和国成立初期的恢复发展阶段(1949—1978年)、改革开放后的探索发展阶段(1979—2003年)及当前的优先发展阶段(2004年至今)。

1949—1978年,我国社会处于社会主义计划经济体制时期。在该体制下,我国城市公共交通行业倾向于实行由政府直接投资、国有企业垄断经营的政府统包经营的管理体制,政府是提供城市公共交通服务的唯一主体,以低价格提供城市公共交通服务,城市公共交通服务水平相对较低。

20世纪70、80年代以来,在市场经济体制改革的推动下,我国城市公共交通进入探索发展阶段。20世纪70年代末,国家以"解决乘车难、满足社会需求"为切入点,带动公交行业快速发展。1985年,国务院《关于改革城市公共交通工作报告的通知》提出了"以国营为主,发展集体和个体经营"的经济结构,改变城市公共交通独家经营的体制。但是由于城市公共交通的公益性与市场化的关系尚未完全处理好,当时没有明确的公共交通优先发展政策和公共交通市场化运营机制,城市公共交通在市场化改革过程中出现了片面强调经营管理市场化、行业内公交企业过度竞争等问题。

20世纪90年代,我国城市进入了迅速发展时期,城市化进程逐年加快。经济体制的改革使得汽车工业成为国家支柱产业,各大城市小汽车拥有量增长迅速,交通拥堵现象逐渐出现。这段时期公共交通开始出现了多模式、多层次发展的趋势,许多学者认为解决大型城市的交通问题需同时重视道路交通、轨道交通和地面公交三个系统的规划及相互协调;重视非机动交通的系统规划,制定各类换乘设施和交通枢纽的规划以实现多种交通模式的联运;同时考虑实施交通需求管理和交通拥挤管理。该阶段,我国城市轨道交通发展迅速,有超过20个城市公布了轨道交通初步研究报告和规划。

2004年6月,建设部《关于优先发展城市公共交通的意见》提出了优先发展城市公共交通的主要任务和目标,指出优先发展公共交通符合城市发展和交通发展的实际,优先发展公共交通将不仅对缓解城市交通拥堵问题起到作用,而且上升到影响城市发展的高度。公共交通优先发展战略的提出,标志着我国城市公共交通进入了新的发展时期。这段时期,随着城市扩大和城乡公交的纳入,城市公共交通服务范围迅速扩张,公交网络不断延伸,公交线路平均长度越来越大;同时,由于城市道路交通情况的恶化,地面公交运行的可靠性大幅降低,服务水平下降。另外,经过政府完全承担公共交通所有费用的纯公益发展至20世纪末城市公交市场化而导致无序竞争后,公共交通的公益性地位得到确定,并且随着公益性的明确,关于城市公共交通的票制票价、投融资形式与补贴机制等问题的研究逐渐深入。

2006年,建设部、发改委、财政部等部门发布了《关于优先发展城市公共交通若干经济政

策的意见》,对城市公共交通的财税和投资做出了相应规定。2010年,交通运输部在《城市公共交通"十二五"发展规划纲要》中提出,中国城市公共交通已取得一定发展,但是与城市经济社会快速发展、群众生活水平不断提高的需求相比,还有一定差距。2012年,国务院发布《关于城市优先发展公共交通的指导意见》,提出强化规划调控作用、加快基础设施建设、健全技术标准体系等要求。同时期,2011年11月,交通运输部发布了《关于开展国家公交都市建设示范工程有关事项的通知》,大力推进城市公共交通发展方式转变,加快建立以公共交通为导向的城市发展模式,并对参与公交都市建设的城市提出了基本要求和考核目标。之后又在2016年、2022年相继发布通知,要求全国地市级以上的城市推进公交都市建设和加强公交都市建设示范工程的管理。

二、发展现状

通过实施公交优先发展战略和公交都市建设,我国城市公共交通的状况改善明显,公共交通地位的变化,引起道路交通格局的重大变化,并朝着良性循环的趋势发展。在城市居民出行方式中,采用公交方式出行的比例有所提高,其他出行方式正在逐步被公交方式所吸引。

许多城市通过在城市中实施公交车专用道,以提高运行车速与准点率;中小巴进入居民居住小区,以缩短乘客乘车步行距离;改善公交车设站位置,以缩短乘客过街、换乘距离等一系列措施,改善了公交的运行状况,提高了公交服务水平,使得公交客运量有所提高,自行车交通量逐步减少。例如,深圳市根据自行车交通逐年减少的情况,将原有的自行车道改为公交车专用道或机动车道,提高了公交车的运行车速、准点率和道路通行能力。北京市开通了44km的公交车专用道以后,专用道上公交车的平均运行车速从10km/h提高到21~25km/h。上海、广州等城市的地铁不仅承担了一定量的客运量,而且由于地铁车站吸引了大量的自行车和摩托车的停放换乘,也使居民出行方式的构成发生了很大的变化。

但从总体上来看,我国城市公共交通的发展由于各城市对公交优先政策的理解和执行不平衡,还存在着许多需要解决的问题。实际上,一些发达国家的公共交通同样存在公共交通与个人交通之间的矛盾,主要是因为:

(1)个人交通工具是一种"门"到"门"的交通工具,而公共交通工具只能在一定的区域内和一定的路线上运行,停车地点和运行时间都受限制,是一种线交通工具。

(2)使用个人交通工具从出发点到达目的地,一般来说不需要换乘,在途中也不需要停靠站,在使用时间上受个人控制,而公共交通则与此相反。

(3)公共交通属于城市公共事业,一般由政府投资,而个人交通工具属于私有财产,投资者多元化,个人、集体、企事业单位都可以投资,不受政府财力限制。

以上这些因素都是导致公共交通的发展相对于个人交通更为困难的原因。由于公共交通和个人交通的不同特点,它们之间的关系既相互补充,又相互排斥。如处理得当,则可以发挥公共交通运输量大、路面占用率(每个乘车人平均占用的道路面积)小的特点,而公共交通非"门"到"门"的缺点可用个人交通(如自行车)来补充。如处理不当,则会产生恶性循环,如公交车太少或发展太慢,则公交车内将十分拥挤,乘客等车时间长,人们越来越感到"乘车难",于是只能购买个人交通工具用于上下班和各种目的的出行。

三、优先发展公共交通的政策

发展城市公共交通的关键是要确立以优先发展公共交通为原则的综合交通体系,发展对小汽车具有竞争力的轨道交通,吸引个人交通工具出行换乘轨道交通,以减少道路上个人交通量,特别是小汽车交通量,减少机动车对环境的污染,这是城市交通发展的根本政策,也是交通需求管理的核心环节。要达到这个目的,需解决以下几个问题:

(1)公共交通线路覆盖面要大,线路网要密,缩短乘客从出发点到乘车点及下车地点到目的地所需的步行时间。

(2)公共交通工具数量要多,提高发车频率,缩短乘客等车时间。

(3)公共交通速度要快,缩短乘客乘车旅行时间。

(4)公交站台的设置应尽量靠近人行横道,能使乘客过街与在不同公交路线间换乘方便,缩短乘客过街与换乘的步行距离及时间。

(5)公共交通运行要准点。

优先发展公共交通的政策是城市交通政策的核心,城市交通要坚持以公共交通为主体、个人交通为辅的方针。在现代化城市中,城市交通问题的解决主要不是依靠个人交通(如小汽车、自行车等),而是依靠公共交通。即使在汽车工业发达国家的城市中,人均小汽车拥有量已达到近1辆,在这种情况下,人们的出行(特别是上下班和上下学)主要地还是依靠公共汽(电)车、有轨电车、地铁等公共交通,在发展中国家更应如此。

而城市公共交通服务性质具有一定意义的公益性,如果仅仅依靠政府投资,其程度总是有限的,而通过政策上的倾斜是从根本上解决公共交通发展所遇到各种问题的既经济又可行的方法。优先发展公共交通的政策可以从保证公共交通良好运行、自身环境和外部环境多方面展开。

1. 优先发展公共交通的外部政策

外部政策指的是政府根据城市实际情况制定出一定的、有利于公交发展的各项政策。制定外部政策需从两个方面来考虑:一是扶持政策,就是要通过各种手段发展公共交通,提高其运行速度,改善其服务质量,确保其经济投入;二是限制政策,就是要使除公共交通之外的其他交通方式出行不如公交出行方便、便宜。

1)扶持政策

(1)财政扶持政策。因为公共交通具有明显的福利性和公益性,票价的制定和调整由政策控制,不可能做到完全按市场需求和价值规律自由调整价格,由此而产生的亏损属于政策性亏损,不属于经营性亏损,因此不得已的情况下,国家还应给予适当的财政补贴,并为促进公交企业科技进步管理手段的现代化而给予财政支持,一般通过立法的形式加以确立和实施。

(2)税收扶持政策。在税费方面给予优惠,尽量减轻公交企业的税费负担。还可实行专项税收政策,如开征企事业单位公共交通税、减免公交车燃油税等。

(3)投资政策。在投资政策方面,加大政府投资力度,完善政府投资方式,银行信贷应向城市公共交通倾斜,对城市公共交通场站建设和车辆购置项目,银行要在信贷和配套资产计划中优先安排,并确保资金及时到位。在利用外资方面实行优惠,对轻轨、地下铁道、公交车专用道、停车场(库)等重点项目的贷款,要在信贷和资金计划中优先安排。

(4)票价政策。遵循社会效益、环境效益和经济效益统一的原则,在保证尽可能多地吸收市民乘坐的前提下,制定出合理的票价,并逐步建立促进城市公共交通良性发展的价格与价值补偿机制。

2)限制政策

随着人们生活水平的提高,私人小汽车的拥有量逐年上升,这给城市交通造成很大的压力。因此限制政策主要表现在对个体机动车(主要是私人小汽车)实行交通需求管理,但是这并不意味着排斥小汽车的适度发展,以及其他交通方式的合理使用,相反,只有优先发展公共交通,确立公共交通的主导地位,才能腾出更多的道路时空资源,保障小汽车、出租汽车等交通工具的合理正常使用,保障道路交通良好秩序和可持续发展。

(1)对私人小汽车使用的控制,主要是指运用价格手段进行的控制。如实行停车位控制,在城市中心地区停车泊位少,且收费高,而在城市边缘地区设立较多的停车位,便于与公交换乘,且收费低或免费等;限制交通紧张地区的车流量;征收道路及燃油税,以及对特定控制路段及地区收取通行费等。运用非价格手段进行控制包括:设置禁行区,限制在某条道路上的使用,在高峰期禁止左转或右转等。

(2)对私人小汽车使用的控制还包括时间上的限制,如在上下班时间主路禁止私人小汽车的使用,在某些拥挤路段限制小汽车的使用,白天限制货车进入市区,单双号牌照隔日行驶等。

2. 优先发展公共交通的内部政策

内部政策主要指的是公交企业的改革,包括公交部门自身的改革和国家对公交行业经营管理体制的改革,内部政策与外部政策配合使用,有助于从微观上对公交企业进行管理。我国的公交行业改革主要有以下几方面内容:

1)转变政府职能,实行政企分离

这样有助于国家和企业分别从宏观和微观上对公交企业进行管理。

2)引入竞争机制

公交企业竞争主要包括以下两方面的竞争:打破原国有公交企业垄断的局面,允许其他产权形式的企业进入公交市场参与竞争;同一种交通方式在同一条线路上运行时的竞争,但是这种竞争机制应在国家宏观调控下进行,是一种不完全竞争。

3)机构改革

由于公交企业内部冗员过多,使得企业负担加重,因此要对企业内部人员进行精简,明确责任。

4)提高企业的自生存性

公交企业不能一味地依靠国家各种资金补贴来运行,还应适当地采取一些市场手段(例如经营广告等)来维持公交的运行。

四、科学经营公共交通事业

在优先发展公共交通政策的指导下,要科学地经营公共交通事业。

(1)应大力增加公交服务路线和公交车辆。

(2)应逐步实现现代化的公交调度系统,这是提高公共交通运营效率最可靠的途径。

(3)要搞好公共交通的换乘,这是有效发挥公共交通作用、搞好公共交通之间以及与其他交通工具之间的换乘与接续,促使城市公共交通流畅化的基本途径之一,也是将人们从利用个人交通工具吸引到利用公共交通工具上来的关键途径之一。

五、要加强对公共交通的科学管理

科学管理公共交通包括对公交车专用道、公交车专用街、公交车专用道路、交通信号的公交车辆优先控制、公交车转弯优先及改善公交车辆停靠站的设置等的管理,详细情况将在下一节讨论。

第二节 公交车辆优先通行管理

常规公交车辆的单位时间客运量大大超过小汽车和自行车的客运量。道路上 3.5m 宽的车行道每小时通过公交车辆的客运量可达 10 000 人,而小汽车只有 1 000 余人,自行车为 5 000 余人。因此,发展公共交通工具并给予公交车辆优先通行权是国内外都积极提倡的。从交通工程学的角度看,公交车辆优先通行占一定重要位置,甚至可作为一种专门的技术管理措施。

一、常规公交车辆优先通行管理方法

1. 公交车专用道

公交车专用道分为顺向式和对向式两种。顺向式是指在一种专为公交车开辟的车道上,公交车的运行方向与其他车辆的运行方向一致,而对向式是允许公交车的运行方向与其他车辆的运行方向相反。

需要和可以设公交车专用道的条件是,除特殊要求外,公交车交通量大于 100 辆/h,单向最好有 3 条以上机动车道;特别是路段上有 3 条车道,而进口道最多只有 5 条时,更应设公交车专用道。

公交车专用道是车行道的一部分。常采用设置路面交通标线的方法,或在对向式公交车专用道上采用实物分隔的方法,使公交车专用道与其他车道严格分离开来。

公交车专用道在交叉口附近要作特别的处理,图 6-1～图 6-5 是几种公交车专用道设置情况的示例。

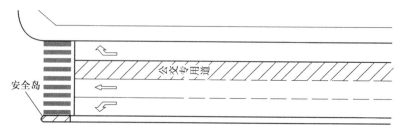

图 6-1 设置在右转专用道左侧的公交车专用道

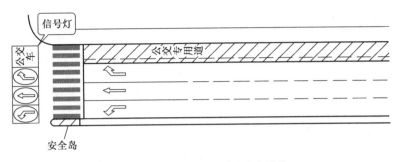

图 6-2 设置在路侧的公交车专用道

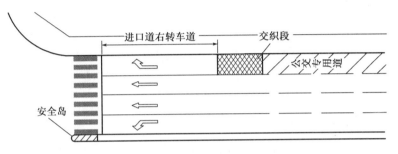

图 6-3 公交车专用道与右转车道结合布置

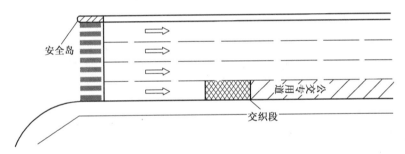

图 6-4 设置在出口道路侧的公交车专用道

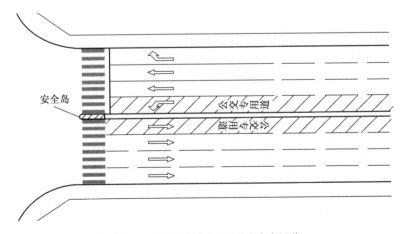

图 6-5 设置在道路中央的公交车专用道

为了提高车道的利用率,公交车专用道设置使用时间。例如,规定在上下班高峰期间,公交车专用道只准行驶公交车辆,而在其他时段也可行驶其他车辆。

2. 公交车专用街

公交车专用街是指在这种街道上只准公交车和行人通行。其好处是:可以将其他车辆从这种街道上排除出去,以提高公交车的速度;可以腾出街道空间,以确保公交车有适当面积的停靠站;可以使行人较安全地横过街道;可以改善城市环境。采取公交车专用街,设施简单、投资少,只要加强管理,限制其他车辆通行,采用适当的交通标志就可达到目的。这样的街道一般比较短,也可让自行车通行。市中心商业区或只有两条车道的窄街道,如其附近有平行的街道,也可以将这种窄街道开辟为公交车专用街道。

3. 公交车专用道路

公交车专用道路是指专门供公交车行驶的道路。在建设卫星城时可考虑建设这种道路,它可以连接居住区和工厂或商业区。一般来说,公交车专用道路是公交车的"高速道路",站距长、速度快。在这种道路上要求有比其他道路更完善的交通安全设施和严格的交通管理措施。

4. 公交车专用进口车道

公交车专用进口车道是指在交叉口的进口道中设置一条或若干条专门供公交车行驶的车道,它可以提高公交车在交叉口的通过率,减小在交叉口的延误。

5. 公交车、自行车专用道路

公交车、自行车专用道路是指专门供公交车和自行车行驶的道路。它与"公交车专用街"有相似的地方,考虑我国城市交通中自行车的比例较高,采用此管理措施可以在不对自行车交通采取任何限制的条件下提高公交车的运行速度。

6. 公交车转弯优先

在某些交通拥挤的交叉口上,有禁止车辆左转(少数的有禁止右转)的规定,但公交车可不受此限制,或者可设置公交车左(右)转专用线。

7. 车站设置和换乘衔接优化

目前国际上公认的公交车站服务半径为400m。因此,一条线路的公交车站最大间距应不超过500m。同时,为减少乘客的步行距离,公交车站布设的优先区位是尽可能接近道路交叉口,将公交车站设于路段中间会使大多数乘客的步行距离增加从最近交叉口为起点的半个街区长度。当然,将公交车站布设于接近道路交叉口的位置时,应考虑交通管理和交通安全要求。

公交车换乘包括公交车之间的换乘和公交车与其他交通方式之间的换乘。公交车换乘优化的基本要求是做到最短的步行距离、最少的相互干扰、清晰的引导标识、最少的换乘时耗以及方便的换乘服务。

(1) 公交车之间换乘。公交车之间的换乘有两种情况:路边换乘和路外换乘。大多数公交车线路间的换乘发生在路边。路边换乘最好的设置方式是,在交叉口的上游,尽量靠近交叉口处布设公交车站,同时提供清楚的交通标志,帮助行人确定其所在位置,引导乘客在不同车站之间换乘。

在某些特定地点,也有路外换乘的需要。路外公交车换乘应把行人和车辆分隔开,有一种方法是设计一个中央平台伸至公交车停靠的位置,乘客可通过中央平台上下车。乘客出入这类公交换乘站时,应提供相关的通道或至少提供清晰的交通引导标志。

(2)公交车与其他交通方式之间换乘。公交车与其他交通方式之间的换乘包括公交车与轨道交通、出租汽车、私人小汽车以及自行车等的换乘,这里重点讨论公交车与轨道交通之间的换乘。

公交车与轨道交通之间的换乘目标是,使公交车站尽可能地接近轨道交通车站出入口。但是,也有必要考虑公交车线路本身的调整。如果公交车线路穿越轨道交通线路车站,然后通向他处,则公交车线路不可偏离轨道交通车站太多;如果公交车线路终点站就设于轨道交通车站,则走向不太重要。

公交车与轨道交通换乘点可能设置的位置有:大批乘客希望换乘的地点;大量公交车线路邻近的轨道交通车站;数条公交车线路都以轨道交通车站为终点站,或其终点站邻近的轨道交通车站;多个方向的公交车线路都通达轨道交通车站。

换乘形式的布置主要有平面布置、立体布置以及两者的混合布置。

8.公交车辆运营智能管理

运用计算机、信息、通信、电子、自动控制等当代高新科技对公交车辆运营实施智能化管理。采用车载全球定位系统(Global Positioning System,GPS)技术对公交车辆的位置、速度、状态等实施实时监控,及时获取道路拥挤、车辆故障以及交通事故等信息。建立公交车辆监控调度平台,公交车辆调度管理人员将监视到的情况及时反馈给车辆驾驶人,并根据具体情况进行动态调度车辆。在车站设置电子牌,显示公交车辆当前位置和预计到达车站时间等。提供电子查询系统,乘客可以查询公交车辆的运行状况。

此外,还有在单向交通道路上允许公交车双向行驶;在有些市中心区域商业用地的道路上,只能允许公交车行驶,禁止其他车辆驶入;有些国家的某些城市道路,靠近路边可以停车(收费),但对有公交车行驶的线路不允许停车等。

二、快速公交通行管理

1.快速公交概念

快速公交来源于英文"Bus Rapid Transit",取其首字母为 BRT,汉语名称应为快速公交系统,是一种结合轨道交通系统的服务品质和地面公共交通的灵活性,通过对公共交通车辆、行驶道路和车站、先进技术、运营组织等方面进行系统性整合,形成的建设成本低、服务快速、可靠、运量高的城市快速公共交通服务模式。

2.快速公交组成

快速公交系统作为一种新型的快速公共交通服务模式,是通过对硬件设施和软件技术众多要素的系统整合后形成的一个整体,其核心构成部分主要包括专用行驶路权、快速公交车站、快速公交车辆、智能交通技术等四个部分。

(1)专用行驶路权。与其他社会车辆隔离程度较高的道路使用权是快速公交系统的核心构成部分。区别于常规地面公交运行形式,快速公交的道路使用形式主要有道路外侧专用车道(只适用于交叉口间距较大的路段)、道路内侧专用车道、快速公交专用路(街)、快速公交专用桥(隧道)。

(2)快速公交车站。吸收轨道交通车站的优点,设置专用的快速公交车站,可为乘客提供良好的候车环境,同时通过与车辆、售票系统、信息发布系统的整合,实现水平登车、车外售票、全方位信息发布等服务,从而提高系统服务的效率和舒适性。

(3)快速公交车辆。典型的快速公交车辆具备以下特点:长车体、低车厢、人性化车内环境、智能交通技术以及独特的外观形状。这样的车辆不仅可以使快速公交系统满足高运量、良好舒适性、高可靠度的服务需求,其独具个性的外观往往可以成为经营者树立服务品牌、提升公交吸引力的重要筹码。

(4)智能交通技术。智能交通作为未来交通技术发展的重要方向,在快速公交系统中得到了充分应用,当前应用于快速公交系统的技术包括交叉口优先通行技术、车辆自动定位技术、线路实时调度技术、信息发布技术等。

3. 快速公交功能

快速公交系统作为城市快速公共交通服务模式的一种,具有高运量、快速、可靠、成本低等特点。根据已有快速公交运营的经验,市区内快速公交运营速度一般在20~30km/h,而运量可以满足1.0万~4.5万人次/(单向·h)不同范围需求,建设成本不及同等服务能力轨道交通的十分之一。因此,快速公交系统在城市公共交通系统中可以承担以下功能:

(1)独立构成城市快速公共交通系统。在城市中形成完善的快速公交服务网络,在城市的主要客运走廊上提供高运量、快速可靠的公交服务。国外城市如巴西的库里蒂巴、哥伦比亚的波哥达即属于该类形式,在我国快速发展中等城市以及大城市的郊区新城内,快速公交即可发挥这样的功能。

(2)与轨道交通共同构成城市快速公共交通系统。在特大城市中或是已有轨道交通的城市中,通过建设快速公交服务系统,在城市中形成不同于服务模式的快速公交系统。

(3)作为轨道交通的过渡方式。利用快速公交系统建设成本低、服务灵活的特点,可以将其设置在未来可能实施轨道交通的通道上,作为客流较小阶段的通道上快速公交的服务模式。

4. 快速公交实例

1)波哥达"新世纪"快速公交系统

波哥达是哥伦比亚首都,拥有640万人口,城市面积1 773km^2,其"新世纪"快速公交系统被誉为最成功的快速公交系统之一。根据ITDP(Institute for Transportation and Development Policy)提供的资料,该系统于2000年投入使用,到2013年运营的专用道长度达到108km,共设113条线路(11条干线、94条快线、8条普通线)和142个车站。表6-1~表6-3分别是"新世纪"快速公交系统投入运行之初的主要构成特点、投资成本表和实施效益表。

"新世纪"快速公交系统主要构成特点 表6-1

关键要素	构成特点
专用行驶路权	采用双向四车道,布置在道路内侧
快速公交车站	采用全封闭式车站,车外售票设计,车站长40~200m不等,乘客通过人行天桥的方式到离车站

续上表

关键要素	构成特点
快速公交车辆	单铰接车辆,车辆全长16.2m,额定载客160人($4人/m^2$);车辆采用左开门(若站台设在左侧),共有两套双扇门和两套单扇门;车辆底板采用低底板的形式,配合车站设计实现乘客水平上下车辆
智能交通技术	车载GPS、中央控制中心实时调度系统
其他	配合快速公交系统建立相应接驳交通系统

"新世纪"快速公交系统投资成本表　　　表6-2

要素	数量	总投资(百万美元)	单价(百万美元/km)
线路长度	38km	94.7	2.5
人行天桥	28座	16.1	0.4
车站	57座	29.2	0.8
换乘枢纽	4座	15	
车辆维修站	4座	15.2	
控制中心	6处	4.3	
其他		25.7	0.7

"新世纪"快速公交实施效益　　　表6-3

评价指标	结果
速度	平均速度达到27km/h,其中快线的服务速度为30km/h,普通线路的服务速度为20km/h,出行时间节约32%
运量	最大单向运量为4.5万人次/h
车辆效益	车辆载客人次达1 807人次/(车·d),公交车运行330km/d
其他	交通死亡事故率下降93%,空气污染下降40%

2)广州中山大道快速公交试验线

广州市地处中国南部,邻近香港、澳门特别行政区,具有2000多年的历史,拥有2 000万人口(含流动人口),是华南地区的政治、经济和文化中心。广州中山大道快速公交试验线西起广州最繁忙的天河市中心,东到黄埔区,全长22.9km,设站26对,平均站距880m。2004年底开始方案研究,历经4年论证,2008年底开工,2010年2月10日建成投入运营,是当时世界第二大运力、亚洲最繁忙的快速公交系统。

(1)系统模式

广州中山大道快速公交试验线除包含通常快速公交基本元素之外,还采用了"专用走廊+灵活线路"的系统模式,被称为快速公交系统的"广州模式"。这个模式主要由"快速的专用通道、灵活的线路运营、高效的车站服务"三大核心要素组成。这三个核心要素主要有以下特点:

①"快速的专用通道"。快速公交专用道设置在道路中央,设有双向双车道,在车站段设有双向四车道,专用车道两侧设双向六车道,供社会车辆通行。将81条常规公交优化、整合为

31条后纳入快速公交专用通道(图6-6),使得道路断面上通过的公交线路数量不超过15条,实现公交运输的集约化、快速化,从而在保证公交服务水平的前提下,既减少了专用道外公交车的数量,也减少了公交车与社会车辆的相互影响,实现公交、社会车辆各行其道和双提速。为了保证专用通道的高效和安全,采用了专用路权控制、行人过街空间分离、停靠站增设车道以及综合交通组织优化等措施。

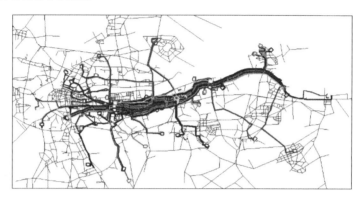

图6-6 广州市中山大道快速公交试验线31条线路分布图

②"灵活的线路运营"。兼顾干支接驳式服务和直达式,不仅设置全线在走廊内行驶的线路,也设置多条部分在走廊内行驶的快速直达线路,直接连接走廊外公交出行产生、吸引点。与固定线路运营的干支线路不同的是,灵活线路运营的快速公交线路不分等级,而是根据交通需求和走廊通行能力进行线路组织和调度。在运营期间,结合泊位数可调的停靠站设计,走廊内的快速公交线路还可以根据需求的变化灵活调整,实现了同站免费换乘的服务方式,不设换乘枢纽站,乘客在快速公交专用通道内可以灵活选择换乘车站,从而使线路的服务范围能够覆盖至273km。

③"高效的车站服务"。每个站根据客流需求设置1~4个子站,站台长度在55~260m之间。为了提高乘客上下车效率,采取了走廊内车外售检票、覆盖车站内外的排队引导系统和站台水平乘降及屏蔽门与车门同步等措施。同时,车站设置时充分考虑与地铁系统和非机动车系统的整合,各换乘站实现与地铁站厅的立体无缝接驳,方便市民换乘。沿线设置公共自行车113个停放站,可容纳5 000辆自行车停放,方便居民从家到车站的出行。

此外,还尽可能与步行系统整合。全线共设置人行天桥、地下通道、人行横道过街及进出站设施36处,在人流量较大的车站设置多处自动扶梯、电梯,为老年人、残疾人提供方便。

(2) 主要组成

①运营模式。成立专门的快速公交运营管理公司,负责设施维护管理和线路运营调控工作,而线路的运营仍由原线路运营商进行运营。线路开通后,为适应客流需求的变化,在充分利用现有车辆的基础上,配备18m的大容量清洁能源(LPG)公交车,且仅在专用通道内运营。在售票系统方面,采用站外售检票系统,票价固定,现金支付统一为2元(智能卡支付还有优惠),站台内换乘免费。对走廊沿线公交线路进行整合优化,结合跨站运营、区间运营等措施,将原87条公交线路整合为51条,分普通线、跨站快线、区间线和借道线等4类线路运营。纳入快速公交专用道的公交线路31条,覆盖全市750对公交车站,约占中心城区公交车站的15.6%。

②调度系统。采用智能运营调度系统,主要由运营控制中心、车载信息系统、乘客信息系统和视频监控系统等系统组成。这些系统的主要功能简述如下:

a. 运营控制中心是智能运营调度系统的中枢,是数据或指令输入、处理、输出的总平台,具有总控协调、计划排班、监控调度、集群调度、专用路权监控、乘客信息发布等功能。试验线在黄埔客运站设立运营控制中心,并开发监控调度台和综合指挥台,直接接入广州市智能公交监控调度总中心进行调度。

b. 车载信息系统是整个智能公交监控调度系统所需要的各种数据,包括 GPS 车辆定位数据、通过驾驶人员键盘操作所产生的各类运营请求以及运营控制中心下发的调度指令等的主要来源,同时,其他运营控制相关系统,如车辆监控调度、乘客信息显示和交叉口信号优先等,都必须以车载信息系统所产生的车辆定位数据和运营数据为基础才能实施。

c. 乘客信息系统是体现快速公交系统人性化、智能化的重要部分,由车站子系统、车载子系统和网络子系统等组成。系统将车辆定位信息、行车时刻表和调度信息实时汇聚处理后,通过快速公交车站出入口、站台、停靠泊位和公交车厢内等的视频显示装置,将发车、车辆位置和到站信息等实时动态信息提供给乘客。

d. 视频监控系统可确保实时掌握快速公交系统运行状况。系统由车辆监控子系统、专用通道监控子系统、站台子系统和集中监控子系统组成。这些子系统的主要作用是:

a) 车辆监控子系统通过安装在车厢内的摄像机,对车内场景进行实时监控录像,并通过无线通信,实现数据自动采集和传输以及与运营控制中心进行数据交换,不仅可以服务于治安监控,也便于运营控制中心根据车内客流情况,合理安排运营。

b) 专用通道监控子系统通过安装在车辆前端的摄像机,实时监控和记录其他社会车辆违章占用快速公交专用通道的情况,并将违章数据传送到相关部门处理,确保快速公交车辆在专用通道中优先通行专用路权。

c) 站台子系统通过安装在站台上的摄像机,对站台进出站乘客和站台情况进行实时监控,不仅可以服务于治安监控,也便于运营控制中心根据车站客流情况,合理安排运营。

d) 集中监控子系统通过设置在运营控制中心的集中监控系统,汇集和处理其他各子系统采集的信息,并及时发出有关指令,确保快速公交系统运营安全、顺畅。

③交通管理。主要通过交叉口信号控制系统、闭路电视监控系统、电子警察系统和乘客信息系统等系统加以实施。这些系统的主要作用简述如下:

a. 交叉口信号控制系统。采用 SCATS 自适应交通信号控制系统进行沿线交通协调控制,并与广州市智能交通管理指挥系统(GZ-ITMS)控制中心的中央控制主机相连。控制中心可随时处理道路上发生的情况,根据交通状况的变化,自动调整方案,使其控制下的交通网络达到最佳的交通运行状况,最大限度地减少停车次数和延误。

b. 闭路电视监控系统。闭路电视监控作为交通管理的一种强有力的可视化工具,是交通指挥系统的重要组成部分。在线路沿线的主要交叉口、路段和站台范围设置的闭路电视监控系统(CCTV),与广州市智能交通管理指挥系统(GZ-ITMS)控制中心的中央控制主机相连,通过对前端设备的实时控制,控制人员可在任何时候都能及时了解相关道路交通信息,也可以将部分图像传送给公安交通管理部门,助其迅速作出最优决策。

c. 电子警察系统。电子警察系统是在道路上对车辆违法行为进行拍照记录的专用设备,是集计算机技术、通信技术、传感技术于一体的高科技产品。在线路沿线的主要交叉口、路段和站台范围设置电子警察系统,可以对快速公交线路进行交通管理,对任何进入线路专用车道的社会车辆的违章行为进行抓拍,保障快速公交车辆顺利通行。

d. 乘客信息系统。乘客信息系统基于人性化角度,充分考虑乘客进出车站的安全性和舒适性等指标,按照乘客导向指示范围、指示内容和功能分为A、B、C、D四级指示标志,对乘客进行引导。A级指示标志位于车站最外围,主要引导乘客明确车站的位置和进出车站的途径,并提供与车站相关的各项交通信息及车站周边地理信息,主要包括站名、行车线路、运营时间、车站指示标志分布示意图、本站所有路线车次以及车站周围主要建筑物位置和换乘信息等。B级指示标志位于车站的人行天桥(或地下通道或安全岛)上,主要是在A级指示标志的基础上引导乘客按照所需路线的方向进行分流。C级指示标志位于收费闸机外侧,主要是对乘客经过B级指示标志引导而选择所乘路线方向之后给出进一步的引导。D级指示标志位于站台的各个子站上,通过灯箱或LED屏等形式,向乘客显示各子站序号、停靠线路信息以及车辆到站信息等。

(3) 实施效果

主要有以下效益:

① 节省了公交乘客出行时间和费用。数据调查表明,试验线沿线乘客日均每次快速公交出行可节省13~20min。由于实行统一票价(2元)和快速公交站内免费换乘,每个乘客一次公交出行的平均费用由4.6元降至2.61元,降幅超过76%。

② 高峰小时单向客运量超过2.5万次,走廊沿线日均公交客运量从52万人次提高至78万人次,增幅达50%。

③ 提升了公交服务水平。试验线走廊沿线高峰公交平均运营车速超过23km/h,比快速公交开通前中山大道沿线公交车速提高84%。公交车平均停站时间为32.3s,比建成前缩短了20%。乘客单次平均旅行时间节约6.6min,候车时间缩短2.5min,准点率比开通前常规公交线路提高20%。

④ 促进了交通出行方式的结构优化。试验线开通后,优良的出行条件吸引了大量的乘客放弃原有的出行方式而选择快速公交,其中,从地铁转向快速公交出行的人数占快速公交客流的10.3%,非机动车、出租汽车、私人小汽车和步行依次为3%、2.9%、1.4%和1.4%。

⑤ 提高了交通安全性。试验线走廊沿线为行人提供了安全、方便的过街设施,同时对交叉口进行了改善,提高了走廊内外机动车、非机动车和行人的交通安全。

⑥ 改善了交通秩序。试验线开通后,道路交通运行秩序明显好转,中山大道沿线社会车辆平均车速从13.9km/h提高至17.8km/h,比开通前提高了28%。

⑦ 节约了公交运营成本。试验线走廊沿线公交运营利润显著提高,增幅为63%。

⑧ 改善了城市环境。试验线的实施促进了部分私人小汽车用户向公共交通转移,并改善了交通运行状况。根据问卷调查,超过65%的市民认为中山大道环境质量有所改善,超过47%的市民认为广州的环境质量有所提高。

⑨ 提高了公交出行的满意度。根据问卷调查,超过65%的乘客对试验线公交服务表示满意,而试验线开通前的满意度分别为29%(2009年)、42%(2008年)和40%(2007年)。

三、灵活式公交通行管理

为了适应公交需求的动态变化,世界各地出现了多种模式的公交服务。归纳起来主要有三种:传统公交、定制公交和灵活式公交。

传统公交是指固定线路式公交,在一定区域内按照固定线路、站点和规定时间运营,这种公交模式不能快速响应需求的变化。

定制公交指的是结合个体出行需求,为出行起讫点、出行时间、服务水平需求相似的人群提供量身定制的公共交通服务方式,居民可以在定制公交需求调查平台上提出自己的需求,公交服务公司根据需求和客流情况设计出公交线路,并进行定价和乘客招募,在满足一定客流和效益的条件下,开通该线路。定制公交在运行过程中的线路和站点是固定的,但是其线路和站点等都可以根据实际情况不断进行调整。其灵活性介于传统公交和灵活式公交之间。

1976 年,美国马萨诸塞州剑桥市 Multisystems 公司 Flusberg Martin 首次提出了灵活式公交系统的概念。灵活式公交是一种集"集约性"和"灵活性"于一身的新型公交系统,被认为是解决传统公交问题的有效途径。它既有固定的线路和站点,以满足客流情况稳定的通勤交通,也允许公交车辆在一定范围内响应临时产生的需求,离开基准线路载运乘客,以满足一些零散的个性化需求。它可细分为六种类型,按照灵活性从小到大排序依次为:站点需求响应、部分线路可变、可变线路、可变站点、区域线路和需求响应接驳,不同类型的运行规则存在差异,如表 6-4 所示。

六种类型灵活式公交的运行规则　　　　　　表 6-4

类别	运行规则
站点需求响应	沿基准线路行驶,当需求响应式站点存在需求时,车辆可偏离基准线路提供服务,但之后必须返回基准线路继续行驶
部分线路可变	车辆主要按照固定线路公交模式运行,但在部分服务区段为乘客提供需求响应式服务
可变线路	车辆沿着基准路线行驶,当出现临时需求时,车辆可在一定的范围偏离基准线路响应临时需求
可变站点	车辆没有基准路线,而是根据实际需求在固定站点之间灵活地规划路线
区域线路	车辆在服务区域内提供需求响应的服务,仅线路的首末站设定固定站点
需求响应接驳	车辆在服务区域内以需求响应式公交的模式运行

灵活式公交在一定程度上解决了传统公交"固定供给、功能单一"的问题,通过提供不同程度的动态供给来满足乘客的各类动态需求。但是由于其"动态性",相关理论研究也更为复杂,随着计算机技术的发展,智能交通技术为灵活式公交的创新和实践注入了新的活力,近年来,灵活式公交领域的实践和研究越来越多,且取得了较大的进展。

第三节　其他车辆优先通行管理

一、自行车优先通行管理

我国被称为自行车王国,在我国不少城市中,自行车仍然是市民普遍使用的交通工具,自行车方便经济、无污染,是短距离出行的重要交通方式。从其交通特性而言,轻便灵活、启动速度快、运行轨迹灵活易变,特别是在交叉口运行时,具有很强的可压缩性和膨胀性,并且首尾相接,成团通行,不易控制。近年来在我国很多城市又出现了燃油、燃气助动自行车和电动自行车(尽管燃油助动自行车由于其不利于能源节约和环境保护而应被淘汰),随着城市交通拥挤这个世界性难题日趋严重,自行车交通在缓解交通拥挤方面一定程度上显示了其独特的优势,因此,自行车交通实际上是我国道路交通的重要组成部分,故很有必要讨论自行车交通的管理问题。

1. 自行车交通的基本特性

自行车交通有以下十种基本特性:

(1)人力自行车是一种靠人力驱动、慢速且不适宜远程交通的交通工具,而非人力驱动的自行车(如电动自行车)则可用于相对较远的行程。

(2)自行车是一种不产生任何环境污染的环保型交通工具(不包括助动车)。

(3)自行车是一种不稳定型交通工具。

(4)骑车人在心理上要受到来自机动车的横向压力,图6-7为机动车对骑车人的横向压力与分离距离的关系图。

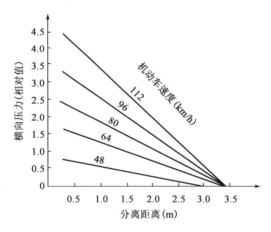

图6-7 机动车对骑车人的横向压力与分离距离的关系

(5)与机动车相比,自行车启动快,转向方便,是一种灵活性和机动性都很强的交通工具。

(6)与公交车和小汽车相比,自行车的停车位置可以更接近出行的起讫点。

(7)自行车交通在时间上有明显的集中性,在地区或路段上有明显的方向性。

(8)自行车不像机动车那样严格保持一定的间距、直线地成队列行进,而是成群成团前进,不愿减速,更不愿停下来。

(9)自行车交通与其他慢速交通或行人交通交叉的危险性要比快速交通小。

(10)自行车交通事故主要发生在与机动车交通的交叉处,且死亡事故中多数是头部受伤后致死。

2. 自行车优先通行管理基本要求

1)改善自行车的通行环境,保障自行车交通的安全

要保证自行车道的使用权,需通过采取一些有效的措施改进自行车通行环境,使其更具吸引力,比如,改进现有路线指示和路名牌设置,在道路两侧和所有交叉口都设置路名牌;在各道路交叉口附近设置自行车路线图;改善交通管理与控制措施,避免机动车、商业活动、行人对自行车交通造成障碍(鼓励行人不要走在车行道上与保持人行道上没有障碍物是同样重要的);

车道路面设计采用高质量材料,车道维修采用高标准的养护,保证完善的照明设施。在交叉口对自行车交通进行专门处理,通过设置专门停止线、自行车转弯等候区、自行车交通信号灯等措施提高自行车通行效率。根据交通事故特征,识别自行车事故黑点和对自行车危险的环境,实施自行车交通安全保障措施。

2)加强宣传和教育,提高骑车人的安全意识和交通意识

在我国,骑车人都是"无师自通",加上对安全意识和交通意识的宣传、教育不够,骑车人在骑车时自我保护意识薄弱,与他人(车)共享道路的观念淡薄,为抢道往往不顾及自身安全,结果又造成道路交通秩序混乱。通过宣传、教育,不仅可增强人们的安全意识和交通意识,也可使采取工程技术措施的效果显现出来。

3)交通设计和管理中充分考虑自行车交通的特性

交通设计要体现整体设计原则和安全标准,针对自行车交通特点设计、建设与改善自行车道,并建设自行车道,确保自行车交通安全和通畅所必需的宽度以及路面的平整度,自行车道路网要保证提供到达各主要吸引点的路径。机动车道和自行车道之间实行物理隔离,消除相互干扰,确保骑车人的安全感,减少交通违章的概率,提高道路通行能力。

4)实施鼓励自行车出行的各种保障措施

在各交通枢纽、商业点等主要吸引点要确保提供足够的、安全的、适宜的、有遮挡的自行车停车设施,通过制定标准保证在新的建筑和建筑群建设中自行车停车设施能够满足需求。在道路建设改善中,要保证任何去除自行车车道的方案都已经有对整体目标和考虑局部效益下的详细评估,并保证在自行车车道拆除前已经建有相同或是更好质量的替代车道。要加强自行车的防盗管理措施,鼓励在城市中心区边缘的交通枢纽可实行自行车租赁等相关业务或服务。

3. 自行车在交叉口的交通管理原则

根据自行车交通的基本特性,自行车在交叉口的交通管理原则如下:

(1)自行车交通应与机动车交通进行空间或时间分离。

(2)如无条件进行分离,也必须给出适当的空间让自行车与机动车分道行驶。

(3)应尽量使自行车处于危险状态的时间缩减到最短。

(4)如果空间允许,应对自行车暂停处提供实物隔离措施。

(5)为了简化驾驶人在交叉口的观察、思考、判断及采取措施的复杂过程,自行车交通与机动车交通的交叉冲突点应尽可能远离机动车交通之间的交叉冲突点。

(6)当自行车与机动车在交叉口等灯或通过交叉口时,应保证相互都能看得清楚,特别是当自行车通过交叉口时,应尽可能使驾驶人知道自行车的行驶路线与方向。

(7)当自行车进入交叉口前等灯时,应尽可能提供一个安全的停车位置。

4. 自行车在交叉口的通行管理方法

根据自行车交通的基本特性和自行车在交叉口的交通管理原则,自行车在交叉口有以下通行管理方法。

1)右转专用车道

利用现有的路面开辟专门用于右转的自行车车道。其优点是可以缓和交叉口的交通拥挤,有利于交通安全。右转专用车道要求交叉口较宽,要求骑车人严格遵守各行其道的原则,如图6-8所示。

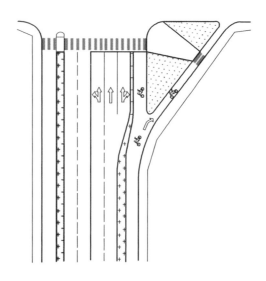

图 6-8　自行车右转专用车道示意图

2）左转候车区（即变左转为两次直行）

在交叉口自行车进口道的前面，设置左转自行车候车区，绿灯时左转自行车随直行自行车运行至对面的左转候车区内，待另一方向的绿灯亮时再前进，即变左转为两次直行。

图 6-9 为自行车左转两次直行示意图。

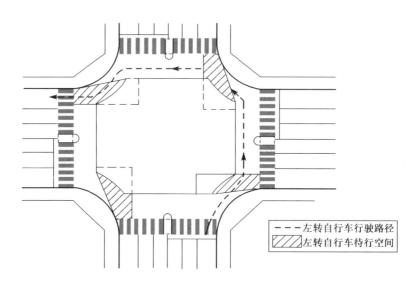

图 6-9　自行车左转两次直行示意图

左转候车区的优点如下：

（1）消除了左转自行车对机动车的干扰，可以提高机动车通过交叉口的运行速度及通行能力。对于交叉口范围较大者，一般都具备建立自行车左转候车区的条件。

（2）减少了左转自行车与直行机动车流的冲突点，有利于交通安全。

3) 停止线提前法

将自行车停止线画在机动车停止线的前面,当绿灯亮时,让自行车先进入交叉口,可避免同机动车相互拥挤。两条停止线之间的距离依自行车和机动车交通量大小及路口的几何尺寸而定。

此法对提高交叉口的通行能力与交通安全都是有利的。但是,只有对骑车人加强管理与教育,使自行车做到合理停车,才能发挥此法的作用。

4) 自行车专用信号

在交叉口进口道处,机动车与自行车的停止线仍然在同一位置上,考虑自行车启动快、总是成群地通过交叉口的特点,设置自行车专用信号灯,如图6-10所示,可使自行车交通信号的绿灯先亮,让自行车群先进入交叉口,再亮机动车交通信号的绿灯。前后绿灯启亮时间一般可相差5~15s,具体根据左转自行车交通量大小与交叉口的几何尺寸而定。自行车专用信号的优点是可缓解交叉口内的交通拥挤,缺点是延长了交通信号周期时长。不过,对于自行车交通量特大而机动车交通量较小的交叉口或在自行车早高峰期间采用两次绿灯法是有利的。

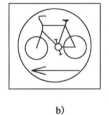

a) b)

图6-10 自行车专用信号灯
a) 无左转箭头;b) 有左转箭头

值得指出的是,设置自行车信号灯的依据除了流量因素外,还必须考虑交通安全因素。

5) 自行车横道

在主路上画自行车横道线,提示驾驶人注意横向自行车。如同斑马纹式人行横道一样,在自行车横道内,自行车是优先的。机动车遇到自行车横道要减速行驶,当横道内有自行车时应停车,让自行车先通过。自行车横道适用于支路(包括胡同、里弄等)与主路或次路的平面交叉处,如图6-11所示,还适用于一些大建筑物出入口与主路的交叉处。

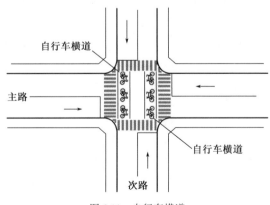

图6-11 自行车横道

5. 电动自行车的发展与管理

(1) 我国电动自行车的发展

传统的自行车是依靠人力来驱动的,作为交通工具在使用上存在很多的局限性,而电动自行车不再依靠人力来驱动,而是由电来驱动的。由于改变了传统自行车靠人力驱动的模式,电动自行车的出现,在世界范围内广受出行者欢迎。我国自 1995 年开始引进、生产和销售电动自行车,近三十年间电动自行车在我国城市非机动车中的占比持续增长,目前普遍接近 50%,部分城市更是超过 70%,电动自行车在城市交通出行中发挥重要的角色。

(2) 电动自行车交通特性

与人力自行车相比,电动自行车具有更大的几何尺寸和更重的车身质量,由于不是靠人力驱动,在电力充足的情况下电动自行车可以支持更长的骑行距离,具有较好的行驶稳定性,以及更高的速度和加速度。由于上述特性,电动自行车在骑行过程中前后车之间通常需要保持更大的骑行间距,并会有更明显的横向偏移等。我国于 2019 年颁布实施的《电动自行车安全技术规范》(GB 17761—2018),划清了电动自行车和电动摩托车的界限,明确了其非机动车的属性,并规定了最高行驶车速(25km/h)。因此,现行交通管理中,电动自行车与人力自行车都应在非机动车道上行驶。但由于两类车型的速度差异较大,电动自行车在混合非机动车流中超车现象频繁。此外,现场调研及相关事故数据表明,电动自行车超速、闯红灯、占用机动车道、逆行等违章行为远远多于传统人力自行车,并导致更加严重的冲突和事故。

(3) 电动自行车交通管理

显然,相较于人力自行车,电动自行车会引发更多、更严重的交通安全和效率问题。本节前文中提到的有关人力自行车交通管理的内容,同样也适用于电动自行车,但同时也需要针对电动自行车所表现的不同于传统人力自行车的交通特性,改善现有的管理方法和措施。例如,在城市交通规划和交通治理中,针对电动自行车的未来发展趋势,做好非机动车专用路网的规划设计;在有条件的道路上,设置机非物理分隔带,以防止电动自行车随意变道占用机动车车道;通过提升非机动车道的无障碍设计和稳静化水平,确保良好的通行条件和出行品质,促使电动自行车尽可能使用非机动车道,而非占用机动车道和人行道行驶,从而有效降低电动自行车与机动车、行人的冲突。在信号交叉口,由于电动自行车的启动和加速度更快,容易在通过交叉口的过程中出现车流膨胀,与机动车流会产生冲突,因此,可根据实际电动自行车流量的占比以及交叉口空间条件,在交叉口范围内通过施划交通标线或用不同颜色路面材料等方法标出非机动车通行空间,或通过专门的非机动车信号设计,保障电动自行车(也包括其他非机动车)的通行安全,从而提高整个交叉口的交通安全和交通效率。

二、特种车辆优先通行管理

特种车辆在执行任务时,由于具有特殊的运送任务,在道路上行驶时应当具有优先通行权,比如,在确保安全的前提下,可以不受行驶路线、行驶方向、行驶速度、信号灯、交通标志标线的限制,过往车辆和行人应当予以让行。《道路交通安全法》对警车、消防车、救护车、工程救险车、道路养护车、工程作业车在执行紧急任务或进行作业时的优先通行权作出了规定。

【思考题】

1. 什么是公共交通优先？
2. 如何实施公共交通优先政策？
3. 采用哪些措施可缩短公交出行时间？
4. 在道路中央设置公交车专用道应注意哪些问题？
5. 如何对自行车进行交通管理？
6. 你对电动自行车交通管理有哪些建议？

第七章
交通系统管理与交通需求管理

　　交通管理是一项长期的复杂社会系统工程。国内外长期的交通管理实践证明,将系统工程的思想、理论、方法应用到交通管理中,从交通系统的整体出发,着眼于交通系统的整体安全和效率来协调交通管理中道路使用者、车辆、道路交通资源与交通管理控制措施之间的矛盾,往往能取得事半功倍的交通管理效果。然而,从交通管理发展的四个阶段来看,交通需求管理的提出使交通管理的发展历史发生了根本性的转变,它使交通管理的着眼点从以"交通供应"为主转变为以"管理需求"为主。

　　如果说交通系统管理是对已经发生的交通所进行的管理的话,那么,交通需求管理就是对将要发生的交通所进行的管理。本章从交通系统管理和交通需求管理的定义和特点出发,对前述各章所讨论的交通秩序管理、交通行政管理、交通运行管理以及交通优先通行管理等各类交通管理措施从系统的角度进行归类,并简要介绍施行交通系统管理的工作过程、交通需求管理的基本理念、目的、基本策略和主要措施以及措施的实施等内容。

第一节　交通系统管理

一、交通系统管理的定义与特点

1. 交通系统管理的定义

交通系统管理的概念,按照美国联邦公路局规划条例(1975年)的提法:"交通系统管理是把汽车、公共交通、出租汽车、行人和自行车等看作一个整体城市交通运输系统的多个组成部分。城市交通系统管理的目标是通过运营、管理和服务政策来协调这些个别的组成部分,使这个系统在整体上取得最大交通效益。"

2. 交通系统管理的特点

交通系统管理与传统交通管理相比,具有显著特点:传统交通管理采用着眼于局部交通祸害的单一孤立的治理措施,对当地的交通祸害可以起到缓解的作用,但往往是把该地的交通祸害转移到附近地区,而且单一孤立的治理措施也未必是交通效益最优的措施;交通系统管理,从整个交通运输系统着眼,探求能使现有系统发挥其最优效益的综合治理方案,可避免各个局部措施把交通祸害转移地点的弊端,又可得到系统效益最优的方案。

二、交通系统管理基本措施和效果分析

1. 交通系统管理的基本措施

美国及西欧广泛采用的交通系统管理的基本措施可归纳为以下十类。

(1)公共交通辅助系统:合乘车辆、小公共汽车、电话约车、特种公共汽车等。

(2)公共交通运行管理:改善路线及行车时刻表、改善终点站及停靠站、开辟直达快车、改善收费方法、改善车辆维修、改善运行监控等。

(3)停车管理:路边停车管理、路外停车管理、换乘系统停车管理、优先停车管理、停车路线引导等。

(4)行人、自行车管理:行人过街、行人专用区、自行车专用道、交叉口自行车管理等。

(5)优先通行管理:优先车行道、优先通行街、优先交通信号等。

(6)交通工程技术措施:改善交叉口、单向交通、变向交通、交通监控、交通信号控制系统等。

(7)交通限制措施:限制汽车区、凭证进入区、行人和公交车辆专用道、住宅区车辆限制管理等。

(8)货运交通管理:改善行驶路线、改善装卸操作、建立货运枢纽、采用高峰时间限制、实行电话叫车等。

(9)改变工作方式:错时上下班、实行弹性工作制、居家办公等。

(10)收费管理:加收牌证费、汽油税、过路过桥费,实行停车收费、拥挤收费、污染收费,减免合乘车辆及公共交通车辆收费等。

2. 交通系统管理实施效果分析

以上十类各项措施,有些互相类似或排斥,只能择一选用;有些可互相补充,组合运用,以提高效益。交通系统管理技术,视各地原有道路交通系统的条件及问题症结,选用有关措施,组合成多种综合方案,根据交通效益评价结果提出最优方案。

交通系统管理的基本着眼点是充分挖掘现有交通基础设施的作用,用最小的代价(资金投入和工程量)获得最大的交通效益。通过交通系统管理措施的实施,期望达到的效果主要分为以下四个方面。

(1)以方式转换促增效:以提高公共交通系统服务水平、运行效率为核心,达到增强道路交通空间使用效率的效果。若以时空资源的观点来看待交通设施资源,交通主体(人或货物)利用私人交通工具在一定时间占有的交通时空资源是公共交通的十几倍,因此交通系统管理的首要措施即各类提高公共交通服务水平和效率的措施,引导人们从低效率的私人交通转向高效率的公共交通。

(2)以消除瓶颈促增供:在道路交通设施网络中,由于历史的原因或在单项交通基础设施建设中缺乏系统的考虑,特别是道路系统存在道路交叉口这类天然的瓶颈,使得这些瓶颈点成为道路交通设施通行能力发挥的制约点。通过交通系统管理分析,找出这些控制现有交通基础设施通行能力发挥的瓶颈点、瓶颈段或瓶颈部位[图7-1a)],通过较少量的改造投入,特别是对关键交叉口的交通组织与渠化设计,获得整体通行能力较大幅度的提高。

(3)以削峰填谷调需求:交通现象是一种随机现象,服从统计规律,交通需求具有明显的时间性,例如,对自行车来说,早高峰为7:00—8:00,晚高峰为17:00—18:00;对机动车来说,早高峰则为8:00—10:00,晚高峰为17:30—18:30。近年来,在我国的一些城市,夜晚还有一个高峰,即19:00—21:00。交通系统管理通过错时上下班、弹性工作制等措施进行交通需求的削峰填谷,从而减少交通系统高峰时间的拥挤程度,提高交通系统效率,如图7-1b)所示。

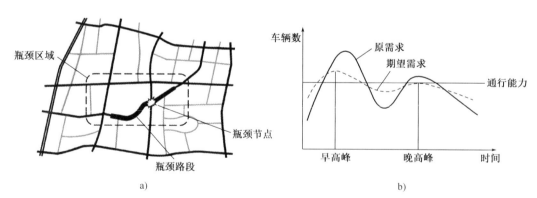

图7-1 交通系统管理效果示意
a)交通系统改善的瓶颈消除;b)交通需求的削峰填谷

(4)以系统组织促均衡:交通问题的本质是交通供应与交通需求之间的失衡,交通系统管理通过各类交通限制措施、收费措施,通过建立交通衔接与转换枢纽,对过境交通、货运交通、城市快速路系统、城市非机动车交通系统、城市公交客运走廊等进行系统组织,使得各类交通流在交通系统内有序运转,力图达到交通需求与供应的匹配与均衡。

3. 交通系统管理措施分类

根据实施效果的不同,交通系统管理措施分类如图 7-2 所示。

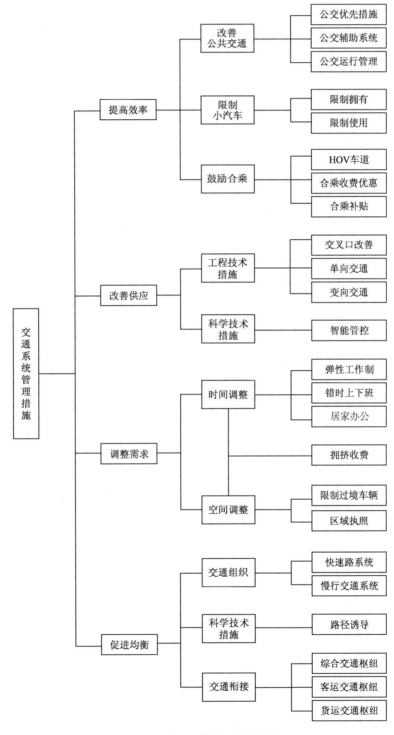

图 7-2 交通系统管理措施分类

三、交通系统管理技术路线和工作过程

1. 交通系统管理技术路线

交通系统管理着重于用尽量少的资金和工程投入,尽可能地用管理措施来充分发挥现有交通基础设施的效益,因此交通系统管理遵循问题导向的技术路线,如图 7-3 所示。所以,交通系统管理的核心是对现状问题的识别、比较与融合汇总,找出影响现状交通系统效益发挥的关键;而交通系统管理的技术要点则在于提出具有明确目标导向,具有整体、全局、系统意识的综合治理方案,而不是将问题转移或转向的局部处治方案,并对治理效果进行系统仿真与科学评价。

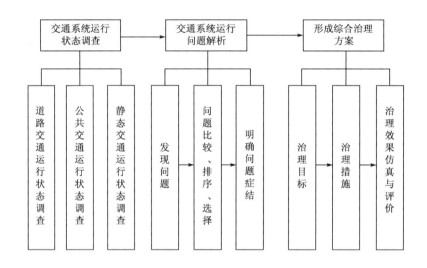

图 7-3　交通系统管理技术路线

2. 交通系统管理工作过程

交通系统管理工作应用系统工程、系统分析的理论和方法,一般遵循如下工作过程:
(1)对现有道路交通运输系统的调查与存在问题的分析。
(2)确定治理任务和目标。
(3)提出治理问题的各种备选的综合治理方案。
(4)确定评价方案的效益指标。
(5)对各备选综合方案作出评价。
(6)根据评价结果,提出优选方案。
(7)对优选方案中的各项治理措施作出详细设计。
(8)方案的实施执行。
(9)方案实施情况的监测与调整。

这样一套实施过程,人工操作是有困难的。因此,要开发城市或城市分区的"交通系统管理决策支持系统"应用软件来用作交通系统管理方案优选的工具。

第二节　交通需求管理

交通需求管理的理念起源于 20 世纪 70 年代末的欧美,由于它所具有的先进的交通管理理念,至 20 世纪 80 年代被欧美各国普遍重视。

一、交通需求管理的基本理念

人们在交通管理的实践中逐渐认识到：

(1)单纯地增加交通供应是无法满足交通需求的无限增长的,反而会给增扩交通污染创造条件。

(2)交通需求的无限增长,汽车滥用有限的道路资源是交通祸害的真正根源。

人们对交通祸害的认识有了这样的深化以后,在交通系统管理的基础上进一步升华,才提出了"交通需求管理"的理念。

所谓交通需求管理,最初主要是从减轻或消除道路交通拥挤这个角度,通过交通政策等的导向作用,引导交通参与者交通选择行为的变更,或增加每辆车的乘坐人数,以减少道路上机动车的总出行量,从而达到减轻或消除道路交通拥挤的目的。

"交通需求管理"这一译名,用传统交通管理观念从字面上看,很容易被误解为限制汽车数量、限制汽车行驶等种种限制性的管理措施。其实,从交通发达国家普遍采用的"交通需求管理"的各种措施来看,交通需求管理的基本理念应是："引导人们采取科学的交通行为,理智地使用(不滥用)道路交通设施的有限资源。"简言之,交通需求管理主要管理的是：让人们理性地使用汽车,而不是人们是否拥有汽车。

随着交通需求管理技术的不断应用,从当今世界各国交通需求管理的实践来看,交通需求管理的概念不仅仅是通过采取提高单车乘坐人数、调整交通出行、减少交通需求等手段来减少高峰期间的拥挤和改善空气质量,已经扩展到了对交通运输系统各项功能的优化,包括通勤出行和非通勤出行、常发事件和偶发事件。按照加拿大维克多利亚运输政策研究所(Victoria Transport Policy Institute)所概括的：交通需求管理是各种提高交通运输系统效率的策略的总称。

二、交通需求管理的原则和目的

交通需求管理理念的提出,的确为解决城市交通问题开出了一剂良药。综观世界各国交通需求管理的实践,仔细分析交通需求管理的各种措施,将交通需求管理的目的归纳为：

(1)促进与完善交通规划与交通管理的互动反馈作用,减少或避免不必要的交通发生源和吸引源。

(2)协调和处理有限的城市空间与不同的道路交通设施之间的矛盾,实现在有限的城市空间内形成最大效能的交通设施能力。

(3)促进公共交通的发展,充分发挥公共交通的运能优势,引导其他交通方式的合理使用,形成城市最佳交通结构。

(4)缓解有限的道路交通资源同不断增长的交通需求之间的矛盾,合理控制道路上的私车交通总量,引导人们理智使用道路交通资源,使道路交通设施得到最充分和最有效的利用。

三、交通需求管理的基本策略和主要措施

1. 交通需求管理的基本策略

欧美、日本等国围绕城市交通问题对交通需求管理对策进行了广泛、深入的研究。1991年美国制定的《综合陆上交通效率化法案》(Intermodal Surface Transportation Efficiency Act, ISTEA,简称《冰茶法案》),已将交通需求管理列为重要的交通政策。欧洲各国的许多城市都在推行交通需求管理对策。日本的建设省于1993年制定的新交通拥挤紧急对策中,提出了推进实施交通需求管理对策的具体计划。美国、日本、新加坡等国实施的交通需求管理对策的实践以及相关的研究结论表明,交通需求管理对策对处理城市交通的拥挤问题能够取得明显的效果。

随着我国城市机动车交通量的不断增加,交通拥挤问题日益突出。借鉴交通发达国家交通需求管理的经验,将交通需求管理作为综合治理我国城市交通问题的主要对策之一,对于解决我国城市的交通事故、交通拥挤、交通能源消耗和环境污染等问题,具有重要的现实意义。

根据交通发达国家的实践和有关的研究结论,可把交通需求管理基本策略归纳为:

(1)通过对交通源的调整来减少交通发生量。

(2)通过对交通方式的引导和私人小汽车的高效利用来减少汽车交通量。

(3)通过对出行车辆的出行时间和路径的诱导来使交通在道路的时空上均匀分布。

因此,对于一个城市来说,交通需求管理的实施实际上可以分为三个层次。

第一层次:通过用地规划来实施交通需求管理。交通需求是由人类活动所引起的。人类活动的分布和活动强度,是决定交通需求量多少的最为重要的因素。城市化进程的快速发展,促使了城市人口的高度密集,这是造成城市交通拥挤的重要原因。因此,如果说要从源头上缓解交通拥挤问题,就是要在土地利用规划阶段进行交通需求管理,通过对土地利用的规划配置,综合控制城市各行业在不同区域地块里的发展规模,合理地引导人类出行活动的方式和方位,将人类活动在空间上进行合理分布,减少不必要的出行和长距离出行,以求有效地降低出行需求总量。

第二层次:通过改变交通方式来实施交通需求管理。通常情况下,城市是所在地区的政治、经济和文化中心,因此也是客运和货运的枢纽。通过合理设置不同规模、不同等级的客运枢纽和物流中心,可以满足不断增长的城市客货运的需要。与建设客货运枢纽相关的是合理引导适合的交通方式,当交通出行需求总量基本确定之后,交通方式结构就成了道路上机动车交通需求量大小的决定性因素,所以,加强公共交通吸引力,将大量的个人交通转变成为高效节能的公共交通,可有效地降低道路上机动车的交通量,改善交通状况。

第三层次:通过调整交通发生的时间和空间来实施交通需求管理。交通发生的时间和空间的相对集中,是产生高峰路段、高峰时间交通拥挤的主要原因之一。通过对车辆使用管理、引导公交出行、均匀交通流的时空分布(如错时上下班、实行弹性工作制、提供交通信息与路线导航、进行拥挤收费等)、实施静态交通管理等,可以分散高峰路段、高峰小时的交通量,从而缓解道路交通拥挤。

2. 交通行为各阶段的交通需求管理主要措施

交通需求管理的主要措施遍布交通行为的各个阶段。

(1) 出行产生阶段：用家庭办公、工作、调节生活、工作活动，替代出行以及网上购物等措施，减少人们的出行产生量。

(2) 出行分布阶段：用交通影响分析技术，控制、调整大型人流、交通集散地的分布，使之从交通拥挤地区转向不拥挤地区；用就近就业的土地利用规划，以公共交通为导向的开发(Transit-Oriented Development, TOD)等方法缩减或均衡出行分布量。

(3) 出行方式选择阶段：通过实施公交优先政策，发展轨道交通、快速公交，配备停车换乘设施(Park and Riding, P+R)，配以停车管理政策，运用交通信息服务系统引导人们使用轨道交通、公交出行，或由原来小汽车全程出行改为由小汽车从家到轨道交通、公交车站的短距出行换乘轨道交通、公交车的长距出行；组织汽车合乘，配以合乘车停车优先，开辟大容量客车专用车道；改善自行车、步行系统，开辟轨道交通站行人直达通道等减少路上的小汽车交通量。

(4) 出行路径选择(交通分配)阶段：运用交通信息服务系统、路线导航系统、拥挤收费政策等在路网上均衡分布汽车交通量；用改变工作时间来分散高峰时段的交通量。

(5) 其他：建立物流系统以减少城市货运交通量；用货运车辆定时定线行驶等措施减少交通敏感时段和地段上的货车交通量。

各出行阶段各种交通需求管理的主要措施参见表7-1。

各出行阶段各种交通需求管理主要措施 表7-1

交通需求管理主要措施	具体方法	出行产生阶段	出行分布阶段	出行方式选择阶段	出行路径选择阶段
提供交通信息与路线导航	将道路交通实时状况提供给道路使用者，使道路使用者无论在出行前还是在出行中都可以根据获得的交通状况作出选择	√	√	√	√
替代出行	利用电话、小型办公和家庭办公系统、电视会议和其他通信系统代替业务商业活动中的出行	√			
停车管理	实施机动车停车限制，通过定额分配停车泊位数、停车收费和限制停车等措施来减少机动车进入拥挤地区	√	√	√	
车辆拥有管理	通过调节车辆拥有税的幅度来控制机动车的拥有量	√			
车辆使用管理	通过增加燃油税、拥挤收费、地区牌照制等措施来达到减少机动车交通量的目的	√	√	√	√
引导出行行为	通过公共交通补贴政策，引导出行者选择公共交通方式或合乘出行，通过改善公交，实施公交优先、建立快速公交系统、大容量公交车专用道(HOV车道)，提供良好的公交服务，吸引人们公交出行			√	√

续上表

交通需求管理主要措施	具体方法	出行产生阶段	出行分布阶段	出行方式选择阶段	出行路径选择阶段
改进自行车和步行系统	在商业密集地区或某些规定的地区对自行车和步行给予优先,完善自行车和步行系统			√	
停车换乘	在城市外围和公交枢纽区建立停车换乘设施,方便人们换乘			√	
鼓励合乘出行	鼓励使用合乘车,为合乘车提供优先停车、交通补贴、允许使用HOV车道等			√	
改变工作时间	通过实行弹性工作时间、错时上下班制或缩短工作时间,分散交通高峰				√

3. 交通需求管理主要措施解析

为了能够帮助理解各主要措施,下面逐一作简要分析。

1) 提供交通信息与路线导航

从信息传递的角度,交通系统从本质上来说属于信息不对称系统。道路使用者由于不能也不可能全面了解道路交通状况,通常都是按照自己的出行习惯和出行目的选择出行时间、出行方式和出行路线的。如果能够为出行者在出行前提供道路交通与路线导航信息,那么,出行者就会根据获得的信息选择更好的出行时间、出行方式或出行路线。当然,这种为出行者提供道路交通信息的措施,对于出行者减少选择出行时间、出行方式或出行路线的盲目性是有帮助的,但是,对于整个道路交通系统未必一定就是最优的。因为有可能会出现以下情况:当出行者都按照所获得的交通信息出行时,原本不拥挤的道路也许就会拥挤了,而原本拥挤的道路也许就会不拥挤了,结果是道路的拥挤状况没有真正得到缓解,仅仅是时间或地点发生了转移。因此,必须注意,要开发或采用具有拥挤动态(随时间变化的)预测功能、不致引起拥阻转移机制的交通信息与路线导航系统。

2) 替代出行

替代出行也称电子通勤,是一种允许人们利用通信系统在家工作来减少上下班交通出行量的方法。单位的员工可以通过网络在家办公,在这种方式下员工通常每周在家工作几天,其余工作日到单位上班。随着计算机、通信技术的发展,电子通勤的方式越来越普遍。广义的电子通勤还包括诸如通过召开电视、电话会议等措施来减少参加会议人员的交通出行量,通过网上购物来减少人们直接去商店的交通出行量等方法。

电子通勤对企业、员工及其家庭成员都有一种潜移默化的影响。他们因此可能会相应地调整自己的出行方式。根据对工作和非工作出行以及出行方式的影响程度,电子通勤可能直接或间接地影响地区交通的运行状况。

总体上来说,电子通勤还是一种相对较新的交通需求管理措施,实施过程中还需要解决一些技术难题。

3) 停车管理

停车管理是交通需求管理的基本要素。在交通需求管理措施中,停车场建设规模和停车收费是最具潜力的措施。停车收费定价与停车的方便程度对出行者选择出行方式的影响非常大。交通需求管理策略可以通过停车收费管理和停车场建设管理来实现。

(1) 停车收费管理

停车收费管理中,重要的是收费价位的确定。可以考虑以下几种停车定价方法:

①增加或提高单独驾车者或长期使用者在公共停车场停车的价格。

②对合乘车辆采取优惠停车收费。

③向全部停车场的所有者、经营者征税。

④在停车换乘的停车场(库)停车予以免费。

⑤在市中心地区收取较高的停车费,且在路边停车按等比级数计时收费;在城市边缘地区收取较低的停车费。

⑥将政府降低交通出行量的道路改造资金分配与其他交通需求管理战略中的停车收费定价策略联系起来考虑。

停车收费定价在改变出行方式方面的有效性,与下列因素有关:

①价格水平及出行者实际分担的交通成本。显然,停车收费价格定得越高,单独驾车者转换到其他替代方式的动力越大,而且起初就定高价,作用更为明显。

②替代交通方式服务水平越高和停车困难程度越大,停车收费价格对出行者选择交通方式的影响力就越大。

(2) 停车场建设管理

可以通过以下方式控制停车场的建设规模:

①制定停车法规。

②对路边停车采取控制措施,如设置停车咪表、限时停车区、附近优惠停车等。

③在中心区按道路能承受的动态交通容量来控制中心区的停车规模。

可以通过制定有关法规,实行对停车场规模最直接的控制。规定土地开发商在土地开发时必须提供一定数量的停车位(最低限额),以确保停车控制在一个合理的水平上。同时,也可以通过削减停车场容量来降低车辆出行量,并用以支持公共交通、自行车交通等交通方式来限制单独驾车方式的增长。

停车泊位是否充足是出行者选择交通方式时要考虑的重要因素。一般情况下,如果停车泊位不充足或者限制使用,那么,出行者就可能不得不放弃单独驾车的出行方式。

4) 车辆拥有管理

车辆拥有管理是通过政府制定的各种措施限制人们拥有车辆的一种管理方式。例如,通过机动车牌照拍卖的方式,限量控制牌照的发放,从而达到控制车辆增长的目的。这种方式虽然在一定程度上能够起到降低道路上交通总量的作用,但是从车辆增长与道路建设增长的速度之比来看,这种控制作用已经显得十分有限。应当引导人们树立"拥有车辆,但要理性使用车辆"的现代交通理念。

5) 车辆使用管理

与车辆拥有管理相比,对车辆的使用进行管理对于降低道路上小汽车交通总量具有直接的作用。在交通管理的实践中人们逐渐认识到,在减少车辆出行量(车辆行驶里程数)及其相关问题上,直接对汽车使用者收费的方式比给汽车替代方式的激励措施更加有效。这种方法不但可以抑制对小汽车的交通需求量,维持车辆出行量长期稳定的下降趋势,还能从交通参与者中获得为改善城市交通所需支出的财政补贴。

(1) 项目收费。从上述"停车管理"中已经知道,在车辆使用收费中最为常用的方法是停车收费。但是,在一般情况下,停车收费政策产生的车辆出行量的下降并不十分显著,因为该政策仅对静止的车辆(停车)产生作用,而对在道路上行驶的占交通主流的车辆没有约束。

使收费直接或间接地与车辆的使用情况联系起来的收费办法可能是减少车辆出行量最有效的方式之一。直接收费项目有燃油税、保险费或其他指令性收费项目。然而,即使这种方式能够促使车辆出行量减少,但是这种减少不能随道路拥堵的程度、时间、地点的变化而变化,因此也缺乏一定的针对性。

(2) 拥挤收费。拥挤收费是根据道路拥堵的程度,对在道路上行驶的车辆在不同时间和地点,采取不同的收费标准收取通行费。这种策略同前述的其他措施相比较,车辆出行量的下降效果是最显著的。因为道路交通拥堵及其相关的问题总是具有时间和空间特征,因此,采取相应的收费标准能够使交通运输系统经济效益最优化。

拥挤收费策略能使原来在高峰期出行的车辆转向平峰期出行,或改由合乘或乘坐公交,或调整出行路线绕过拥堵路段,或提前出行避开交通高峰期,这些改变都能使地区的交通状况得到很大的改善。

实施拥挤收费时,可以通过设置收费亭、电子收费装置或其他特许证制度等措施对进入交通拥堵区(区域收费)或拥堵道路(路段收费)的车辆收取费用。

拥挤收费的效果由交通拥挤的程度、道路设施或地区类型以及收费水平、交通特征和可替代方式等因素决定。

实施拥挤收费策略需要注意的是,如果过多的出行者为了躲避收费而调整出行时间和行驶路线,则有可能会造成周围地区在新的时间、新的地点出现交通拥挤。另外,也有可能会减少原本商业繁华地区的销售额。因此,在设计此方案时要充分考虑可能出现的负面影响。有关拥挤收费的相关内容可参见第十五章第三节。

6) 引导出行行为

在交通需求管理中,需要引导出行行为的目标人群主要是上班族,所采用的引导手段主要是激励措施,即通过实行以经济补贴为主、与其他手段相结合的方式,引导出行者放弃单独驾车出行,而选择公共交通或合乘车的方式出行,从而达到减少高峰期间汽车出行量的目的。

从国内外的实践来看,常用的经济补贴方式主要有公交客票补贴、小汽车合乘补贴、交通津贴和其他激励方式(公交月票打折、给合乘者提供合乘车辆、为合乘车辆优惠提供油料、享受优惠的车辆维护待遇、给使用替代方式的员工增加假期以及优惠提供出行装备,如鞋、自行车头盔等)。

在各种引导措施中,引导出行者选择公共交通或小汽车换乘公共交通是最关键的一项。因此,提高公共交通的竞争优势,优先发展公共交通具有特别重要的意义。第六章已经作了详细介绍,这里不再赘述。

7) 改进自行车和步行系统

自行车与步行是当前最环保的出行方式,应该鼓励采用自行车或步行直接换乘公共交通。为了发挥自行车和步行系统的效率,需要改进现有的系统。可以从下列方面进行考虑:

(1) 完善自行车和步行系统的规划,完善行人过街设施的设计,改善人行道和自行车道设计。

(2) 建设大型客流源到附近轨道交通、公交枢纽的直达通道。

(3) 开辟自行车专用道路，在主路上实施机非分流，改善自行车交通安全环境与方便性。

(4) 建设自行车专用道，可使自行车直达轨道交通、公交枢纽。为方便自行车换乘，设置自行车停车换乘系统。

另外，还可以参考第五章和第六章的相关内容。

8) 停车换乘

停车换乘是指驾车或骑自行车的出行者在公共交通枢纽或站点附近停放自己的车辆后换乘公共交通工具再前往目的地的出行方式。停车换乘是保持不同交通方式连续性的关键节点，主要有两种形式：小汽车同公共交通的换乘和自行车同公共交通的换乘。为引导私人小汽车换乘公共交通，在城市外围地区或公共交通枢纽辟设免费停车场，小汽车在停车场停放以后换乘公共交通入城，这样可以减少城内道路上机动车交通流量。当公共交通的线网密度不足或站点设置不均衡时，出行者会在出发地点先骑自行车到达公共交通站点，将自行车停放在附近的自行车免费停车场，然后换乘公共交通。因此，这种形式的换乘并不是为了限制自行车，而是为了方便出行者，以弥补公共交通的不足。

为了方便出行者的换乘，通常在公共交通枢纽附近建设停车换乘设施，并在周边道路上设置"停车换乘（P+R）"标志，标志牌显示换乘停车场的位置、空泊位数以及公共交通车辆发车时刻等信息。

9) 鼓励合乘出行

合乘车有两种形式：小汽车合乘（Carpooling）和客车合乘（Vanpooling）。

小汽车合乘是指个人所属的小汽车乘坐2人以上的合乘出行。小汽车合乘要求将具有相同的起点（居住地）、终点（单位或学校）和时间（上班和下班、上学和放学的时间）的人协调起来，以便安排"配客"。客车合乘通常是7~15人的上班族在特定的路线共同乘坐客车出行。客车合乘是单独驾车的一种重要替代方式，它的舒适性、便利性和经济性在公交和小汽车合乘之间。

由于合乘车在减少道路上机动车流量方面比单独驾车出行能够产生积极的作用，所以应当鼓励合乘出行，并给予政策上的支持，如允许使用HOV道路设施，在快速道路出入口设置合乘车专用匝道，给予优惠停车、合乘补贴等。

10) 改变工作时间

改变工作时间包括错开工作时间、压缩周工作日、弹性工作时间。

错开工作时间一般由企业设定一个上班时间段，让员工不是在同一时间而是在一个时间段内到达单位。由于员工没有被要求在同一时间到达，因此他们的到达就会是分散的，这有助于缓解交通高峰时间交通流的过分集中。这种方式适用于办公室和能独立完成制造过程的企业，但不适用于协作性强、生产过程连续的企业。

压缩周工作日就是减少每周的工作日，增加每日的工作时间，从而减少企业员工总的工作出行次数。例如，员工每周可以工作4d，但每天工作10h。这种方式具有双重功效，既减少了员工的工作出行，又缓解了交通高峰。这一方式对于需要连续作业或批量生产的企业可能是比较适合的。

弹性工作时间是指允许员工在一个时间段内自己决定上下班时间。例如，员工可以在2~3个小时的时间段内自己决定到达单位的时间，然后工作满8h。这种方式显然有利于员工避开交通高峰期上下班，进而缩短了高峰期的持续时间。它最适用于办公室工作和从事管理、信息服务的工作人员,而不太适用于流水线作业的工作人员或需要在员工之间保持连续通信的工作场所。

改变工作时间不仅对缓解交通高峰期的交通拥堵有利,而且对提高企业与员工之间的相互协调性具有一定的积极作用。

应当注意的是,改变工作时间作为交通需求管理的一项策略,虽然有助于缓解交通高峰期的交通压力,但从总体上对于减少交通出行次数的作用不十分明显(除了压缩周工作日能够部分地达到减少出行次数的目的外)。

四、交通需求管理措施的实施

交通需求管理措施的制定和实施涉及政府、管理部门、企业、个人以及法规等多个方面,因此,确立明确的实施步骤与制定合理的方案具有同等重要的作用。交通需求管理措施的实施步骤大致如下:

1. 分析现状,找出问题,定量计算交通分析指标

明确所面临的问题,是行动的出发点。分析受环境或其他因素影响不能建设新的交通设施时,在可接受的服务水平上,交通设施是否能满足未来的交通需求。可以通过计算道路饱和度、关键交叉口服务水平、系统交通运行效率等指标进行定量分析。

2. 确定目标,分析问题的严重程度

设定要达到的目标,分析现状与所要达到的目标之间的差距有多大,即问题的严重程度,是实施交通需求管理的重要步骤。也就是说,问题的严重程度是由所设定的目标所决定的。

3. 进行交通影响分析

分析交通问题出现的时段、引起交通问题的原因,目前的交通结构、地理类型、出行距离以及交通分布模式。对于区域内的企业,还要了解员工交通出行方式、上下班时间以及员工的通勤距离和行程时间特征。还要进一步确定所制定的方案对于需要影响的目标人群的范围有多大以及所能影响的目标人群的范围有多大。

4. 建立各种可行的解决方案

通常,交通需求管理方案不是唯一的,社会、政治、经济和环境因素的差异将会产生多个解决方案。因此,将多个方案进行优化组合将最有可能得到认同和支持。

5. 对方案进行评价

对方案的评价,可以认识到各种方案的长处和短处,还可以找到实施方案可能遇到的障碍。这样,一旦选定某方案,就可以同时获得克服障碍、实施方案的有效办法。

6. 实施方案

由于要改变人们的习惯,许多交通需求管理战略实施起来是十分困难的。一个成功的交通需求管理方案不但要求方案本身是成功的,还要有一个可行的实施战略。在实施交通需求管理方案的过程中,政府的作用当然是不可忽视的,政府通过立法,使方案的实施具有法律效力,并起到导向作用。然而,往往会忽视企业的作用。美国成功实施交通需求管理策略,正是得益于企业的积极参与。从前述的各项主要措施的解析中可以看出,如果没有企业的参与和支持,这些措施就变成了空话。企业按照法律、法规以及企业自身发展需要,通过经济激励和

支持措施,使各种措施得以实施并行之有效。

7. 监督与评估

由于交通需求管理措施的动态性,没有一种措施是一成不变的,适应当前情况的措施未必就适应将来。因此,实施过程中需要不断地对方案进行调整和改进。建立一套有效的监督和评估体系是方案调整和改进的必要手段。

从交通系统管理与交通需求管理的理念和方法产生的年代以及运用来看,两者之间虽有差异,但是随着两种技术的不断应用,就针对城市交通而言,它们之间也在不断地深入融合。显然,国内外已有的应用情况表明,两者之间的有机结合,对于城市交通的治理取得了明显的效果,而从总体发展趋势来看,交通系统管理必须充分吸收交通需求管理的理念,交通需求管理也要合理运用交通系统管理技术,只有这样,才能最大程度地发挥这两种技术的效益。

【思考题】

1. 什么是交通系统管理?
2. 交通系统管理的主要特点是什么?
3. 交通系统管理的主要措施有哪些?
4. 什么是交通需求管理?
5. 交通需求管理的基本理念和基本策略是什么?
6. 如何实施交通需求管理?
7. 交通需求管理与交通系统管理的联系与区别是什么?
8. 如何发挥交通系统管理与交通需求管理的最大效益?

第八章 特殊事件交通管理

道路上特殊事件的发生将会给正常的交通运行造成很大的干扰。针对特殊事件的交通管理是整个交通管理系统的重要组成部分。根据特殊事件发生的特点而采用相应的交通管理策略将有助于提高交通管理的效益。本章主要讨论特殊事件的分类、特殊事件发生时的交通特征、特殊事件交通管理的原则和措施。

第一节 特殊事件的分类和对交通的影响

道路上发生的交通事故、车辆故障抛锚、恶劣气候、盛大节日集会、游行、重大会议、道路养护作业以及需要临时占用部分道路资源的运动项目(如自行车比赛)等,这些会导致道路通行能力暂时性下降或交通需求非周期性异常的事件,都属于特殊事件。

一、特殊事件的分类

根据特殊事件的信息在事件发生前能否为交通管理部门和受影响人群所获知的特性,可以将特殊事件分为突发性特殊事件(简称突发性事件)和计划性特殊事件(简称计划性事件)两类。所谓突发性事件,是指由于自然或人为的诱因,使得道路原有的正常运行功能减弱甚至丧失,从而对人们生命财产和社会生活造成一定影响的事先难以预料的事件,如治安案件、自然灾害、交通拥挤、阻塞以及交通事故等,它具有不可预测性。计划性事件是指人们事先具体规划的但对道路交通产生重大影响的事件,如大型集会和会展、体育竞赛、大型文娱活动、大型道路养护维修作业等,它是事先人们已经知道的。

二、对交通的影响

特殊事件的发生有可能会改变原有的交通条件,比如引起道路通行能力降低,或者在特定时间内产生大量的额外交通需求,这都将阻碍或限制道路网中原有交通流的正常运行,从而容易引起交通拥挤和阻塞,并有可能进一步引发二次交通事故。对这些特殊事件进行交通管理是保证事件(主要指计划性事件)顺利进行,降低事件的负面影响,保证原有交通系统安全、高效、可靠运行的有效手段。

两类特殊事件对道路交通的影响分别见表8-1。

特殊事件的分类和交通影响 表8-1

事件分类		事件产生的影响	
		对交通需求的影响	对道路通行能力的影响
突发性事件	交通事故	导致背景交通量转移到其他平行道路上	造成部分道路或车道阻塞
	车辆故障抛锚	导致背景交通量转移到其他平行道路上	造成部分道路或车道阻塞
	短期临时养护作业	导致背景交通量转移到其他平行道路上	需封闭部分道路或车道
	气候影响	导致交通需求降低	车速降低将影响道路通行能力
	灾害等紧急事件	如果需要疏散人群将产生额外的交通需求	部分路段不能通行
计划性事件	道路养护维修作业	导致其他平行道路上的交通需求增加	关闭部分路段或车道
	重大集会、比赛等	导致额外的交通需求	因为事件的需要而关闭部分道路

第二节 特殊事件的交通特征

特殊事件往往由某种特殊需求或特殊环境所引发(例如重大节日往往会引发节日庆典活动,山体滑坡、泥石流等自然灾害导致灾害性紧急事件的发生),这使得特殊事件发生时的交通特性有别于道路上一般性的交通事件,具体表现为:

(1)非常发性。突发性事件发生的时间、地点以及频率往往是不确定的,而计划性事件的发生虽然事前是知道的,但由于其会引发超常的交通需求而常常需要进行大量的准备性工作,还要限制这类事件发生的频率,因此特殊事件具有非常发性。

(2)需求超常性。特殊事件主要通过影响道路的通行能力和影响交通需求来对现状交通产生影响,而且产生的交通需求往往特别大。

(3)涉及广泛性。特殊事件往往涉及对象众多,影响范围很广。例如一项养护维修工程,往往涉及施工单位、交通管理部门、道路使用者等多个对象,如果引发了交通事故,还得涉及医疗、急救等众多部门,而其影响范围也不仅仅包括养护维修的路段,一般还会影响到相关的平行道路和相交道路。

第三节 特殊事件的交通管理原则和措施

针对特殊事件的交通管理,不同于常规条件下的交通管理,所采取的措施属于临时性的措施。

一、交通管理原则

对特殊事件进行交通管理,一是要充分利用现有的道路交通资源来进行,因为现实中不可能由于某一事件而增设大量的临时性交通设施;二是要尽量降低特殊事件带来的对交通和环境的负面影响,提高交通安全和交通效率,同时兼顾环境。

对于突发性事件的交通管理,通常要求能迅速反应,根据现场情况机动灵活地进行交通组织和交通管理并及时发布相关信息对交通流进行有效引导;对于计划性事件,从事件策划时就应制定相应的交通管理方案,事件进行中执行好交通管理方案,并根据实际情况对原方案进行修正,事件结束后及时对本次交通管理方案进行总结和归档。也就是说,交通管理要贯彻事件的始终。

二、交通管理措施

特殊事件的交通管理涉及交通的方方面面,包括快速道路控制、城市道路控制、交叉口控制、紧急事件处理、交通信息采集和发布、交通监控以及静态交通管理等诸方面。表8-2列举了部分管理措施和方法。

交通管理措施和方法举例 表8-2

交通管理的内容	管理措施和方法举例
快速道路控制	匝道控制
城市道路控制	车道控制、道路管制、停车管理
交叉口控制	驶入和转向控制、交叉口协调
紧急事件处理	拥挤信息发布、使用便携式的警示灯
交通信息采集和发布	事件检测、实时交通信息发布
交通监控	闭路电视、线圈检测器
静态交通管理	停车收费

第四节 计划性事件的交通管理

计划性事件包括两大类:
(1)道路建造和养护维修工程,这些工程往往需要在同一地段持续比较长的一段时间,道路使用者如果能预先获得有关信息,就能及时调整自己的出行计划。因此,这类事件交通管理的重点在于预先向道路使用者提供有关信息,同时保证事件地段的交通安全。

(2)体育运动比赛项目(如自行车竞赛)的举办,盛大节日集会、游行、重大会议的举行等,这些事件常常带来交通需求的不正常增长,它们的共同点在于都会产生大量临时性的交通需求,这将严重影响现状交通系统的安全性、机动性以及出行时间的可靠性。因此,这类事件交通管理的重点在于对事件进行相应的交通组织和管理,维持交通系统的正常运转,防止出现长时间的交通拥挤和发生交通事故。

由于这些影响对不同人群是不同的,比如对事件的参与者来说,为了参与这个事件,他可能需要改变出行方式(比如放弃使用小汽车而改乘公共交通);而对不参与事件的道路使用者来说,他需要取消某些出行计划或者选择别的替代路径来避开事件可能造成的影响。因此,对这类事件的交通管理要兼顾事件参与者与非参与者的利益。

一、管理目标

(1)提供交通预测:进行包括多种出行方式在内的交通出行预测;确定事件影响的区域和交通系统组成;进行停车需求分析;进行道路通行能力评价等。

(2)保证交通安全:给行人提供安全的通道参与事件;最小化人车冲突;设置安全通道;防止拥挤产生事故。

(3)效率最大化:充分挖掘利用道路和交通系统资源;提高交通系统的运行效率;制定事故管理策略以响应与清除事故。

二、管理原则

事件开始前要优先安排事件参与者能及时到达事件发生地点,事件结束后则要以疏散人群造成的影响最小为目的设置各种优先权限。由于计划性事件能事先制定计划,因此应该尽量想办法避开会发生常发性拥挤的时间和地段。

三、影响因素

计划性事件的影响因素非常多,比较主要的影响因素包括:

(1)事件发生的时间段(白天还是晚上、周末还是工作日、一天还是多天、是否在旅游季节等)。

(2)事件开始时间和持续时间。

(3)事件发生的区域类型(城市还是乡村)。

(4)事件发生的场所。

(5)事件的影响范围。

(6)预计参与事件的人数。

(7)参与事件的方式(自由或收费、凭票或无票等)。

(8)事件类型(运动会、音乐会、节日庆典、游行等)。

根据上述影响因素的不同,可以将计划性事件再细分为五类:有固定场所的经常性事件、持续性事件、需要使用街道的事件、区域性事件、乡村事件。具体分类见表8-3。

计划性事件分类　　　　　　　　　　　　　　　　　　　表 8-3

分类	事件特性	事件类型
有固定场所的经常性事件	有明确的开始和结束时间，场所容量已知，一般提前售票，平时也可以发生	体育场馆赛事、音乐会等
持续性事件	一般要持续多天，参与时间不受限制，一般不需购票，场地容量一般未知，场所可能不固定	露天展览会和集会等
需要使用街道的事件	需要对部分街道进行临时管制，有明确的开始和结束时间，参与者人数未知，不收费，不需购票，一般不提供专门的停车设施	游行、自行车赛事等
区域性事件	事件同时在几个地点发生，有明确的持续时间，容量不易知道	多样化
乡村事件	发生在乡村地区，可提供的道路容量有限，缺乏公共交通设施	多样化

四、管理流程

1. 事件发生前

这一阶段要完成事件发生时的交通组织可行性分析，包括交通出行预测、影响区域分析、停车需求预测、道路容量分析，进而制定合理的交通控制和管理计划来减轻事件对交通的影响。一个详细的交通控制和管理计划应包括人流组织、车流组织、场所进出以及停车组织、信息发布方案、交通监控措施、紧急事件管理预案等几部分。如果条件允许，可以根据计划进行预演以完善计划，同时要做好相关工作人员的培训和任务分配工作。

2. 事件发生中

这一阶段主要是交通控制管理计划的实施和修正，以及相关数据资料的采集。

3. 事件发生后

对本次交通控制和管理计划进行评估，对有关的数据与资料进行整理，为以后的类似事件管理提供参考。

图 8-1 是计划性事件交通管理流程。

五、计划性事件交通管理措施的实施

1. 体育场馆赛事、文娱活动等的交通管理

在固定场所内举办的体育赛事和音乐会，都有明确的开始和结束时间，场所的容量是已知的，一般需提前买票，举办的时间也比较灵活。相对于其他计划性的特殊事件，对这类事件进行交通管理需要特别考虑的方面包括：

（1）这类场所一般都有专用的停车空间，内部有良好的通道与外部交通相联系，外部交通便利。

（2）周边一般有比较发达的公共交通系统。

（3）会产生人流、车流的到达和驶离高峰。

（4）由于场所的容量以及事件的开始和结束时间可以知道，因此可以比较精确地进行交通需求预测。

（5）可以借助以前在这一场所举办类似事件时的历史数据来提高预测的精度和计划的可行性。

（6）工作日举办活动时，要考虑对通勤交通的潜在影响。

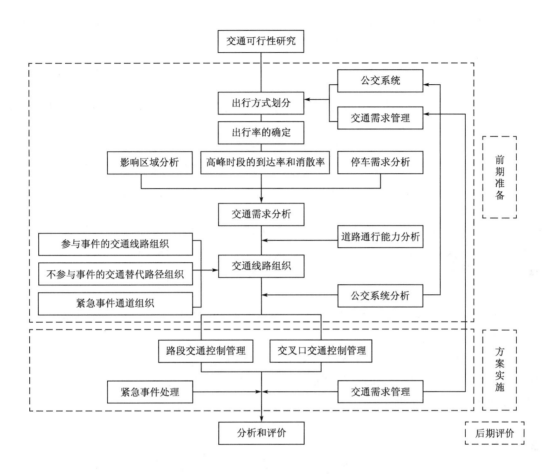

图 8-1　计划性事件的交通管理流程图

2. 重大集会等的交通管理

诸如节日庆典、露天展示会、重大集会等事件，一般要持续数天时间，参与者在活动期间可以很自由地参与事件，一般不需要提前买票或无须买票，活动场所的容量不定，可能在临时准备的场所里进行。这类事件的特点如下：

（1）事件的参与人数事先难以估算，并且受天气的影响很大。

（2）不同类型的集会，由于它们所引发的交通流的特性各不相同，它们的历史数据往往不能通用。

（3）场所的容量一般没有限制，参与人数主要受与场所相连接的道路交通条件制约。

（4）发生在中心城区的此类事件，如果参与人数比较多，就需要专门安排部分停车空间以满足事件的需要。

（5）此类事件一般都是露天式的，在制定计划时需要考虑天气的影响，并制定相应的对策。

考虑事件的发生会对事件发生地附近的居民以及商家产生影响,还需要在事前与附近的居民和商家进行沟通,并在制定计划时采取措施尽量减小事件对他们的负面影响。

3. 道路养护维修工程的交通管理

市政工程建设是城市发展过程中必不可少的环节,道路的养护维修则是道路日常管理的主要内容之一,也是保证交通安全、有效、畅通、提高服务水平的重要手段。由于在市政工程施工和道路养护维修时需要设置施工或养护维修作业区而要封闭部分道路或部分车道,使道路网或道路原有的通行能力受到较大的影响,因此,对于在施工或养护维修作业期间的交通管理要采用专门的措施和策略,以最大限度地减少养护维修作业对交通的影响,保证车辆和行人的通行和安全。

进行道路建设和养护维修工程施工,往往需要封闭部分道路或者车道,这将对道路上的正常交通流产生一系列的影响,例如在开放交通(指公路的一部分车道因养护作业被关闭,另一部分车道仍然保持车辆通行的情况)条件下进行养护作业,会造成道路通行能力的降低,同时易导致道路事故率的上升、燃料的额外消耗以及交通拥挤和延误。美国的调查研究表明,公路上发生的拥挤,有50%是由于交通事故、天气或其他拥挤造成的,而在这些拥挤中,又有将近24%是由于公路养护作业造成的。因此,作业区的交通安全和交通效率问题是对这类事件进行交通管理的重点。

1) 交通管理的目标

(1) 交通安全。此类事件交通管理的最主要目标就在于保障工程施工作业人员和施工设备的安全以及车辆的安全运行。

(2) 交通效率。在保证安全的基础上降低由于工程施工所带来的各种负面影响,如提高作业区的通行能力,减少拥挤和延误,降低车辆和行人通行的不便利程度。

2) 交通管理的一般程序

(1) 前期准备。主要完成项目的招投标工作以及结合项目的施工组织设计,制定相应的交通控制和管理方案。

(2) 施工期间。主要是施工计划以及交通控制和管理计划的实施和修正。

(3) 后期工作。包括项目的决算以及有关数据资料的收集整理。

3) 交通管理的措施

因为道路建设和养护维修工程施工交通管理的重点在于保证驾驶人和工程施工人员的安全以及提高交通效率,因此,此类事件的交通管理措施也应包括交通安全和交通效率两个方面,具体见表8-4。

道路养护维修交通管理 表8-4

阶段	可采取的管理措施	说明和举例
前期准备	建立健全相关的法律法规	不仅需要制定工程技术方面的标准,也需要制定有关安全管理方面的标准
	安全教育	加强驾驶人和施工人员的安全教育
	制定交通管理方案	包括作业区内部和外部的交通控制管理方案,并安排专人负责组织实施

续上表

阶段	可采取的管理措施	说明和举例
施工期间	交通管理	速度控制、车流引导
	安全管理	保证安全设施以及施工设备正常工作
后期工作	数据处理	数据收集和处理,为以后类似的工作提供参考
其他	开展相关研究	新的施工技术、施工设备、安全设施的研发和应用

表 8-4 中相关的交通管理措施很大程度上是要通过布置作业区来得以实现的。

4)养护维修作业区布置

道路养护维修期间,合理的作业区布置是保障通过作业区车辆和养护维修作业人员安全、提高作业区交通效率的重要手段。我国于 2004 年发布《公路养护安全作业规程》(JTG H30—2004,现行版本为 JTG H30—2015),其是我国大陆首部系统、全面地规范公路养护维修安全作业的管理文件。在该规程中,作业区的布置是其主要内容。一个典型的作业区布置如图 8-2 所示。

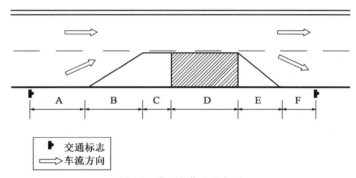

图 8-2 典型的作业区布置

区域 A 是警告区,它是从作业区起点设置的施工标志[图 4-5c)]和限制速度标志[图 4-7e)]到上游过渡区之间的路段,用以警告、提醒车辆驾驶人已经进入养护维修作业路段,要按所设置的交通标志调整行车状态。区域 B 是上游过渡区,它是保证车辆平稳地从所封闭车道的上游横向过渡到缓冲区旁边非封闭车道的路段。区域 C 是缓冲区,它是上游过渡区和工作区之间的路段,为误闯工作区的车辆预留缓冲空间,不致伤害作业人员。区域 D 是工作区,它是养护维修作业人员施工操作区域。区域 E 是下游过渡区,它是保证车辆平稳地从工作区旁边的车道横向过渡到正常车道的路段。区域 F 是终止区,它是使通过作业区的车辆恢复正常行车状态的路段。通常在该区域的末端设置解除限制速度标志[图 4-7f)]。

由于在不同的道路等级、不同的道路条件下车辆行驶状态是不同的,因此,要根据不同的道路等级和条件布置作业区。例如,快速道路上的作业区布置同一般道路上的作业区布置是不同的;路段上的作业区布置同交叉口附近的作业区布置也是不同的。

在布置作业区的过程中,交通安全设施是必不可少的。可以说,交通安全设施是作业区布置的主要实现手段。在这里,交通安全设施主要包括为道路养护维修而设置的临时性交通标志和标线、交通渠化装置(如锥形交通路标、路栏等)、防撞设施以及施工警告灯号等。

第五节　突发性事件的交通管理

根据突发性事件后果的严重程度,可以将其分为两类。

第一类:气候影响和短期临时的养护施工。这类突发性事件会直接影响到交通流的车速和道路的通行能力,其间接影响则是容易诱发拥挤和交通事故。对于此类突发性事件,交通管理的重点在于要求有关部门预先通过各种手段向道路使用者提供良好的事件信息,以便于道路使用者特别是机动车驾驶人作出正确的判断和选择,避免拥挤和事故的发生;而在拥挤和事故发生后,要求能及时有效地处理事故现场,及时疏导交通。这里的短期临时的养护施工,是指针对道路突然遭受损坏而影响正常通行所进行的临时性的养护抢修施工,与前文所讨论的事先计划的养护维修工程是不同的。

第二类:交通事故和自然灾害等。这类突发性事件的后果都具有灾难性与综合性,它们往往涉及城市的医疗、急救、消防、环卫等多个部门,并将对人民生命财产与周边环境造成巨大损失。对于此类突发性事件,交通管理的重点在于事件发生后的救援管理,即要求有关部门在事件发生后能采取及时有效的措施,尽快处理事件,因为这类事件处理时间越长,事件所造成的损失就会越大。

这类事件的救援处理通常具有以下特点:

(1)事件处理方案会在很大程度上影响救援的效率。

(2)由于事件发生突然,后果扩散速度极快,救援方对它作出反应的时间有限,需要决策部门在短时间内作出正确的决定。

(3)在处理过程中,单个部门难以有效控制局面,需要多个部门很好地协调。

因此,在获悉此类突发性事件发生后,交通管理部门应视事件的类型和程度,迅速地就突发性事件现场的调查实施管理,如实行交通管制、急救援技术方案与装备、救援线路、上游流入交通的迂回诱导与控制管理方案、相关平面道路的紧急管理方案等,协助有关部门控制局面,维护秩序,迅速妥善处理事件,以保持道路交通的安全畅通。另外,交通管理部门应根据这类突发性事件发生历史经验,结合本地区情况,在平时做好预案,一旦事件发生就启动预案,将事件造成的不利影响降到最低。

【思考题】

1. 什么是特殊事件?它是如何分类的?
2. 特殊事件有何特征?它对交通是如何影响的?
3. 特殊事件发生时如何实施交通管理?
4. 你认为信息化技术的发展可以为特殊事件交通管理带来哪些变化?

第九章
交通拥挤管理

在世界各地,交通拥挤有蔓延的趋势。对于城市交通这样一个复杂而巨大的系统,交通拥挤的产生涉及多方面的因素。目前,一般城市交通行业普遍存在基础信息数据缺乏共享、交通运行评价指标尚无标准规范,不同相关职能部门各自为政、不能协调等诸多弊端,导致交通规划设计方案存在顾此失彼或不能完整执行的现象,难以达到预期效果。因此,对于交通拥挤的管理,应该运用系统工程的思想,不仅需要多个部门的合作与协调,更需要现代信息技术、数据技术、人工智能技术和管理技术等的支撑,变被动为主动,达到主动识别、建立预案、统筹兼顾、综合治理的目的。本章主要讨论交通拥挤问题、交通拥挤管理概念、功能和策略,并简要介绍交通拥挤管理系统。

第一节 交通拥挤问题

一、交通拥挤的定义

交通拥挤现象早在古罗马时期就已经出现,到18、19世纪,英国伦敦及美国纽约也开始面临交通拥挤问题。在我国,从20世纪80年代开始,交通拥挤受到了广泛的重视。

根据美国《冰茶法案》(ISTEA)的定义,交通拥挤是指由于交通冲突导致系统性能处于不可接受的水平。因此,从交通供需的角度来看,交通拥挤的本质就是交通需求大于交通供给时所产生的结果。

二、交通拥挤的产生

根据国内外大量研究,交通拥挤产生的原因主要有:

(1) 土地使用与交通不协调。土地使用产生了交通需求,而交通需求的变化也会对土地使用产生作用和影响。土地使用与交通系统之间具有复杂的互动关系。土地使用的每一次改变都会增加交通的产生和吸引,导致土地周边交通状况的逐渐恶化,促使政府去改善交通条件,从而土地使用的价值进一步提升,产生和吸引了更多的交通。在这个过程中,一旦没能很好地把握这两者的互动关系,就会导致交通拥挤。

(2) 交通事件的发生。交通事件包括交通事故、道路施工、恶劣天气、大型活动等,这类事件的发生,或会暂时性降低交通设施的供给能力,或会导致交通需求的极大增长,远远超过设施的供给能力,或会引起驾驶人驾驶行为的改变,使车流中的车速趋向于离散化,这些都会导致交通拥挤。

(3) 交通需求的增长。从宏观来讲,一方面,随着经济社会的发展,机动化水平的快速提高,居民平均出行次数不断增加,出行里程的增长速度远远快于交通基础设施供给能力的增长速度。另一方面,由于土地、资金等方面的约束,交通基础设施的建设不可能满足机动车增长的需求。从微观来讲,一定时间内交通基础设施的供给能力是由道路网络结构、道路几何性能、车道数以及管理水平等因素共同决定的,这个供给能力不可能随时间的变化而变化,而运行于交通基础设施之上的交通流由于各种因素的影响会随时间的变化而发生波动,从而在道路网的局部位置出现需求大于供给的情况。所有这些都会导致交通拥挤。

(4) 交通基础设施存在缺陷。由于规划、设计等因素导致交通基础设施的先天不足,造成交通需求与设施供给能力的不匹配,交通信号控制方案没有适应随时变化的交通流状况,将会导致交通拥挤。

三、交通拥挤的分类

(1) 按照产生原因分,有常发性拥挤和偶发性拥挤。常发性交通拥挤也称周期性拥挤,主要是指在固定的时间,道路上的某些固定位置,由于交通流量的增大,超出道路通行能力所引起的交通拥挤;偶发性交通拥挤也称非周期性拥挤,是指由一些特殊事件所引起的道路通行能力的暂时减少或是突然吸引过多的交通流量而引起的交通拥挤。

(2) 按照先后次序分,有原发性拥挤和继发性拥挤。原发性交通拥挤主要是指在道路上某处由于交通流量超过了该处的通行能力直接导致产生的交通拥挤;继发性交通拥挤主要是指由原发性交通拥挤的传播和蔓延而形成的交通拥挤。

(3) 按照接受程度分,有可接受拥挤和不可接受拥挤。可接受拥挤主要是指当出行时间或延误虽然超过了自由流状态下正常发生的时间或延误,但尚未超过人们普遍接受的阈值时所形成的交通拥挤;不可接受拥挤主要是指当出行时间或延误超过了人们普遍接受的阈值时所形成的交通拥挤。这个自由流状态和人们普遍接受的阈值是随交通设施的类型、出行方式、地理位置以及出行时段的变化而变化的。

四、交通拥挤的评价

对于交通拥挤的描述通常是从时间和空间两个方面来进行的。从时间特性考虑,主要是拥挤发生的时刻以及持续时间;从空间特性考虑,主要是拥挤发生的地点以及在空间上的扩散范围。

1. 评价维度

综合交通拥挤的时间和空间特性,可以从以下四个维度来评价:

(1) 拥挤强度。指受拥挤影响的出行人数或车辆数。通常采用拥挤时段的出行人里程或者出行人次来量化。

(2) 拥挤影响度。指拥挤对出行者出行影响的严重程度,旨在测量所分析道路的交通状况和期望的交通状况之间的差异,通常采用出行延误、平均行程速度来量化。

(3) 拥挤持续性。指拥挤在影响区域内在交通设施上的持续时间长度,通常采用全天各个时段交通元素或者整个系统的显示为拥挤状态的总时间来量化。

(4) 拥挤范围。指拥挤在影响区域内在交通设施上的空间扩散范围,通常采用受拥挤影响的交通系统的道路或者车道长度比例来量化。

2. 评价指标

交通拥挤的评价指标可以分为两类:一类是基础性指标,这类指标直接根据交通流的基本特性进行评价,主要有交通流量、饱和度、密度(占有率)、延误、行程时间、地点车速、排队长度、停车次数等。另一类是衍生性指标,这类指标是各国家、各地区根据管理和评价的具体需求而专门建立的。比如,美国从1982年起每年发布的年度报告——《城市机动性报告》主要采用出行时间指数(Travel Time Index,TTI)指标。其他指标还有出行延误、拥挤小时、道路拥挤指数、拥挤持续度、拥挤车公里等。近年来,我国北京、上海、广州、深圳等城市都发布了城市道路交通状态评价指标。

由于交通拥挤的评判和度量与人们的主观感受、管理目标、经济社会发展水平等多重因素有关,因此,无论是第一类指标还是第二类指标,都需要进一步研究确定这些指标的阈值,来量化交通拥挤状态,从而对交通拥挤作出评价。

第二节 交通拥挤管理概念、功能和策略

一、交通拥挤管理概念

交通拥挤管理是指通过对交通流的分析与评估,从交通供给和需求两方面实施对交通流的调控,以达到缓解交通拥挤的目的。

由于交通拥挤是各种因素综合作用的结果,因此,交通拥挤管理本质上也是各种交通管理措施的综合运用。

二、交通拥挤管理基本功能

交通拥挤管理所要实现的基本功能主要包括三个方面：
(1) 定位、分析现状和未来的交通拥挤程度。
(2) 研究、评估有效的拥挤缓解方案，根据方案实施效益进行排序。
(3) 评估、监测拥挤缓解方案的实施效果，持续性地对拥挤管理系统进行维护和更新。

三、交通拥挤管理内容

交通拥挤管理的核心内容包括数据采集、交通系统监测；拥挤缓解方案制定及评价，研究重点为交通系统拥挤状况的评价方法，建立一套能够对拥挤管理方案的有效性进行排序的程序。但是，这些程序不能替代已有的规划程序，相反，其应该为已有规划程序"增值"。在城市决策制定和规划、设计进行过程中，交通拥挤只是众多考虑因素之一。

四、交通拥挤管理策略

从交通拥挤的基本特性可以看出，交通拥挤主要是交通供给与需求出现了不平衡，交通拥挤管理的策略主要是从调节两者之间的矛盾入手，主要策略包括改善供应、管理需求、优化土地利用与交通关系等。随着交通信息化水平的不断提高，交通拥挤管理通过充分发挥交通信息化的作用，全路网数据采集与拥挤定位，对重点地区或重要通道、主要时段的拥挤情况进行分析和提出解决方案，并利用仿真等手段对解决方案进行评估，在措施执行后通过路网监控检测系统进行效果跟踪以及调整，形成管理的闭环。

目前，美国广泛应用的"交通拥挤管理系统"是实施交通拥挤管理策略中的一项重要措施，下一节将作简要介绍。

第三节 交通拥挤管理系统简介

交通拥挤管理系统(Congestion Management System, CMS)的概念起源于美国，是一套用于系统管理交通拥挤的操作程序。它是《冰茶法案》(ISTEA)中提出来的，该法案对美国交通在进行了整体回顾的基础上，调整了未来的发展方向，将交通发展重点定为"使现有交通设施运行效率最大化"，提出由大都市区规划机构(Metropolitan Planning Organization, MPO)负责建立 CMS，规定超过 20 万人口的地区必须建立 CMS，作为一种交通管理手段以辅助决策的制定和交通规划的实施。CMS 所制定的方案目标是缓解拥挤、提高机动性，使其满足国家和地方发展的需要，用途是供政府决策部门和规划部门等参考。

美国 2005 年颁布的《国家公路系统法》(States Highway System Act)对 CMS 做了部分修订，提出了交通拥挤管理程序(Congestion Management Process, CMP)作为 CMS 的升级程序。根据该法规，大都市区规划机构需要在 CMP 中对现有 CMS 进行评估，对照之前法规对 CMS 的要求，对于尚未完成的步骤，需要制定实施计划。在内容方面，由于 CMP 同 CMS 在拥挤管理的要求和目的方面没有改变，两个术语基本可以互换使用。

一、CMS 子系统

CMS 所制定的方案目标是缓解拥挤、提高机动性，使其满足国家和地方发展的需要，用途是供政府决策部门和规划部门等参考。为此,CMS 的操作包含了三个子系统。

1. 数据采集子系统

采集可获取的交通信息,如交通量、行程车速、出行时间等,并选取 CMS 的"交通系统拥挤指标",对交通信息数据进行处理,并对交通系统的拥挤状况进行定义和排序,其中,交通廊道、路段或者交叉口都是最为普遍选择的分析单元。

2. 交通系统拥挤评价子系统

根据拥挤的严重程度和其他规划因素,选择部分交通干道和主要交叉口进行深层次分析,通过交通调查和工程判断,找出导致拥挤的潜在因素,确定拥挤的发生原因。

3. 方案制定与评价子系统

基于定性和定量分析以筛选一系列具有可实施性的改善方案。

图 9-1 是 CMS 三个子系统的相互关系。

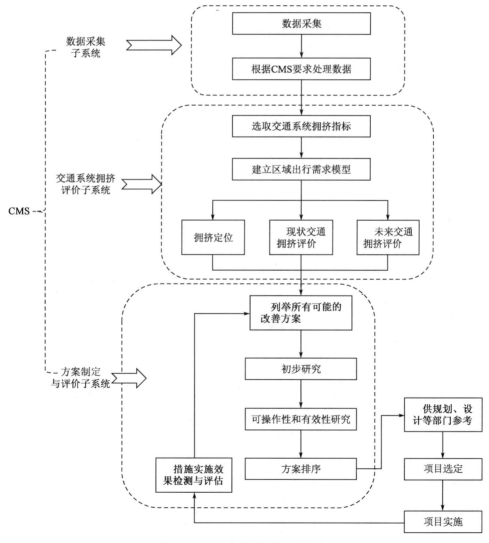

图 9-1　CMS 三个子系统的相互关系

二、典型的 CMS 操作流程

一套典型的 CMS 操作流程可归纳为六个步骤(图9-2)。

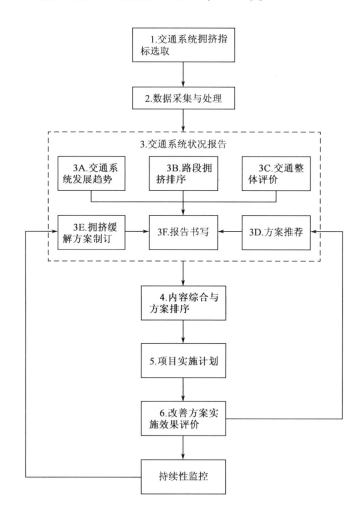

图9-2 典型的 CMS 操作流程图

步骤1：采集可获取的交通相关数据，如交通量、行程车速、出行时间等，以采集数据为基础，选取 CMS"交通系统拥挤指标"。

步骤2：将所有数据集中到一个中央数据库，最为理想的是建立一个综合信息系统，所有数据均可自动更新，但由于技术水平的限制，在现状实施中尚未有 CMS 能够真正实现。

步骤3：根据数据处理结果，对交通系统的拥挤状况进行定义和排序，交通廊道、路段或者交叉口都是最为普遍选择的分析单元。

步骤4：根据拥挤的严重程度和其他规划因素，选择部分交通干道和主要交叉口进行深层次分析。通过交通调查和工程判断，找出导致拥挤的潜在因素，确定拥挤的发生原因。

步骤5：定性分析筛选出一系列具有可实施性的改善方案，再使用工程技术规范和标准，对实施可能性较大的改善方案作进一步分析。

步骤 6：给出可能在下次交通改善计划（Transportation Improved Planning，TIP）中实施的推荐方案，有时还需要为拥挤管理系统的工程方案申请额外资金。

作为一种交通管理手段，CMS 从方法论的角度辅助交通规划等决策的实施，属于交通规划的辅助程序或先行程序，也是定位持续性交通拥挤和排序投资项目的重要工具。在管理层面，CMS 作为一种协调机制联络各相关职能部门，其研究成果也可供各部门享用，为交通规划、设计等提供参考和辅助，充分发挥部门衔接的整体效应。

【思考题】

1. 交通拥挤的本质是什么？
2. 如何评价交通拥挤？
3. 从交通拥挤的分类可以归纳出交通拥挤具有哪些特性？
4. 什么是交通拥挤管理？
5. 交通拥挤管理的策略是什么？
6. 交通拥挤管理的手段主要有哪些？
7. 为什么要建立交通拥挤管理系统？
8. 结合交通实际，你认为应如何建立合理的交通拥挤评价指标？

PART2 第二篇
交 通 控 制

第十章
交通信号控制概论

世界各国交通管理的经验表明,道路交叉口交通管理最有效的方法之一就是交通信号控制。因此,信号灯控制也是道路交叉口最普遍的交通管理形式。本章主要讨论交通信号及交通信号灯的基本概念、交通信号灯的设置依据以及交通信号灯控制的类别。

第一节 交通信号及交通信号灯

在道路上用来传送具有法定意义指挥交通流通行或停止的光、声、手势等,都是交通信号。

在道路交通信号控制中,常用的交通信号主要有灯光信号和手势信号。灯光信号通过交通信号灯的灯色来指挥交通;手势信号则由交通管理人员通过法定的手臂动作姿势或指挥棒的指向来指挥交通。手势信号常在交通信号灯出现故障时或在无交通信号灯的地方使用。

交通信号是在道路空间上无法实现分离原则的地方,主要是在平面交叉口上,用来在时间上给交通流分配通行权的一种交通指挥措施。交通信号灯用轮流显示不同的灯色来指挥交通的通行或停止。

除交叉口交通信号灯外,还有人行横道信号灯(参见第五章第二节)和车道信号灯等灯光信号。车道信号灯,悬挂在多车道道路的上方,有绿色箭头灯,箭头指向所对应的车道,此灯亮时,表示该车道可通行;还有红色叉("×")灯,此灯亮时,表示该车道前方不能通行,在该车道上行驶的车辆必须立即更换车道。车道信号灯一般多用在高速公路、大桥、隧道及有可逆方向车道的道路上。本章和下一章主要探讨交叉口交通信号灯及其控制。

一、信号灯的种类

交通信号灯及其控制技术随交通的发展而发展。初期的信号灯仅红、绿两色,绿灯表示允许通行,红灯表示不准通行,十分简单。用在交叉口上,由人工操作,哪条路上先来车就给亮绿灯,指挥来车通过;同时给相交的横向道路亮红灯,指挥该路上的来车暂停,等候绿灯通行,以维持冲突车辆先后通过交叉口的秩序。

到1918年,在美国纽约街头出现了红、黄、绿三色信号灯,后来这种信号灯被普遍采用。随着交通的发展,在交叉口上,各方向的车与车冲突、车与人冲突越来越复杂,对车流、人流需要更为严密的时间分离。为适应这种发展的要求,信号配时技术不断进步,相继出现了各种时间分离的方法;同时,随着电子技术的发展也设计出了适应需要的信号控制机与交通检测器,相应地就产生了符合多种时间分离方法的多样化的现代信号灯。

现代信号灯,除原来红、黄、绿三色基本信号灯之外,又增加了以下两种信号灯。

1. 箭头信号灯

箭头信号灯是在灯头上加一个指示方向的箭头,可有左转、直行、右转三个方向。它是专为分离各种不同方向交通流,并对其提供专用通行时间的信号灯。这种信号灯,当然只在设有专用转弯车道的交叉口上使用才能有效。当一组灯具具备左转、直行、右转三个箭头信号灯时,就可取代普通的绿色信号灯。

2. 闪烁灯

普通红、黄、绿或绿色箭头灯,在启亮时,按一定的频率闪烁,以补充其他灯色所不能表达的交通指挥意义。

二、信号灯的含义

随着信号灯种类的发展,各国使用这些信号灯的差别越来越大,分别给各种信号灯赋予不同的含义,给国际的交通往来造成很多混乱,特别是在早期的欧洲,这种情况较严重。在各方呼吁下,1968年,联合国综合各国对交通信号灯含义的规定,曾讨论颁发过《道路交通标志和交通信号协定》,对各种信号的含义,作了一个基本统一的规定。1974年,欧洲各国交通部部长联席会议又协议商订了《欧洲道路交通标志和信号协定》,会议有欧洲18个国家参加,美国、加拿大、澳大利亚、日本派观察员参加。会议要求各国在协议生效后10年内,逐步统一使用信号规定。

1. 信号灯含义

《欧洲道路交通标志和信号协定》对信号灯含义的规定摘要如下。

1)非闪灯

(1)绿灯:表示车辆可以通行,在平面交叉口,面对绿灯的车辆可以直行、左转或右转,转弯车辆必须让合法通行的其他车辆和人行横道线内的行人先行。但是如果在该绿灯所允许通行的方向上,交通非常拥挤,以致进入路口的车辆在灯色改变之后还是无法通过,这时,即使亮绿灯,车辆也不得通行。

(2)红灯:表示不许车辆通行,面对红灯的车辆不能超过停止线。

(3)黄灯:表示即将亮红灯,车辆应该停止。除非黄灯刚亮时,已经接近停止线、无法安全制动的车辆,可以驶过停止线。

2)闪灯

(1)闪红灯:警告车辆不准通行。

(2)闪黄灯或两个黄灯交替闪亮:表示车辆可以通行,但必须特别小心。

3)箭头灯

(1)绿色箭头灯:表示车辆只允许沿箭头所指的方向通行。

(2)红色或黄色箭头灯:表示仅对箭头所指的方向起红灯或黄灯的作用。

4)专用于自行车的信号灯

应在信号灯上加有自行车的图案。

2. 各国对信号灯含义的特殊规定概要

世界各国交通信号灯的含义基本上是在上述协定的基础上进行统一规定,再加些独特的补充规定而形成的。

(1)苏联

在黄灯之前,有绿闪灯,预告即将亮黄灯(我国有些城市也用这种绿闪灯,好处是可敦促车辆抓紧时间通过交叉口,以提高通车效率,但也可能因此导致驾驶人想加速抢时间通过交叉口而发生交通事故);右转箭头灯亮时,允许车辆就地掉头;箭头灯与红灯同亮时,可按箭头方向通行,但应给其他方向的车辆让路。苏联还规定有公交车专用灯。

(2)英国

在红灯末尾,有一小段红、黄灯同时亮的时间,这意味着通知面对该情况的车辆,红灯即将结束,预先作起动准备,可以节省起动损失时间。

(3)美国

有的地方使用黄色箭头灯与红色箭头灯,可使各方向车流分别有各自的红、黄、绿色箭头灯,含义明确,不易混淆。但这样设置,灯具就比较复杂。

(4)加拿大

加拿大规定绿闪左转箭头灯与普通绿灯同亮,表示通知驾驶人对向车流面向红灯,此时,左转、直行、右转车辆都可以通行,但必须让其他合法通行的车辆和人行横道线内的行人先行。加拿大对红闪的规定是,车辆在通过交叉口前,必须先停车观察,在确保安全的前提下,方准通行,类似于停车标志的意义。

(5)日本

对于机动车和行人,与加拿大的规定类似。对于自行车使用机动车信号灯,有些特殊的规定,如绿灯时,规定自行车只可直行和左转(相当于我国的右转),而右转(相当于我国的左转)车辆必须直行到对面街角处,待另向绿灯亮时再次直行通过。

交通信号灯含义的国际统一规定和各国的一些特殊用法,随着信号灯种类的发展和信号控制技术的发展,还会有所改变,对我国今后发展信号灯种类与合理选用信号灯可作借鉴之用。

3. 我国对信号灯含义的规定

《实施条例》对信号灯的含义作了详细的规定,基本上与国际规定一致,仅对黄灯的含义与国际规定略有差别,这里不再重复。

我国有不少城市已使用箭头灯,对箭头灯的用法和国际规定基本一致。随着箭头灯的逐步推广,各地难免会出现不一致的用法,对于各式信号灯的含义,尚需有更为详细、明确的规定。

我国还有些城市采用倒计时显示,即在某种灯色即将结束前的十几秒或几十秒同步显示该灯色剩余的秒数。这种方式利弊如何还有待于深入研究。

三、各式信号灯的次序安排

各种信号灯的装置次序也应有统一的规定,便于驾驶人分辨。次序安排的原则是重要的灯色放在重要的位置。信号灯的次序安排分竖式和横式两种。

1. 竖式

(1)普通信号灯的次序,国际规定,自上而下为红、黄、绿灯。

(2)带有箭头灯时,安排次序如下。

①单排式:自上而下,一般为红、黄、绿、直行箭头、左转箭头、右转箭头灯,中间可省掉不必要的箭头灯。当同时装有左转、直行、右转三个箭头灯时,可省掉普通绿灯。

②双排式:一般在普通信号灯靠近路边缘的一侧加装左转箭头灯,或左转和右转箭头灯,或左转、直行、右转三个箭头灯。

2. 横式

(1)普通信号灯的次序,国际规定,自靠近路中心线向路边缘依次为红、黄、绿灯。

(2)带有箭头灯时,安排次序如下。

①单排式:自靠近路中心线向路边缘,一般为红、黄、左转箭头、直行箭头、右转箭头灯;或红、黄、左转箭头、绿灯;或红、黄、绿、右转箭头灯。

②双排式:一般在普通灯下,自靠近路中心线向路边缘,为左转箭头、直行箭头、右转箭头灯,中间可省掉不必要的箭头灯。

横排时,左转、右转箭头灯所处位置,原则上同左转、右转车道的位置一致。

第二节 交通信号灯设置依据

一般,当交通量发展到接近设有停车或让路标志的交叉口所能处理的最大能力时,才在这种交叉口上加设交通信号控制。

设有停车或让路标志的交叉口和采用信号灯控制的交叉口各有利弊,各有其适用条件,所以,信号灯设得合理、正确,就能够发挥其交通效益;设置不当时,非但浪费了设备及安装费用,还会对交通造成不良的后果。

一、设置交通信号控制的利弊

合理设计信号控制的交叉口,其通行能力比设有停车或让路标志的交叉口大。设有停车或让路标志的交叉口的交通量接近其通行能力时,车流就会不畅,从而大大增加了车辆的停车与延误,特别是次要道路上的车辆,停车、延误更加严重。这时,把设有停车或让路标志的交叉口改为信号控制的交叉口就可能恰到好处,可改善次要道路上的通车,减少其停车与延误。如果交通量没有达到需要设置信号灯的程度,不合理地将设有停车或让路标志的交叉口改为信号控制的交叉口,其结果适得其反。以下从两方面来说明不合理设置信号控制的弊端。

将设有停车或让路标志的交叉口改为信号控制的交叉口,消除了原停车或让路标志交叉口的优点。在设有停车或让路标志的交叉口上,对主要道路车辆而言是保证畅通无阻的,可以看成没有这个交叉口一样,因此,主要道路车辆延误很少。改为信号控制的交叉口之后,就要为少量次要道路的车辆放绿灯,势必给主要道路车辆增加许多不必要的红灯,从而使主要道路上的车辆产生大量的停车与延误。而在次要道路上,因车少,有些时候亮着绿灯却无车通行。这在我国各地是屡见不鲜的事实。这些被迫产生的停车与延误,导致显著而又无谓的能耗与运行费用的浪费。

交通信号的主要功能已如前述,是在道路车辆相交叉处分配车辆通行权。但不幸的是,交通信号控制往往被看成能治道路交叉"百病"的"灵丹妙药"。最普遍的是把交通控制信号看成主要的安全设施。虽然交通安全公认是交通管理的一个重要方面,但它不是信号控制的主要目标。实际上,正确设计、合理设置和运行交通控制信号,是可以兼有改善交通安全的效果的,但这只是交通控制信号主要目标的一个副产品。交通信号控制的主要目标是使各类、各向交通有秩序、高效率地通行。

如果交通控制信号被看成是一种交通安全设施,仅为交通安全而在交叉口盲目设置,那么,国际上大量的交通事故恰恰增加在不合理设置信号灯的地方又说明了什么呢?由于主要道路上驾驶人遇红灯而停车,但他在相当长的时间内并未看到次要道路上有车通行,往往就会引起故意或无意地闯红灯。因此,信号控制交叉口的交通事故,往往多发在交通量较低的交叉口,或是交通量较低的时段内。不少事故记录表明,最惊人和最危险的事故往往就发生在这种交叉口。因此,研究制定合理设置交通信号灯的依据是十分重要的。在技术上,使设置信号灯有据可依,避免乱设信号灯现象;在经济上,可避免无谓的投资浪费;在交通上,可避免不必要的损失和交通事故。

二、设置交通控制信号的基本原理

目前,决定将停车标志交叉口改为信号控制交叉口时,应主要考察两个因素:停车标志交叉口的通行能力和延误。

1. 停车标志交叉口的通行能力

根据停车标志交叉口的通车规则,次要道路上的车辆必须等主要道路车流间出现足够的可穿越空当时,才能通过。因此,主要道路上的交通几乎不受相交交通的影响,如忽略左、右转弯车辆的影响,则可认为主要道路在这种交叉口进口道上的通行能力几乎和路段的通行能力一样。因此,计算这种交叉口的通行能力,一般是对应于主要道路交通量,求出相应的次要道路进口道可以进入交叉口的最大交通量,即根据计算主要道路车流中可供次要道路车辆穿越的空当数来求出次要道路可以通行的最大交通量。据此原理,假设主要道路车流按泊松分布到达,可建立计算次要道路可通过的最大交通量的公式如下:

$$Q'_{max} = \frac{Qe^{-q\tau}}{1 - e^{-qh}} \quad (10\text{-}1)$$

式中: Q'_{max}——次要道路可通过的最大交通量,辆/h;
Q——主要道路交通量,辆/h;
q——$Q/3\,600$,辆/s;
τ——次要道路可以穿过主路车流的临界空当时距,s;
h——次要道路车辆连续通行时的车头时距,s。

这里的关键是要确定计算参数 τ。

影响参数 τ 的因素较多,τ 随主要道路宽度、主要道路上车型及车速、次要道路车辆的去向、驾驶人的驾驶习惯等不同而异。较详细的资料表明:小汽车的临界空当时距,随各种条件,在 4.5~10s 之间变化。h 值小汽车一般取 2~3s。

按前述假设,式(10-1)的计算结果,只是次要道路车辆穿越一条主要道路车流的最大通过量。实际情况,还要考虑主要道路上各向车流及次要道路对向车流对穿越车辆的影响,所以是一个十分复杂的问题。在美国的《道路通行能力手册》(HCM2000)等一些资料中有详细的分析和计算方法。

当次路交通量接近这个最大可通过量时,次路交通已严重拥挤,延误大增。

2. 停车标志交叉口的延误

次要道路交通量增长到一定程度时,车辆延误大增,此时,若将标志控制交叉口改为信号控制交叉口,则次要道路车辆延误可以得到降低,但主要道路车辆延误却要增加。需对比改用信号控制前后主次道路车辆总延误的大小,来决定是否应该改用信号控制。

确定停车标志交叉口的延误十分困难,这方面的研究成果虽然不少,但能真正实用的似乎还没有。下面介绍英国的一种常用方法。先把分析的结果画成曲线图,如图 10-1 所示。

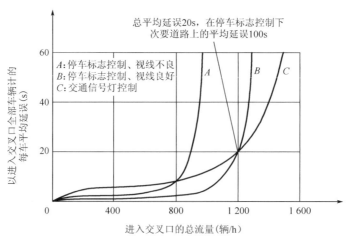

图 10-1 T形交叉口上停车标志控制和信号控制时的理论延误曲线
注:主、次道路交通量之比为 4:1。

图中 A、B 为停车标志交叉口的流量-延误关系曲线；C 为信号控制交叉口的流量-延误关系曲线。比较曲线 A、C 可以看出，当进入交叉口的交通总流量超过 800 辆/h 时，信号控制交叉口的延误比停车标志交叉口小得多，此时，采用信号控制就比停车标志控制更为合理。

图 10-1 只是 T 形交叉口的分析结果，还设有不少限定条件，所以此图不能乱用，只是用来说明信号灯设置的一个确定依据。

目前，有不少国家的学者正在致力于停车标志控制交叉口的通行能力与延误的研究，包括理论分析方法、计算机仿真方法或是理论分析与仿真相结合的方法。

交通量与延误是考察交叉口该用什么控制方式的主要可定量分析的依据，当然，不是唯一的依据，实际工作中还需根据当地的某些具体条件与特殊因素进行综合分析，才能得到正确的决策。

三、设置交通控制信号的依据

设置交通控制信号虽有理论分析的依据，但尚未成为公认的有效方法，加上世界各国的交通条件各有差异，所以各国制定依据的具体数字不尽相同，但原则上大多根据上述理论分析的思路，考虑各自的交通实际情况后制定出各自的依据。

美国《统一交通控制设施手册》（简称《手册》）所制定的依据较为详细，其主要内容简要介绍如下。

1. 设置交通信号须做的调查工作

在考虑要把由某个标志控制的交叉口改为信号控制交叉口之前，必须做好下列调查工作：
(1) 车辆与行人的交通流量。
(2) 进口道上的车辆行驶速度。
(3) 交叉口的平面布置图。
(4) 交通事故及冲突记录图。
(5) 可穿越临界空当。
(6) 延误。

将调查所得结果，与《手册》所定设置信号灯依据的最小值比较，确定设置交通控制信号是否合理。

2. 设置交通控制信号的依据

《手册》对设置交通控制信号列出 8 条依据。

1) 第 1 条依据——8h 车流量

(1) 平常日（即非周末，下同）的任意 8h 中的每个小时符合下列条件之一，即要考虑安装交通控制信号灯：

①在主要道路进口道和车流量较大的次要道路进口道上，出现大于表 10-1 中条件 A 的两个 100% 栏的车流量。

②在主要道路进口道和车流量较大的次要道路进口道上，出现大于表 10-1 中条件 B 的两个 100% 栏的车流量。

第 1 条依据——8h 车流量　　　表 10-1

条件 A——最小车流量

进口道通车车道数		主要道路车流量（辆/h）（双向进口道的总和）				次要道路车流量（辆/h）（单向中流量较大者）			
主要道路	次要道路	100%	80%	70%	56%	100%	80%	70%	56%
1	1	500	400	350	280	150	120	105	84
2 及以上	1	600	480	420	336	150	120	105	84
2 及以上	2 及以上	600	480	420	336	200	160	140	112
1	2 及以上	500	400	350	280	200	160	140	112

条件 B——中断连续交通流

进口道通车车道数		主要道路车流量（辆/h）（双向进口道的总和）				次要道路车流量（辆/h）（单向中流量较大者）			
主要道路	次要道路	100%	80%	70%	56%	100%	80%	70%	56%
1	1	750	600	525	420	75	60	53	42
2 及以上	1	900	720	630	504	75	60	53	42
2 及以上	2 及以上	900	720	630	504	100	80	70	56
1	2 及以上	750	600	525	420	100	80	70	56

（2）平常日的任意 8h 中的每个小时同时符合下列条件，即要考虑安装交通控制信号灯：

①在主要道路进口道和车流量较大的次要道路进口道上，出现大于表 10-1 中条件 A 的两个 80% 栏的车流量。

②在主要道路进口道和车流量较大的次要道路进口道上，出现大于表 10-1 中条件 B 的两个 80% 栏的车流量。

2）第 2 条依据——4h 车流量

平常日的任意 4h 中的每个小时主路流量（双向进口道的总和）与次路较大流量（单向）的交点，全部落在图 10-2 曲线上方时，宜考虑设交通控制信号灯。

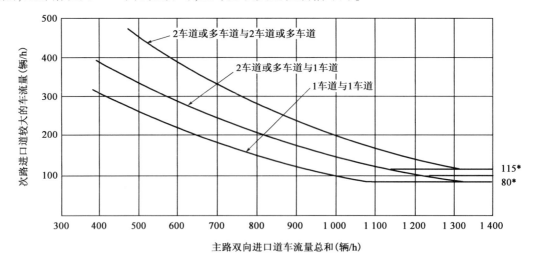

图 10-2　第 2 条依据——4h 车流量

注：*115 辆/h 是次路具有 2 车道或多车道的进口道流量下限，80 辆/h 是次路进口道具有 1 车道的进口道流量下限。

3) 第3条依据——高峰小时

下列两个条件之一被满足时,要考虑设置交通控制信号灯。

(1) 在平常日的同一1h(任意4个连续15min)内同时出现下列三种情况:

① 停车标志管制的次路进口道上,单向一条车道的总停车延误大于或等于4车·h,或单向两车道的总停车延误大于或等于5车·h。

② 在次路同一进口道上,一条车道的单向流量大于或等于100辆/h,或两条车道的单向流量大于或等于150辆/h。

③ 在这一1h进入三岔交叉口的总流量大于或等于650辆/h,或进入四岔或多岔交叉口的总流量大于或等于800辆/h。

(2) 平常日的1h(任意4个连续15min)主路每小时双向总流量与次路相应的较大流量进口道上单向流量的交点全部落在图10-3曲线上方。

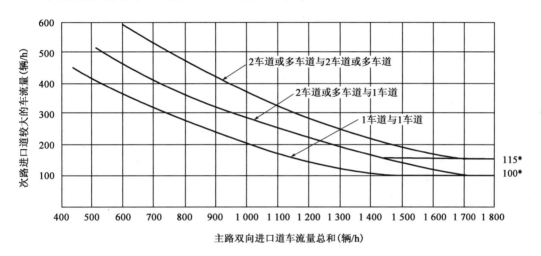

图10-3 第3条依据——高峰小时

注:*150辆/h是次路具有2车道或多车道的进口道流量下限,100辆/h是次路进口道具有1车道的进口道流量下限。

4) 第4条依据——行人流量

当下列两个条件同时被满足时,宜考虑设置交通控制信号灯:

(1) 在平常日穿越交叉口的主路或主路中间段的行人流量任意4h内的每个小时大于100人,或任意1h内大于190人。

(2) 车流中出现能够让行人穿越的空当少于60个/h,而道路中央分隔带的宽度足以让过街行人在其上等候。

5) 第5条依据——学童过街

学童往返学校通过主要道路的地方,特别是在学校附近的人行横道,要考虑装设人行横道信号灯。此依据可认为是安装人行横道信号灯的一种特殊情况。根据对学童通过的人行横道处、在学童过街时间内、路上车流中空当的大小和数量以及过街学童的批数和人数进行的调查,美国交通工程师学会《学童过街保护纲要》建议,学童过街时所需空当时间按式(10-2)计算:

$$\tau = t_r + \frac{W}{1.1} + 2(N-1) \tag{10-2}$$

式中：τ——学童过街所需空当时间，s；

t_r——学童过街反应时间，s，一般取 3s；

W——街宽，m；

N——学童过街时间内，过街累计批数中第 85% 批位的过街学童的排数。

在学童过街时间内，车流中实际出现的空当时间小于按式（10-2）计算的学童过街所需时间以及在学童过街高峰时至少有 20 人过街时，可考虑设置交通信号灯。

6) 第 6 条依据——联动信号系统

当出现下列情况之一时，应当考虑设置交通信号灯：

(1) 在具有向一个方向流量为主的道路或单向交通道路上，相邻交叉口的交通控制信号灯设置得较远而没有提供必要的车队控制。

(2) 在双向交通道路上，相邻交叉口的交通控制信号灯没有提供必要的车队控制。

7) 第 7 条依据——事故记录

加强管理以减少事故的努力未能见效，一年中发生 5 次或更多人身伤害或财产损失的交通事故，这类事故用交通信号控制可易于避免者，而车流量不少于表 10-1 中的 80% 栏的流量，或按照行人流量依据，不小于其流量的 80%，信号装置不致严重干扰车流的连续通行者，可考虑设置信号灯。

8) 第 8 条依据——道路网络

在平常日的高峰小时内进入交叉口的流量至少达到 1 000 辆/h，以及预计的 5 年平常日流量满足前 3 条依据中的一个或数个条件时，可考虑设置交通控制信号灯。

在按这些依据设置交通控制信号灯之前，应先充分考虑可以减少延误和交通不便的其他弥补性措施。如上述几条流量依据都与交叉口进口道的车道数有关，通过迁移路边存车处或展宽车道增加车道数，可能比装信号灯更为实用。总之，在论证设置信号灯依据时，应考虑任何类似增加进口道等的方案。

我国国家标准《道路交通信号灯设置与安装规范》（GB 14886—2016）对我国各道路交叉口、路段和匝道上交通信号灯的设置条件、安装方式和安装要求作出了规定。其中，对于交通信号灯的设置条件规定如下：

1) 交叉口机动车交通信号灯设置条件

(1) 根据交叉口类型设置

① 城市道路交叉口：

a. 主干路与主干路平面相交的交叉口；

b. 主干路与次干路平面相交的交叉口；

c. 次干路与次干路平面相交的交叉口。

主干路与支路、次干路与支路以及支路与支路平面相交的交叉口，可以再根据相关的其他国家标准或其他条件进一步确定是否需要设置交通信号灯。

② 公路交叉口：

a. 一级公路与一级公路平面相交的交叉口；

b. 由于交通流量、公路功能以及道路衔接等因素不能采用"主路优先"交通管理方式的交叉口；

c. 有相当数量的行人和非机动车穿越而引起交通延误，甚至造成阻塞或交通事故的交叉口；

　　d.入口流量大而造成过多的交通延误的环形交叉口。

　③视距不满足要求的交叉口：

　　平面交叉口的安全停车视距三角形限界内有妨碍机动车驾驶人视线的障碍物时，也要考虑设置交通信号灯。

　（2）根据交叉口交通流量条件设置

　①交叉口机动车高峰小时流量超过表10-2所列数值时，应设置交通信号灯。

路口机动车高峰小时流量　　　　　　　　　　　　　　　　表10-2

主要道路单向车道数（条）	次要道路单向车道数（条）	主要道路双向高峰小时流量（当量小车/h）	流量较大次要道路单向高峰小时流量（当量小车/h）
1	1	750	300
		900	230
		1 200	140
1	≥2	750	400
		900	340
		1 200	220
≥2	1	900	340
		1 050	280
		1 400	160
≥2	≥2	900	420
		1 050	350
		1 400	200

注：1.主要道路指两条相交道路中流量较大的道路。
　　2.次要道路指两条相交道路中流量较小的道路。
　　3.车道数以交叉口50m以上的渠化段或路段数计。
　　4.在无专用非机动车道的进口，应将该进口道进入非机动车流量折算成当量小汽车流量并统一考虑。
　　5.在统计次要道路单向流量时，应取每一个流量统计时间段内两个进口的较大值累计。

　②路口任意连续8h的机动车平均小时流量超过表10-3所列数值时，应设置交通信号灯。

路口任意连续8h机动车小时流量　　　　　　　　　　　　　表10-3

主要道路单向车道数（条）	次要道路单向车道数（条）	主要道路双向任意连续8h平均小时流量（当量小车/h）	流量较大次要道路单向任意连续8h平均小时流量（当量小车/h）
1	1	750	75
		500	150
1	≥2	750	100
		500	200
≥2	1	900	75
		600	150
≥2	≥2	900	100
		600	120

（3）根据交叉口事故条件设置

当交叉口符合以下条件之一时，应设置交通信号灯：

① 3 年内平均每年发生 5 次以上交通事故，从事故原因分析通过设置交通信号灯可避免发生事故的交叉口。

② 3 年内平均每年发生一次以上死亡交通事故的交叉口。

（4）根据交叉口综合条件设置

①当根据表 10-2、表 10-3 和交叉口事故条件，有两个或两个以上条件达到 80% 时，交叉口应设置交通信号灯。

②对于畸形交叉口或多路交叉的交叉口，应进行合理交通渠化后设置交通信号灯。

③虽不具备上述①条件的交叉口，但在交通信号控制系统协调控制范围内的，可设置交通信号灯。

④虽不具备①条件的交叉口，但因行人和非机动车通行易造成交叉口拥堵或交通事故的，可设置交通信号灯。

2）交叉口非机动车交通信号灯设置条件

（1）非机动车驾驶人在交叉口距停止线 25m 范围内不能清晰视认用于指导机动车通行的信号灯的显示状态时，应设置非机动车交通信号灯。

（2）对于机动车单行线上的交叉口，在与机动车交通流相对的进口应设置非机动车交通信号灯。

（3）非机动车交通流与机动车交通流通行权冲突的，可设置非机动车交通信号灯。

3）交叉口人行横道交通信号灯设置条件

（1）在采用机动车交通信号控制的交叉口，已施划人行横道标线的，应设置人行横道交通信号灯。

（2）行人与车辆交通流通行权冲突的，可设置人行横道交通信号灯。

4）与铁路平面相交的道路交叉口交通信号灯设置条件

满足以下条件之一的道路与铁路的平面交叉口（简称道口），应设置道口交通信号灯：

（1）日间连续 12h 内，通过道口的车辆平均小时流量达到 500 当量小车/h 以上，且瞭望条件良好的道口。

（2）日间连续 12h 内，通过道口的车辆平均小时流量达到 200 当量小车/h 以上，且瞭望条件不良的道口。

（3）近 5 年内发生过较大事故或重复发生事故的道口。

（4）有通勤汽车或公交车通过的道口。

5）路段人行横道交通信号灯设置条件

（1）根据路段交通流量条件设置

在已施划人行横道的路段，符合下列条件之一时，应设置人行横道交通信号灯：

①路段机动车和行人高峰小时流量超过表 10-4 所规定数值时，应设置人行横道交通信号灯和相应的机动车交通信号灯。

②路段任意连续 8h 的机动车和行人平均小时流量超过表 10-5 所规定数值时，应设置人行横道交通信号灯和相应的机动车交通信号灯。

路段机动车和行人高峰小时流量　　　　　　　　　　　　　　　　　　　表 10-4

路段双向车道数 （条）	路段机动车高峰小时流量 （当量小车/h）	行人高峰小时流量 （人次/h）
<3	600	460
	750	390
	1 050	300
≥3	750	500
	900	440
	1 250	320

路段任意连续 8h 机动车和行人小时流量　　　　　　　　　　　　　　　表 10-5

路段双向车道数 （条）	任意连续 8h 的机动车平均小时流量 （当量小车/h）	任意连续 8h 的行人平均小时流量 （人次/h）
<3	520	45
	270	90
≥3	670	45
	370	90

（2）根据路段交通事故条件设置

路段交通事故符合下列条件之一时，应设置人行横道交通信号灯和相应的机动车交通信号灯：

① 3 年内平均每年发生 5 次以上交通事故，从事故原因分析通过设置交通信号灯可避免发生事故的路段。

② 3 年内平均每年发生 1 次以上死亡交通事故的路段。

6）路段车道机动车交通信号灯设置条件

在隧道、收费站、潮汐车道以及需要对车道进行控制的路段，应设置车道机动车交通信号灯。

7）匝道交通信号灯设置条件

根据城市快速路、高速公路等道路交通状况，车辆通过入口匝道汇入主路对主路行驶车流产生严重冲突或造成下游路段拥堵的，可在入口匝道设置交通信号灯。

此外，对于需要提示驾驶人和行人注意瞭望、确认安全后通过的交叉口，上述国家标准也规定了闪光警告交通信号灯的设置条件。

第三节　交通信号灯控制类别

一、按控制范围分类

1. 单个交叉口的交通控制

每个交叉口的交通控制信号只按照该交叉口的交通情况独立运行，不与其邻近交叉口的控制信号有任何联系的，称为单个交叉口交通控制，也叫单点信号控制，俗称"点控制"。这是交叉口交通信号控制的最基本形式。

2. 干道交叉口信号联动控制

把干道上若干连续交叉口的交通信号通过一定的方式连接起来,同时对各交叉口设计一种相互协调的配时方案,各交叉口的信号灯按此协调方案联合运行,使车辆通过这些交叉口时,不致经常遇上红灯,称为干道信号联动控制,也叫"绿波"信号控制,俗称"线控制"。

这种控制的原始思路是:希望使车辆通过第一个交叉口后,按一定的车速行驶,到达以后各交叉口时就不再遇上红灯。但实际上,由于各车在路上行驶时车速不一,且随时有变化,交叉口又有左、右转弯车辆进出等因素的干扰,所以很难有一路都是绿灯的巧遇,但使沿路车辆少遇几次红灯,减少大量车辆的停车次数与延误则是能够保证做到的。通常,这种控制方式用于单向交通的道路,效果较好;而用于双向交通的道路,需要能兼顾两个方向不同交通流的协调运行,在信号配时上,会有相当大的困难。

根据相邻交叉口间信号灯连接方法的不同,线控制可分为:

(1) 有电缆线控。由主控制机或计算机通过传输线路操纵各信号灯间的协调运行。

(2) 无电缆线控。通过电源频率及控制机内的计时装置来操纵各信号灯按时协调运行。

3. 区域交通信号控制系统

以某个区域中所有信号控制交叉口作为协调控制的对象,称为区域交通信号控制系统,俗称"面控制"。

控制区内各受控交通信号都受交通控制中心的集中控制。对范围较小的区域,可以整区集中控制;对范围较大的区域,可以分区分级控制。分区的结果往往使面控制成为一个由几条线控制组成的分级集中控制系统,这时,可认为各线控制是面控制中的一个单元,有时分区成为一个点、线、面控制的综合性分级控制系统。

二、按控制方法分类

1. 定时控制

交叉口交通信号控制机均按事先设定的配时方案运行,也称定周期控制。一天只用一个配时方案的称为单段式定时控制;一天按不同时段的交通量采用几个配时方案的称为多段式定时控制。

最基本的控制方式是单个交叉口的定时控制。线控制、面控制都可用定时控制的方式,分别叫静态线控系统、静态面控系统。

2. 感应控制

感应控制是在交叉口进口道上设置车辆检测器,信号灯配时方案由计算机或智能化信号控制机计算,可随检测器检测到的车流信息而随时改变的一种控制方式。感应控制的基本方式是单个交叉口的感应控制,简称单点感应控制。单点感应控制随检测器设置方式的不同,可分为:

(1) 半感应控制。只在交叉口部分进口道上设置检测器的感应控制。

(2) 全感应控制。在交叉口全部进口道上都设置检测器的感应控制。

用感应控制方式的线控制、面控制就是交通信号自动控制系统。

3. 自适应控制

自适应控制是把交通系统作为一个不确定系统,能够连续测量其状态,如车流量、停车次数、延误时间、排队长度等,逐渐了解和掌握对象,把它们与希望的动态特性进行比较,并利用差值以改变系统的可调参数或产生一个控制,从而保证不论环境如何变化,均可使控制效果达到最优或次最优的一种控制方式。

【思考题】

1. 交通信号的作用是什么?
2. 如何理解设置交通信号灯的利与弊?
3. 将无信号灯控制改为信号灯控制时主要考虑的因素是什么?
4. 试分析我国与美国设置信号灯控制依据的异同点。
5. 你认为随着现代科技的不断发展,交通信号控制将会呈现怎样的发展趋势?

【计算题】

在一主次相交的平面无管制交叉口,假设主要道路为两车道的双向道路,其车辆到达服从泊松分布,次要道路为一车道的单向道路,其车辆连续跟随通行的车头时距为 2.5s,可以穿越主要道路车流的临界空当时距为 5s。如果要保证主要道路的车流量不小于 900 辆/h,次要道路车流量最大为多少?如果要保证次要道路的最大车流量不小于 620 辆/h,主要道路的车流量不能大于多少?

第十一章
单个交叉口交通信号控制

现代交通信号控制类型五花八门,但单个交叉口的交通信号控制(也称点控制)仍然是运用得最为广泛的控制方式。本章主要讨论单个交叉口的定时信号控制、感应信号控制、环形交叉口信号控制以及公交车辆信号优先控制。

第一节 定时信号控制

定时信号控制是各种控制方式中最基本的一种控制方式。在运用上,由于它设备简单、投资最省、维护方便,现在仍是被广泛采用的一种控制方式;在技术上,这种控制技术的基本原理还是其他控制方式配时的基础。

所谓定时信号控制,就是信号配时方案固定不变的控制。点控制定时信号配时技术的基本原理,就是如何根据单个交叉口的道路条件及交叉口各进口道到达交通的流向与流量来确定定时信号的配时方案。

一、定时信号配时方案的基本内容

点控制定时信号配时的基本内容包括两部分:确定信号相位方案和信号基本控制参数。

1. 信号相位方案

确定信号相位方案,是对信号轮流给某些方向的车辆或行人分配通行权顺序的确定。即相位方案是在一个信号周期内,安排了若干种控制状态(每一种控制状态对某些方向的车辆或行人配给通行权),并合理地安排了这些控制状态的显示次序。信号控制机按设定的相位方案,轮流开放不同的信号显示,轮流对各向车辆和行人给予通行权。在信号控制交叉口,其每一种控制状态(一种通行权),即对各进口道不同方向所显示的不同灯色的组合,称为一个信号相位。所有这些信号相位及其顺序统称为相位(相位方案),一般有两相位和多相位(三相位以上)。相位方案常用相位图来表示,如图11-1所示。该图所示的是最基本的相位方案,通常称此相位方案为基本相位方案。

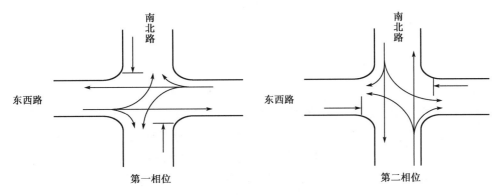

图 11-1 两相位信号的相位图

信号配时方案一般用信号配时图表达。图 11-2 所示是一种最基本的两相位信号配时图。

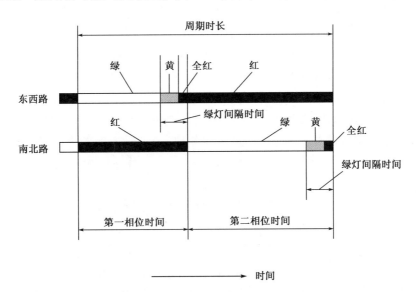

图 11-2 两相位信号配时图

图中第一相位对不同方向显示的灯色组合是:东西向道路显示绿灯,南北向道路显示红灯。控制状态是给东西向车辆以通行权,南北向车辆不准通行。第二相位改东西向道路显示红灯,南北向道路显示绿灯,即给南北向车辆以通行权。

对十字交叉口而言,两相位控制一般意味着一个方向上的直行左转在同一个相位放行,这种直、左混行的相位,又常称为允许冲突相位。当左转交通流量较大,直行与对向左转的冲突对交叉口运行的影响非常严重时,常需要设置左转专用相位,该相位也常称为保护转弯相位。当然,这个原理对右转车流同样适用。例如,在图11-3中,由于东西两侧进口道左转车都相当多,而交叉口进口道上又设有专用左转车道时,可考虑用三相位信号配时方案。

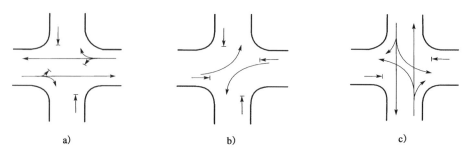

图 11-3　具有专用左转相位的三相位方案
a)第一相位;b)第二相位;c)第三相位

三相位配时方案中,专用左转相位需要用绿色左转箭头灯。三相位配时方案各进口道不同方向的信号灯色组合为:对东向南和西向北左转车显示绿色左转箭头灯,对东、西直行车流及南、北直左车流均显示红灯;另外两个相位就是基本的两相位信号组合。这三个相位按图11-3所示顺序排列,就形成一个三相位的配时控制方案。在这个相位方案中,东向南和西向北左转相位就是保护转弯相位,而北向东和南向西左转相位则是允许冲突相位。

若只是西侧进口道左转车较多,则可选用另一种单侧左转相位。这种相位的信号组合是对西侧进口道显示绿灯,其他方向均显示红灯。控制状态是西侧左转、直行、右转车辆有通行权,其他各向车辆均不准通行;再加上两个基本的两相位信号,就形成另一种三相位配时方案。若这个单侧左转相位放在东西通车相位之前,称为前导左转相或早启左转相;若是在东西相位之后,则称为后延左转相或迟断左转相。也可以理解为这种相位不是一个单独的相位,而把它看成是东西相位的早启或迟断的一个附加信号时段。

现代信号控制机配合箭头灯具,仅对机动车就可至少安排八个相位,如图11-4所示。如要加上右转专用和为行人或自行车配的专用相位,那配时方案的形式就更多了。根据交叉口交通流向流量的特征,视设计需要,选择适用的相位,并作不同次序的安排,就可形成多种多样的信号相位方案。

合理选用与组合相位,是决定点控制定时信号交叉口交通效益的主要因素之一。

在实践中,美国电气制造商协会(National Electrical Manufacturers Association,NEMA)定义了信号相位表达相关的术语,并给出了基于环-分界(Ring-Barrier)的相位相序表达结构,其标准的八相位(不考虑右转)双环结构的相位相序如图11-5所示。

这一相位结构中,八个相位被分配为两个环,每个环内的相位顺序执行,且前后相位相互冲突。分界通常用以分开东西向和南北向交通流,以确保安全。两个环的相位必须在分界处同时结束。这种相位结构中,在满足环和分界的约束下,每个相位的长度都可以不尽相同。如在图11-5中,相位1(东进口左转)和相位5(西进口左转)的长度可以不同,相位2(西进口直行)和相位6(东进口直行)必须同时结束。

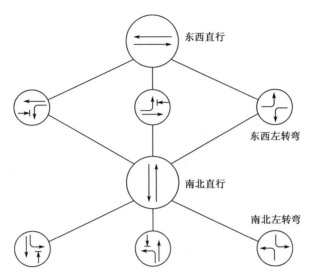

图 11-4　交通信号控制的八个相位

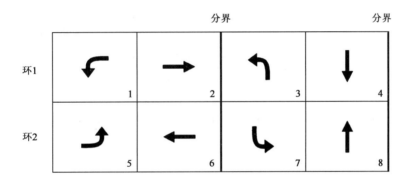

图 11-5　环-分界双环结构

2.信号基本控制参数

点控制定时信号基本控制参数有以下两个。

1）周期时长

周期时长是对应于某一进口道的信号灯各种灯色轮流显示一次所需的时间,即各种灯色显示时间之总和;或是某主要相位的绿灯启亮开始到下次该绿灯再次启亮之间的一段时间,如图 11-2 所示。用 C 表示,单位为秒(s)。

周期时长是决定点控制定时信号交通效益的关键控制参数,所以是信号配时设计的主要对象。

2）绿信比

绿信比是一个信号相位的有效绿灯时长与周期时长之比,一般用 λ 表示。

$$\lambda = \frac{g_e}{C} \tag{11-1}$$

式中:λ——绿信比;

　　C——周期时长,s;

g_e——有效绿灯时长,s。

式(11-1)中出现了有效绿灯时长的概念,与之相关的还有损失时间的概念。由于信号在相位变换时不可避免地会造成时间的损失(如绿灯刚启亮时驾驶人的反应延迟,绿灯将要结束时驾驶人放缓车速停车等候),也即在这个时间内任何车辆都不能通行,因此,称这个时间为损失时间。显然,在实际显示的绿灯时间内必然有一段损失时间,而实际用于车辆通行的那段时间才是有效绿灯时间。

二、评价信号控制交叉口的交通效益指标

交通效益的评价指标一般有以下几个:通行能力或饱和度(实际到达交通量与通行能力之比)、行程时间、延误、停车次数、停车率、排队长度及油耗等。

在一定的道路条件下,信号控制交叉口的通行能力受信号周期时长的影响。在正常的周期时长范围内,周期时长越长,通行能力越大,但车辆延误及油耗等也随之增长。信号交叉口当延长周期时长所提高的通行能力远大于交通需求时,即饱和度相当小时,对通车状况并无多大好处,却会无谓地增加车辆延误与油耗。所以,在这种情况下,通行能力过大,对于信号控制交叉口的交通效益而言,没有多大意义。

信号控制交叉口的信号配时,在一定的道路条件下,应配以适当的周期时长,让通行能力稍高于交通需求,而使延误、停车、油耗等指标达到最小,这样,既能保证车辆的畅通,又能降低运行费用。因此,现在一般都以延误、停车次数、排队长度、油耗等作为信号控制交叉口的交通效益评价指标。在线控制、面控制系统中,除以上指标外,行程时间也是信号控制交叉口交通效益评价指标之一。

美国也已在 1985 年的《道路通行能力手册》(HCM)第 3 版中,把过去作为评价信号控制交叉口服务水平指标的饱和度改成了延误。

三、定时信号配时的基本方法

到目前为止,定时信号的配时方法在国际上主要有英国的 TRRL 法(也称 Webster 法)、澳大利亚的 ARRB 法以及美国的 HCM 法等。在我国有"停车线法"和"冲突点法"等方法。随着研究的不断深入,定时信号的配时方法也在进一步的改进之中。这里,在综合研究英国、澳大利亚和美国等国家以及我国现有配时方法的基础上,结合我国城市交通的特点,讨论定时信号配时的基本方法。

1. 定时信号配时设计流程

单个交叉口定时交通信号配时设计,要按照不同的流量时段来划分信号配时的时段,在同一时段内确定相应的配时方案。改建、治理交叉口,具有各流向设计交通量数据时,信号配时设计的流程如图 11-6 所示。

2. 确定信号相位的基本方案

1)信号相位的确定原则

在设定交通信号相位时,应遵循以下原则:

(1)信号相位必须同交叉口进口道车道渠化(即车道功能划分)方案同时设定。有专用转弯相位时必须相应地设置专用车道。

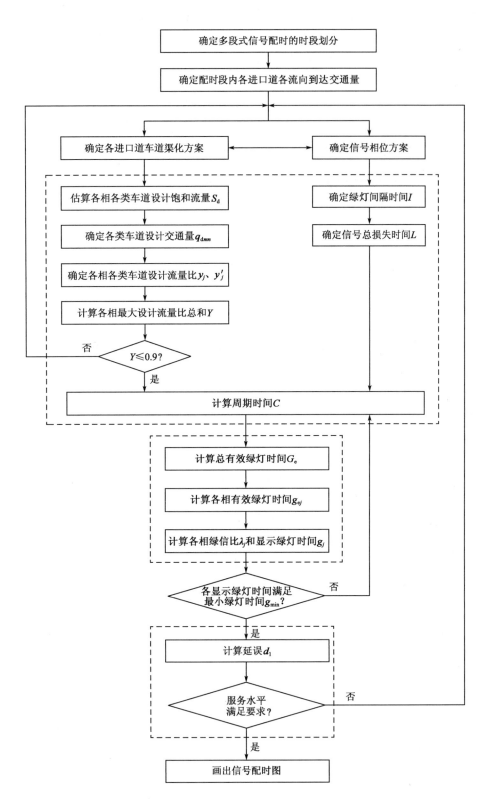

图 11-6 改建、治理交叉口时信号配时设计流程

(2）信号相位对应于左右转弯交通量及其专用车道的布置,常用基本方案如图 11-7 所示。

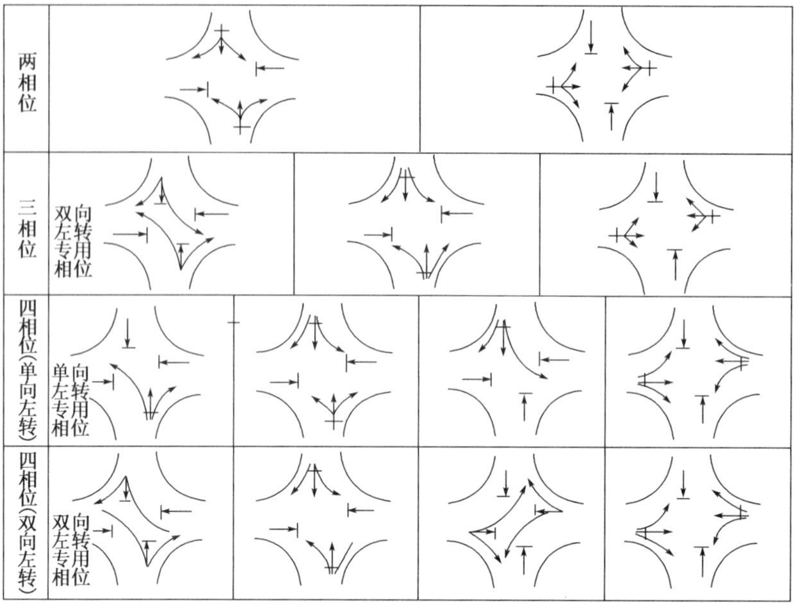

图 11-7　信号相位常用基本方案

(3）有左转专用车道时,根据左转流向设计交通量计算的左转车每周期平均到达 3 辆时,宜用左转专用相位。

(4）同一相位各相关进口道左转车每周期平均到达量相近时,宜用双向左转专用相位,否则宜设置单向左转专用相位。

2）新建交叉口信号相位方案的确定

对于新建交叉口,在缺乏交通量数据的情况下,对于十字形交叉口,建议先按表 11-1 所列进口车道数与渠化方案选取初步试用方案;对于 T 形交叉口,建议先用三相位信号;然后根据通车后实际交通各流向的流量调整渠化及信号相位方案。

新建十字形交叉口建议试用方案　　表 11-1

进口车道数（条）	渠化方案	信号相位方案
5		4
4	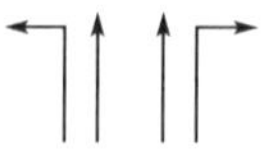	4
3		4
2	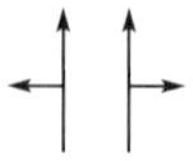	2

3. 确定设计交通量

确定设计交通量时,应按交叉口每天交通量的时变规律,分为早高峰时段、下午高峰时段、晚高峰时段、早晚低峰时段、中午低峰时段及一般平峰时段等各时段,然后确定相应的设计交通量。

已选定时段的设计交通量,须按该时段内交叉口各进口道不同流向分别确定,其计算公式如下:

$$q_{dmn} = 4 \times Q_{15mn} \tag{11-2}$$

式中:q_{dmn}——配时时段中,进口道 m、流向 n 的设计交通量,pcu/h;

Q_{15mn}——配时时段中,进口道 m、流向 n 的高峰小时中最高 15min 的流率,pcu/15min。

无最高 15min 流率的实测数据时,可按式(11-3)估算:

$$q_{dmn} = \frac{Q_{mn}}{(PHF)_{mn}} \tag{11-3}$$

式中:Q_{mn}——配时时段中,进口道 m、流向 n 的高峰小时交通量,pcu/h;

$(PHF)_{mn}$——配时时段中,进口道 m、流向 n 的高峰小时系数,主要进口道可取 0.75,次要进口道可取 0.8。

4. 饱和流量计算

饱和流量的定义是:在一次连续的绿灯信号时间内,进口道上一列连续车队能通过进口道停止线的最大流量,单位是 pcu/绿灯小时。

饱和流量随交叉口几何因素、渠化方式及各流向交通冲突等情况而异,比较复杂。因此,应尽量采用实测数据,实在无法取得实测数据时,如新建交叉口设计时,才考虑用以下估算方法。

交叉口进口道经划分车道并加渠化以后,进口道饱和流量随进口道车道数及渠化方案而异,所以必须分别计算各条进口车道的饱和流量,然后再把各条车道的饱和流量累计成进口道的饱和流量。

饱和流量用实测平均基本饱和流量乘以各影响因素校正系数的方法估算,即进口车道的设计饱和流量:

$$S_d = S_{bi} \times f(F_i) \tag{11-4}$$

式中:S_d——进口车道的设计饱和流量,pcu/h;

S_{bi}——第 i 条进口车道基本饱和流量,pcu/h,i 取 T、L 或 R,分别表示相应的直行、左转或右转,下同;

$f(F_i)$——各类进口车道各类校正系数。

1)基本饱和流量

各类进口车道各有其专用相位时的基本饱和流量 S_{bi},可采用表 11-2 数值。

各类进口车道的基本饱和流量(pcu/h) 表 11-2

车道	S_{bi}	车道	S_{bi}
直行车道	1 550~1 750,平均 1 650	右转车道	1 350~1 550,平均 1 450
左转车道	1 450~1 650,平均 1 550		

注:进口车道宽度为 3.0~3.5m。

2) 各类车道通用校正系数

(1) 车道宽度校正：

$$f_W = \begin{cases} 1 & (3.0 \leqslant W \leqslant 3.5) \\ 0.4(W - 0.5) & (2.7 \leqslant W < 3.0) \\ 0.05(W + 16.5) & (W > 3.5) \end{cases} \quad (11\text{-}5)$$

式中：W——车道宽度，m。

(2) 坡度及大车校正：

$$f_g = 1 - (G + HV) \quad (11\text{-}6)$$

式中：G——道路纵坡，下坡时取 0；

HV——大车率，这里 HV 不大于 0.50。

3) 直行车道饱和流量

$$S_T = S_{bT} \times f_W \times f_g \times f_b \quad (11\text{-}7)$$

式中：S_T——直行车道饱和流量，pcu/h；

S_{bT}——直行车道基本饱和流量，pcu/h，见表 11-2。

直行车流受同相位绿灯初期左转自行车的影响时，直行车道设计饱和流量除须作通用校正外，尚须作自行车影响校正，自行车影响校正系数按式(11-8)计算：

$$f_b = \begin{cases} 1 - \dfrac{1 + \sqrt{b_L}}{g_e} & （无左转专用相位）\\ 1 & （有左转专用相位）\end{cases} \quad (11\text{-}8)$$

式中：f_b——自行车影响校正系数；

b_L——绿灯初期左转自行车数，辆/周期。

b_L 应用实测数据，无实测数据时，可用式(11-9)估算：

$$b_L = \frac{\beta_b B(C - g_e)}{C} \quad (11\text{-}9)$$

式中：B——自行车流量，辆/周期；

β_b——自行车左转率；

C——一个周期时长，s，先用初始周期时长计算；

g_e——有效绿灯时长，s，无信号配时数据时，按式(11-10)粗略确定。

$$g_e = \frac{G_e}{j} \quad (11\text{-}10)$$

式中：j——周期内的相位数。

4) 左转专用车道饱和流量

(1) 有专用相位时：

$$S_L = S_{bL} \times f_W \times f_g \quad (11\text{-}11)$$

式中：S_L——有专用相位时左转专用车道饱和流量，pcu/h；

S_{bL}——左转专用车道有专用相位时的基本饱和流量，pcu/h，见表 11-2。

(2)无专用相位时:

$$S'_L = S_{bL} \times f_W \times f_g \times f_L \quad (11\text{-}12)$$

式中:S'_L——无专用相位时左转专用车道饱和流量,pcu/h;

f_L——左转校正系数,按式(11-13)计算。

$$f_L = \exp\left(-0.001\xi \frac{q_{T0}}{\lambda}\right) - 0.1 \quad (11\text{-}13)$$

式中:ξ——对向直行车道数的影响系数,见表11-3;

q_{T0}——对向直行车流量,pcu/h;

λ——绿信比,缺信号配时数据时,按式(11-14)粗略估算。

对向直行车道数的影响系数 ξ 表11-3

对向直行车道数	1	2	3	4
ξ	1.0	0.625	0.51	0.44

$$\lambda = \frac{G_e}{jC} \quad (11\text{-}14)$$

5) 右转专用车道饱和流量

(1)有专用相位时:

$$S_R = S_{bR} \times f_W \times f_g \times f_r \quad (11\text{-}15)$$

式中:S_R——有专用相位时右转专用车道饱和流量,pcu/h;

S_{bR}——右转专用车道基本饱和流量,pcu/h,见表11-2;

f_r——转弯半径校正系数,可按表11-4选取。

左、右转弯车道饱和流量的转弯半径校正系数 表11-4

转弯半径(m)	10	15	20	25	30	35	40
f_r	0.90	0.95	0.97	1.00	1.00	1.05	1.10

(2)无专用相位时:

$$S'_R = S_{bR} \times f_W \times f_g \times f_r \times f_{pb} \quad (11\text{-}16)$$

式中:S'_R——无专用相位时右转专用车道饱和流量,pcu/h;

f_{pb}——行人或自行车影响校正系数,按式(11-17)计算。

$$f_{pb} = \min(f_p, f'_b) \quad (11\text{-}17)$$

行人影响校正系数 f_p:

$$f_p = \frac{(1-p_f)g_p + (g_{eR} - g_p)}{C} \quad (11\text{-}18)$$

式中:p_f——右转绿灯时间中,因过街行人干扰,右转车降低率;

g_p——过街行人消耗绿灯时间,s;

g_{eR}——右转相位有效绿灯时间,s;

C——信号周期时长,s。

按式(11-18)估算有困难时,建议按表11-5取 f_p。

行人影响校正系数 f_p　　　　　　表 11-5

周期 (s)	行人少(<20 人/周期) $p_f=0.15$ g_{eR}/C			行人多(>20 人/周期) $p_f=0.7$ g_{eR}/C		
	0.4	0.5	0.6	0.4	0.5	0.6
60	0.88	0.88	0.87	0.45	0.42	0.40
90	0.87	0.87	0.86	0.40	0.38	0.36
120	0.87	0.86	0.86	0.37	0.36	0.35

自行车影响校正系数 f'_b：

$$f'_b = 1 - \frac{t_T}{g_j} \tag{11-19}$$

式中：g_j——该相位显示绿灯时长，s；

t_T——直行自行车绿灯初期驶出停止线所占用的时间，s，可用式(11-20)计算。

$$t_T = \left(\frac{b_{TS}}{S_{TS}} + \frac{b_{TD}}{S_{TD}}\right)\frac{3600}{W_b} \tag{11-20}$$

式中：b_{TS}——红灯期到达停在停止线前排队的直行自行车的交通量，辆/周期；

b_{TD}——绿灯期到达接在排队自行车队后直接连续驶出停止线的直行自行车的交通量，辆/周期；

S_{TS}——红灯期到达排队自行车绿灯初期驶出停止线的饱和流量，建议取 3 600 辆/(m·h)；

S_{TD}——绿灯期到达直接驶出停止线自行车的饱和流量，建议取 1 600 辆/(m·h)；

W_b——自行车道宽度，m。

交通量应用实测数据，无实测数据时只得用简化方法估算 t_T，如式(11-21)所示：

$$t_T = \frac{3600(1-\lambda)b_T}{S_{TS}W_b} \tag{11-21}$$

式中：b_T——直行自行车每周期平均交通量，辆/周期。

6) 直左合用车道饱和流量

$$S_{TL} = S_T \times f_{TL} \tag{11-22}$$

f_{TL} 为直左合流校正系数，用下列公式表示：

$$f_{TL} = \frac{q_T + q_L}{q'_T} \tag{11-23}$$

$$q'_T = K_L q_L + q_T \tag{11-24}$$

$$K_L = \frac{S_T}{S'_L} \tag{11-25}$$

式中：S_{TL}——直左合用车道饱和流量，pcu/h；

q_T——合用车道中直行车交通量，pcu/h；

q_L——合用车道中左转车交通量，pcu/h；

q'_T——合用车道的直行车当量，pcu/h；

K_L——合用车道中的左转系数；

其余符号意义同前。

7）直右合用车道饱和流量

$$S_{TR} = S_T \times f_{TR} \tag{11-26}$$

f_{TR}为直右合流校正系数，可用下列公式表示：

$$f_{TR} = \frac{q_R + q_T}{q'_T} \tag{11-27}$$

$$q'_T = K_R q_R + q_T \tag{11-28}$$

$$K_R = \frac{S_T}{S'_R} \tag{11-29}$$

式中：S_{TR}——直右合用车道饱和流量，pcu/h；

q_T——合用车道中直行车交通量，pcu/h；

q_R——合用车道中右转车交通量，pcu/h；

q'_T——合用车道直行车当量，pcu/h；

K_R——合用车道中的右转系数；

其余符号意义同前。

8）直左右合用车道饱和流量

(1) 普通相位兼有行人影响：取6)和7)计算结果的较小值。

(2) 有单向左转相位或单向交通：参照3)计算。

9）左右合用车道饱和流量（三岔交叉口）

$$S_{LR} = S_L \times f_{LR} \tag{11-30}$$

f_{LR}为左右合流校正系数，可用下列公式表示：

$$f_{LR} = \frac{q_L + q_R}{q'_L} \tag{11-31}$$

$$q'_L = K'_R q_R + q_L \tag{11-32}$$

$$K'_R = \frac{S_L}{S'_R} \tag{11-33}$$

式中：S_{LR}——左右合用车道饱和流量，pcu/h；

q_L——合用车道中左转车交通量，pcu/h；

q_R——合用车道中右转车交通量，pcu/h；

q'_L——合用车道的左转车当量，pcu/h；

K'_R——合用车道中的右转系数；

其余符号意义同前。

10）短车道饱和流量校正

当进口车道实际可供排队长度L_q小于要求排队长度L_r时，进口车道属短车道，须作短车道饱和流量校正。

$$L_r = \frac{S_f g_e L_{pcu}}{3600} \tag{11-34}$$

式中：S_f——经各类校正后的饱和流量，pcu/h；

g_e——有效绿灯时长，s；

L_{pcu}——排队中一辆小汽车的平均占位长度，m，一般取6m。

(1) 左转专用与右转专用车道短车道校正系数。
专用车道本身的校正系数:
$$f_x = u_L + \eta(1 - u_L) \tag{11-35}$$
专用车道相邻车道的校正系数:
$$f_S = u_L + (1 - \eta)(1 - u_L) \tag{11-36}$$
$$u_L = \frac{L_q}{L_r} \tag{11-37}$$

式中:η——使用专用车道的车辆比率;
其余符号意义同前。
(2) 合用车道短车道校正系数。
直左合用车道短车道校正系数:
$$f_{TLs} = f_x \times f_{TL} \tag{11-38}$$
直右合用车道短车道校正系数:
$$f_{TRs} = f_x \times f_{TR} \tag{11-39}$$

5. 配时参数计算
(1) 信号周期时长,按式(11-40)计算:
$$C = \frac{L}{1 - Y} \tag{11-40}$$

式中有关符号说明见式(11-41)和式(11-47)。周期时长宜取 40~180s,高峰期间宜不大于 120s。

(2) 信号总损失时间,按式(11-41)计算:
$$L = \sum_k (L_s + I - A)_k \tag{11-41}$$

式中:L_s——起动损失时间,s,应实测,无实测数据时可取 3s;
A——黄灯时长,s,常取为 3s,或根据实际情况按式(11-45)计算;
I——绿灯间隔时间,s;
k——一个周期内的绿灯间隔数。

(3) 绿灯间隔时间,按式(11-42)计算:
$$I = A + AR \tag{11-42}$$

式中:I——绿灯间隔时间,s;
A——黄灯时间,s;
AR——全红时间,s。

①黄灯时间计算。黄灯显示的含义是,信号将由绿变红,车辆驾驶人应当停止行驶。但是对黄灯启亮时距停止线很近因而无法正常停止的车辆允许通行。因此,黄灯时间的长度应保证这些无法正常停止的车辆能够顺利地驶过停止线。

假设黄灯启亮时,车辆距停止线的距离为 L_s。如果车辆能够在黄灯期间顺利地在停止线前停车待行,那么 L_s 应大于由式(11-43)确定的 L_{y1}:
$$L_{y1} = v_0 \cdot t_r + \frac{v_0^2}{2a} \tag{11-43}$$

式中:t_r——反应时间,s,通常取 1s;

v_0——绿灯期间车辆的行驶速度，m/s；

a——制动减速度，m/s²。

车辆要想在变成红灯前驶过停止线，那么，此时 L_s 应小于式(11-44)中的 L_{y2}：

$$L_{y2} = v_0 \cdot A \tag{11-44}$$

式中符号意义同前。

用上述两个公式在同一坐标系中分别绘制曲线，可以发现两条曲线相交并形成两个区域，如图 11-8 所示。$L_{y1} < L_{y2}$ 部分称为选择通过区，而 $L_{y1} > L_{y2}$ 部分称为困境区域（进退两难区）。

选择通过状态是指驾驶人既可以以正常的减速度安全停车，又可以保持原来的速度通过停止线的状态；困境状态是指驾驶人既不能以正常的减速度停止，也不能保持原有速度通过停止线的状态。实际上这两种状态都容易使驾驶人在黄灯初期产生究竟是选择停车还是不停车的困惑。因此，确定最佳黄灯时间应以不产生究竟是选择通行状态还是进退两难状态的困惑为依据，即取图 11-8 中 L_{y1} 和 L_{y2} 相等时的时间值。则可得到最佳黄灯时间为：

$$A_{\text{optimal}} = t_r + \frac{v_0}{2a} \tag{11-45}$$

式中符号意义同前。

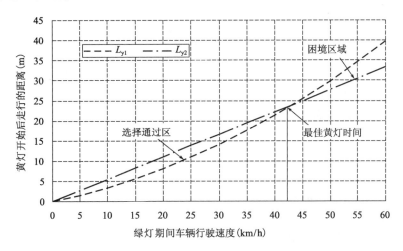

图 11-8 交叉口困境区域与最佳黄灯时间分析图

② 全红时间计算。全红时间计算指本相位黄灯末至下一相位绿灯初期的时间间隔。该时间间隔要确保在下一相位车辆到达冲突点之前，上一相位车辆能够通过冲突点，其计算公式如下：

$$\text{AR} = \frac{\Delta L_{\max} + L_c}{v_0} \tag{11-46}$$

式中：L_c——车身长度，m；

$\Delta L_{\max}$——本相位各车道最后通过停止线的车辆到达冲突点所需行驶的距离与下一相位各车道首车到达冲突点所需的行驶距离之差中的最大值，m；

其余符号意义同前。

在实际应用中，当 $I < 3s$ 时，通常将黄灯时间取为等于绿灯间隔时间，并取为 3s。当 $I > 3s$ 时，通常宜将黄灯取为 3s，其余为全红时间。

(4)流量比总和,按式(11-47)计算:

$$Y = \sum_{j=1}^{j} \max(y_j, y_j', \cdots) = \sum_{j=1}^{j} \max\left[\left(\frac{q_d}{S_d}\right)_j, \left(\frac{q_d}{S_d}\right)_j', \cdots\right]; Y \leq 0.9 \quad (11\text{-}47)$$

式中:Y——组成周期的全部信号相位的各个最大流量比 y_j 或 y_j' 值之和;

j——一个周期内的相位数;

y_j、y_j'——第 j 相的流量比;

q_d——设计交通量,pcu/h;

S_d——设计饱和流量,pcu/h。

计算 Y 值大于 0.9 时,须改进进口道设计或/和信号相位方案,重新设计。

(5)总有效绿灯时间(每周期的总有效绿灯时间),按式(11-48)计算:

$$G_e = C - L \quad (11\text{-}48)$$

(6)各相位有效绿灯时间,按式(11-49)计算:

$$g_{ej} = G_e \frac{\max(y_j, y_j', \cdots)}{Y} \quad (11\text{-}49)$$

(7)各相位的绿信比,按式(11-50)计算:

$$\lambda_j = \frac{g_{ej}}{C_0} \quad (11\text{-}50)$$

(8)各相位显示绿灯时间,按式(11-51)计算:

$$g_j = g_{ej} - A_j + l_j \quad (11\text{-}51)$$

式中:l_j——第 j 相位起动损失时间;

其余符号意义同前。

(9)最短绿灯时间,按式(11-52)计算:

$$g_{\min} = 7 + \frac{L_p}{v_p} - I \quad (11\text{-}52)$$

式中:L_p——行人过街道长度,m;

v_p——行人过街步速,m/s,可取 1.0m/s;

I——绿灯间隔时间,s。

计算的显示绿灯时间小于相应的最短绿灯时间时,应延长计算周期时长(以满足最短绿灯时间为度),重新计算。

6. 信号交叉口通行能力与饱和度

1)通行能力一般表达式

道路交通通行能力表征道路交通设施能够处理交通的能力。其通用定义是:道路交通设施中,在要考察的地点或断面上,单位时间内能够通过的最多交通单元。它是交通规划、交通工程设计与交通管理等交通工程有关各领域中必不可少的一个重要指标。

信号交叉口通行能力分别按交叉口各进口道估算,一般以小车当量单位计;信号交叉口一条进口道的通行能力是此进口道上各条进口车道通行能力之和;一条进口车道的通行能力是该车道饱和流量及其所属信号相位绿信比的乘积。一条进口道通行能力为:

$$\text{CAP} = \sum_i \text{CAP}_i = \sum_i S_i \lambda_i = \sum_i S_i \left(\frac{g_e}{C}\right)_i \quad (11\text{-}53)$$

式中：CAP_i——第 i 条进口车道的通行能力，pcu/h；
　　　S_i——第 i 条进口车道的饱和流量，pcu/h；
　　　λ_i——第 i 条进口车道所属信号相位的绿信比；
　　　g_e——该信号相位的有效绿灯时间，s；
　　　C——信号周期时长，s。

2）直行车道通行能力

$$CAP_T = \lambda S_T \tag{11-54}$$

3）左转专用车道通行能力

（1）有左转专用相位时：

$$CAP_L = \lambda S_L \tag{11-55}$$

（2）无左转专用相位时：

$$CAP_L = \lambda S'_L \tag{11-56}$$

4）右转专用车道通行能力

（1）有右转专用相位时：

$$CAP_R = S_R \times \frac{g_{eR}}{C} \tag{11-57}$$

（2）无右转专用相位时：

$$CAP_R = S'_R \times \frac{g_{eR}}{C} \tag{11-58}$$

5）直左合用车道通行能力

$$CAP_{TL} = \lambda S_{TL} \tag{11-59}$$

当左转车每周期平均达 2 辆时，宜增设左转专用车道；增设左转专用车道有困难时，宜采用单向左转相位。此时，直左合用车道通行能力可按直行车道通行能力计算。

6）直右合用车道通行能力

$$CAP_{TR} = \lambda S_{TR} \tag{11-60}$$

7）直左右合用车道通行能力

（1）普通相位兼有行人影响时：

$$CAP_{TLR} = \min(CAP_{TL}, CAP_{TR}) \tag{11-61}$$

这种情况只适用于左转车交通量每周期平均不超过 1 辆时。

左转车交通量每周期平均达 2 辆时，宜增设左转专用车道。

（2）有单向左转相位或单向交通时，可按直行车道通行能力计算。

8）左右合用车道通行能力（三岔交叉口）

$$CAP_{LR} = \lambda S_{LR} \tag{11-62}$$

9）饱和度

各车道饱和度是各车道实际到达交通量与该车道通行能力之比，即：

$$x_i = \frac{q_i}{CAP_i} \tag{11-63}$$

7. 服务水平评估

信号交叉口设计与交通信号配时的服务水平，根据计算的平均信号控制延误确定。用作交叉口服务水平评价的延误是 15min 分析期间的平均每车信号控制延误(简称信控延误)。

信号交叉口延误是反映车辆在信号交叉口上受阻、行驶时间损失的评价指标。

延误的影响因素众多,涉及交叉口几何设计与信号配时的各个方面,是一个能够综合反映交叉口的几何设计与信号配时优劣的评价指标。

1) 延误估算方法

延误是一个影响因素十分复杂的指标。理论计算所得结果难于精确符合实际情况。所以应采用现场观测的延误数值作为评价依据,特别是对原有交叉口评价分析或作改善效果的前后对比分析,有条件进行现场观测时,须用现场观测数据。对设计交叉口的不同设计方案作比较分析,无法现场观测时,才用估算方法。

延误须对交叉口各进口道分别估算各车道的每车平均信控延误;进口道每车平均延误是进口道中各车道延误之加权平均值;整个交叉口的每车平均延误是各进口道延误的加权平均值。

(1) 各车道延误可用式(11-64)估算:

$$d = d_1 + d_2 + d_3 \tag{11-64}$$

式中:d——各车道每车平均信控延误,s/pcu;

d_1——均匀延误,即车辆均匀到达所产生的延误,s/pcu;

d_2——随机附加延误,即车辆随机到达并引起超饱和周期所产生的附加延误,s/pcu;

d_3——初始排队附加延误,即在延误分析期初停有上一时段留下积余车辆的初始排队使后续车辆经受的附加延误,s/pcu。

① 新建交叉口。对于新建交叉口,因要满足设计服务水平的要求,不应出现在分析期初留有初始排队的情况,即不应出现有初始排队附加延误,则新建交叉口时各车道延误用下列公式估算:

$$d = d_1 + d_2 \tag{11-65}$$

$$d_1 = 0.5C \frac{(1-\lambda)^2}{1-\min(1,x)\lambda} \tag{11-66}$$

$$d_2 = 900T \left[(x-1) + \sqrt{(x-1)^2 + \frac{8ex}{CAP \cdot T}} \right] \tag{11-67}$$

式中:C——周期时长,s;

λ——所计算车道的绿信比;

x——所计算车道的饱和度;

CAP——所计算车道的通行能力,pcu/h;

T——分析时段的持续时长,h,通常取 0.25h;

e——单个交叉口信号控制类型校正系数,定时信号取 $e=0.5$;感应信号 e 随饱和度与绿灯延长时间而变,当绿灯延长时间为 2~5s 时,建议的平均 e 值列于表 11-6。

建议 e 值　　　　　　表 11-6

x	e	平均值	x	e	平均值
≤0.5	0.04~0.23	0.13	0.8	0.32~0.39	0.35
0.6	0.13~0.28	0.20	0.9	0.41~0.45	0.43
0.7	0.22~0.34	0.28	>1.0	0.5	0.5

②改建交叉口。对改建交叉口作延误评估时,应考虑初始排队的延误,即按式(11-64)计算。

对于 d_1,可按式(11-68)计算:

$$d_1 = d_s \frac{t_u}{T} + f_a d_u \frac{T - t_u}{T} \tag{11-68}$$

式中:d_s——饱和延误,s/pcu,可用式(11-69)表示;
d_u——不饱和延误,s/pcu,可用式(11-70)表示;
t_u——在 T 中积余车辆的持续时间,h,可用式(11-71)表示;
f_a——绿灯期车流到达率校正系数,按式(11-72)计算。

$$d_s = 0.5C(1 - \lambda) \tag{11-69}$$

$$d_u = 0.5C \frac{(1 - \lambda)^2}{1 - \min(1,x)\lambda} \tag{11-70}$$

$$t_u = \min\left[T, \frac{Q_b}{\mathrm{CAP}[1 - \min(1,x)]}\right] \tag{11-71}$$

式中:Q_b——分析期初始积余车辆,pcu,须实测。

$$f_a = \frac{1 - P}{1 - \lambda} \tag{11-72}$$

式中:P——绿灯期到达车辆占整周期到达量之比,可实地观测。

对于 d_2,可用式(11-67)计算,即:

$$d_2 = 900T\left[(x - 1) + \sqrt{(x - 1)^2 + \frac{8ex}{\mathrm{CAP} \cdot T}}\right] \tag{11-73}$$

对于 d_3,其随前式算得的在 T 中积余车辆的持续时间 t_u 而定,按式(11-74)计算:

$$d_3 = \begin{cases} 3\,600 \dfrac{Q_b}{\mathrm{CAP}} - 1\,800T[1 - \min(1,x)] & (t_u = T) \\ 1\,800 \dfrac{Q_b t_u}{T \cdot \mathrm{CAP}} & (t_u < T) \end{cases} \tag{11-74}$$

(2)各进口道的平均信控延误,按该进口道中各车道延误的加权平均数估算:

$$d_A = \frac{\sum_i d_i q_i}{\sum_i q_i} \tag{11-75}$$

式中:d_A——进口道 A 的平均信控延误,s/pcu;
d_i——进口道 A 中第 i 车道的平均信控延误,s/pcu;
q_i——进口道 A 中第 i 车道的小时交通量换算为其中高峰 15min 的交通流率,pcu/15min。

(3)整个交叉口的平均信控延误,按该交叉口中各进口道延误的加权数估算:

$$d_1 = \frac{\sum_A d_A q_A}{\sum q_A} \quad (11\text{-}76)$$

式中：d_1——交叉口每车的平均信控延误，s/pcu；

q_A——进口道 A 的高峰 15min 交通流率，pcu/15min。

2) 服务水平

每车平均信控延误数值与信号交叉口服务水平的对应关系列于表 11-7。

延误-服务水平　　　　　　　　　　　　　表 11-7

服务水平	每车信控延误(s)	服务水平	每车信控延误(s)
A	≤10	D	36~55
B	11~20	E	56~80
C	21~35	F	>80

按照表 11-7，新建、改建交叉口设计服务水平宜取 B 级，治理交叉口宜取 C 级。服务水平不合格时，须改变各进口道设计或/和信号相位方案，重新设计。

四、交叉口信号配时设计算例

已知一新建交叉口为主干道与主干道相交的十字形交叉口，道路条件满足规划要求，自行车道宽 5.0m，有关交叉口的基本交通条件为：

(1) 根据预测通车时交叉口各流向高峰时段高峰小时 Q_{mn}（直行车大车率：东西进口道 4%，南北进口道 2%；左、右转大车率为 0）、最高 15min 流率换算的小时交通量 q_{dmn}（PHF 取 0.75）见表 11-8。

交叉口各流向流量　　　　　　　　　　　　　表 11-8

进口道		Q_{mn}(pcu/h)	大车率(%)	q_{dmn}(pcu/h)
西进口	直行	385	4	513
	左转	78	0	104
	右转	85	0	113
	小计	548		730
东进口	直行	312	4	416
	左转	76	0	101
	右转	60	0	80
	小计	448		597
北进口	直行	495	2	660
	左转	48	0	64
	右转	85	0	113
	小计	628		837
南进口	直行	568	2	757
	左转	55	0	73
	右转	90	0	120
	小计	713		950

(2)预测高峰时段高峰小时自行车交通量 Q_{bmn}(估计左转率北进口为 25%,其他进口为 10%;右转率均为 15%)、最高 15min 交通量的平均流率见表 11-9。

自行车交通量和最高 15min 交通量的平均流率 表 11-9

进口道	Q_{bmn}(辆/h)	平均流率(辆/min)
西进口	1 260	28
东进口	1 350	30
北进口	900	20
南进口	1 215	27

(3)估计各向行人流量为 600 人/h。

试根据所提供的资料和数据及本章前述的有关方法对该交叉口进行信号配时设计。

交叉口信号配时设计需要进行试算,下面为配时设计过程。

1. 渠化设计与饱和流量校正计算

第一次试算:根据前述方法,先初步确定该交叉口的渠化方案(车道功能划分),如图 11-9 所示。

(1)初设信号周期为 60s,相应的相位方案为基本相位加上东西向左转专用相位即 3 个相位,则按式(11-41)和式(11-48)计算的总损失时间 L 和总有效绿灯时间 G_e 填入表 11-10 顶端的"初设周期""相位数""计算相位损失时间""总损失时间"和"总有效绿灯时间"表达式。

(2)按式(11-5)、式(11-6)计算通用校正系数 f_W、f_g 填入表 11-10 相应栏"通用校正"。计算 f_W 时,因根据题意车道宽度均满足规划要求,故都为 1;计算 f_g 时,要注意在直右和直左合用车道中的大车率不同于题中给出的直行流量中的大车率,应根据等排队长度原理计算在直右和直左合用车道中的大车率,例如,对于北进口道的直右车道中的大车率计算如下:

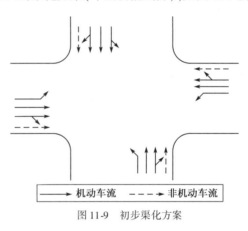

图 11-9 初步渠化方案

已知该进口道的直行设计流量为 660 辆/h,且大车率为 2%,右转为 113 辆/h,左转为 64 辆/h,则根据该进口道的车道功能划分,应用等排队长度原理,该进口道的直右和直左两条车道的车辆排队近似相等,每条车道的设计车流量为(660 + 113 + 64)÷3 = 279(辆/h),于是直右车道中的直行车为 279 - 113 = 166(辆/h),大车为 166×2% = 3.3(辆/h),大车率为 3.3÷279 = 1.2%,直左车道中的直行车为 279 - 64 = 215(辆/h),大车为 215×2% = 4.3(辆/h),大车率为 4.3÷279 = 1.5%。同理计算其余进口道的大车率。

(3)按式(11-7)和式(11-8)计算自行车影响校正系数。因设有左转专用相位的进口道的直行车不受左转自行车的影响,故此项计算仅考虑南北向的进口道即可,计算结果填入表 11-10 相应栏"直行车道自行车校正"。

(4)按式(11-13)和利用表 11-3 计算左转校正系数。因该计算是针对无左转专用相位而言的,故仅计算南北向即可,计算结果填入表 11-10 相应栏"左转校正"。

(5)按表 11-4 和式(11-17)~式(11-21)计算右转校正系数,计算结果填入表 11-10 相应栏"右转校正"。

饱和流量校正系数计算表

初设周期 $C=60s$，相位数 $j=3$，计算相位损失时间 $L_s=3s$，总损失时间 $L=9s$，总有效绿灯时间 $G_e=51s$

表 11-10

进口道	车道功能	车道数渠化方案	对向直行车道数	每周期转弯车数	通用校正 车道校正 f_W	通用校正 坡度大车校正 $\frac{G+}{HV}$	通用校正 坡度大车校正 f_g	直行车道自行车校正 B	直行车道自行车校正 β	直行车道自行车校正 g_e	直行车道自行车校正 b_L	直行车道自行车校正 f_b	左转校正 ξ	左转校正 q_T	左转校正 λ 或 $\frac{G_e}{jC}$	左转校正 f_L	右转校正 转弯校正 r	右转校正 转弯校正 f_r	右转校正 行人或自行车干扰校正 λ	右转校正 行人或自行车干扰校正 t_T	右转校正 行人或自行车干扰校正 f_p'或f_P	q_T	直左校正 q_L	直左校正 S_L'	直左校正 K_L	直左校正 q_T'	直左校正 f_{TL}	直右校正 q_T	直右校正 q_R	直右校正 S_R'	直右校正 K_R	直右校正 q_T'	直右校正 f_{TR}
西	左	1		2	1		1																										
西	直左	1			1	0.04	0.96																										
西	直右	1			1	0.03	0.97	20	0.25	17	3.58	0.83					>25	1	0.28	2.74	0.84							200	113	1261	1.10	324	0.97
西	右	1			1		1																										
东	左	1		2	1		1																										
东	直左	1			1	0.04	0.96																										
东	直右	1			1	0.03	0.97	20	0.25	17	3.58	0.83					>25	1	0.28	2.93	0.83							168	80	1244	1.10	256	0.97
东	右	1			1		1																										
北	直左	1	2		1	0.02	0.98	20	0.25	17	3.58	0.83	0.63	757	0.28	0.09						215	64	134	10.0	2857	0.33						
北	直行	1			1	0.02	0.98	20	0.25	17	3.58	0.83																					
北	直右	1			1	0.01	0.98	20	0.25	17	3.58	0.83					>25	1	0.28	1.56	0.91							166	113	1393	1.08	288	0.97
北	右	1			1		1																										
南	直左	1	3	1	1	0.02	0.98	27	0.10	17	1.94	0.86	0.51	660	0.28	0.20																	
南	直行	1			1	0.02	0.98	27	0.10	17	1.94	0.86																						
南	直右	1			1	0.02	0.98	27	0.10	17	1.94	0.86					>25	1	0.28	2.64	0.84							319	120	1283	1.09	449	0.98
南	右	1			1		1																										

(6)按式(11-23)~式(11-25)计算直左合流校正系数。因仅北进口有直左合用车道,故此项计算只需考虑该进口道,计算结果填入表 11-10 相应栏"直左校正"。

(7)按式(11-27)~式(11-29)计算直右合流校正系数,计算结果填入表 11-10 相应栏"直右校正"。

(8)根据上述计算结果,计算各项设计饱和流量:

按式(11-11)计算左转专用相位设计饱和流量 S_L,例如,计算西进口的 S_L 时,S_{bL} 的值按表 11-2 取 1 550,f_W、f_g 的值分别用表 11-10 相应栏"通用设计"中对应的数据(均为 1),所以结果为 1 550,并填入表 11-11 相应栏"设计饱和流量"中。其余的计算与此类似。

按式(11-10)计算直行设计饱和流量 S_T,计算方法同上述相似,此处不再重复。

按式(11-22)和式(11-26)计算直左设计饱和流量 S_{TL} 和直右设计饱和流量 S_{TR} 时,应注意式中的 S_T 应该是合用车道中的直行设计饱和流量,故计算该 S_T 时要采用相应车道的 f_W 和 f_g。同时,应根据等排队长度原理分别计算直左合用和直右合用车道中的设计直行流量 q_T,参见上述第(2)步,其余计算与上述相似,不再重复。

(9)按式(11-47)计算各车道流量比、各相位最大流量比和最大流量比总和,计算结果分别填入表 11-11 相应栏"流量比"和"流量比总和"。

本次试算的结果表明,总流量比 $Y=0.910\ 1$ 出现大于 0.9 的情况,说明进口车道划分不合理或周期时间太短,通行能力无法满足实际流量的需求,需重新设计。

第二次试算:分析第一次试算的过程,发现使 Y 超出 0.9 的主要问题在于北进口的直左车道的流量比偏大,如果能够使该车道的流量比下降,那么就有可能使 Y 不超过 0.9。所以,重新划分车道功能时,东西向进口道保持不变,将北进口直左合用车道改为左转专用车道,并各增加北进口道和南进口道一条直行车道,具体渠化方案如图 11-10 所示。

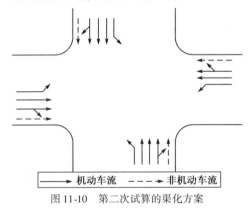

图 11-10 第二次试算的渠化方案

信号相位仍与第一次试算相同为三相位,考虑周期时间长度与延误的关系;仍取初始周期时长为 60s。再按第一次试算时的 9 个步骤计算,将有关计算结果填入表 11-12。类似前面的计算,得到表 11-13 数据。由表 11-13 可知,这时的总流量比 $Y=0.536\ 2<0.9$,所以,可以进行下一步的配时计算。

请思考:为何不采用四相位进行配时计算?

2. 信号配时计算

按式(11-40)和式(11-41)计算得到总损失时间 $L=9$s,从而 $C=19.4$s。然后按式(11-48)~式(11-51)计算出各相位的实际显示绿灯时间,填入表 11-13 的相应栏。

交通信号配时设计计算表

初始周期时长为 60s

表 11-11

进口道	车道	设计交通量 Q_{mn}	PHF	q_{dmn}	每周期转弯车辆数	车道渠化方案	设计饱和流量 S_d	流量比 y	相位最大流量比	流量比总和 Y	总损失时间 L	周期时长 C	总有效绿灯时间 G_e	有效绿灯时间 g_e	绿信比 λ	显示绿灯时间 g	最短绿灯时间 g_{min}
西	左	78	0.75	104	2	1	1550	0.0671	相位1：(东西左转) 0.0671	0.9101							
	直左																
	直	385	0.75	313		1	1530	0.1976									
	直右			313		1	1539	0.2046									
	右																
东	左	76	0.75	101	2	1	1550	0.0652	相位2：(东西直行+右转) 0.2046								
	直左																
	直	312	0.75	248		1	1584	0.1566									
	直右			248		1	1536	0.1615									
	右																
北	左			279		1	437	0.6384	相位3：(南北左直右转) 0.6384								
	直左			279		1	1342	0.2079									
	直	495	0.75	279		1	1315	0.2122									
	直右																
	右																
南	左	55	0.75	73	1	1	317	0.2303									
	直左																
	直	568	0.75	439		1	1390	0.3158									
	直右			439		1	1358	0.3233									
	右																

饱和流量校正系数计算表

初设周期 $C=60s$,相位数 $j=3$,计算相位损失时间 $L_s=3s$,总损失时间 $L=9s$,总有效绿灯时间 $G_e=51s$

表 11-12

进口道	车道功能	车道渠化方案	对向直行车道数	每周期转弯车数	通用校正 f_W	坡度大车校正 $\frac{G+}{HV}$	f_g	直行车道自行车校正 B	β	g_e	b_L	f_b	左转校正 ξ	q_T	λ 或 $\frac{G_e}{jC}$	f_L	右转校正 转弯校正 r	f_r	行人或自行车干扰校正 λ	t_T	f_b 或 f_p	直左校正 q_L	q_T	S'_L	K_L	q'_T	f_{TL}	直右校正 q_T	q_R	S'_R	K_R	q'_T	f_{TR}
西	左	1		2	1		1																										
	直左	1			1	0.04	0.96																										
	直行	1			1	0.03	0.97										>25	1	0.28	2.74	0.84							200	113	1 261	1.10	324	0.97
	直右	1			1		1																										
	右	1		2	1		1																										
东	左	1			1	0.04	0.96																										
	直左	1			1	0.03	0.97																										
	直行	1			1		1										>25	1	0.28	2.93	0.83							168	80	1 244	1.10	256	0.97
	直右	1			1		1						0.51	757	0.28	0.16																	
北	左	2	3		1	0.02	0.98	20	0.25	17	3.58	0.83																					
	直行	1			1	0.02	0.98	20	0.25	17	3.58	0.83					>25	1	0.28	1.56	0.91							144	113	1 393	1.08	266	0.97
	直右	1			1	0.02	0.98						0.51	660	0.28	0.20																	
南	左	2	3		1		1																										
	直左	2			1	0.02	0.98	27	0.10	17	1.94	0.86																					
	直行	1			1	0.02	0.98	27	0.10	17	1.94	0.86					>25	1	0.28	2.64	0.84							172	120	1 283	1.09	303	0.97
	右	1			1		1																										

交通信号配时设计计算表　表11-13

进口道	车道	设计交通量 Q_{mn}	PHF	q_{dmn}	每周期转弯车辆数	车道渠化方案	设计饱和流量 S_d	流量比 Y	相位最大流量比	流量比总和 Y	总损失时间 L	验算/选取周期 C	计算总有效绿灯时间 G_e	有效绿灯时间 g_e	绿信比 λ	显示绿灯时间 g	最短绿灯时间 g_{min}
西	左	78	0.75	104	2	1	1550	0.0671	相位1：（东西左转）0.0671	0.5362	9	19.4	10.4	1.3	0.07	1.3	
	直左	385	0.75	313		1	1584	0.1976									
	直			313		1	1530	0.2046									
	直右																
	右	76	0.75	101	2	1	1550	0.0652									
东	左	312	0.75	248		1	1584	0.1566									
	直左			248		1	1536	0.1615									
	直																
	直右																
	右	48	0.75	64	1	1	242	0.2645	相位2：（东西直行+右转）0.2046					4.0	0.20	4.0	21.5（东西向）
北	左	495	0.75	516		2	1342	0.1923									
	直左			258		1	1312	0.1966									
	直																
	直右																
	右	55	0.75	73	1	1	317	0.2303	相位3：（南北左直右转）0.2645					5.1	0.26	5.1	18.5（南北向）
南	左	568	0.75	585		2	1390	0.2104									
	直左			292		1	1342	0.2176									
	直																
	直右																
	右																

表 11-14 交通信号配时设计计算表

进口道	车道	设计交通量 Q_{mn}	PHF	q_{dmn}	每周期转弯车辆数	车道渠化方案	设计饱和流量 S_d	流量比 y	相位最大流量比	流量比总和 Y	总损失时间 L	验算/选取周期 C	计算总有效绿灯时间 G_e	有效绿灯时间 g_e	绿信比 λ	显示绿灯时间 g
西	左	78	0.75	104	2	1	1 550	0.067 1	相位1：(东西左转) 0.067 1	0.536 2	9	60	51	7.2	0.12	7.2
	直左															
	直	385	0.75	313		1	1 584	0.197 6								
	直右			313		1	1 530	0.204 6								
	右															
东	左	76	0.75	101	2	1	1 550	0.065 2	相位2：(东西直行+右转) 0.204 6					21.9	0.36	21.9
	直左															
	直	312	0.75	248		1	1 584	0.156 6								
	直右			248		1	1 536	0.161 5								
	右	48	0.75	64	1	1	242	0.264 5								
北	左															
	直左															
	直	495	0.75	516		2	1 342	0.192 3								
	直右			258		1	1 291	0.196 6								
	右															
南	左	55	0.75	73	1	1	349	0.230 3	相位3：(南北左直右转) 0.264 5					22.0	0.37	22.0
	直左															
	直	568	0.75	585		2	1 390	0.210 4								
	直右			292		1	1 354	0.217 6								
	右															

饱和流量校正系数计算表

选取周期 $C=60s$,相位数 $j=3$,计算相位损失时间 $L_s=3s$,总损失时间 $L=9s$,总有效绿灯时间 $G_e=51s$

表 11-15

进口道	车道功能	车道数渠化方案	对向直行车道数	每周期转弯车数	通用校正 f_w	坡度大车校正 $G+HV$	f_g	直行车道自行车校正 B	β	g_e	b_L	f_b	左转校正 ξ	q_T	λ 或 $\frac{G_e}{jC}$	f_L	右转校正 转弯校正 r	f_r	行人或自行车干扰校正 λ	t_T	f_b' 或 f_p	q_T	直左校正 q_L	S_L'	K_L	q_T'	f_{TL}	q_T	直右校正 q_R	S_R'	K_R	q_T'	f_{TR}
西	左	1		2	1		1																										
	直左	1			1	0.04	0.96																										
	直行	1			1	0.03	0.97	20	0.25	22.0	3.17	1														200	113	1 261	1.10	324	0.97
	直右	1			1	0.03	0.97	20	0.25	22.0	3.17	0.87					>25	1	0.28	2.74	0.84												
	右	1		2	1		1																										
东	左	1			1	0.04	0.96																										
	直左	1			1	0.03	0.97	20	0.25	22.0	3.17	1																					
	直行	1			1		1	20	0.25	22.0	3.17	0.87					>25	1	0.28	2.93	0.83							168	80	1 244	1.10	256	0.97
	直右	1			1		1																										
	右	1			1		1						0.51	757	0.37	0.25																	
北	左	2			1	0.02	0.98	27	0.10	22.0	1.71	0.89																					
	直左	1	3		1	0.01	0.99	27	0.10	22.0	1.71	0.87																					
	直行	1			1		1										>25	1	0.28	1.56	0.91							144	113	1 393	1.08	266	0.97
	直右	1			1		1																										
	右	1			1		1						0.51	660	0.37	0.30																	
南	左	2			1	0.02	0.98	27	0.10	22.0	1.71	0.89																					
	直左	1	3		1	0.01	0.99	27	0.10	22.0	1.71	0.87																					
	直行	1			1		1										>25	1	0.28	2.64	0.84							172	120	1 283	1.09	303	0.97
	直右	1			1		1																										
	右	1			1		1																										

表11-16

交通信号配时评价计算表

周期 $C=60s$,相位数 $j=3$,计算相位损失时间 $L_s=3s$,总损失时间 $L=9s$,总有效绿灯时间 $G_e=51s$

进口道	车道	车道渠化方案	设计饱和流量 S_d	设计交通量 q_{dmn}	流量比 Y	流量比总和 Y	相位最大流量比	有效绿灯时间 g_e	绿信比 λ	显示绿灯时间 g	通行能力	饱和度	均匀延误	控制类型校正	随机延误	车道信控延误	进口道信控延误	交叉口信控延误	交叉口服务水平
西	左	1	1550	104	0.0671		相位1:(东西左转) 0.0671	7.1	0.12	7.1	184	0.57	24.99		12.04	37.02	21.77	19.9	B
	直左																		
	直	1	1584	313	0.1976						537	0.55	15.22		3.72	18.95			
	直右	1	1530	313	0.2046						554	0.57	15.37		4.15	19.52			
	右	1	1550	135	0.0654	0.4806					184	0.55	24.94	0.5	11.40	36.34			
东	左																20.29		
	直左	1	1584	248	0.1566		相位2:(东西直行+右转) 0.2046	21.7	0.36	21.7	573	0.43	14.49		2.37	16.86			
	直右	1	1536	248	0.1615						556	0.45	14.57		2.59	17.16			
	右	1	385	64	0.1662						142	0.45	14.30		9.96	24.26			
北	左																18.57		
	直左	2	1412	516	0.1827						522	0.49	14.58		3.31	17.84			
	直右	1	1381	258	0.1868						500	0.52	14.73		3.77	18.50			
	右	1	463	73	0.1577						171	0.43	14.16		7.66	21.82			
南	左	1	1447	585	0.2021		相位3:(南北左转+直转) 0.2089	22.2	0.37	22.2	535	0.55	14.94		3.98	18.92	19.33		
	直左																		
	直	2	1398	292	0.2089						517	0.57	15.07		4.44	19.52			
	直右																		
	右																		

最小绿灯时间验算:计算东西向的最小绿灯时间时,行人过街宽度有两种计算方法:一种是行人一次过街,则过街宽度就是人行横道的长度;另一种是在路中央设置行人过街安全岛,行人分两次过街,这时的过街宽度大约就是人行横道长度的一半。在本例中,因为根据车道的划分,人行横道的长度至少在30m(每条进口车道宽度按3.0m计,每条出口车道宽度按3.5m计)以上,所以,采用路中央设置行人过街安全岛的方法。按式(11-52)计算的最小绿灯时间填入表11-13相应栏[东西向半幅人行横道长度按$5.0+4\times3.0=17(m)$计算,南北向半幅人行横道长度按$5.0+3\times3.0=14(m)$计算]。但从计算结果看,由于周期时长偏小,第二相位的显示绿灯时间为4.0s,而计算的最小绿灯时间为21.5s,第三相位的显示绿灯时间为5.1s,而计算的最小绿灯时间为18.5s,因此,无法满足行人过街所需的最短时间,需扩大周期时长重新进行计算。

第三次试算:按最短绿灯时间的要求,将周期时长仍定为60s,保持第二次试算中的设计方案,并按式(11-40)、式(11-41)和式(11-48)~式(11-51)重新计算有关信号配时参数,填入表11-14的相应栏。根据表11-14中得到的信号配时参数重新计算饱和流量校正系数,计算结果填入表11-15的相应栏。据此结果,计算饱和流量、通行能力和饱和度,计算结果填入表11-16的相应栏。由表可知,总流量比$Y=0.4806<0.9$。同时,计算结果表明,各流向饱和度均小于0.6。

3. 延误及服务水平估算

因本例为新建交叉口,所以可按式(11-65)~式(11-67)和式(11-75)、式(11-76)计算有关延误,根据计算结果查表11-7可得到该交叉口的服务水平等级,有关结果填入表11-16。由表可知,交叉口延误为19.9s/pcu,服务水平为B级,符合各项要求。

结论:将第三次试算的结果作为该交叉口进口道的渠化与配时设计方案。

第二节　感应信号控制

感应信号控制(简称感应控制)是通过车辆检测器测定到达进口道的交通需求,使信号显示时间适应测得交通需求的一种控制方式。感应控制对车辆随机到达的适应性较大,可使车辆在停车线前尽可能少停车,达到交通通畅的效果。

感应控制有全感应控制和半感应控制两类。本节先讨论感应信号的基本工作原理,然后再分别介绍两类感应控制的差别。

一、交通感应信号的基本工作原理

有一种感应信号的基本工作原理如图11-11所示。当一相位启亮绿灯时,信号控制器内预设有一个"初期绿灯时间"g_i,到初期绿灯结束时,如在一个预置的时间间隔内(这个时间间隔称之为"单位绿灯延长时间"g_0)无后续车辆到达,则即可更换相位。这个初期绿灯时间g_i加上单位绿灯延长时间g_0就是最短绿灯时间g_{min};如检测器测到有后续车辆到达,则每测得一辆车,绿灯就延长一个预置的单位绿灯延长时间,即只要在这个预置的时间间隔内,车辆中断,即换相;连续有车,则绿灯连续延长。绿灯一直延长到一个预置的"极限延长时间"g_{max}时,即使检测到后面仍有来车,也中断这个相位的通车权。实际绿灯时间 g 大于最短绿灯时间 g_{min} 而小于绿灯极限延长时间 g_{max}。

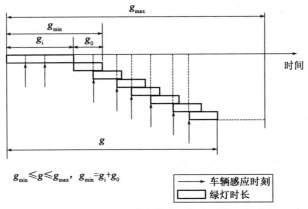

图 11-11 感应信号工作原理图

g_0-单位绿灯延长时间;g_i-初期绿灯时间;g_{min}-最短绿灯时间;g_{max}-绿灯极限延长时间;g-实际绿灯时间

半感应信号,根据所用感应控制方式的不同,可选取其中部分环节,如在次要道路上仅设初期绿灯时间,以限制次要道路上亮绿灯的时间;或在主要道路上设初期绿灯时间及延长绿灯时间,待测得车流中出现大空当时,换相让次路亮一段时间绿灯等。

二、交通感应信号的控制参数

1. 初期绿灯时间 g_i

给每个相位初期预先设置一段绿灯时间。不管本相位或其他相位是否有车,对本相位必须保证放完这段绿灯时间。因大部分检测器都属"点式"检测器(2m 方形线圈检测器实际上也是"点式"检测器),所以这段时间的长短取决于检测器的位置,以及检测器到停止线之间可停放的车辆数。设置初期绿灯时间时应考虑以下几个因素:

(1)保证停在检测器和停止线之间的车辆全部驶出停止线所需的最短时间。初期绿灯时间应等于最短绿灯时间减去一段单位绿灯延长时间。

(2)保证行人安全过街所需的时间。

(3)我国还需考虑保证红灯时停在停止线前的非机动车安全过街所需的时间。

停止车辆间的平均车头距离为 6m 时,美国推荐的随检测器位置而定的初期绿灯时间列于表 11-17 中。使用长环形线圈检测器或一串小环形检测器时,所需的初期绿灯时间有所不同。如检测器终端就在停止线上,初期绿灯时间可尽量接近于零。有些控制机可把这时间预置为零。而有些控制机必须预置一段最短时间,如果检测器终端在停止线之前,则按这段提前的距离用上述"点式"检测器一样的方法确定初期绿灯时间。

随检测器位置而定的初期绿灯时间 表 11-17

检测器与停车线间距(m)	初期绿灯时间(s)	检测器与停车线间距(m)	初期绿灯时间(s)
0~12	8	25~30	14
13~18	10	31~36	16
19~24	12		

2. 单位绿灯延长时间 g_0

当初期绿灯时间结束后,在一定时间间隔内,测得有后续车辆到达时所延长的绿灯时间。如果在这段时间内,没有测得来车,即被判为交通中断而可结束绿灯。因此,单位绿灯延长时间也是判断车流是否中断的一个参数。单位绿灯延长时间对于感应信号控制的效率起决定性的作用。确定单位绿灯延长时间时,应考虑以下几个因素:

(1) 单位绿灯延长时间的长短必须能使车辆从检测器开出停止线,当使用"点式"检测器及其位置离停止线较远时,这点特别重要。

(2) 单位绿灯延长时间的恰当长度,应尽可能不产生绿灯时间损失。由于只要检测到的车辆间隔短于这个绿灯延长时间,绿灯总保留在这个相位上,那么为了提高通车效益,这段时间应按实际需要定得尽可能短,应使单位绿灯延长时间尽可能只满足实际交通所需的长度,而不应等待不紧跟的车辆通过绿灯。合理的单位绿灯延长时间可以消除为等待少数车辆而浪费的绿灯时间,使绿灯延长时间高效运行,从而可提高通行能力,降低延误。

(3) 在确定单位绿灯延长时间时,必须注意被检测的车道数。由于在一个相位上的所有单个检测器通常都是连在一起的,因此,控制机所接收到的车辆间隔远比实际的车辆间隔要小得多。

3. 最短绿灯时间 $g_{\min}$

这一绿灯时间是任一信号相位放行车辆的最短时间。为保证初期绿灯时间结束时后续又到达的车辆能够安全通过,需要再预置一个"单位绿灯延长时间",因此,最短绿灯时间 $g_{\min}$ 实际上是初期绿灯时间与单位绿灯延长时间之和。

实际情况表明,因为初期绿灯时间已经保证了在检测器和停止线之间的所有车辆能够通过交叉口,如果初期绿灯时间结束时后续没有车辆到达,其后再预置一单位绿灯延长时间就会造成时间的浪费,因此,国外已经有将最短绿灯时间设置为小于初期绿灯时间与单位绿灯延长时间之和的做法,即在初期绿灯时间还没有结束时就开始单位绿灯延长时间,这样做的好处就是既能够保证行车安全,又不浪费时间。但是,究竟在初期绿灯时间结束前多久就开始单位绿灯延长时间,这是需要研究的。

4. 绿灯极限延长时间 $g_{\max}$

这是为了保持最佳绿信比而对各相位规定的绿灯时间的延长限度。信号到达绿灯极限延长时间时,强制绿灯结束并改换相位。但这时控制机会记住,最后一辆车因时间不够而未能通过停止线,且将以最快的可能返回绿灯。绿灯极限延长时间,实际上就是按定时信号周期时长及绿信比分配到各个相位的绿灯时间,绿灯极限时间一般定为 30~60s。有些感应控制机每个相位有两个绿灯极限时间,较长的一个在高峰时段大流量时使用。

绿灯极限延长时间确定以后,会使在此时间后紧接的后续车辆突然遇到黄灯而被迫紧急制动。改进的感应信号,对绿灯极限延长时间作了改进,采用可变绿灯极限时间,如果绿灯极限时间末尾的流量超过一个预置的临界值时,可使绿灯再延长;而这个预置临界值是在不断提高的,直到测得流量小于临界值时,结束绿灯并换相。

正确配时的感应信号(绿灯延长时间适当短时),在运行中,不应经常出现绿灯极限时间,除非交叉口交通量超载。当交叉口超载而各相位经常出现绿灯极限时间时,感应控制机实际上是在按定时信号机操作。这时,应根据交通需求,按定时信号确定最佳周期时长,而不该按感应信号的控制方式使用任意变动的周期时长。

三、半感应控制

只在部分进口道上设置检测器的感应控制。半感应控制适用于主次道路相交且交通量变化较大的交叉口上,按检测器的设置位置不同可分为两类。

1. 检测器设在次要道路上

这种感应控制,在平时,主路上总是绿灯,对次路预置最短绿灯时间。当次路上检测器测到有车时,立即改变相位,次路为绿灯,后继无车时,相位即返回主路;否则,到达最短绿灯时,强制改换相位。这种感应控制的运行流程如图 11-12 所示。

这种感应控制实质上是次路优先,只要次路有车到达就会打断主路车流。当次路车辆很少时,次路非机动车往往要等待很长时间,等到有机动车到达时,才可随机动车通过交叉口。所以,这种半感应控制只是在某些特殊需要的地方才应用,如消防队、救护车重要机关出入口等。

2. 检测器设在主要道路上

这是上海市设计的一种半感应控制方式。这种感应控制,在平时,主路绿灯总是亮的,当检测器在一段时间内测不到主路有车辆时,才换相位让次路通车;主路上测得车辆到达时,通车相位返回主路。这种感应控制的运行流程如图 11-13 所示。

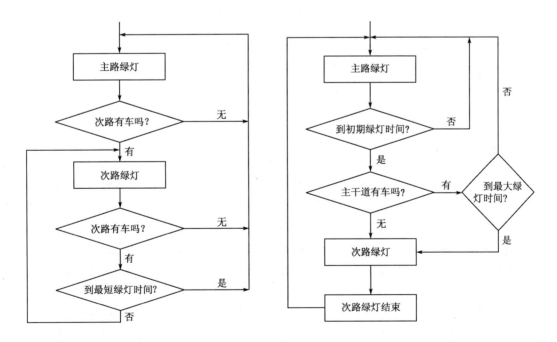

图 11-12　次路检测半感应控制流程图　　图 11-13　主路检测半感应控制流程图

这种控制方式可避免主路车流被次路车辆打断,且有利于次路上自行车的通行。

四、全感应控制

所有进口道上都设置检测器的感应控制称为全感应控制。此控制适用于相交道路等级相当、交通量相仿且变化较大的交叉口。

全感应控制方式很多,我国自行设计并制造了几种全感应信号控制机。

1. 基本全感应控制

这种感应控制的控制机理是:当交叉口没有机动车到达时,信号机以定周期方式按最小周期运行。当某一方向来车时,对来车方向显示绿灯,之后就按感应信号的基本机理运行。其运行流程如图11-14所示。

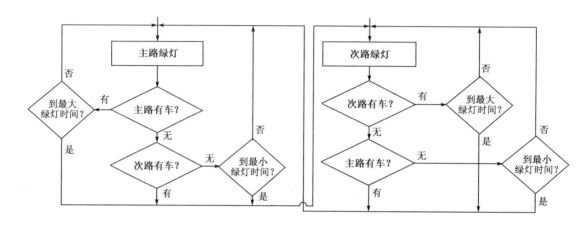

图11-14 基本全感应控制流程图

2. 特殊感应控制

特殊感应控制可在一般感应控制上,按特殊需要,增加特殊的感应装置,执行特殊需要的感应控制功能。平时仍可按通常的交通需求,执行一般的感应控制,一旦接到特殊感应信息,立刻执行特殊的控制功能。如公共交通优先感应控制,消防、警卫等特种车辆优先感应控制等。

五、优化感应控制

感应控制有其随交通需求的变化而改变信号相位与时间的优点,在交通需求随机变化较大的交叉口上,感应控制对交通变化的适应性比定时信号为优越。但按现行感应控制的机理,感应控制的绿灯时间总是不能被充分利用的,特别是绿灯延长时间。

因此,又进一步运用面控制系统中对信号配时进行优化的原理来改进感应控制,就产生了优化感应控制。有一种优化感应控制,其简要原理是:在交叉口的每一进口道上设两个检测器,比如一个在停止线前40m,一个在停止线前100m。开始给每个相位配以足够的绿灯时间,把40m检测器到停止线间的车辆先放光;而在两个检测器之间的这一段时间间隔内,用来检测寻找何时产生饱和交通流;最后,用一个优化程序,把这一相位延长绿灯时间能得到的交通效益和另一相位车辆因延长红灯所得到的损失加以比较,确定换相时间,从而降低感应控制中的绿灯损失时间,提高交通效益。

六、定时信号与感应信号的选择

1. 研究工作简介

美国公路合作研究组织(National Cooperative Highway Research Program, NCHRP)组织过一个专题研究,目标是确定在单个交叉口上选择最适用的交通信号控制方式。

1)选用合适控制方式的意义

研究结果表明:凡能降低交叉口车辆停车与延误的控制方式也能降低油耗和污染;各种不同控制方式间用于设备、安装、运行和维护的年费用的差别,显著小于交通效益的差别。

因此,能降低延误和减少停车的控制方式,既有较好的交通效益,又有较高的经济效益。

2)对郊外道路单个交叉口的研究结果

把不同交通条件下最有效的控制方式,用分块图的方法来表达,如图11-15所示。

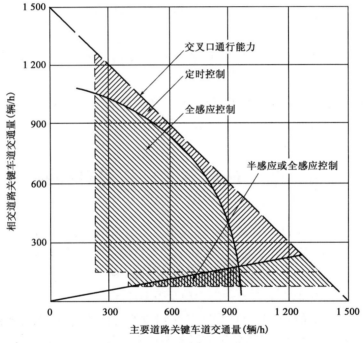

图11-15 定时控制或感应控制选用图

图的两轴是主要道路关键车道交通量和相交道路关键车道的交通量。交叉口两相交道路关键车道交通量的坐标点落在哪一块内,即以选用该块所示的控制方式为宜。

由图11-15可见:没有半感应控制最优的独立图块;用全感应控制最为有效的图块最大;定时控制只在接近交叉口通行能力的图块上才有其优越性。

图11-15中的示例不适用于城市道路交叉口,只能用作参考,尚需对城市交通条件下的适用范围做出类似的研究成果。

2. 各类信号控制的优点

通常各类信号控制都具有其他控制方式所不具备的优点。一般,根据需设信号控制地点的具体要求,对照各控制方式的优点与适用性,大体上也可选定适用的控制设施。

1) 定时控制的优点

(1) 定时控制,因信号启动时间可取得一致而有利于同相邻交通信号的协调,特别是要连接几个相邻交通信号或一个信号网络系统。

(2) 定时控制的正常工作,不必通过检测器对车辆进行检测,因此,不存在路边停车及其他因素影响车辆检测的缺点。

(3) 定时控制比感应控制更适用于有大量、均匀行人交通的地方。

(4) 定时信号设施价格低于感应信号,且安装、维护方便。

2) 感应控制的优点

(1) 在交通量变化大且不规则、难于用定时控制处置的交叉口,以及在必须降低对主要干道干扰的交叉口,用感应控制效益更大。

(2) 不适宜处于联动定时系统中的交叉口,宜用感应控制。

(3) 感应控制特别适用于交通只在一天的部分时间里需要信号控制的地方。

(4) 感应控制在轻交通交叉口或期间,有其优越性,不致使主要道路上的交通产生不必要的延误。

(5) 感应控制,在有几个流向的交通量时有时无或多变的复杂交叉口,可得到最大效益。

(6) 半感应信号通常适用于主次道路相交、只在次路有车辆和行人时才中断主路车流的交叉口。

第三节 环形交叉口信号灯控制

环形交叉口经历了传统环形交叉口到现代环形交叉口的演变,使车辆在环道内的自由交织改变为有组织的运行,不仅大大减少了在环形交叉口内的交通事故,而且也使环道内的车辆有条件以多股车流进行交织,从而就可通过增加进口道条数来提高环形交叉口的通行能力。英国在此基础上把传统环形交叉口改进为小型及微型环形交叉口。

然而,环形交叉口的通行能力毕竟受到其交织段通行能力的限制,并且随着车流量的增加,环形交叉口的交通流自组织运行状态将趋于不稳定,任何微小的扰动都足以引起交通的紊乱,出现交通拥挤和堵塞。

环形交叉口的信号控制,是在现有交叉口形式的基础上,安装交通信号灯设施,形成环形交叉口加信号灯控制的交通管理方式。

1. 作用

像普通十字形平面交叉口一样,在停车(或让路)标志管理交叉口的基础上,当交通需求超过停车管理交叉口所能容纳的限度时,应改为信号控制交叉口。环形交叉口也可在原停车管理的基础上改用交通信号控制,以进一步提高其交通效益。就是用信号灯来给环内车辆及入环车辆轮流分配通行权,组织环道上入环车辆与环内车辆的交织运行。所以,其作用不同于普通十字形交叉口(用交通信号来控制两向车流的交叉)。在环形交叉口上,交通信号灯是用来组织入环车辆与环内车辆之间的交织,而不是两个不同方向车流的交叉。所以在信号灯的配置、信号灯头面对的方向、停止线位置的画法及信号控制方式上,与十字形交叉口都有所不同。而且信号控制环形交叉口的平面布局与常规环形交叉口也有差别。

2. 信号灯的配置

环形交叉口的每一个进口端上,应有两组信号灯:一组面对进口道上的入环车辆,叫入口灯;另一组面对这一进口道与上游进口道之间环道上行驶的车辆,称为环道灯。由这两组灯轮流给入环车辆与环内车辆分配通行权,使它们有条件以多股车流分时交织通过环道交织段。

3. 停止线

相应于上述两组信号灯,在每一进口端也有两条停止线:一条画在进口道的入口端,在进口导向岛的角顶,作入环车流的停止线;另一条画在这个进口道上游方向的环道上,近右侧导向岛的前端角顶,作环内车流的停止线。

4. 信号控制方式

环形交叉口,在交通需求甚大,达到需要多股车流交织程度时,才需用信号控制,所以一般以采用定时信号为宜。同时,为使同一行车方向上的车辆不致在通过入口灯后,在其下游的环道灯前再次停车,同一方向上的进口道入口灯同其下游的环道灯应组织联动。

图 11-16 为环形交叉口信号控制方式布置示意图。

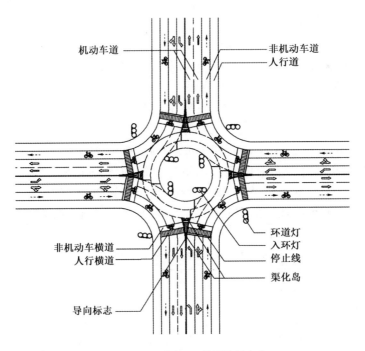

图 11-16　环形交叉口信号控制方式

第四节 公交车辆信号优先控制

交通信号的优先控制可提高公交车的运行效率,降低公交车在交叉口的延误。传统优先控制方法有以下4种。

1) 调整信号周期

按公交车的交通量调整(缩短)信号周期(不能采用最短周期时间),以减少公交车在交叉口的停车时间。

2) 增加公交车通行次数

在行驶一般车辆的街道与行驶公交车的街道相交的交叉口上,一般街道如有两个相位时(A相和B相),可用其中的一个相位(如B相)把公交车街道相位(C相)的绿灯时间分成两段,分别列在B相位的前后(这时相位次序成为AC_1BC_2),以增加公交车的通车次数并降低其延误时间。

3) 使用公交车感应信号

在公交车上安装有固定频率的专用信号发射器,路上设置相应频率的信号检测器,检测器与交通信号控制机相连。当公交车接近交叉口时,向检测器发出信号,检测器即把信号传给控制机,控制机指令信号灯由红灯改为绿灯,或继续延长绿灯时间。公交停靠站设在交叉口上游一方时,可把检测器设在停靠站附近,当公交车离站时就可通知信号灯放绿灯,以免在交叉口前再次停车。

4) 公交车放行专用信号灯

这种专用信号灯一般为方形,与一般信号灯有明显区别。安装在公交车专用车道上的检测器测得有公交车到达时,这种专用信号灯即显示绿色,公交车进入交叉口后,一般信号灯才显示绿色,其他车辆在公交车后面通行,以保证公交车优先通过交叉口。

在早期的公交信号优先控制策略中,主要采用被动式的公交优先控制模式,也即在定时信号控制中,考虑公交车流的特殊性,采用短周期、公交专用相位等方式为公交提供优先。随着车辆自动定位系统(Automation Vehicle Location,AVL)等信息采集和传输技术的进展,对运行中的公交车辆进行实时的定位已不再是制约优先技术发展的难题,公交优先控制逐步发展到主动优先模式。近些年来,随着高性能计算机等新技术的出现,控制策略更是发展到基于智能交通系统环境的实时优先控制的层面。表11-18为三种优先控制策略所包含的主要内容。

公交优先控制策略主要内容概要　　　　表11-18

优先控制策略	主要内容
被动式优先策略	·调整周期长度 ·重复绿灯 ·绿灯时间分配原则 ·相位设计方法 ·公交运行的协调绿波

续上表

优先控制策略	主要内容
主动式优先策略	·相位延长 ·提前激活相位 ·公交车专用相位 ·相位压缩
实时优先策略	·延误优化 ·交叉口控制 ·网络控制

(1) 被动式优先策略

被动式优先主要是通过收集公交车辆运行的历史数据,以预测需要的优先等级。为了减少其他设备的投入以及易于操作,被动优先往往采用以下主要方法:

①短周期。在交叉口不发生过饱和(拥挤程度不恶化)的前提下,采用短周期可以有效的减小车辆的延误及排队长度。

②重复绿灯。在一个信号周期内,给予公交车辆多次通行时间,从而有效降低公交车辆的总延误。

③绿灯时间分配。对公交车辆的进口方向,在分配绿灯时长时,考虑公交车辆的运行情况,以降低拥挤程度、减少车辆延误。

④相位设计。保证公交车辆优先通行的特殊相位设计,如公交专用相位等。

⑤公交协调绿波。以低车速的公交车辆为协调控制对象,设置合理的相位差以减少公交车辆的运行延误。

被动优先主要考虑了公交车辆和其他社会车辆平均通行情况的不同,虽然通过上述基本方法可以部分减少公交车辆的信号控制延误,但无法适应实时交通需求的变化,所以在实际应用中无法完全体现出应有的交通效益。

(2) 主动式优先策略

相对被动优先而言,主动优先控制策略更加复杂,实现也比较困难。它类似于感应控制,主要依靠检测器对公交车辆运行情况进行识别分析,实时调整交叉口信号控制方案,从而实现公交车辆的优先通行,主要方法包括:

①相位延长。当有公交车辆到达交叉口停止线时,相位绿灯时间继续保持,直到公交车辆驶离交叉口,相位绿灯时间才结束。

②提前激活相位。当有公交车辆在红灯期间到达交叉口时,提前中断相位的红灯时间,从而减小公交车辆在交叉口的延误时间。

③相位压缩。在某些情况下,可以适当压缩非公交车辆通行相位的绿灯时长,以转到公交车辆的通行相位。

④插队控制。设置锯齿形公交车辆进口道和公交车辆预先信号,以提供公交车辆在交叉口处的优先排队,减少延误。

由于采用了必要的公交车辆检测装置,主动优先控制更能适应交通流的动态变化,控制方法与被动优先相比也更为灵活,但目前采用最多的仍是延长现行相位或提前激活相位来为提供公交车辆优先通行权。

主动优先控制策略在单个交叉口已经得到了实际的应用,但在协调控制中却很少使用,主要是由于其对其他交通流运行的不利影响。相位的忽略和红灯时间的早断会中断其他车流的通行绿波而造成延误的增加,这样就会对协调方向的车流正常通行产生很大的扰动。

（3）实时优先策略

实时优先策略试图通过优化性能指标函数为公共车辆提供优先权。这些指标中,首要的是延误。延误指标可以包括乘客延误、车辆延误或这些指标以某种形式的联合。实时优先策略用实际观测到的车辆数(包括社会车辆和公交车辆)作为模型的基本输入参数,通过模型或者通过对几个候选配时方案的评价来选择其中最优的方案,或者根据相位时长和相序来优化配时。同时,它可以结合紧急状态的处理,提高公交车辆运行准时性。

【思考题】

1. 定时信号控制配时的基本原理是什么？
2. 定时信号控制配时的主要配时参数有哪些？
3. 什么是信号相位和信号相位方案？
4. 试分析多相位配时方案的利与弊。
5. 什么是设计交通量？它同到达交通量有何区别？
6. 什么是信号控制交叉口饱和流量？影响饱和流量的因素有哪些？
7. 感应信号控制的原理是什么？其主要的配时参数有哪些？
8. 全感应和半感应信号控制的主要区别是什么？
9. 如图所示为某一T形交叉口,请按如下要求分别作相位图和信号配时图：
(1) 允许车流 A 与其他车流冲突；
(2) 不允许车流 A 与其他车流冲突。

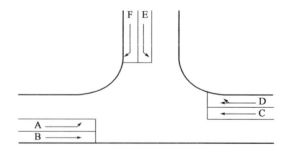

10. 环形交叉口信号控制需要考虑哪些因素？
11. 在信号控制交叉口实施公交车辆优先控制时需要把握哪些基本原则？

【计算题】

1. 某信号交叉口的一条进口道上,绿灯期内饱和车头时距为2s,如果均匀到达的流量为720辆/h,停车时的车头间距为8m,若红灯时间是42s,则在每周期内车辆排队的尾部一直要延伸至上游多少米?

2. 某一新设计的定时信号控制交叉口的其中一进口道为左直右混行车道,每车道基本饱和流量为1 440pcu/h。经观测:总流量为800辆/h,其中大车:小车=2.5:7.5,大车和小车的饱和车头时距分别为5.0s和2.0s,当周期的时长取为60s时,该进口道每周期恰好能全部通过这些车辆,试计算该进口道上每周期平均每辆车的均匀到达延误和有效绿灯时间。

3. 假如某交叉口信号控制周期$C=90s$,绿灯时间$g=65s$(含黄灯时间),红灯时间$r=25s$,车辆到达率q和饱和流量S为常数。如果饱和流量$S=4\ 000pcu/h$,而车辆到达率q按下式变化:

$$q = \begin{cases} 2\ 000\text{pcu/h} & (0 \leq t < 150s) \\ 4\ 500\text{pcu/h} & (150s \leq t < 300s) \\ 2\ 500\text{pcu/h} & (300s \leq t < 500s) \end{cases}$$

设$t=0$红灯开始时交叉口排队车辆数为0,求在5个信号控制周期内车辆的总均匀到达延误、平均均匀到达延误时间、最大排队长度出现时刻和最大排队长度。

4. 一两相位信号控制的交叉口,已知相位A关键进口道的高峰小时车流到达率$q_1=540$辆/h,相位B关键进口道的高峰小时车流到达率$q_2=324$辆/h,各进口道的高峰小时系数PHF=0.75,各相位的饱和流率均为$S=1\ 440$辆/h,各相位黄灯均为$A=3s$,各相位全红时间均为$r_a=1s$,各相位起动停车损失时间均为$l=4s$。试计算:

(1) 该交叉口此时信号控制的周期时长;
(2) 各相位的绿信比;
(3) 各相位的有效绿灯时间;
(4) 各相位的显示绿灯时间和显示红灯时间。

第十二章
干线交叉口交通信号联动控制

在城市道路网中，交叉口相距较近，各交叉口分别设置单点信号控制时，车辆经常遇到红灯，时停时开，造成行车不畅，也因而使环境污染加重。为减少车辆在各个交叉口上的停车时间，特别是使干道上的车辆能够畅通，人们首先研究把一条干道上一批相邻的交通信号连接起来，加以协调控制，就出现了干线交叉口交通信号的联动控制系统（简称线控制，也称绿波系统）。

随着计算机、计算方法、自动控制、车辆检测等技术的发展，人们又研究把整个区域内所有交通信号联动起来加以协调控制，就形成了区域交通信号控制系统（简称面控制）。线控制、面控制系统计算比较复杂。各国研究开发了不少程序，如美国的 MAXBAND、PASSER，英国的 TRANSYT，德国的 SIGMA 等。在分布式区域交通信号控制系统中，把一大片控制区划分为若干控制子区，划分出的控制子区往往是若干条干线的交通信号控制系统。在这种情况下，干线交通控制系统就成为分布式区域交通信号控制系统的一个单元。也可以说，线控制是面控制系统的一种组成部分，或从另一角度说，线控制是面控制系统的一种简化的特殊形式。所以，凡是可以用在面控制系统上的技术、方法、程序、设施等，都可以用在线控制系统上，信号控制系统的控制参数也基本一致。由于线控制系统比面控制系统简单，所以另有其独自适用的较为简单的配时方法，本章主要介绍这种方法。

第一节　定时式联动控制

一、信号控制系统的基本参数

在干线交通信号协调控制系统中,周期时长与绿信比两个基本参数同点控制中的稍有不同,另外,在信号控制系统中还有一个重要的参数,叫时差。

1. 周期时长

在信号控制系统中,为使各交叉口的交通信号能取得协调,各个交通信号的周期时长必须是统一的。为此,必须先按单点定时信号的配时方法,根据系统中各交叉口的布局及交通流向、流量,计算出各个交叉口交通信号所需的周期时长,然后从中选出最大的周期时长作为这个系统的周期时长,需要周期时长最大的这个交叉口叫作关键交叉口。对有些交通量较小的交叉口,实际需要的周期时长接近于系统周期时长的一半,可把这些交叉口的信号周期时长定成系统周期时长的半数,这样的交叉口叫作双周期交叉口。

2. 绿信比

在信号控制系统中,各个信号的绿信比是根据各个交叉口各向交通量的流量比来确定的,因此,各个交叉口信号的绿信比不一定相同。

3. 时差

时差也称"相位差",有绝对时差和相对时差之分。

1) 绝对时差

绝对时差是指各个信号的绿灯或红灯的起点或中点相对于某一个标准信号绿灯或红灯的起点或中点的时间之差。

2) 相对时差

相对时差是指相邻两信号的绿灯或红灯的起点或中点之间的时间之差。相对时差等于两个信号绝对时差之差。

以红灯中点为标准的时差与以绿灯中点为标准的时差是相等的,一般多用于线控制的通过带方法中确定信号时差;以红灯起点或绿灯起点为标准的时差,一般多用于面控制系统中确定信号时差。各信号的绿信比相等时,各不同标准点的时差都相等。一般多用绿灯起点或中点作为时差的标点,则称为绿时差。

为使车辆通过协调信号控制系统时,能连续通过尽可能多的绿灯,必须使相邻信号间的绿时差与车辆在其间的行程时间相适应,所以时差是信号控制系统实现协调控制的关键参数。

二、定时式线控制系统的协调方式

1. 单向交通街道

单向交通街道,或者双向交通量相差悬殊时,只要照顾单向信号协调的街道是最容易实施交通信号协调控制的街道。相邻各交叉口信号间的时差可按式(12-1)确定:

$$O_{f} = \frac{s}{v} \times 3\,600 \tag{12-1}$$

式中：O_f——相邻信号间的时差，s；
  s——相邻信号间的间距，km；
  v——线控制系统车辆可连续通行的车速，km/h。

2. 双向交通街道

双向交通街道的信号协调控制，在各交叉口间距相等时，比较容易实现，且当信号间车辆行驶时间正好是线控制系统周期时长一半的整倍数时，可获得理想的效果。各交叉口间距不等时，信号协调控制就较难实现，必须采取试探与折中方法求得信号协调，还会损失信号的有效通车时间，提高相交街道上车辆的延误。

双向交通定时式线控制各信号间的协调方式有三种。

1) 同步式协调控制

在同步式协调控制系统中，连接在一个系统中的全部信号，在同一时刻，对干道车流显示相同的灯色。

当车辆在相邻交叉口间的行驶时间等于信号周期时长时，即相邻交叉口的间距符合关系式(12-2)时，这些相邻交叉口正好可组成同步式协调控制。联动的相邻信号灯呈现同步显示时，车辆可连续通过相邻的交叉口。

$$s = \frac{vC}{3\,600} \tag{12-2}$$

式中：C——系统周期时长，s；
  其余符号意义同前。

当交叉口间距相当短，而且沿干道方向的交通量远大于交叉方向的交通量时，可把相邻交叉口看成一个交叉口，采用同一个配时方案，绿灯启亮时刻也相同，组成一个同步式协调控制系统，改善干道车辆的通行。当干道交通量特别大，高峰小时交通量接近通行能力，或下游交叉口红灯车辆排队有可能越过上游交叉口时，把这些交叉口组成同步式协调控制系统，可避免这种情况的发生。但在后面两种情况下，采用同步式协调控制系统，都会使相交街道上的车辆增加停车时间。可见在同步式协调控制系统中，各信号间的绿时差为零或等于周期时长。另外，这种系统，由于前方显示全是绿灯而有导致驾驶人加速赶绿灯的缺点。因此，这种系统在使用条件上有很大的局限性，还有种种缺点，所以甚少单独采用。

2) 交互式协调控制

在交互式协调控制系统中，连接在一个系统中相邻交叉口的信号，在同一时刻，显示相反的灯色。

车辆在相邻交叉口间的行驶时间等于信号周期时长的一半时，采用交互式协调控制系统，车辆可连续通过相邻的交叉口，即相邻交叉口间距符合式(12-3)的关系时，可采用交互式协调控制系统：

$$s = \frac{vC}{2 \times 3\,600} \tag{12-3}$$

式中符号意义同前。

如果一对信号与相邻的另一对信号组成交互式协调控制，则称为成对交互式协调控制系

统。成对交互式协调控制系统中,车辆能连续通行的车速为:

$$v = \frac{4s}{C} \times 3\,600 \tag{12-4}$$

式中符号意义同前。

与同步式协调控制系统一样,这种系统的适用性受到很大的限制,也甚少单独采用。

3)续进式协调控制

续进式协调控制系统,根据路上的要求车速与交叉口的间距,确定合适的时差,用以协调各相邻交叉口上绿灯的启亮时刻,使在上游交叉口上绿灯启亮后开出的车辆,以适当的车速行驶,可正好在下游交叉口绿灯启亮时到达。如此,使进入系统的车辆可连续通过若干个交叉口。续进式协调控制又可分为以下几种类型:

(1)简单续进系统。系统只使用一个系统周期时长和一套配时方案,使沿干道车队可在各交叉口间以设计车速连续通行。车速在系统的各个不同路段,可随各相邻交叉口间距而有所改变。

(2)多方案续进系统。该系统是简单续进系统的改进系统。在为干线信号系统确定配时方案时,往往会遇到交通流变化的问题。一个给定的配时方案对应于一组给定的交通条件,当这些条件发生变化时,这个配时方案就不能适应。交通流发生变化的可能有两类。

①单个路口的交通流发生变化:系统中的一个或几个信号点上交通量可能增加或减少,这些变化能改变所需的周期时长或绿信比。

②交通流方向发生变化:在双向运行的干线上,"入境"交通量和"出境"交通量可能变化。变化的可能有如下三种。

a.入境交通量大于出境交通量:此时,可对入境方向的交通提供较多通车时间的配时方案。

b.入境交通量大体上等于出境交通量:此时,对入境和出境交通流有一个同等对待的配时方案。

c.出境交通量大于入境交通量:此时,要求配时方案有利于出境的交通流。

一般控制系统,至少可提供三种配时方案(上午高峰、非高峰、下午高峰)。

三、定时式线控制系统的配时设计方法

1.时间-距离图

线控制系统配时方案通常可用时间-距离图来描述,如图12-1所示。图中以时间(即信号配时)为纵坐标,干路上交叉口间距离为横坐标。

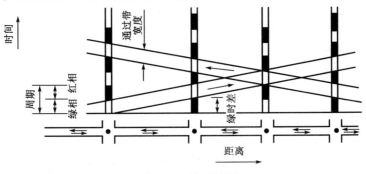

图12-1 时间-距离图

图中所绘一对平行斜线所标定的时间范围称为通过带,其宽度就是通过带宽(或绿波带宽),简称带宽。它确定干道上交通流所能利用的通车时间,以秒(s)或周期时长的百分数计。平行斜线的斜率就是车辆沿干道可连续通行的车速,可称为通过带速度,简称带速。

2. 配时所需的数据

在确定线控制系统的配时方案之前,必须调查收集一批必要的道路交通数据。

(1)交叉口间距:相邻两交叉口停止线到停止线之间的距离。

(2)街道及交叉口的布局:干道及相交道路的宽度、各进口道宽度及进口道车道数。

(3)交通量:交叉口上交通流向、流量,各向交通量的日变、时变图。

(4)交通管理规则:如限速、限制转弯、是否限制停车等。

(5)车速和延误:路上(或每对交叉口之间的)规定行驶车速或实际行驶车速(或行驶时间),以及当时所用控制方式下的延误。

然后根据调查数据,特别是交叉口间距及交通量数据,确定干线上交叉口纳入线控制的范围。把交叉口间距过长和交通量相差悬殊、影响信号协调效果的交叉口,排除在线控制系统之外,或纳入另一相宜的系统内。再用这些数据计算纳入线控制系统范围内的各信号所需的配时,确定一批配时方案备用。

3. 计算备用配时方案

计算步骤如下。

(1)根据每一交叉口的平面布局及计算交通量,按单点定时控制的配时方法,确定每一交叉口所需的周期时长。

(2)以所需周期时长最大的交叉口为关键交叉口,以此周期时长为线控制系统的备选系统周期时长。

(3)以各交叉口所需周期时长并根据主次道路的流量比,计算各交叉口各相位的绿信比及显示绿灯时间。

(4)上步算得关键交叉口上主路相位的显示绿灯时间,就是各交叉口上对干道方向所必须保持的最小绿灯长度:

$$g_m = g_{me} - I_m + l \tag{12-5}$$

$$g_{me} = (C_m - L_m) \frac{\max(y_m, y'_m)}{Y_m} \tag{12-6}$$

式中:g_m——关键交叉口上主路方向显示绿灯时间,s;

g_{me}——关键交叉口上主路方向有效绿灯时间,s;

I_m——关键交叉口绿灯间隔时间,s;

l——起动损失时间,s;

C_m——系统周期时长,s;

L_m——关键交叉口总损失时间,s;

y_m、y'_m——关键交叉口上主路两向的流量比;

Y_m——关键交叉口上最大流量比之和。

(5)按第三步算得非关键交叉口上次要道路方向显示绿灯时间,是该交叉口对次要道路所必须保持的最小绿灯时间,显示绿灯时间和有效绿灯时间分别见式(12-7)和式(12-8):

$$g_n = g_{ne} - I_n + l \tag{12-7}$$

$$g_{ne} = (C_n - L_n) \frac{\max(y_n, y'_n)}{Y_n} \tag{12-8}$$

式中各符号的意义,是在非关键交叉口上次要道路方向相应于上述关键交叉口各有关项的意义。

(6) 系统周期时长大于非关键交叉口所需周期时长时,非关键交叉口改用系统周期时长,其各相绿灯时间均随着增长。非关键交叉口次要道路方向的绿灯时间只需保持其最小绿灯时间即可。为有利于线控制系统协调双向时差,在非关键交叉口上保持其次路方向的最小绿灯时间,把因取系统周期时长后多出的绿灯时间全部加给主路方向,这样还可适当增宽线控制系统的通过带宽。

以上算得的配时方案,在线控制系统中,只是备用方案,尚需根据配合协调系统时差的需要而给予调整。

4. 选定周期时长

交通信号协调控制系统中的系统周期时长,不仅取决于各交叉口信号配时的结果,还与取得适用的时差有关,所以在协调系统时差时要经过反复试算来确定。

在选定试算周期时长时,常用的依据是:使通过带速度接近街上车辆的实际平均车速,定出一段周期时长的备选范围。如果系统中信号间距相当整齐,则用典型信号间距 s 和测得的车速 v 由式(12-2)、式(12-3)定出一批周期时长 C。把这些备选周期时长与从各个交叉口配时算得的所需系统周期时长对比,如果其中某个周期时长接近或略大于该公用周期时长,则选用此周期时长作为试算的基础,但首先要检验所选用的周期时长能否保证各个交叉口有效地运行。如果所要设计的线控制系统与其他线控制系统相交或相近,这些线控制系统已采用的周期时长就可定为要设计系统的周期时长。

5. 确定信号时差

协调线控制系统相邻信号间的时差,有以下两种比较实用的方法。

1) 图解法

在时间-距离图上协调线控制系统的时差,同时调整确定通过带速度和周期时长。如图12-2所示,将相邻五个交叉口(A、B、C、D、E)纳入一个线控制系统,根据调整系统通过带速度宜在36km/h左右,按上述方法,相应的系统周期时长暂定为60s。图中各竖线上的粗线段表示红灯时段,如 A 交叉口竖线 AA' 上的1-2、3-4、5-6段;细线表示绿灯时段。

(1) 从 A 点引一相当于36km/h带速的斜线①,此斜线与 BB' 线的交点,与从 AA' 上1点所引水平线同 BB' 线的交点(BB' 线上的1点)很接近。BB' 上的1点可取为 B 交叉口与 A 交叉口配成交互式协调的绿时差;在 BB' 线上相应于 AA' 线画出2-3、4-5粗线段,为交叉口的红灯时段。

(2) 连接 A 点和 BB' 上的1点成斜线②,线②同 CC' 的交点,与从 AA' 上2点所引水平线同 CC' 的交点(CC' 上的2点)很接近,CC' 上的2点也可取为 C 交叉口对 B 交叉口组成交互式协调的绿时差,所以在 CC' 竖线上可画1-2、3-4、5-6各粗线段,为 C 交叉口的红灯时段。

(3) 连接 A 点和 CC' 的2点成斜线③,线③在 DD' 上的交点,与从 AA' 上2点所引水平线同 DD' 的交点(DD' 上的2点)很接近,所以 C 交叉口与 D 交叉口应是同步式协调,在 DD' 上画与

CC' 相同的 1-2、3-4、5-6 红灯粗线段。

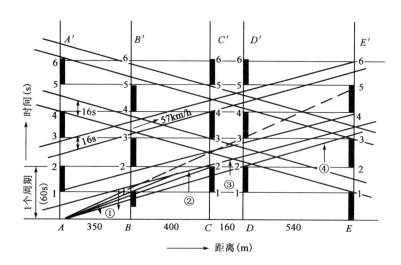

图 12-2 协调时差图解法示例

(4) 以下用同样的方法在 EE' 线上作出红灯粗线段。这样就配成各交叉口由交互式与同步式组合成的双向线控制系统。

(5) 在图上作出最后的通过带,算得带速约为 57km/h,带宽 16s,为周期时长 60s 的 27%。这样的带速和实际车速相比过高,为了降低带速,有必要相应加长周期时长,为使带速控制在 40km/h 左右,延长周期时长为 85~90s。

(6) 调整绿信比。实际上,各交叉口的绿信比都不相同,可用以下简单方法调整:不移动按上述方法求得的各交叉口的红灯(或绿灯)的中心位置,只将红灯(或绿灯)的时间按实际绿信比延长或缩短即可。经这样调整后,通过带宽增加不少,但仍低于 50% C。

2) 数解法

设有 $A\sim H$ 八个交叉口,它们相邻的间距列于表 12-1 第二行中,A、B 交叉口之间距为 350m,B、C 为 400m 等,取有效数字简写为 35、40……算得关键交叉口的周期时长为 80s,各交叉口的绿信比经计算列于表 12-2 第 4 行,相应的系统带速暂定为 $v=11.1\text{m/s}(40\text{km/h})$。

数解法确定信号时差   表 12-1

a	A	B	C	D	E	F	G	H	b
		间距							
		35	40	16	54	28	28	27	
34		1	7	23	9	3	31	24	14
35		0	5	21	5	33	26	18	13
36		35	3	19	1	29	21	12	9
37		35	1	17	34	25	16	6	10
38		35	37	15	31	21	11	0	11
39		35	36	13	28	17	6	33	11
40		35	35	11	25	13	1	28	12

续上表

a	A	B	C	D	E	F	G	H	b
				间距					
		35	40	16	54	28	28	27	
41	35	34	9	22	9	37	23		13
42	35	33	7	19	5	33	18		14
43	35	32	5	16	1	29	13		13
44	35	31	3	13	41	25	8		12
45	35	30	1	10	38	21	3		11
46	35	29	45	7	35	17	44		12
47	35	28	44	4	32	13	40		15
48	35	27	43	1	29	9	36		18
49	35	26	42	47	26	5	32		21
50	35	25	41	45	23	1	28		22
51	35	24	40	43	20	48	24		11
52	35	23	39	41	17	45	20		12
53	35	22	38	39	14	42	16		13
54	35	21	37	37	11	39	12		15

注:A～H 为交叉口名称。

计算绿时差　　　　　　　　　　　　　　　　　　　表 12-2

交叉口	A	B	C	D	E	F	G	H
理想信号	①	②	③	③	④	⑤	⑤	⑥
各信号位置	右	左	左	右	右	左	右	左
绿信比 λ(%)	55	60	65	65	60	65	70	50
损失(%)	26	4	24	8	16	28	28	18
有效绿信比(%)	29	56	41	57	44	37	42	32
绿时差(%)	72.5	20.0	67.5	67.5	20.0	67.5	65.0	25.0

(1)计算 a 列。先计算 $vC/2 \approx 11 \times 80/2 = 440(m)$(取有效数字 44)。这就是说,相距 440m 信号的时差,相当于交互式协调的时差(错半个周期);相距 880m 的信号,正好是同步式协调(错一个周期)。以 A 为起始信号,则其下游与 A 相距 $vC/2$、vC、$3vC/2$……处即为正好能组成交互式协调或同步式协调的"理想信号"的位置。考察下游各实际信号位置与各理想信号错移的距离,显然,此错移距离越小,信号协调效果越好。然后将 $vC/2$ 的数值在实用允许范围内变动,逐一计算寻求协调效果最好的各理想信号的位置,以求得实际信号间协调效果最好的双向时差。以 44 ± 10 作为最适当的 $vC/2$ 的变动范围,即 34～54,将此范围填入表 12-1 左边的 a 列内,a 列内各行数字即为假定"理想信号"的间距。

(2)计算 a 列各行。以 $a=34$ 的一行为例,A、B 交叉口实际间距为 35,与理想信号间距 34 的差值是 1,将 1 填入 A、B 间的一列内。意即 B 与其理想信号点的错移距离为 1,即 B 前移

233

10m 就可与 A 正好组成交互式协调。

B、C 原间距为 40，则 1+40−34=7，即 C 与其理想信号的错移距离为 7，将 7 填入 B、C 间的一列内。

C、D 原间距为 16，则 7+16−34=−11，意即 D 点要后移 11，才与其理想信号点相合，可与 A、B、C 各信号组成交互式协调；如不后移，则将与 C 点组成同步式协调，此时 D 距 C 的理想信号点为 7+16=23，记入 C、D 间的一列内。

D、E 原间距为 54，则 23+54−34=43，距理想信号间距太大（大于 34），所以再减去一个理想信号的距离，即 43−34=9，记入 D、E 间的一列内。

以此类推，计算至 G、H 间的一列。a=34 这一行的计算结束。

以下再计算 a 列内 a=35~54 各行，同样把计算结果记入相应的位置内。

（3）计算 b 列。仍以 a=34 一行为例，将实际信号位置与理想信号的挪移量，按顺序排列（从小到大），并计算各相邻挪移量之差，将此差值之最大者记入 b 列。a=34 一行的 b 值为 14。计算方法如下：

A	B	F	C	E	D	H	G	A
0	1	3	7	9	23	24	31	34
	1	2	4	2	14	1	7	3

以此类推，计算 a=35~54 各行的 b 值。

（4）确定最合适的理想信号位置。由表 12-1 中可知，当 a=50 时，b=22 为最大值。取 b 为最大值时，对应的 a 值，即可得 A~H 各信号到理想信号的挪移量最小，即当 vC/2=500m 时，可以得到最好的系统协调效率。如图 12-3 所示，图上 G~F 与理想信号间的挪移量之差最大，为 22，则理想信号与 G 间的挪移量为：

$$\frac{a-b}{2} = \frac{50-22}{2} = 14$$

也即各实际信号距理想信号的挪移量最大为 14。

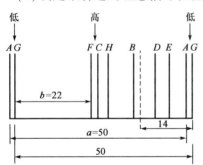

图 12-3 理想信号位置（尺寸单位：m）

理想信号距 G 为 140m，则距 A 为 130m，即自 A 前移 130m 即为第一理想信号，然后按次每 500m 间距将各理想信号列在各实际信号间，如图 12-4 所示。

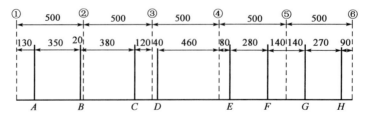

图 12-4 理想信号与实际信号的相对位置（尺寸单位：m）

（5）求时差。在图 12-4 中把理想信号按次列在最靠近的实际信号下面（表 12-2 第 2 行），再把各信号（A~H）在理想信号的左、右位置填入表 12-2 第 3 行。

把各交叉口信号配时计算所得的主路绿信比(以周期的%计)列入表12-2第4行。因实际信号与理想信号位置不一致所造成的绿时损失(%)以其位置挪移量除以理想信号的间距(即 $a=500$)表示,如 A 交叉口的绿时损失为 $130/500=26\%$,列入表12-2第5行。

从图12-4及表12-2可见,合用一个理想信号的左、右相邻实际信号间,该用同步式协调;其他各实际信号间都用交互式协调,因此,每隔一个理想信号的实际信号间又是同步式协调。此例中,凡奇数理想信号相应的实际信号间为同步式协调;而偶数理想信号相应的实际信号间为交互式协调。因此,相应于奇数理想信号的实际信号的时差为 $100\%-0.5\lambda\%$;相应于偶数理想信号的实际信号的时差为 $50\%-0.5\lambda\%$。表12-2第7行为求得的时差值。

(6)作连续行驶通过带。从各交叉口的计算绿信比减去其绿时损失即为各交叉口的有效绿信比,列入表12-2第6行,则连续通过带的带宽为左、右两端有效绿信比最小值的平均值。此例从表12-2中可知,连续通过带的带宽为 A 交叉口的有效绿信比29%与 H 交叉口的有效绿信比32%的平均值,约为30%。

如保持原定周期时长,则系统带速须调整为:

$$v=\frac{2s}{C}=\frac{2\times500}{80}=12.5(\text{m/s})=45\text{km/h}$$

以上计算结果,用时间-距离图示于图12-5。

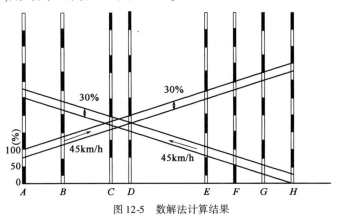

图12-5 数解法计算结果

6.验证方案实施效果

线控制配时方案在实施之初,应实地验证方案的效果;在实施之后,还应定期实地验证,即检测车辆平均延误、排队长度等项交通指标。若发现效果不够理想,应根据现场重新调查的各项交通数据(即平均车速、干路与支路上的交通流量与流向等),重新计算配时方案,及时调整配时设计。

四、提高线控制系统效益的辅助设施

为提高线控制系统的效益,可在实施线控制的干道上设置前置信号和可变车速指示标志。

1.前置信号

如图12-6所示,在主要交叉口前几十米的地方设置交通信号,可以使交通流在信号处集中,在交叉口处不停止地通过,从而可使交叉口上的绿灯时间得到有效利用,提高交叉口的通行能力。

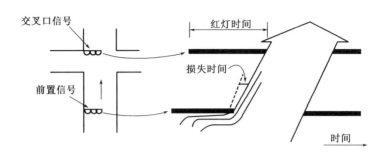

图 12-6 前置信号

2. 可变车速指示标志

如图 12-7 所示,在交叉口前一个或几个地方设置速度标志,指示驾驶人以标志速度行驶,通过交叉口。可变车速标志上速度指示的数值,与交叉口信号的显示灯色与时间有关,且受交叉口信号控制机的控制。

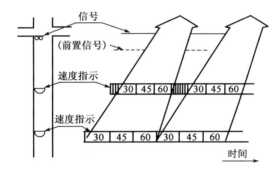

图 12-7 车速指示标志

3. 可变车速指示标志与前置信号合并使用

据报道,采用前置信号与速度指示标志并用的线控制系统可使在交叉口不停车通过的车辆占比从 55% 提高到 70%~77%。

第二节 感应式线控制系统和计算机线控制系统

一、感应式线控制系统

在干道上交通量相当小的情况下,为确保干道少量车辆的连续通行而维持线控制系统,这时所产生的总延误,很可能比单点信号控制还大。为避免这一缺点,在线控制系统中使用感应式信号控制机,相应配以车辆检测器。当检测器测得交通量增加时,开动主控制机,使之全面执行线控制系统的控制;而在交通量降低时,各交叉口的信号机各自按独立状态操作,使线控制系统既能得到良好的连续通车的效果,又能保持适应各个交叉口的交通变化。此系统称为感应式线控制系统。

1. 使用半感应信号机的线控制系统

在线控制系统中采用半感应信号机,并用线控制系统的基本配时方案来控制这些半感应信号机。这种系统,在每个交叉口的次要道路上安装检测器,在次要道路检测到有车时,仅允许次要道路不影响主要道路连续通行的前提下,可得到基本配时方案内的部分绿灯时间,并根据交通检测的结果,次要道路的绿灯一有可能就尽快结束;次要街道上没有车辆时,绿灯将一直分配给主干线。

2. 使用全感应信号机的线控制系统

在采用全感应信号机线控制系统中,一般情况下,系统各交叉口可按其正常的单点全感应方式操作;在系统中某个交叉口前的干道上测得有车队存在时,上游交叉口信号控制机即通知下游邻近控制机,下游控制机协调单元即强令正在执行的相交街道或对向左转相位及时结束,让干道上车队到达时能够顺利通过交叉口。

3. 关键交叉口感应式线控制系统

英国曾用过一种简易的感应式线控制系统,这种系统仅在关键交叉口上使用感应式控制机,安装车辆检测器,而把其前后信号控制机与关键交叉口的控制机连接起来。与下游交叉口连接的感应联动信号,可避免因下游交叉口的车辆排队对关键交叉口通车的影响,这种连接方式叫前向连接;与上游交叉口连接的感应联动信号,可避免因关键交叉口的车辆排队对上游交叉口通车的影响,这种连接方式叫后向连接。

二、计算机线控制系统

上述确定线控制系统协调方案的人工作图或计算方法,不仅十分繁杂,难免发生人为错误,而且交通效益不一定是最好的,更无法协调多相位等交叉口间的复杂配时方案。使用计算机可以得到由人工难于实现的控制方案。计算机协调线控制系统有"脱机"和"联机"两种方法。

1. 脱机方法

脱机方法是一种用按某种优化原则编制的计算软件,由计算机计算确定线控制系统的配时方案,然后把这些配时方案设置到各交叉口的信号控制机中,各信号控制机定时按设定的配时方案控制各信号灯运转的方法。因为此法对信号灯控制的实施与计算机无关,所以称为"脱机"控制。下面简要介绍几种线控制系统配时方案的计算软件。

1) MAXBAND

MAXBAND 对给定周期时长、绿信比、信号间距和连续通行车速的线控制系统,优化信号时差以获得系统的最宽通过带。MAXBAND 所用优化算法的依据是利特尔(Little J. D. C.)所建立的混合整数规划模型。

MAXBAND 把周期时长处理成在一规定范围内的连续变量,设计车速也可在规定范围内变化,各交叉口的最佳相位次序是从预定的相位组中自动选定的。

MAXBAND 可根据不同的交通条件,提供以下不同的最佳带宽:

(1) 双向车队相等,则对各行驶方向提供相等的最大带宽。

(2) 双向带宽之和大于双向车队时长(以车辆行驶时间为单位)之和,则各向带宽按车队时长之比分配。

(3)双向带宽之和小于双向车队时长,则先满足较大车队时长一方的带宽,然后将尽可能宽的带宽安排给较小车队的方向。

MAXBAND 需要输入的数据包括线控制系统信号灯的数量、周期时长的范围、各进口道的车道数及其宽度、各方向各时段的平均交通量、饱和流率、可选用的相位次序、各信号的红灯时长、每对信号的间距及各行驶方向的车速范围。

输出数据包括周期时长、通过带宽度、选定的相位次序、绿信比、时差、车速和行程时间。

2)PASSER Ⅱ

PASSER Ⅱ 也是一个优化线控制系统通过带宽的软件,它还可分析线控制系统中各种多相位次序的信号配时。

PASSER Ⅱ 是把勃洛克斯(W. D. Brookes)的"相互影响法"和利特尔的"不等宽优化模型"结合起来,并加以扩展而成可以处理多相位配时的线控制系统协调软件。

PASSER Ⅱ 程序首先确定各交叉口"交通需求/通行能力"的最优比,并用这些最优比来确定各个信号的绿信比,然后改变各试算周期时长、相位及时差,以确定通过带最宽的最佳信号配时方案。

PASSER Ⅱ 需要输入的数据包括各交叉口各流向的交通量、饱和流率、交叉口间距及其间的平均车速、排队清理时间、可选的相位次序及各交叉口所需的最小绿灯时间。

随着计算机技术的发展和控制软件的不断开发,各种计算软件也在改进,出现了功能更多、使用更加方便的计算软件,感兴趣的读者可以进一步阅读有关资料。

2. 联机方法

联机方法,不仅线控制系统的配时方案由计算软件算得,而且计算软件所需的输入数据(主要是交通信息)也由计算机从车辆检测器中直接取得,线控制系统信号灯的运转也由计算机进行控制,所以称为"联机"控制。

联机控制系统,按控制方式可分为配时方案选择式和配时方案形成式两类。配时方案形成式主要用在信号网络控制系统中,所以放在下章讨论。

配时方案选择式控制系统的基本方法是,用线控制系统计算软件,根据不同的交通状况,计算出相应的几套配时方案,如图 12-8 所示;把这些相应于不同交通状况的配时方案都移植到控制计算机或配有计算机的信号控制机(主控机)中;设置在路上的车辆检测器,测得路上的实际交通数据后,把这些信息送到控制器或计算机进行数据处理,并按处理结果,选择最接近于测得交通数据所适用的配时方案,定出信号控制参数。计算机或主控机即按这些控制参数指挥信号灯的运行。

一般根据上下行交通量,设置 3~5 种周期及相应时差的配时方案。国外,常用的五种周期为 60s、65s、70s、80s 和 90s,五种时差如图 12-9 所示:

时差(1)为使通过带为最大的时差;

时差(2)为使通过带最大而又考虑其上、下界限的时差;

时差(3)为上行交通优先的时差;

时差(4)为下行交通优先的时差;

时差(5)为相同时差。

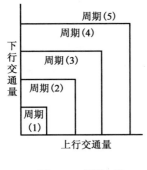

图 12-8　周期方案

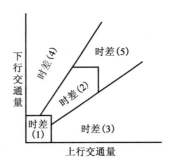

图 12-9　时差方案

第三节　线控制系统的连接方式

为使线控制系统各信号灯在灯色显示时间上能按系统配时方案取得协调,必须把设定在系统各控制机中的配时方案用一定的方式连接起来。曾经使用过的连接方式有多种,按连接是否需用电缆,可归纳为无缆连接和有缆连接两类。

一、无缆连接

无缆连接线控制系统中,线控制系统各信号控制机配时方案间的连接,不用电缆作信息传输的介体。

1. 靠同步电动机或电源频率连接

从第一控制机开始,按先后次序逐一把各信号控制机的配时方案,由人工用停表,根据各机间的计算时差,设置到信号控制机中。设定的各信号控制机间的时差关系,靠控制机中的同步电动机或电源的频率来保持。

这是线控制系统各信号控制机间在时间上取得协调的一种最简单的连接方式。其优点是设施简单,安装维护费用低。但这样的连接方式,无法在各控制机中设置分时段的不同配时方案,只能限用于一种配时方案的系统,而且只要有一个信号失调,特别是电源频率不稳定时,很容易导致整个系统失调。系统失调后,就必须由人工到现场作重新调整,所以这种方法只能是没有其他方法可取时的一种权宜措施。

2. 用时基协调器连接

用一个叫作时基协调器(Time-based Coordinator)的十分精确的数字计时和控制设施,把各控制机的配时方案连接起来,实现各机间在时间上的协调。系统中每个控制机的机箱内,都需装一个时基协调器,其用途就是保持系统中各交叉口之间的正确时差关系。

配时方案在各个控制机内设定之后,时基协调器保证各控制机间保持正确的时间关系。时基协调器本身也用当地电源正常运行。在供电发生问题时,自备电池可使它继续保持精确的时间。

时基协调器可执行每天各时段和每周各天的不同配时方案,所以可用在多时段配时的线控制系统中。

用时基协调器的连接方式,也不必使用电缆。在配时方案有改变时,也必须由人工到现场对各控制机进行逐一调整。

3. 用石英钟连接

在信号控制机内装有准时的石英钟和校时设施,设定在线控制系统各控制机的配时方案就靠各机内的石英钟连接协调。因此,把这种装有石英钟和校时设施的控制机叫作无电缆线控信号机。

二、有缆连接

有缆连接是线控制系统各控制机配时方案间的连接,用电缆作传输介体。

1. 用主控制机的控制系统

在一个用定时信号控制机的线控制系统中,设一台主控制机来操纵用电缆与之相连接的各个下位控制机,每周期发送一个同步脉冲信号通过电缆传输给各下位机。时差被预先设定在各下位机内,各下位机都保持在这个时差点上转换周期,所以下位机从主控制机接到同步脉冲信号后都要推迟到此时差点上才转换周期,因此可保持各控制机间正确的时差关系。这是一类使用十分广泛的控制系统,其特点是主控机每个周期都自动对其各下位机进行时间协调。

传输脉冲信号的电缆可以是专用的,也可利用沿路的电话线。用电话线时,在传送信号的瞬间,自动切断通话,传送信号结束后立即恢复正常通话。因传送信号的时间极短,所以对正常通话不会产生不良影响。

这种系统可执行多时段的配时方案,配时方案的数目视各下位定时控制机的功能而定。在主控制机中可设置一个由定时时钟操纵的配时方案的转换点,当时间达到这个转换点时,主控机发出一个转换信号,指定系统中各下位机同时相应地改变配时方案。

这种系统的一种改进方式,是把主控机改为一台同信号控制机完全分开的系统协调机,这台系统协调机并不控制某个交叉口的信号灯,而只是用来发送同步脉冲信号和配时方案的改变指令。这样全系统都可用一样的信号控制机,这台同信号控制机脱离的独立系统协调机,不必一定要安装在某个交叉口上,它可安装在交通工程师的办公室、信号维修站或其他合适的地点。

主控机或独立的系统协调机也可做成全可编程序式的,具有存储设施,可把各种配时方案及各方案转换点以程序的方式存储在存储设施内。

这种连接方式的优点是可以简便地在一个地方集中改变全系统各个控制机的配时方案,而其安装费用是随所需使用电缆的长度而增加的。

2. 逐机传递式系统

在系统内各控制机中没有时差控制设施,对各控制机分别预先设定各机的配时方案及时差,用电缆将系统中各控制机逐一连接。开始运转时,当第一交叉口绿灯启亮时,发一个信号传给下一个交叉口的控制机;第二个控制机接到信号后,按预置的时差推迟若干秒改亮绿灯,再按预置显示绿灯时间改变灯色,并发一个信号传给下一个交叉口的控制机,这样依次把信号逐个传递到最后一个控制机。第一个交叉口绿灯再启亮时,信号仍按次逐个传递一遍,以保持各控制机间的时差关系。

第四节 选用线控制系统的依据

对于线控信号系统,起初几乎认为只要把信号连接成一个系统,总是可以形成有效的续进系统的。经实践后才开始认识到并不是所有情况都能形成有效的线控制系统,也因此认识到有必要研究识别影响线控制系统效益的各种因素。具体应该考虑的主要因素有以下几点。

1. 车流的到达特性

在一个信号交叉口,车辆形成车队,脉冲式地达到,采用线控制系统可以得到良好的效果。如果车辆的到达是均匀的,线控制效果不会理想,就降低了对线控制的要求。造成车辆均匀到达的因素是:

(1) 交叉口之间的距离太远,即使是成队的车流,也因其间距远而引起车辆离散,不成车队。

(2) 在两个信号交叉口之间,有大量的交通从次路或路段中间的出入口(如商业中心停车场、库等)转入主路。

(3) 在有信号的交叉口处,有大量的转弯车辆从次路转入主路。

2. 信号交叉口之间的距离

在主路上,信号交叉口的间距可在 100~1 000m 的范围内变化。信号交叉口之间的距离越远,线控制效果越差,一般不宜超过 600m。

3. 道路运行条件

单向交通运行有利于线控制系统的实施及实施后的效果,因而对单向交通运行的道路应优先考虑采用线控制系统。

4. 信号的分相

由于信号配时方案和信号相位有关,信号相位越多,对线控制系统的通过带宽影响越大,因而受控制交叉口的类型也影响线控制系统的选用。有些道路具有相当简单的两相位交叉口,有利于选用线控制系统,而另一些道路要求多个左转弯相位,则不利于选用线控制系统。

5. 交通随时间的波动

车辆到达特性和交通量的大小,在每天的各个时段内有很大的变化。高峰期交通量大,容易形成车队,用线控制系统会有较好的效果,但在非高峰期线控制系统就不一定有好的效果。

【思考题】

1. 干线联动控制有哪几类?各有何特点?
2. 干线联动控制的主要配时参数是什么?
3. 干线联动控制最主要的影响因素有哪些?
4. 如何提高干线联动控制的效果?
5. 在实施干线交叉口交通信号联动时,有哪些因素对控制效果有影响?为什么?如何减少这些影响因素?

第十三章
区域交通信号控制系统

随着城市道路交通量的增长,交叉口之间的相关性日益明显。城市中一个交叉口的拥堵,随着时间的推移会逐步波及周边数个交叉口乃至所在区域内的所有交叉口。因此,对区域内交叉口进行联动控制,可以有效地实现交叉口信号控制的目标,而当代计算机技术、信息技术、自动控制技术、车辆检测技术等高新技术的发展又为区域交通的控制提供了基础。本章主要介绍区域交通信号控制的基本概念、分类以及当今具有代表性的三个区域交通信号控制系统。

第一节 概念与分类

一、概念

区域交通信号控制(简称面控制)系统的控制对象是城市或某个区域中所有交叉口的交通信号。图 13-1 为三种基本的信号控制类型(单点、干线和网络控制)。过去交通工程师倾向于孤立地考察三种控制类型,对于把一个城市或区域范围内的各种交通信号作为一个信号控制系统来考察的概念则很少,往往把单纯的网络信号系统看成区域交通信号控制系统。区域交通信号控制系统正确的概念是:把城区内全部交通信号的监控,作为一个指挥控制中心管理下的一部整体的控制系统,是单点信号、干线信号系统和网络信号系统的综合控制系统。

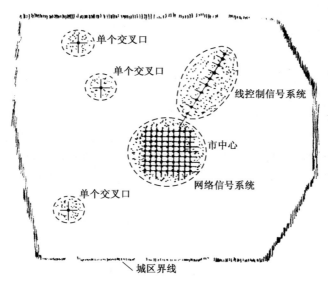

图 13-1 信号系统的类型

建立这种概念的好处有如下几点：

1. 整体监视和控制

整体监视和控制是使交通工程师能连续地监视和控制整个信号系统的一种概念。按此概念建立的系统，无论什么地方发生交通或设备故障，都可在较短的时间内检测出来，并且能从整个街道网上随时收集交通状态数据。

2. 可因地制宜地选用合适的控制方法

单点信号、干线信号或网络信号系统都有其有效、经济的适用条件，可根据城区各交叉口的不同情况，选用最合适的控制方法。

3. 可有效、经济地使用设备

建立正确的区域交通信号控制系统概念，可按选用的各类信号合理地选用必要的设备。

区域交通信号控制系统是随着交通控制理论的不断发展，通信、检测、计算机技术在交通控制领域的广泛应用而发展起来的。早期的区域交通信号控制系统着重于对周期、绿信比和时差等交通信号参数进行最优控制；现代的交通信号控制系统则是多种技术的综合体，它包括车辆检测、数据采集与传输、信息处理与显示、信号控制与最优化、电视监视、交通管理与决策等多个组成部分。这里只能介绍一些基本概念。

区域控制系统可实施城市交通运输的策略，提高现有道路的交通效率，改善道路交通安全，节省能量消耗，减少环境污染，收集交通数据，提供交通情报，为整个社会提供综合的经济效益。实践证明，现代化的交通控制系统是缓解城市交通问题的重要措施，它具有投资省、效率高、见效快且有效面广的优点。

二、分类

1. 按控制策略分类

区域交通信号控制系统按其控制策略的不同基本上可分为两大类：

1) 定时式脱机操作控制系统

这种系统是利用交通流历史及现状统计数据,进行脱机优化处理,得出多时段的最优信号配时方案,存入控制器或控制计算机内,对整个区域交通实施多时段定时控制。

定时控制简单、可靠且效益投资比高,但不能适应交通流的随机变化,特别是当交通流量数据过时后,控制效果明显下降,重新制定优化配时方案时,做交通调查将消耗大量的人力。

2) 适应式联机操作控制系统

这种系统是一种能够适应交通量变化的"自适应控制系统",也叫"动态响应控制系统",在控制区域交通网中设置检测器,实时采集交通数据并实施联机最优控制。自适应控制系统结构复杂、投资高、对设备可靠性要求高,但能较好地适应交通流的随机变化,提高控制效益。

2. 按控制方式分类

区域交通信号控制系统按其控制方式的不同基本上可分为两大类:

1) 方案选择方式

对应于不同的交通流,事先做好各类交通模型和相应的控制参数并存储在计算机内,按实时采集的实际交通数据,选取最适用的交通模型与控制参数,实施交通控制。

2) 方案形成方式

根据实时采集的交通流数据,实时算出最佳交通控制参数,形成信号控制配时方案,当场按此方案操纵信号控制机运行交通信号灯。

3. 按控制结构分类

区域交通信号控制系统按其控制结构的不同基本上可分为两大类。

1) 集中式计算机控制结构

将网络内所有信号连接起来,用一台中、小型计算机或多台微机联网对整个系统进行集中控制,如图 13-2 所示。其原理、结构均较简单。

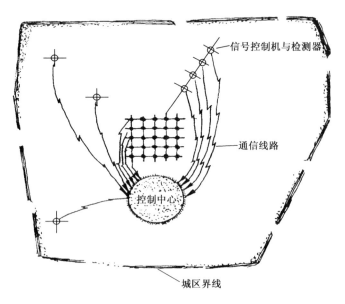

图 13-2 集中控制

集中控制的优点是：
(1) 全部控制设备只位于一个中心。
(2) 系统的研制和维护不太复杂。
(3) 所需设备较少，维修容易。

集中控制的缺点是：大量数据的集中处理及整个系统的集中控制，需要庞大的通信传输系统和巨大的存储容量，这就极大地影响了控制的实时性，并限制了集中控制的区域范围。

当需控制的信号数目很多，并分散在一个很大的地区内时，设计集中控制系统必须特别谨慎，要考虑以下几点：
(1) 需要监视和控制的实时单元的数量(检测器、信号控制机及可变信息标志等)。
(2) 对信号网和检测器收集并分配数据和指令所需通信传输线路的费用。
(3) 可选用的控制方法和执行能力的灵活性。

2) 分层式计算机控制结构

把整个控制系统分成上层控制与下层控制，上层控制主要接受来自下层控制的决策信息，并对这些决策信息进行整体协调分析，从全系统战略目标考虑修改下层控制的决策；下层控制则根据修改后的决策方案，再作必要的调整。上层控制主要执行全系统协调优化的战略控制任务，下层控制则主要执行个别交叉口合理配时的战术控制任务。这种结构可以避免集中结构的缺点，且可有降级控制的功能，提高了系统的可靠性，但需增加设备，投资较高。

分层多级控制如图 13-3 所示，它表示一种三级控制结构。

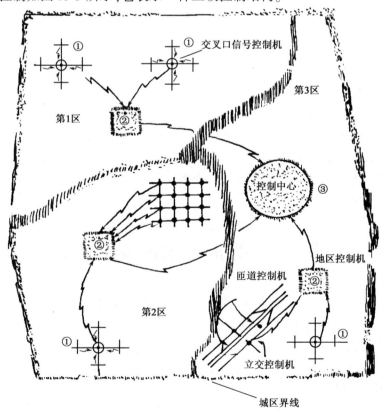

图 13-3　分层多级控制

(1) 第一级。位于交叉口,由信号控制机控制,这级控制应包括下述功能:
①监视检测器。
②监视设备故障(检测器、信号灯和其他局部控制设施)。
③收集和汇总检测数据。
④把有关交通流和设备性能的数据传送到第二级控制。
⑤接受上级下达的指令并按指令操作。
(2) 第二级。位于所控制区域内的一个比较中心的地点,这级控制的功能应包括:
①监视从第一级控制送来的交通流和设备性能的数据并传到第三级控制中心。
②操纵第一级控制,决定要执行的控制类型(单点的或系统的),选择控制方法并协调第一级控制。
(3) 第三级。位于城市内一个合理的中心位置,应起到一种命令控制中心的作用;从这个中心能监视城市内任一信号交叉口的数据,接收、处理有关交通流条件的数据,并提供监视和显示设备。此外,控制中心能接收有关设备故障的情报,以便采取相应的措施。

多级控制的优点有以下几点:
(1) 通过数据的预处理和集中传输,能减少传输费用。
(2) 由于系统不依赖于一个中心控制或集中的传输机构,系统具有较高的故障保护能力(系统的一部分故障不影响其他部分),提高了系统的可靠性。
(3) 能处理实时单元的容量较大(检测器、交叉口信号机等)。
(4) 控制方法和执行能力比较灵活。

多级控制的缺点是:
(1) 需要的设备多、投资高。
(2) 现场设备的维护比较复杂。
(3) 控制程序较复杂。
(4) 要提供更多的控制地点。

在控制模型及算法上,当前的控制系统大部分是在正常交通条件下设计的,即在未饱和交通条件下,有的方案以降低延误、行程时间为目标,有的方案以减少停车次数为目标,有的则以提高通行能力为目标。超饱和交通条件下的控制方案,曾是国际上的重要研究课题,已出现了一些超饱和的控制模型。

第二节 定时式脱机操作系统

TRANSYT(Traffic Network Study Tool)——交通网络研究工具,是英国交通与道路研究所于1966年提出的脱机优化网络信号配时的一套程序。TRANSYT问世以来,随着交通工程的实践得到了不断改进和完善,到目前为止的最新版本是16版,英国的型号为TRANSYT 16。美国联邦公路局在英国TRANSYT 7的基础上改进出TRANSYT-7F,法国也把TRANSYT改进为THESEE型及THEBES型。

TRANSYT是一种脱机操作的定时控制系统,系统主要由仿真模型及优化两部分组成,其基本原理如图13-4所示。

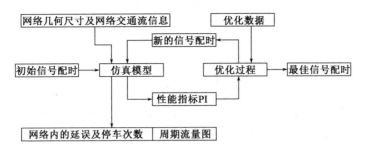

图 13-4　TRANSYT 基本原理图

一、仿真模型

建立交通仿真模型的目的是用数学方法模拟车流在交通网上的运行状况,研究交通网配时参数的改变对车流运行的影响,以便客观地评价任意一组配时方案的优劣。为此,交通仿真模型应当能够对不同配时方案控制下的车流运行参数(延误时间、停车率、燃油消耗量等)作出可靠的估算。

首先将网络的几何尺寸、交通流信息及初始配时送入系统的仿真部分,通过仿真,得出系统的性能指标,即 PI(Performance Index)值作为配时的优化目标函数。下面仅就 TRANSYT 仿真模型的几个主要环节作简要说明。

1. 交通网络结构图式

TRANSYT 把一个复杂的交通网简化成适于数学计算的图式,这个图式由"节点"和"节点"之间的"连线"组成。在交通网结构图上,每一个"节点"代表一个由信号灯控制的交叉口;每一条"连线"表示一股驶向下游一个"节点"的单向车流。"连线"切不可与"车道"混为一谈,一条"连线"可以代表一条或几条车道上的车流,而一个进口道上的几条车道则可用一条或数条"连线"来表示。如何划分"连线",一般凡是可能在交叉口停车线后面单独形成不可忽视的等候车队的车流,均应以一条单独的"连线"表示。相反,对于某些排队长度微不足道的次要车流,则不一定要用单独的"连线"表示。但是,有专用绿灯的左转车流,为了把它与直行车流区分开,则要为这种左转车流单独设一条"连线"。如果几条不同车道上的车流到了停止线后面,以差不多同等比例加入同一行等候车队中,而且这几条车道上的车流均属同一信号相位,就可以只用一条"连线"来代表这几条车道上的所有车流。网络结构图上应标出所有节点和连线的编号,还以折算小客车为单位标出平均小时交通量以及转弯交通量的大小。

2. 周期流量变化图式

周期流量变化图式是纵坐标表示交通量,横坐标表示时间(以一个周期时长为限)的交通量在一个周期内随时间变化的一种柱状图。

为了计算方便,通常将一个信号周期等分成若干时段,每个时段为 1~3s。在 TRANSYT 交通模型里,所有计算过程的基本数据均为每个时段内的平均交通量、转弯交通量及该时段的排队长度。此图可由 TRANSYT 程序计算得到,并作为一项输出内容打印出来。在 TRANSYT 的所有计算分析中,均以上述这种柱状流量图式为依据。

需要指出的是,在 TRANSYT 中,周期交通量图式虽然仍以周期的等分时段为单位,但配时优选则以"1s"为单位。其优点在于一方面提高了配时优选的精度,另一方面能节省计算机的 CPU 时间。有时在配时优选中,所得到的有效绿灯时间长度不是周期等分时段的整倍数,在这种情况下,TRANSYT 便按时间比例取用交通量图中相应部分的交通量值。

3. 车流在连线上运行状况的模拟

为描述车流在一条连线上运行的全过程,TRANSYT 使用如下三种周期流量图式,即:

(1)到达流量图式(简称"到达"图式)。这一图式表示车流在不受阻滞的情况下,到达下游停止线的到达率变化情况。

(2)驶出流量图式(简称"驶出"图式)。这一种图式描述了车流离开下游交叉口时的实际流量的变化情况。

(3)饱和驶出图式(简称"满流"图式)。"满流"图式实际上是一种以饱和流率驶离停止线的流量图式。只有当绿灯期间通过的车流处于饱和状态时才会有这种图式出现。

某一连线的"到达"图式直接取决于上游连线的"驶出"图式。在确定一条连线的车流"到达"图式时,不能忽略车流运行过程中的车队离散特性。离散特性可用离散平滑系数 F 表示。TRANSYT 采用的离散平滑系数 F 值的计算公式如下:

$$\left.\begin{array}{l} F = \dfrac{a}{1+bt} \\ t = 0.8T \end{array}\right\} \tag{13-1}$$

式中:F——离散系数;
T——车队在连线上行驶时的平均行程时间,s;
a、b——曲线拟合参数。

把上游连线"驶出"图式上的每一纵坐标值乘以 F 即可得下游停止线的"到达"图式。

综上所述,不难推算出第 i 个时段内,被阻于停止线的车辆数 m_i,见式(13-2):

$$m_i = \max(m_{i-1} + q_i - s_i, 0) \tag{13-2}$$

式中:m_i——在第 i 个时段内被阻于停止线的车辆数,辆;
q_i——在第 i 个时段内到达的车辆数,辆,由"到达"图式求得;
s_i——在第 i 个时段内放行的车辆数,辆,由"饱和"图式求得;
m_{i-1}——在第 $i-1$ 个时段内被阻于停止线的车辆数,辆。

于是由式(13-2)便可求得第 i 个时段内驶离连线的车辆数,即:

$$n_i = m_{i-1} + q_i - m_i \tag{13-3}$$

式中:n_i——在第 i 个时段内驶离连线的车辆数,辆。

由 n_i 值便可建立起连线的"驶出"图式,并由此推算下游连线的"到达""满流"和"驶出"图式,以此类推。

4. 车辆延误时间的计算

TRANSYT 计算的车辆延误时间是均匀到达延误、随机延误与超饱和延误之和。

5. 停车次数的计算

TRANSYT 计算的停车次数,也是分成均匀到达停车次数、随机停车次数及超饱和停车次数三部分。

二、优化

TRANSYT将仿真所得的性能指标(PI)送入优化程序,作为优化的目标函数;以网络内的总行车油耗或总延误时间及停车次数的加权和作为性能指标;用"爬山法"优化,产生较之初始配时更为优越的新的信号配时;把新信号配时再送入仿真部分,反复迭代,最后取得PI值达到最小的系统最佳配时。下面对TRANSYT优化过程的主要环节作简要说明。

1. 绿时差的优选

在初始配时方案的绿时差基础上,以适当的步距调整交通网上某一个交叉口的绿时差,计算性能指标PI。若这次求出的PI值小于初始方案的PI值,说明这种调整方向是正确的,还应以同样的步距沿同一方向(对正与负而言)对该交叉口的绿时差作连续调整,直至获得最小的PI值为止。反之,假若第一次调整后的PI值比初始方案所对应的PI值大,则应朝相反方向调整绿时差,直至取得最小PI值为止。

按上述步骤,完成了一个交叉口的绿时差调整之后,依次对所有其他交叉口作同样的调整。对所有交叉口的绿时差依次调整一遍之后,还要重新从第一个交叉口开始依次对所有交叉口作第二遍调整。如此反复多遍,直至求得最后的理想方案(PI值最小)。

2. 绿灯时间的优选

TRANSYT同样也可以对各信号相位的绿灯时间进行优化调整。做法是不等量地更改一个或几个乃至全体信号相位的绿灯长度,以期降低整个交通网的性能指标PI值。在对绿灯时间作上述调整时,不允许任何一个信号相位调整后的绿灯时间短于规定的最短绿灯时间。

3. 控制子区的划分

一个范围较大的交通网络,在实行信号联网协调控制时,往往要分成若干个相对独立的部分,每一个部分可以有自己独特的控制对策,各自执行适合本区交通特点的控制方案。这样的独立控制部分称为控制子区。

在一个实际网络中,一方面各个部分交通状况存在较明显的差别,不宜整齐划一地执行同一种信号配时方案;另一方面,确实存在一些不必实行协调控制的连线。于是,在实际工作中,往往以这些不宜协调的连线作为划分控制子区边界的参考依据,即子区边界点基本上均在这些连线上。

4. 信号周期时间的选择

TRANSYT可以自动地为交通网各子区选择一个PI值最低的公用信号周期时长,同时还可以确定哪几个交叉口应当采用双周期。

这种定时脱机系统除不能适应随机的交通变化外,还具有因其配时方案是根据当时的交通量配定的,而交通增长后,原配时方案就不能适应,也就"老化"了,重配方案,又需做大量调查的缺点。但由于这种系统不需大量设备、投资低、容易实施,所以交通增长已趋稳定的地区,还是乐于选用这种系统。

早期开发的TRANSYT系统,在优化配时时,对于饱和及超饱和交通的控制具有一定的局限性,主要是:

（1）在一个周期内模拟交通从上游向下游的运动时，从上游信号释放的交通流，最终变成下游信号的输入，模型假定所有车辆均在停止线上，它不考虑未被下游释放的车辆。

（2）在随机延误的计算中，与这些多余车辆相关的附加延误，没有完全考虑在模型中。

（3）在下游节点不考虑随机延误，因为假定预期的车辆是全部到达的。

（4）模型不考虑车队的物理延伸，即从多余车辆增加所形成的延伸。因此，没有考虑倒流现象。

针对上述问题，荷兰对TRANSYT作了改进，使其能处理饱和及超饱和情况。类似的改进已加入TRANSYT 8及其以后的新版本中。对于饱和及超饱和情况的处理，采用的方法是在TRANSYT中加入一个新的功能，使用户能够为指定的连线确定一个车队长度极限，然后，信号优化器去寻找方案，此方案很少有可能使最大车队长度超过预先设定的位置。实现的方法就是在性能指标（PI）中加入一个惩罚系数，一旦信号配时使车队长度超过预定的极限，将使PI值增大，优化器寻求新的配时方案。

第三节　自适应式联机操作系统

由于定时式脱机操作系统具有不能适应交通随机变化的缺点，人们便进一步研究能随交通变化自动优选配时方案的控制系统。随着计算机自动控制技术的发展，交通信号网络的自适应控制系统就应运而生。英国、美国、澳大利亚、日本等国家作了大量的研究和实践，用不同的方式建立了各有特色的自适应控制系统，归纳起来就是方案选择式与方案形成式两类。方案选择式控制系统的基本原理、方法与线控制系统的一样，不再重复。另外有一种以方案选择式优选配时方案与单点感应控制作调整相结合的控制系统，这种系统以SCATS为代表。方案形成式则以SCOOT为代表。下面简要说明它们的基本原理与方法。

一、SCATS

SCATS（Sydney Co-ordinated Adaptive Traffic System）是一种实时自适应控制系统，由澳大利亚开发。20世纪70年代开始研究，80年代初投入使用。

SCATS的控制结构为分层式三级控制，三级控制为中央监控中心→地区控制中心→信号控制机。在地区控制中心对信号控制机实行控制时，通常将每1~10个信号控制机组合为一个"子系统"，若干子系统组合为一个相对独立的系统。系统之间基本上互不相干，而系统内部各子系统之间，存在一定的协调关系。随交通状况的实时变化，子系统既可以合并，也可以重新分开。三项基本配时参数的选择，都以子系统为核算单位。

中央监控中心，除了对整个控制系统运行状况及各项设备工作状态作集中监视以外，还有专门用于系统数据管理库的计算机。对所有各地区控制中心的各项数据以及每一台信号控制机的运行参数作动态储存（不断更新的动态数据库形式）。交通工程师不仅可以利用这些数据作系统开发工作，而且全部开发与设计工作都可以在该机上完成（脱机工作方式）。

SCATS在实行对若干子系统的整体协调控制的同时，也允许每个交叉口"各自为政"地实行车辆感应控制，前者称为"战略控制"，后者称为"战术控制"。战略控制与战术控制的有机结合，大大提高了系统本身的控制效率。SCATS正是利用了设置在停止线附近的车辆检测装置,才能这样有效、灵活。所以,实际上 SCATS 是一种用感应控制对配时方案可作局部调整的方案选择系统。

下面简要介绍 SCATS 优选配时方案的各主要环节。

1. 子系统的划分与合并

SCATS 对子系统的划分,由交通工程师根据交通流量的历史及现状数据与交通网的环境、几何条件予以判定,所定的子系统就作为控制系统的基本单位。在优选配时参数的过程中,SCATS 用"合并指数"来判断相邻子系统是否需要合并。在每一信号周期内,都要进行一次"合并指数"的计算,相邻两子系统各自要求的信号周期时长相差不超过 9s 时,则"合并指数"累积值为 +1,反之为 -1。若"合并指数"的累积值达到"4",则认为这两个子系统已经达到合并的"标准"。合并后的子系统,在必要时还可以自动重新分开为原先的两个子系统,只要"合并指数"累积值下降至零。

子系统合并之后,新子系统的信号周期时长将采用原先两个子系统所执行的信号周期时长中较长的一个,而且原先两个子系统中的另一个随即放慢或加快其信号周期的增长速度,直到这两个子系统的"外部"绿时差方案得到实现为止。

2. SCATS 配时参数优选"算法"简介

SCATS 以 1~10 个交叉口组成的子系统作为基本控制单位。在所有交叉口的每一进口道上都设置车辆检测装置,传感器(例如电感线圈)分设于每条车道停止线后面。根据车辆检测装置所提供的实时交通数据和停止线断面在绿灯期间的实际通过量,算法系统选择子系统内各交叉口的公用周期时长、各交叉口的绿信比及绿时差。考虑相邻子系统有合并的可能,也需为它们选择一个合适的绿时差(即子系统外部的绿时差)。

作为实时方案选择系统,SCATS 要求事先利用脱机计算的方式,为每个交叉口拟订四个可供选用的绿信比方案、五个内部绿时差方案(指子系统内部各交叉口之间相对的绿时差)以及五个外部绿时差方案(指相邻子系统之间的绿时差)。信号周期和绿信比的实时选择,以子系统的整体需要为出发点,即根据子系统内的关键交叉口的需要确定公用周期时长。交叉口的相应绿灯时间,按照各相位饱和度相等或接近的原则,确定每一相位绿灯占信号周期的百分比。不言而喻,随着信号周期的调整,各相位绿灯时间也随之变化。

SCATS 把信号周期、绿信比及绿时差作为各自独立的参数分别进行优选,优选过程所使用的"算法"以所谓"综合流量"及"饱和度"为主要依据。

1) 饱和度

SCATS 所使用的"饱和度"(DS),是指被车流有效利用的绿灯时间与绿灯显示时间之比。DS 和 g' 的计算分别如式(13-4)和式(13-5)所示:

$$\text{DS} = \frac{g'}{g} \tag{13-4}$$

$$g' = g - (T - th) \tag{13-5}$$

式中:DS——饱和度;

g——可供车辆通行的显示绿灯时间总和,s;

g'——被车辆有效利用的绿灯时间,s;

T——绿灯期间,停止线上无车通过(即出现空当)的时间,s;

t——车流正常驶过停止线断面时,前后两辆车之间不可少的一个空当时间,s;

h——必不可少的空当个数。

参数 g、T 及 h 可以直接由系统提供。

2) 综合流量

为避免采用与车辆种类(车身长度)直接相关的参量来表示车流流量,SCATS 引入了一个虚拟的参量"综合流量"来反映通过停止线的混合车流的数量。综合流量 q' 是指一次绿灯期间通过停止线的车辆折算当量,它由直接测定的饱和度 DS 及绿灯期间实际出现过的最大流率 S 来确定,见式(13-6)。

$$q' = \frac{\text{DS} \times g \times S}{3\,600} \tag{13-6}$$

式中:q'——综合流量,辆;

S——最大流率,辆/h。

3. 信号周期时长的选择

信号周期时长的选择以子系统为基础,即在一个子系统内,根据其中饱和度最高的交叉口来确定整个子系统应当采用的周期时长。SCATS 在每一交叉口的每条进口车道上都设有车辆检测器,由前一周期内各检测器直接测定出的 DS 值中取出最大的一个,并据此定出下一周期内应当采用的周期长度。

为了维持交叉口信号控制的连续性,信号周期的调整采取连续小步距方式,即一个新的信号周期与前一周期相比,其长度变化限制在 ±6s 之内。

在每一子系统范围,SCATS 要求事先规定信号周期变化的四个限值,即信号周期最小值 $C_{\min}$,信号周期最大值 $C_{\max}$、能取得子系统范围内双向车流行驶较好连续性的中等信号周期时长 C_s 以及略长于 C_s 的信号周期 C_x。在一般情况下,信号周期的选择范围只限于 $C_{\max}$ 与 C_s 之间,只有当关键位置上的车辆检测器所检测到的车流到达量低于预定限值时,才采用小于 C_s 乃至 $C_{\min}$ 的信号周期值。高于 C_x 的信号周期值是要由所谓"关键"进口车道上的检测数据(DS 值)来决定选用的。这些关键车道是饱和度明显高于其他车道,需要较多绿灯放行时间,因而需要从信号周期的加长得到"优惠"的那些车道。

4. 绿信比方案的选择

在 SCATS 中,绿信比方案的选择也以子系统为基本单位。事先为每一交叉口都准备了四个绿信比方案供实时选择使用。这四个方案分别针对交叉口在可能出现的四种负荷情况下,各相位绿灯时间占信号周期长度的比例(通常表示为百分数)。每一绿信比方案中,不仅规定各相位绿灯时间,同时还要规定各相位绿灯出现的先后次序。不同的绿信比方案中,信号相位的次序也可能是不相同的。这就是说,在 SCATS 中,交叉口信号相位的次序是可变的。

在 SCATS 的绿信比方案中,还为局部战术控制(即单位交叉口车辆感应控制方式)提供多种选择的灵活性。受车流到达率波动影响,某些相位按既定绿信比方案享有的绿灯时间可能有富余,而另外一些相位分配的绿灯时间又可能不足。因此,在不加长和缩减信号周期时长的情况下,有可能也有必要对各相位绿灯时间随实时交通负荷变化作合理的余缺调剂。这就要求在绿信比方案中对可能采用的调剂方式作出具体规定。在某些交叉口,可能有些相位的绿灯时间不宜接受车辆感应控制的要求而缩短,那么也要在方案中特别注意这些相位的绿灯时间只能加长不能缩短。

绿信比方案的选择,在每一信号周期内都要进行一次,其大致过程如下:在每一信号周期内,都要对四种绿信比方案进行对比,对它们的"入选"进行"投票"。若在连续三个周期内某一方案两次"中选",则该方案即被选择作为下一周期的执行方案。在一个进口道上,仅仅把饱和度最高的车道作为绿信比选择的考虑对象。

绿信比方案的选择与信号周期的调整交错进行。两者结合起来,对各相位绿灯时间不断调整的结果,使各相位饱和度维持大致相等的水平,就是"等饱和度"原则。

5. 绿时差方案的选择

在 SCATS 中,内部、外部两类时差方案都要事先确定,并存储于中央控制计算机中。每一类包含五种不同的方案。每个信号周期都要对绿时差进行实时选择,其具体步骤如下:

五种方案中的第一方案,仅用于信号周期时长恰好等于 $C_{\min}$ 的情况;第二方案,仅用于信号周期满足 $C_s < C < C_s + 10$ 的情况;余下的三个方案,则根据实时检测到的"综合流量"值进行选择。连续五个周期内,有四次当选的方案,即被选为付诸执行的方案。对于每一有关的进口道,都要分别计算出执行三种绿时差方案(第三、四、五方案)时该进口道能够放行的车流量及饱和度。实质上,这与最宽通过带方法相似,SCATS 是对比上述三种方案所能提供给每一条进口道的通过带宽度。当然,所能提供的通过带宽度越大,说明这一方案的优越性越明显。

"外部"绿时差方案,也采用与"内部"方案相同的方法选择。

二、SCOOT

SCOOT(Split-Cycle-Offset Optimization Technique)即"绿信比-信号周期-绿时差优化技术",是一种对交通信号网实行实时协调控制的自适应控制系统。由英国 TRRL 于 1973 年开始研究开发,1979 年正式投入使用。

SCOOT 是在 TRANSYT 基础上发展起来的,其模型及优化原理均与 TRANSYT 相仿。不同的是,SCOOT 是方案形成方式的控制系统,通过安装于各交叉口每条进口道最上游的车辆检测器所采集的车辆到达信息,联机处理,形成控制方案,连续地实时调整绿信比、周期时长及绿时差三参数,使之同变化的交通流相适应。SCOOT 优化采用小步长渐近寻优方法,无须过大的计算量。此外,对交通网上可能出现的交通拥挤和阻塞情况,SCOOT 有专门的监视和应付措施。它不仅可以随时监视系统各组成部分的工作状态,对故障发出自动报警,而且可以随时向操作人员提供每一个交叉口正在执行的信号配时方案的细节情况、每一周期的车辆排队情况(包括排队队尾的实际位置)以及车流到达图式等信息,也可以在输出终端设备上自动显示这些信息。

现有 SCOOT 采用的是集中控制结构,难免具有结构上的缺点。在比较大的控制范围内,以改用分层控制结构为宜。

下面简要介绍 SCOOT 优选配时方案的各主要环节。

1. 检测

1)检测器沿车道的横向布设

SCOOT 使用环形线圈式电感检测器实时地检测交通数据。为避免漏测和复测,线圈采用

2m×2m方环形。在路边不允许停车的情况下,检测器可埋在车道中间。所有车道都要埋设检测器,一个检测器检测一条或两条车道,两条车道合用一个检测器时,检测器可跨在分道线中间。

2)检测器沿车道的纵向布设

SCOOT通过实时检测达到能实时预测停止线上的"到达"图式,预测PI的目的,所以检测器的合适位置是设在距停止线相当距离的地点,一般希望设在上游交叉口的出口,距下游停车线尽量远。选择设置检测器地点时,要考虑下列因素:

(1)当两交叉口间有支线或中间出入口,且其交通量大于干线流量的10%时,尽可能把检测器设在该支线或中间出入口的下游,否则需在支线或出入口上设置补充检测器。

(2)检测器应设在公交车停靠站下游,避免其他车辆因绕道而漏测。

(3)检测器应设在人行横道下游。考虑车辆通过检测器的车速要求基本上等于该路段的平均车速,检测器距人行横道至少应30m。

(4)检测器距下游停止线距离至少相当于行车时间为8~12s的路程或一个周期内车辆最大排队长度。

这样设置检测器的好处有以下几点:

(1)可实时检测当周流量,实时预测到达停止线的周期流量图。

(2)可实时检测当周排队长度,避免因车辆队尾越过上游交叉口而加剧交通堵塞。

(3)可实时检测车辆拥挤程度。

这样设置检测器的缺点是不如设在靠近停止线处能实时检测饱和流量和执行感应控制的功能。

3)车流检测数据的采集

SCOOT检测器可采集的交通数据有以下几个:

(1)交通量。

(2)占用时间及占用率。占用时间即传感器感应有车辆通过的时间;占用率是占用时间与整个周期时长之比。

(3)拥挤程度。用受阻车队的占用率来衡量,SCOOT把拥挤程度按占用率大小分为八级(0~7),称为拥挤系数。拥挤系数有时也作为SCOOT配时优化的目标之一。

为了能准确采集到传感器有车通过与无车通过的时间,采样周期要足够短。SCOOT检测器每0.25s自动采集一次各传感器的感应信号,并作分析处理。

2. 子区

SCOOT系统划分子区也由交通工程师预先判定,系统运行就以划定的子区为依据,运行中不能合并,也不能分拆,但SCOOT可以在子区中有双周期交叉口。

3. 模型

1)周期流量图——车队预测

图式同TRANSYT一样。不同的是SCOOT根据检测器检测到的交通信息(交通量及占用时间)经实时处理后,可实时绘制成传感器断面上的车辆到达周期流量图。然后在传感器断面的周期流量图上,通过车流散布模型,预测到达停止线的周期流量图,即"到达"图式。SCOOT周期流量图纵坐标的单位为lpu(连线车流图单位),是一个交通量和占用时间的混合计量单位,其作用相当于pcu的折算作用。北京SCOOT所定的lpu为一辆小客车相当于17lpu,一辆大汽车相当于32lpu。交通量的计量单位用了lpu,相应地,停止线上的饱和流量的单位也改用 lpu。

2）排队预测

图 13-5 说明了停止线上车辆排队长度预测的基本原理,右上侧是检测器实测的传感器断面上的到达图式,这个图每个周期都在更新;右下侧是停止线断面上预测的排队图。SCOOT 计算机控制着亮红绿灯的时间,因此计算机总知道信号的当前状态,并把在红灯期到达的车辆加入排队行列。绿灯启亮后,车辆以确定的"饱和流率"(事先存储于计算机数据库中)驶出停止线,直到排队车辆全部消散。由于车速、车队离散等都难于精确估算,因此,对预测的排队必须实地检验并给以修正。检验通常用实际观测的车辆排队长度同显示的预测排队长度作对比,例如预测排队长度未到达检测器断面,但实际上检测器已被车辆所占,说明 SCOOT 模型低估了排队长度。

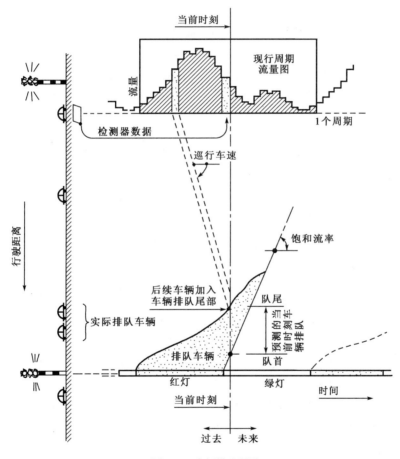

图 13-5　车辆排队预测

3）拥挤预测

为控制排队延伸到上游交叉口,必须控制受阻排队长度。交通模型根据检测的占用率计算"拥挤系数",可以反映车辆受阻程度,同时因 SCOOT 检测器设在靠近上游交叉口的出口道上,因此当检测器测得有车停在检测器上时,表明排队即将延伸到上游交叉口。

4）效能预测

与 TRANSYT 一样,SCOOT 用延误和停车数的加权值之和或油耗作为综合效能指标 PI,但

SCOOT 有时也用"拥挤系数"作为效能指标之一。

从上述的排队预测中，SCOOT 可预测各配时方案下的延误与停车数。

拥挤程度对信号配时优化的影响，随拥挤程度的加剧而增长。在配时优化中考虑降低拥挤程度，把拥挤系数也可列为综合效能指标之一。综合效能指标中取用的指标，应视控制决策而定。例如，在高峰时以降低车辆延误为主要控制目标；在短距离交叉口间，考虑要避免车辆排队堵塞上游交叉口，可把拥挤系数作为控制目标之一。

另外，SCOOT 把饱和度作为优选周期时长的依据，因为饱和度随周期时长的加长（减短）而降低（增加）。饱和度达到100%时，势必发生严重的交通阻塞，所以 SCOOT 控制饱和度不超过90%。

4. 优化

1）优化策略

SCOOT 的优化策略是：对优化配时参数随交通到达量的改变而作频繁、适量的定量调整。适量的调整量虽小，但由于调整次数频繁，就可由这些频繁调整的连续累计来适应一个时段内的交通变化趋势。这样的优化策略是 SCOOT 成功的主要原因之一，它有以下四大优点：

（1）各配时参数的适量调整，不会出现过大的起落，可避免因配时突变而引起车流的不稳定。

（2）由于对配时参数只需作适量的定量调整，大大简化了优化算法，实时运算的自适应控制才可能得到实现。

（3）频繁的调整，可避免对车流作长时间预测的难题。

（4）配时参数每次调整量不大，但因调整频繁而总能跟踪适应交通变化的趋势。

2）优化次序

SCOOT 系统在每次改变信号配时方案前，频繁按此轮流优化周期时间、绿信比与绿时差。

3）绿灯时长优选

绿灯时长优选即绿信比优选，有以下几个要点：

（1）SCOOT 对每个交叉口都单独处理其绿灯时长的优选。

（2）每一相位开始前几秒钟都要重新计算"现行"绿灯时长是否需要调整。

（3）绿灯时长的调整量是 ±4s。

（4）优选绿灯时长，即以调整 ±4s 后的交通效能指标同维持原状的交通效能指标作对比，选其中交通效能指标最小的那个方案。

（5）调整量 ±4s 是下一相位的所谓"周期性调整"，在下一次再要调整时，随正负方向保留 1s 的所谓"趋势性调整"。下一次的调整量，即在保留这 1s 基础上再进行调整 4s，以利于跟踪在一个时段内的交通变化趋势。

（6）SCOOT 定绿灯时长时，还需考虑交叉口总饱和度最小、车辆排队长度、拥挤程度及最短绿灯时长的限制等因素。

4）绿时差优选

绿时差优选有以下要点：

（1）SCOOT 优选绿时差，以子区为单位。

（2）SCOOT 对控制小区内每一个交叉口（无论其相位起始时间是否改变）在每周期前都要作一次绿时差优选运算。

(3)绿时差的调整量也是±4s。

(4)优选绿时差的方法与优选绿灯时长一样,但以全部相邻道路上的 PI 总和最小为优化目标。

(5)优选绿时差,必须考虑短距离交叉口间的排队,避免下游交叉口的排队队尾堵塞上游交叉口的交通,SCOOT 首先考虑这些交叉口间的通车连续性,必要时,可牺牲长距交叉口上信号间的协调(可容纳较多的排队车辆),以保证短距交叉口上不出现排队堵塞上游交叉口的现象。

5)周期时长优选

周期时长优选有以下要点:

(1)SCOOT 优选周期时长以子区为单位。

(2)SCOOT 每隔 2.5~5min 对控制小区每个交叉口的周期时长作一次运算。以关键交叉口的周期时长作控制小区内的公用周期时长。

(3)周期时长优选以控制小区内关键交叉口的饱和度限于 90% 为目标。饱和度小则递减周期时长,可使饱和度上升,降低延误时间以停车率;接近 90% 时,停止降低周期时长;饱和度大则递增周期时长,提高通行能力,可使饱和度下降。

(4)周期时长的调整量为 ±4s 和 ±8s。

(5)SCOOT 在调整周期时长时,同时考虑选择"双周期"信号,如因配"双周期"信号而能使整体 PI 最优,对选定的周期时长可另作调整。

(6)SCOOT 还考虑最短周期时长与最大周期时长的限制。

(7)在周期时长优选中,不考虑交通拥挤系数,所以 SCOOT 系统中,仅在绿信比与绿时差优选中考虑拥挤系数。

为处理饱和或超饱和状态,SCOOT 有专门设计的程序。SCOOT 测量每个连线上的车队长度,当饱和或超饱和情况出现时,通常的优化程序将变得对饱和或超饱和情况下的连线更有利。

为了增加 SCOOT 预防和处理饱和或超饱和情况的功能,SCOOT 的 2.4 版及以后的版本有相应的改进,主要改进如下:

(1)闸门控制

闸门控制的主要目的是限制交通向敏感地区流动,以便防止该地区形成过长的车队或发生阻塞。限制流入敏感地区,而把车队重新分配到能容纳更长车队的道路上。为了实现闸门控制,SCOOT 必须能够修改交叉口的信号配时,这些路口可能离相关区很远甚至可能在另外的子区,闸门逻辑允许把一条或多条连线定义为临界连线或瓶颈连线。闸门连线是被指定为储存车队的连线,如果没有这些连线,瓶颈连线将被阻塞。当瓶颈连线达到一个预定的饱和度时,闸门连线的绿灯要减少。

全部逻辑都包含在绿信比优化器中。对一个瓶颈连线,交通工程师要确定它的临界饱和度,超过这个值预计会发生问题。这个临界饱和度被用来触发闸门算法。后者可能的作用是:如果饱和度小于或等于临界饱和度,而且两次判决皆如此,则闸门不起作用;如果闸门的饱和度大于临界饱和度,而且两次判决都如此,则闸门将起作用。通常是减少闸门连线的绿灯时间。然而,闸门逻辑也可能引起瓶颈下游闸门连线的绿灯时间增加,以便尽快释放闸门连线的车队。所有的改变都要受正常的绿信比优化器的支配(由闸门逻辑所作的判决,假定以 4s 的永久改变代替通常的 1s 的改变)。

(2) 饱和相位差

在饱和条件下,对一条连线相位差的要求,与正常情况下的要求——使连线的延误最小——有所不同。此时的相位差应该这样设定:使得通行能力最大。而当上游交叉口向临界入口显示绿灯时,此连线不会发生饱和。当一条连线被测出饱和时,将强制采取饱和相位差,相位差优化器将把它的优化结果弃而不用。

(3) 利用相邻连线的信息,处理饱和问题

为解决饱和问题,一条连线可把本身的信息和来自另一条连线的饱和信息共同使用,或者仅使用后者。如果一条连线的车队过长,达到上游连线的检测器上,则其上游连线的饱和,可看作由该连线的饱和造成。这时,要把上游连线当作该连线的饱和信息源,而对该连线下游交叉口的配时方案予以调整。

5. SCOOT 系统的更新版

SCOOT MC3(Managing Congestion, Communications and Control) 是 SCOOT 的最新版,其核心软件能安全地使用分组交换通信系统提供的数据,还提供了一个拥堵管理工具,并能通过适当的相位跳跃增强公交车的优先权。

【思考题】

1. 什么是区域交通信号控制?为什么要实施区域交通信号控制?
2. 区域交通信号控制有哪几种类型?各有何特点?
3. 定时脱机控制系统的主要优缺点是什么?
4. 自适应联机控制系统的主要优缺点是什么?
5. 随着自动驾驶车辆的出现,你认为区域交通信号控制系统会有哪些重要的变化?

第十四章
快速道路交通控制系统

为了使在快速道路上的车流能畅通流动,充分发挥投资昂贵的快速道路的功能,对快速道路实行交通控制不仅有必要,而且是必需的。但与此同时,快速道路的运用,将对周围环境有所损害,目前已在考虑采用能保护周围环境的交通控制方式。

快速道路的控制系统主要分为三个部分:
(1) 主线控制系统。
(2) 入口匝道控制系统。
(3) 出口匝道控制系统。

其中使用最广泛的是入口匝道控制系统,本章主要讨论这三种控制系统,并简要介绍快速道路交通异常事件检测与通道监控系统。

第一节 主线控制系统

一、主线控制的作用

快速道路主线控制的作用是:

(1) 取得最佳均匀车速,从而使瓶颈路段的通行能力达到最大。
(2) 一旦因车速或车流密度发生变化而产生冲击波时,可防止汽车追尾冲撞。
(3) 当出现事故或因维修而使主线通行能力受到限制时,可提高快速道路的使用效率。

二、几种控制方法

1. 可变限速控制法

在快速道路上设置可变限速标志,指示随交通状况变化的限制车速,其作用是向驾驶人预告前方交通拥塞或将要通过瓶颈路段,驾驶人应按指示的限速行驶。可变限速标志指示的车速能使车流平稳,车速均匀,从而提高通过瓶颈路段的通行能力。

欧洲国家认为在快速道路上设置可变限速标志具有良好的效果。在英国,所有快速道路上都装备有可变限速标志,速度范围以 16km/h 的增量从 16km/h 变化到 96km/h。一般快速道路的限制车速为 113km/h,此速度是在没有车速标志的情况下制定的。标志间隔在城市地区为 1km,城际地区为 3km。设置可变限速标志后,发现交通事故次数减少了 18%~50%。在德国慕尼黑的萨尔兹堡快速道路 32km 的路段上安装了遥控可变限速标志后,在车速分布和减少事故等方面都取得了良好的效果。

然而,美国底特律的试验表明:驾驶人并不按指示的限速降低车速,除非出现显明的理由;另外,当瓶颈路段上游出现交通拥挤,需要按指示的车速相应降低车速行驶时,可变车速标志对于提高瓶颈路段的临界车速并不明显。在美国,可变限速标志未得到广泛应用。这些事例表明,可变限速控制系统的有效性没有能充分发挥。

2. 车道封闭控制法

美国底特律已试用车道封闭标志来提高快速道路的使用效率。这些标志通常在各车道上用垂直绿箭头表示。如果某车道由于养护作业而需要提前封闭,该车道上面的绿箭头标志就改变为红色"×"标志。这种标志的效果与交通量有关。当交通量小于快速道路的通行能力时,车辆会服从红色"×"标志的指示,并在车道封闭前比平常更早地离开已封闭的车道;当交通量大于快速道路的通行能力时,即使较早地离开了已封闭的车道,在瓶颈路段的通过量也不会有所提高。在高峰期间封闭某条车道,不能期望会带来较大的收效。

3. 可逆车道控制法

快速道路在高峰期间,交通量会出现较大的方向不平衡,这种不平衡在将来若干年内仍会存在,较为合理的解决办法是设计可逆车道。为一条新的快速道路设计可逆车道时,为安全起见,最好将可逆车道与一般车道分开,形成三车道。在匝道与可逆车道连接处,可用水平移动的剪刀式栏栅或垂直吊动的栏栅和可变情报标志加以控制。可变情报标志通告驾驶人该走哪一条车道。

如美国西雅图北部的第 5 号州际干道上的可逆车道控制,其主要特点是:

(1) 在长 12km 可逆路段的末端,是可逆车道和外侧车道之间的转换点,与干线街道系统有 7 个连接点保持直通。

(2) 匝道与可逆车道的连接点,通过水平剪刀门、垂直吊门和可变情报标志控制,可变情报标志通告驾驶人通行方向。

(3) 以上设备可在每个匝道就地控制,也可通过中心控制室遥控。

(4)设置了闭路电视,可从监视中心直接观察到一些匝道地区的情况,电视监视覆盖面积如图 14-1 所示。

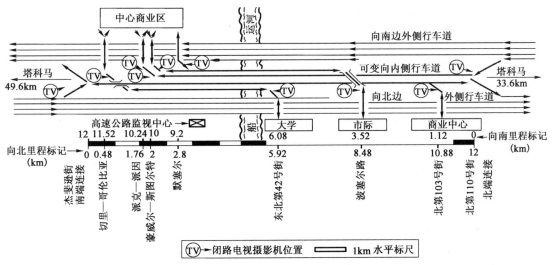

图 14-1　西雅图 12km 可逆内侧车道部分

(5)可逆车道的反向控制是在一周中固定的几段时间内实行,便于使驾驶人习惯于这一系统。

可逆车道的主要优点是比较经济,能有效地利用道路空间和通行权,其设计的主要依据是快速道路上的车流有很大的方向不平衡性,并在未来很长一段时间内持续存在。

快速道路在维修养护期间,或一条车道因严重交通事故而引起车流阻塞时,利用对向(反向)车道作为应急之用是有利的。快速道路如果没有良好的平行干道或街面道路可利用时,应优先考虑使用可逆车道。若可逆车道能保证安全、方便地行驶,就能更有效地被利用为车行道。

第二节　入口匝道控制

一、入口匝道控制的作用

入口匝道控制,一般被认为是快速道路的主要交通控制措施,它的作用是:
(1)减少整个快速道路系统内所有车辆的行程时间。
(2)使交通流量均匀平滑。
(3)消除或减少交会中的冲突和事故。
(4)由于交通流量均匀平滑,车流状况得到改善,因此减少了不舒适感和环境的干扰。

入口匝道控制的作用可以是上述作用中的一个、几个或全部。为了取得良好的控制效果,必须遵循以下条件:
(1)若要求减少行程时间,则应有其他具有通行能力的路线可供选择来为快速道路起到分流作用,否则车辆将被迫阻塞在匝道上,这样就需要在快速道路上游很远的一些匝道寻找入口。另外,也可利用与快速道路连接的沿街道路或平行的干线道路的通行能力。

(2)必须有适当的储备空间可为等待匝道信号的车辆所利用。

(3)为节约行程时间,在快速道路下游出口处必须有可供利用的通行能力存在,否则意义不大。

(4)车流起讫必须适当,不然使用短程快速道路(如1~2km)将意味着车流分散小。

二、入口匝道控制法

入口匝道控制有以下四种方法。

1. 封闭匝道法

在以下情形下考虑匝道封闭:

(1)互通式立交非常接近,交织问题十分严重的地方。

(2)有较多车辆要在匝道上排队,但没有足够长度容纳排队车辆的匝道。

(3)附近有良好的道路可供绕道行驶。

在高峰期间经试用封闭匝道这种控制方法的做法有:人工设置栅栏;自动弹起式栅栏(如洛杉矶已使用);采用"不准驶入匝道"标志(如底特律已使用)。

因后一种方法可能导致违章率增加,因此不建议采用。

封闭匝道这种方式缺乏灵活性,其缺点多于优点,一般不采用。然而,在高峰交通量条件下的一些时间内,封闭入口匝道在美国的某些城市,如洛杉矶、休斯敦等地的使用已获得成功。实际上,封闭匝道对控制交通量的作用极有限,且将引起公众强烈不满。因此,用"调节"来实现匝道控制要比"封闭"来控制匝道优越。

2. 匝道定时限流控制法

这种控制也就是匝道限流调节控制,是采用调节方法限制进入快速道路交通量的一种控制。匝道定时限流控制的目的是为改善快速道路的交通状况或改善车流汇合时的安全性。如果匝道的几何形状合理,则其可能的通行能力为800~1 200辆/h。匝道调节交通量的范围在正常交通量和某个合理最小交通量(180~240辆/h)之间。调节控制用匝道上的交通信号(标准信号或改进型的两灯信号)来实现,按时允许一定数量的匝道车辆驶入快速道路。

定时限流是最简单的控制形式,其精确性与城市交叉口信号相同。这种调节系统主要包括设置在匝道上的一个或两个信号机,时钟传动的控制机和某种形式的标志(这种标志警告驾驶人匝道正在执行限流控制)。如果采用三度盘标准控制器,则信号机可按三种不同速率进行工作,限流率根据快速道路上游交通量、下游通行能力和匝道进入快速道路的交通量而定。

以图14-2为例,已知匝道下游瓶颈的通行能力为7 200辆/h,匝道上游交通需求量为7 000辆/h,匝道交通需求量为600辆/h。要使匝道上的所有车辆都能汇入快速道路车流,则对匝道上游之交通量应限制在6 600辆/h为佳。这样做后,显然将在匝道上游引起交通拥挤或车辆停停开开。为此,应对匝道上之交通量采取限流调节控制。若限流率选择200辆/h,且设置匝道交通量调节系统,那么此快速道路对7 200辆/h的交通需求量是适应的,且产生较好的交通条件。如果认为这种限流率太小,则可以调节其他一些匝道上游的交通量。

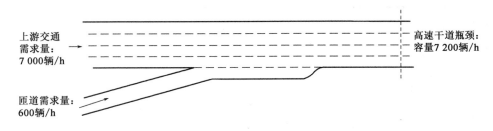

图 14-2 交通需求量超过快速道路瓶颈的例子

上述基本系统的一种改进形式是在信号调节匝道入口装置检测器,当车辆在停止线等候时,信号将转换为绿色,图 14-3 是一种装有检测器的匝道调节系统布置图。如果固定的限流间隔时间已经过去,车辆一经过感应检测器,则信号马上转为绿色。高峰期间,信号灯前通常为排队等待车辆,则系统仍将以定时限流的方式控制。信号灯处的停止线保证在信号显示红灯时不会使车辆离开检测器很远,以致没有机会去激励检测器。如果调节系统按上述方式进行工作,很可能需要对其最小基本限流率加以规定(如每分钟一辆车)。按最小基本限流率工作的信号灯将不需要检测器感应。

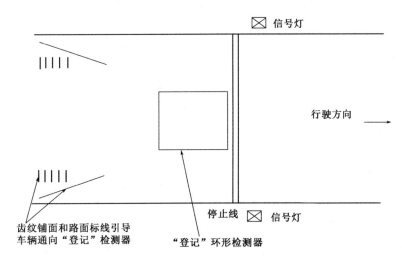

图 14-3 匝道调节系统中的环形检测器布置

信号灯和前置标志的位置取决于匝道的几何形状和逻辑控制的类型,据美国研究,交通信号的较佳安装位置是驶入匝道上游离突出端 61~76m 的地方,而警告标志则应在匝道信号前 61~76m 的地方。

3. 匝道感应交会控制法

在快速道路上和匝道上都装有检测器,以取得交通信息。根据不同的控制方案,通过就地控制器或中心计算机,实施限流控制,限流率可依据交通信息作相应调整。匝道调节可看作对快速道路、匝道和匝道引道上交通监视的一种反应。控制方案的大量变量可根据交通参数的各种组合获得。

各类检测器的安装位置如图 14-4 所示(在大多数装置中,全部检测器不是在任何一个地点都是必需的)。

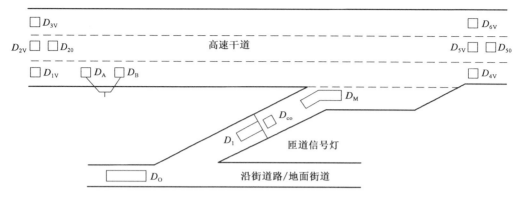

图 14-4 快速道路进口匝道上检测器的位置

D_{1V}、D_{2V}、D_{3V}、D_{4V}、D_{5V}、D_{6V}-快速道路上的交通量检测器；D_{20}、D_{50}-占有率检测器；D_A、D_B-用于测量速度和车辆间隔的存在检测器；D_M-交会区的存在检测器；D_O-等待队列检测器；D_1-"登记"检测器；D_{co}-"检验"检测器

快速道路上的交通量检测器可以是简单的通过型检测器，也可以是最常见、最有用并可用来测量平均速度和占有率的存在型检测器。

D_A、D_B 这两个检测器，相隔大约 6m，它们构成速度检测器，获得的速度数据可以用于设计路肩车道交通的间隙。

D_M 检测器用来检测停在匝道端部和驶入加速车道起始部分的车辆。

D_O 检测器用来检测等待进入快速道路的车队。

D_1 检测器用来检测等候在信号灯前的车辆。

D_{co} 检测器用来检测离开信号灯（停止线）的车辆。

1）交通量-通行能力差额控制

匝道信号控制是以 D_{1V}、D_{2V}、D_{3V} 测得的快速道路交通量与由记录资料确定的下游通行能力（或由 D_{4V}、D_{5V}、D_{6V} 所测得的下游通行能力）相比较为基础的。采用这种控制形式的一种方法是在实时基础上累计通行能力和交通量之间的差值，直到出现通行能力有车辆可利用时，放行匝道上的车辆，控制器再次从零开始累计差值。其他一些方法只是将上游交通量测量值与下游通行能力进行比较，以确定下一个时间间隔的限流率。

2）占有率控制

占有率控制是以匝道上游测得的占有率（一般用第二车道的 D_{20} 测得占有率）作为控制基础。限流率根据与占有率有关的交通参数（交通量和速度）的历史记录资料进行校核作为基础，这些历史记录资料使控制器能够从反映现时情况的占有率测量中选择合适的限流率。

3）路肩车道间隔控制

路肩车道间隔控制仅以路肩车道（仅用 D_{1V} 检测器）测得的交通量作为控制基础。根据 D_{1V} 测得的交通量与已知下游路肩车道通行能力（或根据 D_{4V} 测得的交通量）进行比较，能显示有无为交会车辆利用的间隔，限流率也可相应地配置。

4）可插间隔交会控制

这种控制系统根据快速道路路肩车道检测器 D_A、D_B 对可插车间隔的探测进行工作，可插车间隔是根据快速道路交通条件确定的一个控制参数（临界间隔）。这种方案（图 14-5）还得使从匝道信号前起动车辆的行程时间与到交会区的可插车间隔的移动时间相匹配。

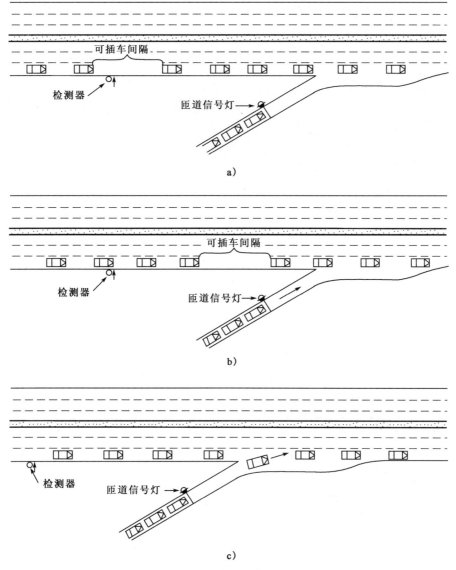

图 14-5　匝道控制的可插车间隔模式
a) 可插车间隔的探测；b) 可插车间隔的投射；c) 车辆汇合

5) 移动交会控制

移动交会控制系统为匝道上的驾驶人提供驶出匝道的连续显示,它显示出车流间隔及间隔与驾驶人之间的关系。马萨诸塞州在波士顿附近设置了两种试验性的显示装置。第一种显示装置如图 14-6 所示,快速道路的可插车间隔由路肩车道检测器确定。驾驶人必须跟随一种移动的"定速"灯,它是一系列间距为 2m 的顺次发光的交通灯,这种灯可引导驾驶人进入一个可插车间隔。第二种显示装置如图 14-7 所示,对于能交会进入快速道路的可插车间隔,以一种或几种速度移动的绿带显示出来,并在匝道入口的一个标志上指示。对于后一种系统,一旦交通量超过一定值,匝道就按定时调节限流控制。若快速道路的几何设计标准较低,致使车流在交会区交会易发生危险,采用这种系统就特别有效。

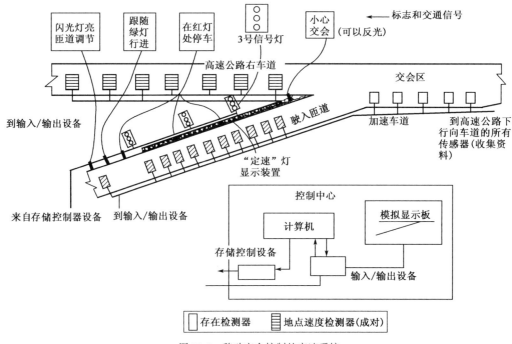

图 14-6 移动交会控制的定速系统

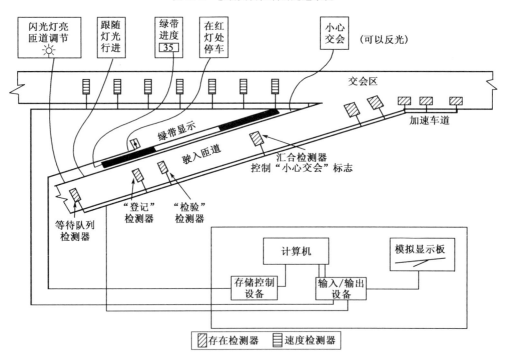

图 14-7 移动交会控制的绿带系统

最后对入口匝道控制的几种控制法作如下几点说明：

(1) 若入口匝道具有良好的加速车道等几何设计，则采用定时调节、交通量-通行能力差额控制或占有率控制系统，可获得良好的经济效果，无须采用可插车间隔或移动交会控制系统。

（2）以占有率为基础的控制系统,用交通量-通行能力差额控制法来限流调节已被证明很有效果。

（3）对因视距不良或加速车道、坡度等道路条件造成车辆交会困难的老式快速道路,采用可插车间隔控制是有利的。

（4）移动交会控制对低标准交会运行的匝道似乎是有利的。

（5）采用单车调节控制的地方,由于信号周期循环需要时间的限制,入口匝道的交通量将不大于800辆/h。

4. 匝道系统控制

将一系列匝道集中起来作为一个整体统一考虑交通控制的系统,称为匝道系统控制。其限流率根据整个系统的交通量与通行能力之差确定。与独立的限流控制相比,匝道系统控制的优点是能够兼顾整个系统。

整体车辆感应限流控制能适应交通量变化要求,使整个系统的车流保持最佳化。若快速道路某段发生交通事故,这种控制就显得特别有效。此时,发生事故的下游匝道,其限流率会自动增加,而上游匝道的限流率会自动减少。

这种控制系统操作复杂,需用中心计算机进行控制。

5. 入口匝道与地面交叉口的协调控制

当入口匝道的长度较短或者匝道与地面道路交叉口距离较近时,入口匝道控制的排队有可能会发生溢流,并最终阻塞地面道路上游交叉口,进而引起地面道路和快速路整个系统运行效率的降低。这种情况下,需要进行地面道路关联交叉口与入口匝道的协调控制,其基本原则包括：

（1）快速路主线车辆优先通行。

（2）避免入口匝道的超长排队影响地面道路的正常运行。

（3）高速道路和关联道路的总体效益最大化。

（4）入口匝道排队溢流时,提前发布诱导策略等引导车辆选择其他路径。

第三节　出口匝道控制

从理论上讲,出口匝道控制可采用如下两种方法：

（1）调节驶离快速道路的车辆数。

（2）封闭出口匝道。

第一种控制方法不是一种有效的方法,唯一有利之处是缓解了接近快速道路交叉口的交通拥挤程度。不过,这将意味着要承担一些交通事故风险,因为在信号灯前停车,车辆急剧减速有发生滑行和造成尾端冲撞的危险,且使等待驶离快速道路之车辆排队从信号灯向后延伸到快速道路上。

美国底特律戴维森—洛奇快速道路上的互通式立体交叉口采用出口匝道调节控制。然而,在这个交叉口上遇到了很多问题,最后的对策是每当匝道的车队有变得过长的危险时,就使匝道信号转变为绿灯。

第二种控制方法可大大减少车辆在该处的交织及随之而来的交通安全问题。特别是一个出口匝道到连接着一个大型互通式立交的沿街道路或者近郊道路的距离较短时(小于0.8km),封闭匝道是一种很实用的解决办法。

封闭出口匝道的缺点是:
(1)大大增加了驾驶人的行车时间及距离。
(2)若使用人工控制的栅栏,或某种形式的自动门,则在高峰期间封闭匝道的费用甚大。
(3)由于限制了出口,将会激起公众强烈的反对。
(4)尾撞事故的可能性大为增加。

此外,为快速疏解出口匝道的排队,还可以通过有针对性地调节地面交叉口的交通管理和信号控制策略,为匝道流出方向提供更高的通行能力,实现出口匝道与地面道路的协调控制,避免因出口匝道排队上溯到主线,引起更大范围的拥堵。

第四节　快速道路交通异常事件监测与通道监控系统简介

快速道路监测系统主要包括检测和排除快速道路交通异常事件(Incident)的监测系统、快速道路的通道监视系统等。以下对这些系统的组成功能作一简略介绍,其检测的基本原理参见第十五章第三节的相关内容。

一、快速道路交通异常事件检测和排除监测系统

1. 交通异常事件的检测

交通异常事件检测系统的目的是要尽早发现发生交通异常事件的迹象,便于及时采取措施,迅速排除可能引发交通异常事件的隐患。检测方法有如下几种。

1)电子监视

使用电子监视检测交通异常事件,要求在快速道路上安装大量的检测器,所用检测器大部分与匝道控制设备所用的检测器相同。快速道路上若同时安装电子监测系统和匝道控制设备,则很多检测器可共用。检测器通过中央计算机连续监测,并根据各检测器的读数,能判断交通异常事件是否发生。这种方法的优点是除了能对整个道路网的交通状况进行连续监测外,还可用来对其他情况包括评价快速道路使用条件改善后(如匝道控制)对交通的影响进行监视。此外,该系统费用较低。其缺点是不能确定交通异常事件的性质,还需进行某种人工跟踪监视。从某种意义上讲,电子监测系统存在"盲区",可能遗漏一些交通异常事件,也可能产生一些假警报。

2)闭路电视

闭路电视能使操作人员在中央控制室直接观察快速道路上设置电视摄影机地段的交通状况,可以迅速确定异常事件发生的时间、性质、要求救助设备的类型、对干道上行车的影响以及排除异常事件应采取的相应措施。这种方法的优点是管理人员仅用这种系统就能辨别整段路上所发生的交通事件,并确定应采取的措施。其缺点是设置费用昂贵;需要经常维修;在最需要监视的恶劣天气里,难以获得清晰的电视图像;因监测工作的疲劳,对可能发生的交通事件会有遗漏。

3) 航空监视

公安交通管理部门和商用无线电测量站采用直升机或小型飞机在高峰时间观察有无因交通异常事件而引起交通瓶颈的问题,通过广播将情报通知驾驶人,并为交通异常事件提供援助。这种方法的缺点是:若监视范围很大(如整个城市),则未必能获得快速情报,也未必能有效迅速地排除事件。好的监视系统应是将航空监视作为电子监视的补充手段。然而该手段较高的运行费用和不能迅速检测事件发生的缺点,将妨碍其广泛应用。

4) 呼援装置和紧急电话

呼援装置和紧急电话之间的主要差别是:紧急电话传送通常的声频信息,而呼援装置发出的是请求各种服务的编码脉冲信息。就提供服务的可信度而言,电话是最理想的。但就安装费而言,呼援装置较低。呼援装置应有一些按钮,其数目应等于可以得到的救护服务项目数。若干道巡逻车接到救护信号需要被调遣到任意出事地点,则呼援装置只需一个按钮。

实践表明,驾驶人救护系统的电话,若安装在驶出匝道前面,当其他驾驶人经过时,他们非常愿意报告遇难驾驶人及交通异常事件的情况,而且这种为驾驶人提供呼援的手段,较其他系统可靠。除巡逻车外的其他交通异常事件检测系统,都做不到这一点。电话安装在快速道路外,将增加路肩使用者的安全性,却给遇难驾驶人带来不便。根据相关研究,呼援装置最理想的安装位置是在路肩边缘 0.61m 范围内。

驾驶人呼援装置的优缺点是:

(1) 此装置在满足驾驶人对救护服务的需求方面非常有效。

(2) 此装置设在城市快速道路路肩边缘,对行人可能不安全。

(3) 紧急电话可用作其他方面的通信,如告知驾驶人道路养护和指向等。

(4) 如有电子监视设备,此装置对驾驶人救护需求帮助不大,但对停在路肩上的车辆(电子探测系统几乎没有利用的可能)仍可提供有用信息。

5) 驾驶人救护合作系统

"FLASH"是"闪光求助"的缩写,它是一种利用驾驶人的互助,报告受难驾驶人需要帮助的监视系统。驾驶人只需按照规定的次数用汽车前照灯发出闪光求助信号,闪光求助监视系统即可接受驾驶人的求助信号。这种系统可以在很宽的光强范围内和不同的气候条件下工作。闪光求助监视系统接受虚假报告的概率很低,虚假报告可能由风窗玻璃上的闪烁阳光产生。这种监视系统的逻辑电路指令警报器只有在特定的时间间隔内接收规定次数的报告时才工作。目前,美国已对这种监视系统的实用性进行了试验,结果证明它的使用效果相当好。现在,闪光求助监视系统已在佛罗里达州投入使用,图 14-8 是这一系统的标准布置图。

这种系统的主要优点是安装和使用费较低,失去行驶能力的驾驶人不需要离开他的汽车便可望获得援助。如果遇险信号能用标准方法表示(如架起发动机盖,或在引人注目的地方系上白色手帕),就可以提高这种监视系统的使用效果。

6) 民用频道无线电话

失去行驶能力的驾驶人可用民用频道无线电话直接在车上报告他的困难情况。如该驾驶人车上没有无线电话,后续驾驶人可协助他呼援。救援机构派出小组到各监听站,以保证求援呼叫信号及遇难者需要的援助类型可迅速被救援小组获得。同时巡逻车将合作完成此项工作,形成驾驶人民用无线电话救援网。这种系统的缺点是设置车载无线电收发机和大量的路边设备及基地站监听设备等的费用很高。

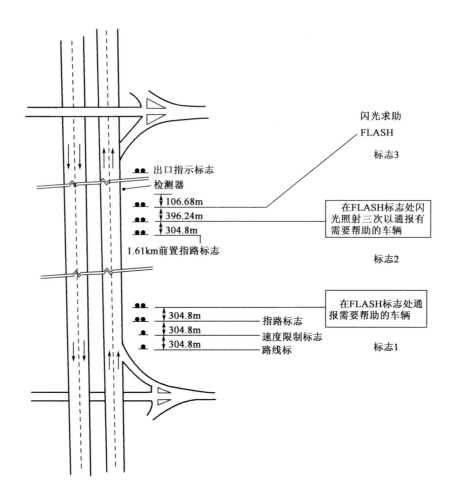

图 14-8 "闪光求助"标志配置的标准位置

2. 交通异常事件的处理

对于交通异常事件的处理,欧美等国是通过干道警察巡逻车、州管理的工程修理篷车和营业服务牵引车来完成的。这些车都有固定的基地站,当收到呼援信号时就出车,或不停地在干道上巡逻,随时应付任何交通异常事件。

1) 干道警察巡逻车

这种车是较常用的形式,其优点是比其他车辆所能提供的服务迅速,能很快到达出事地点。缺点是:

(1) 因受人力和财力限制,巡逻车不可能在管辖范围内的所有干道上 24h 提供服务,它只是集中在特别繁忙的道路上,按一天规定的时间巡逻。

(2) 其他一些业务工作可能限制担任巡逻任务的警察数量。

(3) 很多交通事件的处理可能困扰警察而浪费警察执行其他勤务的时间。

2) 州巡逻车

美国不少州采用优惠服务巡逻车,按定期维护需要(如燃料、机油、水、换轮胎和小修)在路旁提供服务。有些州在选择路线上全年昼夜服务,有些州通过专门装备的警察车或维护工程车服务,有些州与私人维护机构签订合同提供定期服务。

3)营业服务车

营业服务车的效果通常被认为是较好的。美国油料公司创办的救援系统,采用五辆载货汽车和一架直升机在圣地亚哥首都包括五条主要快速道路总长 177km 的区域内于早高峰和下午高峰期间提供免费服务,服务内容有供应汽油、水、机油、更换轮胎及小修等。每辆载货汽车有电话与控制中心和地方警察保持联系。该公司在两年半的营业时间内救援驾驶人已达 35 000人次以上。

这种救援系统由三种检测系统(呼援装置、紧急电话和警察巡逻车)、两种服务系统(警察系统和机修系统)及两种组合车(警察巡逻车和工程维护巡逻车)组成。实践表明,安装间距为 0.4km 的呼援装置和由两个固定的警察车服务以及长为 8km 的快速道路上三辆固定的工程维护车组成的救援系统被认为是较好的救援系统。

二、快速道路的通道监控系统

快速道路的通道以快速道路及其匝道为主体,并由平行于快速道路的邻近干线道路以及有关的横向道路组成。

设置通道监视和控制系统的目的在于通过更有效的交通分配和管理,使得现有快速道路设施获得较充分的利用。因此,除快速道路及其匝道外,特别在下述地方需要进行监视和控制,如快速道路的沿街道路、平行于快速道路的干线街道和平行干线街道之间的横向街道等。最终目的是把城市分割成以快速道路为骨干的向心扇形面,在每个扇形面中实行通道监控,使这种监控与中心地区的城市交通控制系统相协调。因此,整个城市交通处于整体监视和控制之中,如图 14-9 所示。

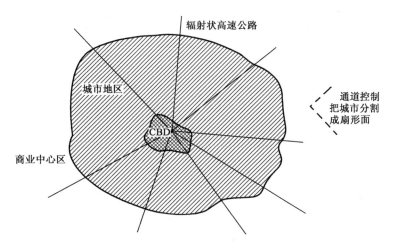

图 14-9 分割城市成扇形面的通道控制

1. 快速道路通道的监控方法

(1)监视快速道路交通。

(2)快速道路交通控制,特别是匝道交通的控制。

(3)沿街道路的控制和监控。

(4)干线街道的控制和监控。

(5) 进入快速道路驾驶人情报系统。
(6) 离开快速道路驾驶人情报系统。

2. 沿街道路的监控方法

沿街道路网除本身构成一个网的作用外,还兼有快速道路和干线干道网的一部分作用,沿街道路可按下述任何一种方法进行控制:

(1) 沿街道路与主要横街交叉,可以按孤立交叉口处理,用局部控制器进行控制。

(2) 如果是连续的沿街道路,可以起主干线的作用,所有交叉口采用联动控制(计算相位差)。

(3) 由于主干线横过沿街道路,并为其他交通要求服务,则沿街道路可起干线道路网的一部分作用。

(4) 当快速道路由于正常的高峰期拥挤,或在高峰期间或非高峰期间发生不可预测的交通异常事件,快速道路不能保证一定的服务水平时,沿街道路可以作为快速道路的分流路线,此时,沿街道路和快速道路匝道应进行协调控制。

(5) 快速道路匝道进行控制时,由于不考虑等待队列长度,可能影响沿街道路交叉口的通行,因此,匝道和沿街道路应进行协调控制。

3. 干线街道的监控方法

干线街道的交通监控,是通过街道检测器的监控和局部控制器的联动来实现的。其采用的技术措施如下:

(1) 使干线街道的交通信号和快速道路的信号协调,从而达到最少的行程时间(或其他标准)。

(2) 快速道路互通式立体交叉上的交通信号与干线横街上的交通信号进行协调控制。

(3) 匝道限流控制与横街交叉口控制的协调,以防止匝道队列横过交叉口。

(4) 在干线街道与通向快速道路匝道的横街相交的路口提供转弯相位,并尽可能用可变交通情报显示相配合。

【思考题】

1. 快速道路交通管理主要针对什么问题?为什么?
2. 针对引起快速道路拥挤的不同原因,快速道路交通管理策略主要有哪几类?
3. 快速道路入口匝道控制有哪几类?各有何特点?
4. 快速道路出口匝道控制应注意什么问题?
5. 快速道路主线控制的主要方法有哪些?
6. 什么是快速道路通道?如何进行快速道路通道监控?
7. 高速公路与城市快速路的交通控制有哪些异同点?

第十五章
智能交通运输系统概论

智能交通运输系统是一个涉及面非常广的概念。随着对这一系统研究的不断深入,人们对于它的认识也在不断深化。智能交通运输系统代表未来交通运输系统发展的方向,覆盖交通运输系统规划、建设、管理与运营的所有环节,智能化交通管理与控制是智能交通运输系统的主要组成部分之一。本章在概要介绍智能交通运输系统的产生背景、定义、发展历史与现状以及主要研究内容的基础上,简要介绍智能交通运输系统中与交通管理及控制密切相关的路线导航系统、交通拥挤收费系统、交通异常(突发)事件管理系统、交通信息服务系统、综合交通管理系统以及 GIS、GPS 等几个子系统。

第一节 智能交通运输系统与交通运输问题

智能交通运输系统(Intelligent Transportation System,ITS),有别于传统的交通治理、改善技术,它是国际上对运用当代高新科技(计算机、信息、通信、自动控制、电子、系统工程等)提高交通运输效率、增强交通安全性的一系列先进技术或技术集成系统(如交通控制与路线导航系统、车辆行驶安全控制系统、交通运输信息服务系统等)的一个统称。"ITS"这一国际术语于 1994 年被正式认定。在此之前,美国曾称这类技术或其研究项目为"智能车辆道路系统"

(Intelligent Vehicle Highway System,IVHS)。在其他国家或地区,对 ITS 也有相应的、但名称不同的研究计划或研究项目,如欧盟的 DRIVE、TELEMATICS、PROMETHEUS、RTT、PROMOTE 等,日本的 CACS、RACS、UTMS、VICS 等,都是 ITS 范畴的科研计划或研究项目;国际标准化组织(ISO)为 ITS 设定的专项叫 ISO/TC-204,其使用的术语是 TICS(Transport Information and Control System)。

作为基础设施,道路交通运输支撑着人们的日常生活和经济活动,对社会发展起着十分重要的作用;然而,不断发生的交通事故、持续的交通拥挤以及交通发展所引起的空气污染和环境破坏也逐渐成为备受关注的严重社会问题。智能交通运输系统被认为是缓解这些问题的极具潜力的方法。发达国家从 20 世纪 60 年代就开始在这一领域从事研究和开发,取得了不少有价值的成果;进入 90 年代后,随着交通问题的深化,ITS 相关技术特别是信息技术的发展以及 ITS 所具有的应用与产业上的广阔前景逐渐为人们所重视,不少国家和地区纷纷投巨资加紧在这一领域展开全面的研发与试验,并相继出台国家 ITS 发展战略或计划,推动和协调本国或地区 ITS 的开发和实施,力图在 20~30 年内实现 ITS 的主要目标。尽管每个国家或地区发展 ITS 的初衷并不完全相同,但最终大家都意识到发展 ITS 可以达到以下一些目的:改善运输系统面貌;促进相关产业的发展和科技成果的应用;保护和改善环境。可以预见,随着科学技术的进步和人们观念的转变,以信息化社会为背景的智能交通运输系统将成为 21 世纪交通运输发展的历史性潮流。

经过 20 多年的发展,各国在 ITS 领域已建立了比较完整的技术体系并广泛应用,逐渐形成了具有各自特色的 ITS 框架,包括逻辑框架、物理框架以及主要应用服务领域。ITS 大会的主题和热点反映出了 ITS 的发展动态,覆盖了从数据管理到自动驾驶,以及从城市宜居到绿色出行等多个方面。随着新一代信息技术如云计算、物联网、移动互联、大数据和人工智能的迅速发展,这些技术逐渐与交通系统融合,引发了智能交通系统技术内涵的演进变化,将 ITS 推向了"新一代智能交通系统"的发展阶段。新一代智能交通系统的主要特点是网联化和协同化,其发展仍在不断进行,新技术与交通系统深度融合彰显交通系统未来发展趋势。预计 2025—2030 年,我们将迎来以数智化和自动化为代表的下一代智能交通系统。

第二节 智能交通运输系统主要研究内容

智能交通运输系统(ITS)研究开发内容十分广泛。从各国/地区已(正)研发 ITS 的项目看,凡应用当代信息技术等高新科技可达到改善交通运输状态目的的项目都可纳入 ITS 的研发范畴。

各国/地区按项目的功能不同,把 ITS 的研发项目划分为若干分项目(或分系统)。尽管各国/地区划分分项目的方法与名称不一样,但是随着频繁的学术、技术交流,各国/地区研究 ITS 的内容在总体上已渐趋一致。表 15-1 所列的是各国/地区研发 ITS 分项目名称的对照,其中,美国起初的 ITS 各分项目的名称是从 IVHS 演变过来的,在表中所对应的是 ITS-1 一列,表中所列的 ITS-2 一列各分项目的名称是目前美国 ITS 最新的各分项目名称。

美国、日本、欧盟研发 ITS 计划中分系统名称及变迁对照
（研发内容相似的分系统列在同一行内）

表 15-1

美国			日本		欧盟	
IVHS	ITS-1	ITS-2	UTMS	ITS	DRIVE Ⅱ	TELEMATICS
先进交通管理系统（ATMS）		出行和运输管理(TTM)	集成交通控制系统（ITCS）动态路线导航系统（DRGS）	交通管理最适化（OTM）道路管理效率化（ERM）导航系统高度化（ANS）	城市交通综合管理	交通管理与控制
先进出行者信息系统（ATIS）			先进车辆信息系统（AMIS）		交通与旅行信息	
					交通需求管理	
			环境保护管理系统（EPMS）			
自动道路系统(AHS)						
先进车辆控制系统（AVCS）	先进车辆安全（AVS）	车辆运行控制系统（MOCS）	安全运行支援（ASD）	驾驶人援助与协作驾驶	车辆控制	
商用车运行管理系统（CVOS）	商业车辆运行（CVO）		商用车高效化（ECVO）	货运交通及其车队管理		
	先进公交运行系统（APTS）	公共交通运输管理（PTM）	公交优先系统（PTPS）	公共交通支援（SPT）	公共交通管理	
	先进市际交通系统（APTS）				城际交通综合管理	
		电子收费（EP）		电子收费系统（ETCS）		
				步行者支援(SP)		
		紧急情况管理（EM）		紧急车辆运行支援（SEVO）		
		信息管理（IM）				
		养护和施工管理(MCM)				

以下按美国 ITS 分项目分类介绍其 8 个分系统 32 项研究内容。

1. 出行和运输管理系统

该分系统包括 10 项主要内容：

（1）出行前旅行信息。出行前的信息是指出行者出发前在家中、工作地和其他地方所获得的出行实时信息，如公共交通线路、时间表、换乘和票价等，另外还有城市间长途出行和休假出行信息，以及实时的交通事故信息、线路变动和线路行车速度等信息。该系统可为出行者提供这些信息，从而选择最佳路线、出行方式、出发时间或决定是否要出行等。

（2）途中驾驶人信息。该系统包括驾驶人的途中引导系统和车内标志系统。驾驶人的途中引导系统主要为驾驶人提供实时的交通流状况、交通事故、建筑情况、公共交通时刻表、气候条件等信息。利用这些信息，驾驶人可以选择最佳的行驶路线，出行者可以在中途改变其出行

方式。车内标志系统主要提供与路上实际标志相同的车内标志,也可以包括道路条件的警告标志和一些特殊车辆的安全限速标志等,这一服务内容特别适合于老年人和在旅游区、危险道路条件下的驾驶人。

(3) 路线导航。该系统可以为出行者提供实时的交通信息和到达目的地的最佳行驶路线,使出行者遵循最佳的行驶路线以最短出行时间到达目的地。该系统不仅适用于机动车辆,对行人和自行车也有同样的作用,可以借用手提式设备获得最佳的行驶路线。

(4) 合乘车和预定车。该系统可以非常方便地提供合伙乘车和预定车辆信息,这样可以减少小客车的交通流量,缓解交通拥挤和减少交通事故的发生,这不仅对工作出行的人有利,而且为老年人和残疾人提供了极大的方便。

(5) 出行者服务信息。该系统可以为出行者提供服务信息,如出行者到达目的地的位置、工作时间、食物供应情况、停车场、车辆修理站、医院和交通警察办公室的情况。通过这个服务系统,出行者不管在家、办公室或其他场所均可得到相应信息。

(6) 交通控制。该系统为高速公路和城市道路提供一个自适应的智能交通控制系统,从而改善交通运行状况;为公交车辆提供优先权,以缓解所有机动车辆的交通拥挤问题。另外,此系统还可以提高行人和自行车的交通安全性。该系统还设有先进的交通流量监控装置和分析技术,以确定交通量的最佳分配方案和实时的交通信息。

(7) 交通异常(突发)事件管理。该系统帮助管理和急救机构迅速确认交通突发事件并作出响应,最大限度地减少突发事件对交通的影响。

(8) 交通需求管理。该系统通过制定运输需求管理和控制政策,提高整个运输系统的效率,在更大的范围内为出行者提供机动性,减少个人单独开车工作出行的数量,并为欲提高出行效率的人员提供更多的备选出行方式。

(9) 车辆排放物的测试和缓解。该系统采用先进的车辆排放物检测设备进行空气质量监控,并采用一系列措施控制污染。

(10) 道路-铁路交叉口管理。该系统用以控制道路-铁路交叉口车辆速度以及管理进入道路-铁路交叉口的各种车辆、自行车、行人。

2. 先进车辆安全系统

该分系统共包括 7 项研究内容:

(1) 避免纵向碰撞。该系统的主要目的是减少车辆间的首尾相撞、车辆与人和物相撞,随时提醒驾驶人避免碰撞发生。

(2) 避免侧向碰撞。为防止车辆离开道路而产生的车与车、车与物的碰撞,该系统设置的监控器可以观察到驾驶人看不到的地点,同时警告驾驶人避免即将发生的碰撞。

(3) 避免交叉口的碰撞。该系统可以警告驾驶人以防止在逼近和穿过交叉口时发生的碰撞,在交叉口通行权不清楚的情况下,提醒驾驶人小心驾驶。

(4) 扩展视野防止碰撞。改善驾驶人的视野,使其避免潜在性的碰撞。该系统还可以帮助驾驶人看清交通标志和信号。

(5) 碰撞前的预防措施。为了保证乘客的安全,在不可避免碰撞的情况下,该系统提供预先应采取的一些措施,防止人员伤亡。

(6) 安全预报系统。该系统能实现对驾驶人、车辆、道路状况的预报,例如:装在车内的监测器,在驾驶人瞌睡时,警告他(她)注意行车安全。

(7)自动化的公路系统。该系统能提供一个全面自动化的运行环境,实际上是创造一个智能的运输系统。这个系统不仅要求在路面上安装自动化设备,在车上也要安装先进的设备,以保证在某些情况下实现自动化操纵。

3. 商业车辆运行系统

该分系统共包括6项研究内容:

(1)商业车辆的电子通关。该系统要求货车和公交车装有无线电接收装置,确定主要行驶路线的车辆行驶速度和装载质量,以确保车辆的行驶安全。

(2)路边自动安全检查。该系统为车辆和驾驶人提供一个实时的安全检查途径,它可确定哪台车辆应该停车受检。整个系统通过传感器和诊断装置对车辆性能等进行检查。

(3)车载安全监控系统。该系统能自动监控商业车辆、货物和驾驶人的安全状况。

(4)商业车辆行政管理程序。该系统以电子手段办理注册手续,自动记录里程、燃料消耗报告和检查账目等。

(5)危险品应急响应。该系统可以为执法人员提供及时准确的危险品种类信息,使其能在紧急情况下作出适当处理,从而控制危险,避免事故的发生。

(6)商业车队管理。该系统可为驾驶人、调度员和各种交通方式联运管理人员建立通信联系,利用实时信息确定车辆的位置,并使车辆在非拥挤道路上列队行驶。车队可以利用ITS技术使运输车辆运行更加有效、可靠。

4. 公共交通运输管理系统

该分系统共包括4项研究内容:

(1)公共交通管理。该系统为改善公共交通运输管理,应用计算机技术对车辆及设施的技术状况和服务水平进行实时分析,实现公交系统运营、规划及管理的自动化。

(2)途中换乘信息。该系统可为使用公共交通运输方式的出行者提供实时准确的中转和换乘信息,帮助出行人员在途中根据需要作出及时的换乘决定并调整出行计划。

(3)个体的公交运输(灵活的公交车辆)。该系统可以满足个人非定线或准定线的公共交通运输需求,为乘客提供非常方便的服务。

(4)公共交通运输安全。该系统为公共交通的乘车人员和驾驶人提供一个安全的运输环境。实际上本项服务是为客运站、停车场、公交车站及途中行驶的公交车提供环境安全监控系统,并且在必要时自动或人工发出警报,提高驾驶人和乘客的安全性。

5. 电子收费系统

电子收费系统是为用户支付通行费、车票费、存车费等提供的一种通用电子支付手段,实现收费和支付的自动化,从而推动多式联运的发展。该系统利用"智能卡"或其他技术形成一种通用的支付服务体系。它是可以真正允许个人通过同一媒体进行财务结算的多功能系统。在条件成熟时,电子收费系统能以其电子支付的灵活性为出行需求管理提供便利,提高出行需求管理部门对采用运价政策影响人们的出发时间及出行方式选择的控制能力。

6. 紧急情况管理系统

该分系统共包括2项研究内容:

(1)紧急情况通报和个人安全。该系统包括两个功能:一是保证驾驶人和其他人员的安全;二是自动通报系统在危险事故发生后,会使车辆自动制动并通知救援机构。

(2)紧急情况车辆管理。该系统采用公共安全管理机构同车队管理部门共同管理。当事件发生后,车队管理部门可以确定紧急车辆的当前位置,并且帮助调度人员尽快派出救援车辆。当道路交通信号设有紧急事故的优先处理系统时,路线引导系统也可以直接指示交通事故发生的确切位置。

7. 信息管理系统

该分系统主要提供资料存档功能。它具有控制 ITS 的资料存档与分布、操纵资料管理以保证资料的完整性、提供资料的输出与修正、历史资料的自动存档与永久保存等一系列功能。

8. 养护和施工管理系统

该分系统为养护和施工道路的管理提供支持。它具有养护、施工作业车队的管理;养护、施工期间的道路交通管理;作业区的安全管理;养护、施工期间道路交通状况通告等功能。

以上 ITS 研发内容中,有些分系统不属本课程讨论范围。以下择要介绍出行和运输管理系统中与交通管理与控制有关的几项研发项目,包括路线导航系统、交通控制系统(参见第十章~第十三章)、交通拥挤收费系统、交通异常(突发)事件管理系统、交通信息服务系统和综合交通管理系统。

第三节　智能交通运输系统的几个子系统简介

一、路线导航系统

路线导航系统,一般是指用计算机根据道路网络上各条道路的交通状况,给出行车辆提供"最佳路线"的导航信息,使之能避开交通拥挤严重的路线,改行交通比较稀松的路线,以最短的时间到达目的地,并实现路网整体交通流优化的一种交通信息发布系统的统称。

1. 研究路线导航系统的来由及预期功能

1) 自适应信号控制系统的局限

"自适应交通信号控制系统"的运用实践证明,这种系统确能提高信号交叉口的行车效率,对于缓解城市道路上的交通拥挤确有一定的效果;但运用实践也表明,这种信号控制系统只有在到达交叉口的车辆不超过交叉口可正常通过数量的限度内能够见效,当到达车辆超过这个限度时就不能见效;而这种信号控制系统又恰恰只能使到达交叉口的车辆较为顺利地通过交叉口,却没有能力使大量的车辆不拥向交叉口。因此,这种信号控制系统缓解交通拥挤的能力有限。

2) 路线导航系统的研究

为弥补信号控制系统的不足,人们就进一步思考能够不使大量车辆拥向交叉口的方法。经对城市道路网上的交通拥挤状况作整体的考察与分析,人们发现常发性拥挤经常发生在某些路线的某些交叉口上,或从这些交叉口转移到另外一些交叉口。但从路网整体上考察,在同一时刻,并非全市所有的路线、交叉口全都处于相同的拥挤程度;在某些路线、交叉口严重拥挤的同时,另外总还有交通比较稀疏的路线、交叉口。偶发性拥挤更是偶然发生在个别路线、交叉口上。人们就研究能够把到达拥挤路线的车辆引导到稀疏路线上的方法,使全市所有的交通能够在所有的道路上均衡地分布而缓解某些道路的拥挤程度;同时,也可使各交叉口到达的车辆数不致超过其能正常通过数量的限度,以确保交通信号控制系统能够有效运行。这就是路线导航系统或车辆导航系统研究的由来。

路线导航系统(Route Guidance System,RGS)或车辆导航系统(Vehicle Navigation System,VNS)是两个不同的名称,它们的功能也略有差异。路线导航系统的功能主要是为个别出行者(用户)寻找最优路线;车辆导航系统的功能主要是帮助交通管理者实现路线网交通流优化。前者偏顾出行者利益,对路线网整体交通不一定有利,即不一定有系统利益;后者着重路网整体交通的系统效益,对个别用户不一定有利。深化研究表明:路线导航系统和车辆导航系统都既是一种"服务"设施,又是一类"管理"措施,其实质是要通过交通信息的发布,改变出行者的走行路线,缓解路网整体系统的交通拥挤程度,既要考虑路网整体系统效益,又不能损害个别用户效益,否则没有人愿意使用这种"服务"设施。因此,在研究导航系统的策略上,要考虑缓解路网整体系统效益与用户效益之间的矛盾,研究能兼顾路网系统与用户效益的导航策略。这里,把运用这种策略的系统,统称为路线导航系统。

3)路线导航系统与信号控制系统的集成

路线导航系统能够引导车辆避开拥挤交叉口,不超量拥向拥挤交叉口,弥补交通信号控制交叉口的不足。但是,路线导航系统与交通信号控制系统不同,信号控制系统的红绿灯所发出的信息是具有法律效应的指令性信息,遇红灯,任何车辆是不能不停车的;而路线导航系统所发出的路线导航信息是咨询性的信息,不具法律效应,可以不遵照导航路线行驶。因此,路线导航系统还必须依赖信号控制系统维持交通通行秩序,而信号控制系统可在路线导航系统相助下,大大提高缓解路网交通拥挤的效力。所以,路线导航系统与信号控制系统两者必须要集成为一个系统——交通路线导航与控制系统,才能充分发挥它们缓解交通拥挤的功效。

4)路线导航系统的预期功能

预期路线导航系统是这样一种系统:它能时刻测知路上交通状况的变化,根据交通状况的变化,用各种方法给出行者(即"用户")在出行前就提供哪些路线交通稀疏、哪些路线交通拥堵的信息;甚至给在途中的出行者通报哪里发生了交通事故引起交通堵塞、可从哪条路线绕行等信息,指引出行者避开交通拥挤路线,选择一条能够畅通的路线,使出行者能以最短的时间到达目的地。同时,导航系统把车辆从拥挤路线导航到疏松路线而使路网上交通均衡分布,缓解路网交通拥挤。也因其能使出行者避免盲目陷入交通堵塞行列而缓解路上交通拥堵的严重程度,因此减轻了因交通拥堵而引起的交通废气污染环境的严重程度。

2. 路线导航系统的类别

随着路线导航系统研究工作的进展与各方面研究思路的不同,出现了各种类型的导航系统。

1)按检测交通状况信息的不同分类

(1)静态路线导航系统

静态路线导航系统,作为导航系统依据的路网交通状况信息来自实时检测的交通状况或配以历史数据库的交通状况。这是早期研究的路线导航系统,如美国早期研究的"电子路线导航系统(ERGS)"。深化研究发现这种导航系统会发生误导而失效后,动态路线导航系统的研究纷纷展开。

(2)动态路线导航系统

动态路线导航系统,作为导航系统依据的路网交通状况信息来自实时预测的交通状况或配以路网状况变化的动态信息,如道路维修养护、交通事故、临时交通管制等。

2)按信息发布的方式与对象不同分类

(1)路边可变标志导航系统

路边可变标志导航系统,通过设置在路边的可变交通信息标志(VMS)发布交通状况及车行路线信息。路上的所有车辆驾驶人都能看到这种信息,因其信息发布对象是路上所有行驶车辆的驾驶人,也可称为"群体车辆导航系统"。这种系统适用于高速公路导航。当高速公路上交通堵塞时,引导车辆改走相邻的其他路线,在几条路线间选择导航路线,导航原理比较简单,用这种系统导航,效果比较明显。当把这种系统用在城市道路网络上进行路线导航时,其导航原理就比较复杂。

(2)车载信息显示导航系统

车载信息显示导航系统,通过安放在车内的信息接收与语音和图像显示设施给个别车辆发布路线导航信息。因其信息发布对象是个别车辆的驾驶人,也可称为"个体车辆导航系统"。这种系统发布的导航信息必须符合每辆个别车辆的需要,要求提供的信息远比可变标志导航系统更为明确、具体;另外,这种系统要把信息发布给行驶中的车辆,必须用无线通信的方式,这种系统对信息更新、发布和传输的技术要求均较高。

(3)交通广播系统

广播电视台通过机动车原有的或新增的专用收音机,向车辆提供道路交通信息,使车辆驾驶人了解道路前方的交通状况,给车辆驾驶人选择行驶路线提供可参考的道路交通信息。交通广播系统所播放的信息涉及面广而不专,这些信息一般主要通过人工方法获得,如巡逻车、交通警察、电视监视、电话报信及其他部门的信息。一般特别信息,如事故、道路损坏、大桥或隧道因故关闭等不定时播放,而其他信息采用定时播放方式。

交通广播具有信息面广、影响范围大、技术简单、成熟、易于推广等优点,但同时也有一定的不足,如对交通状况在地点和时间上的动态变化难以及时跟踪;限于收集信息的手段,能收集到的信息也不够确切,难以量化;信息内容和提供时间与车辆驾驶人需要的内容、时间不协调等。总之,交通广播系统只是一种初级的交通信息提供系统,无法起到对路上车辆行驶路线导航的作用。

3)按导航路线方案确定的方式分类

(1)车载确定式系统(LDRGS)。车载确定式系统又可分为动态和静态两类。

①静态车载确定式系统。这种系统确定路线导航方案的交通状况信息来源可有两个方面:

a. 用车载导航设施中存储的交通信息。

b. 由信息中心或控制中心把实时检测的交通信息传送给车载设施,车载计算机软件根据接收到的交通信息,配合车载电子地图,按其本身的需要计算出导航路线。

②动态车载确定式系统。这种系统由信息中心或控制中心把实时预测的交通信息传送给车载设施,由车载导航设施按其本身的需要计算出导航路线。在这种系统中,路线导航方案出自每辆个别车辆的自身要求,由于未考虑路网上其他导航车辆的行为,在导航车辆较少的情况下,尚可应用,导航车辆增多时,有可能会出现许多车辆选择同一路线的情况,造成新的交通堵

塞,效果并不理想。美国的 ADVANCE"驾驶人咨询与车辆导航"就是这种系统。

(2)中心确定式系统(CDRGS)。中心确定式系统与车载确定式系统一样,也有静态和动态两种。

动态中心确定式系统,经处理后的交通信息从各种检测设施集中到信息中心或控制中心,信息(控制)中心按接收到的各车辆发来的导航咨询请求,由中心计算机软件分别给各车辆计算其行驶路线周围道路的预测交通状况并据以计算出推荐的导航路线,分别发送至各车辆的车载显示设备上显示出来。按车载显示方式的不同,又有语音广播型、图像显示型、对话型和综合型等多种。其中,对话型动态中心确定式系统被认为是导航系统发展的主要方向。

中心确定式系统因有信息(控制)中心计算机统一计算各车辆的推荐导航路线,能够考虑各车辆导航的统筹安排,可以避免车载导航系统发生多车集中到一条路线上的问题。但这种系统要能集中计算全市导航车辆的推荐导航路线,计算工作量十分庞大,技术难度较高。

德国的 Ali-Scout 实验系统就属于中心确定式系统。为了进一步提高路线导航系统的效果,欧洲、日本都在进行双制式路线导航系统的实验,德国的 STORM"斯图加特区域性交通运行管理系统"就是一个双制式路线导航的实验系统。

3. 路线导航系统的组成与运行过程

路线导航系统,一般由路线交通状况检测设施、交通信息或综合交通管理中心计算机硬件设施、路线导航交通状况预测、动态交通分配导航路线优选与产生等计算机软件、导航路线及交通状况信息发布与接收显示设施及信息传输线路组成。

路线导航系统的运行过程,具有如下特点:

(1)路上设置车辆检测及车-路双向信息传输设施,如红外(IR)信标或电视视频检测设施等,当车辆通过这些检测设施时,这些设施测得车辆的通过数量及通过的行程车速或旅行(行程)时间。

(2)这些测得的数据通过信息传输线路传到交通信息中心或交通综合管理中心的道路交通中央数据库,计算机用进入数据库的这些数据配合其他信息源(如偶发事件信息、历史统计数据信息、公交车辆运行信息等)的交通状况信息实时更新道路交通状况探测数据,并据以用路线导航软件计算优选的导航路线。

(3)这个导航路线方案通过车-路双向信息传输设施,如信标或无线发射等送到车载信息接收、计算机及显示设施。

(4)车载设施中有卫星自动定位设施(如 BDS、GPS 等),随时确定行驶车辆所处的位置,车载计算机用电子数字地图,在车载图像显示设施上显示出车辆行驶路线附近的道路网络地图、车辆所处位置及路线导航系统推荐的最佳导航路线。

4. 动态路线导航系统的关键技术问题

动态路线导航系统的关键技术归纳起来有以下几个主要环节:

(1)交通状况动态预测。

(2)动态交通需求预测。

(3)动态交通分配与推荐导航路线的计算。

下面就为实现这些环节而需要研究的几个关键技术问题作简要的介绍。

1) 动态交通预测

一般都用对比从出发地到目的地几条可选路线上车辆行程时间的方法,向车辆驾驶人(用户)推荐一条或几条行程时间最短的路线。车辆在路线上的行程时间随路线上的交通拥挤程度而定,特别是交叉口的交通拥挤程度。初期曾研究根据实测时变交通量,即每时每刻都在变化着的交通量,来预计路线上行程时间的导航系统,可称为"即时反应型导航系统"。但深化研究发现,要使导航系统真正起到实效,导航系统必须能根据预测交通状况下的行程时间来选出推荐的导航路线,即导航系统需要知道车辆从出发地到目的地几条可选路线上各交叉口的预测交通拥挤程度,借以判定从出发地到目的地的可选路线上的预测行程时间。即时反应型导航系统根据受导车辆出发时实时检测到的交通状态来选定推荐导航路线。那么,当受导车辆到达各交叉口时的交通状况已不是它出发时的交通状况,原来拥挤的可能变得不拥挤了,而原来不拥挤的可能变得拥挤了,已推荐走原来不拥挤的路线会使受导车辆"上当"。必须着重说明的是,导航系统同信号控制系统不一样,信号控制系统是强制性的,导航系统是咨询性的,用户对系统给出的导航路线可以接受,也可以拒绝。用户一旦"上当",不再接受导航路线,导航系统就完全失效。因此,导航系统为帮用户找到真正的最佳路线,依据不能是用户出发时的实时交通信息,而必须是该用户到达沿线各交叉口时刻的预测交通信息。

2) 导航车辆(受导车辆)对路线上交通量加载的影响

在预测各交叉口的拥挤程度时,还必须考虑因车辆接受导航而引起导航路线上交通状况的改变这一因素。因此导航系统不能用常规的交通分配模型来预测各交叉口的拥挤程度,而必须考虑导航推荐路线在"加载"作用下的交通拥挤程度,这就要求导航系统能预计加载车辆的数量。加载车辆的数量随装载导航设备车辆(称为可导车辆)的多少以及装载导航设备车辆接受导航路线的车数而定。在导航系统使用的初期,装载导航设备的车辆少,导航路线上的加载车数不多,对导航路线交通拥挤程度影响较小;当加载后车数不超过导航路线所能承受的限度时,加载车辆对原来就行驶在导航路线上的车辆不致造成重大的影响,导航系统寻找导航路线的方法只要考虑缩短可导车辆的行驶时间即可;随着导航系统使用期的延伸,装载导航设备的车辆增多,导航路线上的加载车辆增多,对导航路线交通拥挤程度的影响加大,超过导航路线所能承受的限度时,加载车辆将增长导航路线上原有车辆行程时间,造成道路系统中其他车辆的损失,导航系统寻找路线的方法,不但要考虑可导用户的利益,还要考虑避免其他车辆的损失。即要使导航系统真能实际有效,导航系统寻找导航路线的方法应随受导车辆的数量而变化。这里,如何估计可导车辆中受导车辆的车数,又是研究导航系统需要解决的另一个难题。这涉及个别车辆驾驶人对其行经地区路线及交通状况的熟悉程度及其对行驶路线的选择习惯,为处理好这个问题,又要引出对车辆驾驶人驾车特性的研究。

3) 动态交通分配

考虑了加载车辆影响的预测交通状况,在车辆导航系统研究中,被叫作动态交通信息,根据动态交通信息按导航咨询车辆的要求,在路线上进行交通分配,叫作"动态交通分配",这是当前研究导航系统的重要理论基础。

为使导航系统发布的导航信息能持续适应这种交通状况的动态变化,导航系统必须连续不断地更新发布导航信息,这一更新信息的时间间隔叫作导航周期。导航周期当然不能太长,而是越短越好,但是太短了,即使使用当今运算速度最快的计算机也无法完成上述这样庞大的计算数量。现在,一般认为这一导航周期不宜超过 2~3min。时下,人们正致力于研究出一种在 2~3min 内能运算动态交通分配的模型,使之在导航系统中得到应用。

有关 GIS 和 GNSS 技术在导航系统中的应用,可进一步参阅本节"GIS 和 GNSS 技术在交通管理与控制中的应用"。

二、交通拥挤收费系统

1. 交通拥挤收费的概念

随着工业化和城市化在全世界的发展与实现,许多大城市都面临着日益严重的交通拥挤问题,交通拥挤带来的社会经济损失在国民经济中的比重越来越大。交通拥挤收费即在交通严重拥挤的情况下,通过对拥挤道路收费来引导和调节交通需求,达到缓解交通拥挤的目的。

根据经济学原理,由于交通存在以噪声、污染、交通堵塞和交通事故等形式体现的外部经济特性(Externality),则在拥挤状态下路网中的新增用户必然会引起路网系统总成本(时间、燃料费用等)的增加,即用户的出行将强加给系统中其他用户一个额外的外部成本。20 世纪前期,经济学家提出了拥挤收费的概念,他们从经济学的角度计算交通拥挤所产生的外部费用以及应收取的最优费用。从那以后,交通拥挤收费问题在理论和实践上受到研究人员越来越多的重视。第二次世界大战后,随着运筹学的发展及其在交通网络分析中的应用,基于道路网络的拥挤收费策略一直是交通运输领域的热门研究课题。

交通拥挤收费是对特定时段和路段的车辆实行收费,一方面,通过收取通行费用,使得更多的车辆绕过拥挤瓶颈地带而取道较宽松地带;另一方面,通过附加货币的方式增加出行者的旅行费用,降低城市总体的出行量,以此达到从时间和空间上来疏散交通量,减少繁忙时段和繁忙路段道路上的交通负荷,促使交通量向高容量的公交系统转移和抑制私人小汽车交通量的增加,促进小汽车的有效利用,推进多人合乘,实现最有效使用道路、缓解交通拥挤的目的。同时,现代化的拥挤收费技术还可以提供较为详细的交通出行信息,为城市管理的信息化提供很好的信息来源。还有,城市交通拥挤收费可以为城市道路建设和设施的改善提供一个稳定的资金来源,将道路拥挤收费所取得的收益用于扩展现有的道路网络或者投资于公共交通和步行系统,让所收费用取之于交通用之于交通、取之于民而用之于民。

随着信息产业的发展,特别是电子收费系统的完备,拥挤收费实施的费用逐渐减少。近几十年来,新加坡、英国伦敦及中国香港等城市成功实施拥挤收费,越来越多的实践证明,拥挤收费为全世界提供了一个解决交通拥挤问题的行之有效的手段。其他国家也对是否在城市实施拥挤收费决策作了一些尝试性的试验:日本在东京市试验区域作了一些拥挤收费政策可行性研究;波兰研究了将华沙的城区环线收费改成区域高峰时间的拥挤收费;荷兰、德国、美国等国在伦敦实施拥挤收费后也开始讨论本国交通拥挤的大都市是否也要实施此政策;我国也有许多城市进行了这方面的研究,如上海市早在 2002 年就启动了拥挤收费的研究工作。

2. 交通拥挤收费的基本原理

拥挤收费概念的引入可以用交通流模型来解释。由图 15-1 和图 15-2 可以看出,当道路中流量超过 q_c 时,路段就开始拥挤,车辆的速度将急剧下降,出行时间迅速增加。因此,拥挤收费就是通过增加通行费用的方法来加大路阻函数,以此调节车辆对出行时间、出行路径和出行方式的出行选择。

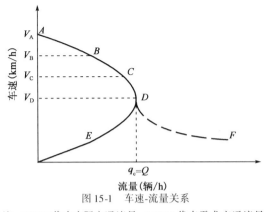

图 15-1 车速-流量关系　　图 15-2 流量-行程时间关系

注：ABCDE 代表实际交通流量；ABCDF 代表需求交通流量；
AB 为自由流区；BC 为稳态流区；CD 为非稳态流区；DE 为强迫流区。

拥挤收费道路的广义阻抗模型为：

$$T = T_r + p \cdot T_f \tag{15-1}$$

式中：T——收费道路交通阻抗；

　　T_r——收费道路的行程时间，包括路段行驶时间、交叉口延误、收费延误时间；

　　T_f——道路通行费时间转换系数；

　　p——拥挤收费费率。

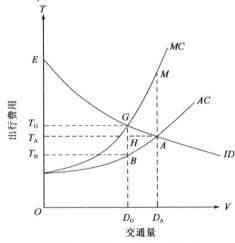

图 15-3 交通拥挤收费边际收费原理

交通拥挤收费的多少可以通过边际收费理论来解释。在图 15-3 中，曲线 AC 表示在一定交通需求量下路网上每个旅行者的平均出行费用，曲线 MC 表示单个旅行者带给整个路网上用户的边际费用，即边际社会费用。由于拥挤效应，曲线 AC 是一个相对于交通量的单调递增函数，而曲线 AC 和 MC 之间的差值反映了那个交通量水平下的拥挤费用。另一方面，交通需求函数相对交通量而言是一个严格递减的函数。在图中，曲线 ID 代表需求函数的反函数，它也是一个严格递减的函数。

在没有收费的情况下，当供应和需求达到均衡时，交通量趋向于 D_A。然而，从整个路网和社会的角度而言，最优的交通量应该是 D_G，因为这时候边际社会费用等于需求函数的反函数值。在这种情况下，从经济上来说，社会效益得到了最大化，它由图中的面积 $BGET_B$ 给出。相反，在前面的情况下，有一个相当于面积 AMG 的交通系统外部负面效益。所以，在经典的边际收费方案中，拥挤收费额应等于边际私人费用和边际社会费用之间的差值，也就是图中的线段 BG。

3. 国外典型交通拥挤收费系统简介

国外经过长时间的研究与宣传，拥挤收费逐步得到重视与应用，新加坡、挪威、英国、美国等国家的部分城市已经实施拥挤收费，其中新加坡和英国伦敦市中心的交通拥挤收费系统最具典型意义。

1) 新加坡的区域通行证系统(Area License Scheme, ALS)

新加坡是世界上第一个实施城市交通拥挤收费系统的国家。1975年6月,为限制小汽车在上下班高峰时间的使用,新加坡开始实施区域通行证系统,并对早高峰期间的私人小汽车和出租汽车收费。到了1989年,ALS的收费范围又扩大到晚高峰和所有种类的车辆。ALS通过对在时间和空间上引起拥挤的车辆收费,有效地缓解了城市交通拥挤程度。实践证明,新加坡ALS的影响是多方面的:第一,道路运营状况得到了改善。从交通流量来看,1989年实施晚高峰时间拥挤收费后,控制区内的交通流量比此前减少了近45%;从车辆运行速度来看,ALS实施后,高峰时段的车速提高了近28%;ALS的实施也使得道路阻塞和交通事故现象有了明显改善。第二,导致居民出行方式发生改变,主要表现在私人小汽车出行转向公共交通方式,公共交通方式的比例从33%增至69%;合乘方式也有所增加。第三,ALS的实施也为交通财政提供了资金来源,为进一步改善道路交通系统创造了条件。在新加坡政府的支持下,一些新的技术也逐渐应用于ALS,并建立了一套电子道路收费系统(Electronic Road Pricing, ERP),由车上的装置结合收费口两个门架上的天线通过微波传送完成自动收费,这套系统已于1994年完成试验工程,这一系统的建立,使收费过程完全自动化。

2) 伦敦市中心拥挤收费政策

伦敦市中心商业区拥挤收费是国际上又一个采取拥挤收费需求管理策略的典型案例。由于伦敦市区道路狭窄弯曲,纵横交错,使汽车行驶起来障碍重重,有时不到500m的路程,要过四五个红绿灯,交通拥挤堵塞状况严重。据调查,收费前英国的交通拥挤在欧洲是最严重的,有24%的主要道路每天至少堵车1h,而法国只有4%的道路有这种现象。英国上班族每天花在路上的平均时间为46min,而意大利仅为其一半。严重的交通堵塞,不仅造成难以估量的经济损失,而且使驾驶人承受沉重的心理负担。伦敦于2003年2月17日早7:00在市中心开始实施交通拥挤收费政策,从周一至周五,凡于早7:00到晚6:30进入伦敦市中心的私人小汽车,都要交5英镑的"买路钱"。根据"交通拥挤费"计划,伦敦收费的范围,主要集中在市中心方圆15km左右的地区。伦敦实施拥挤收费策略限制的重点是私人小汽车,公共服务性车辆包括出租汽车、警车、军车、消防车、急救车、残疾人用车和使用电、氢等清洁能源的车辆不在收费之列。居住在收费区内的居民,可享受"进城费"90%减免的待遇。伦敦拥挤收费系统采用摄像机记录和开车者付费"消号"的办法收费,在进入收费区的165个主要路口和收费区内安装了大量摄像机,由摄像机记录下进入收费区的车牌号码并存入计算机数据库。凡开私人小汽车进入收费区者,必须在当晚10:00前交纳进城费,计算机检测到付费者的车牌号后,即从数据库中消除记录,如在当晚10:00—12:00之间交费,则需交10英镑罚款,超过夜里12:00,需交80英镑罚款,如28d内仍未交,则罚120英镑,三次欠款未付,车辆将被拖走。交纳进城费的地点和方式多种多样,人们可在停车场、加油站、售货亭、邮局和专门设立的收费点交费,也可通过因特网或电话卡交费。此外,可在进城当天交,也可以提前预付,需经常开车进城者,还可按周、月或年付费,并享受一定的优惠待遇。伦敦市计划通过实施这一收费制度,每年征收约1亿3000万英镑的费用,并且将其投资于伦敦地铁及公交车等交通设施。伦敦实施交通拥挤收费制度约10个月后,实施收费地区的交通量减少了大约20%,小汽车的运行速度提高约10%,公交车的运行速度提高约15%,交通事故明显减少。另外,自从开始实施收费制度以来,由于乘坐合乘车上班人士增多,导致为寻找前往同一方向上班人士的服务也十分受欢迎。在实施收费制度以后,此类网络服务的会员人数增加了50%。

收进城费虽然对缓解交通压力有利,但也不可避免地给相关行业带来冲击,其中,首当其冲的是市中心的收费停车场。实施拥挤收费前,伦敦市中心的停车场收费昂贵,有的平均一小时8英镑左右,在车辆蜂拥进城的情况下,一些繁华地段的停车场常常爆满,为经营者带来滚滚财源。限制车辆后,停车场的收入难免受到影响。为了吸引更多车辆,现在有些停车场已纷纷开始降价。与此同时,一些餐馆和车行,也以代付进城费为诱饵招揽顾客。此外,收进城费会使大量车辆绕收费区边缘行驶,对沿途的一些重要建筑,如伦敦塔桥等造成损害。还有,就是对商业的影响,因为限制私人小汽车进城,就会大大减少商业区的人气,也降低了营业额。尽管如此,伦敦当局仍然认为,现在的办法是各种方案中的首选。另外,对于实施此政策在环境方面的效果,也有人持怀疑态度,伦敦75%的空气污染来源于汽车和飞机等,目前实施的收费制度由于对象地区很小,不足以减少空气污染。

4. 实施交通拥挤收费系统面临的主要问题

国外各城市实施拥挤收费的背景和方案均有所不同,但是实施城市道路交通拥挤收费所面临的问题具有一定的共性,在实施过程中,以下几条经验教训值得借鉴:

(1)拥挤收费对交通和社会经济的影响是多方面的,并非全为积极影响。

(2)拥挤收费一般在其他措施已不能缓解城市交通拥挤后实施。

(3)拥挤收费的目标是缓解交通问题,增加收入只是附带效果,需要非常重视对收费资金合理、透明地使用。

(4)需要非常重视对公众的咨询、宣传,为拥挤收费创造良好的舆论氛围。

(5)收费区域应集中在经济高度发达、交通严重拥挤的核心区域。

(6)收费系统不唯新技术论,简捷、实用、稳定是主要目标。

(7)应注重研究实施后交通状况的变化,尽快形成一套完善的收费费率。

在实施拥挤收费时,要注意社会效益和经济效益的结合,力求以较小的投入获得最大的效果。具体来说,以下几个方面的问题值得注意。

(1)要分析城市实施拥挤收费的时机是否成熟以及实施应具备的社会、经济、交通等条件,主要内容包括社会经济发展水平分析、城市交通状况及发展分析。例如,城市的信息化程度是否适合拥挤收费,拥挤收费是否会带来严重的社会经济后果。

(2)公众对拥挤收费的反应与接受程度是影响决策的主要因素之一。在私人小汽车拥有量很高的发达国家,取得公众对拥挤收费的谅解与支持尤为重要。研究公众反应一方面需要调查公众对实施拥挤收费的支持度,另一方面要听取公众对城市拥挤收费主要关心的问题和各种建议,为城市拥挤收费的广泛宣传做好准备。公众反应调查至少应包括以下内容:

①是否拥有私人小汽车,每日出行是采取小汽车方式(含出租汽车)还是公共交通或非机动方式。

②对城市交通状况的评价。

③不同层次市民对交通拥挤收费的态度,可接受的收费额度。

④希望收费系统应具备哪些性能。

⑤希望收费资金如何利用。

(3)收费资金使用。在拥挤收费中,政府会获得庞大的收入。但这不应该是拥挤收费的目的,政府应利用好这笔资金为人民造福。西方国家通过承诺将资金用于具体的国计民生问题而获得人民的信赖,以赢得国会的支持。具体来讲,可用于改善公交、补贴其他税收(如牌照费),或通过各种渠道直接或间接返还给民众。

(4)收费实施方案的研究。包括收费地域、收费时段、收费车辆类型、收费方法、收费额度等方面的内容,详见下文。

5. 收费实施方案的研究

(1)收费地域有基于个别瓶颈路段和基于中心区域两类。瓶颈路段可能是严重阻碍交通流动、通行能力较小的路段,如桥梁、隧道等。中心区域是城市中经济最发达、吸引交通最多、交通最拥挤的核心区域。

(2)收费时段是根据城市交通拥挤时间特性而确定的收费日及收费时段。城市交通有早高峰和晚高峰特性,在高峰时段的收费量大大高于非高峰时段。在工作日收费比休息日也要高出数倍。

(3)收费车辆类型主要根据城市内车种结构组成状况而定。国外收费车辆主要根据公共交通和私人交通来划分,一般公交车不收费,私家车要收费。国内城市道路交通车种组成相对国外复杂得多,出租汽车是造成交通拥挤的主要因素之一,它的收费应该由乘客承担。

(4)收费方法也是拥挤收费需要考虑的重要方面。拥挤收费系统主要分为间接收费和直接收费两种方式。间接收费方式主要为附加通行证收费方法,如根据牌照收费、汽油收费等。直接收费方式主要包括出入口收费亭人工收费、车载智能卡电子交费系统、停车收费等。

(5)收费额度的确定主要包括是否分车种收费、每辆车的收费数额、收费是否随时间变化、按时间长短收费还是按进出次数收费。它的制定除了需要考虑收费对交通的影响外,还要考虑人们对收费额度的承受能力及公平问题等。在实际实施过程中,要借助于数学模型分析路网在收费前后的变化,定量分析比单纯的定性分析要可靠得多。

三、交通异常(突发)事件管理系统

1. 交通异常事件管理系统的意义与作用(功能)

1)交通异常事件

交通异常事件包括交通事故及交通事件。

(1)交通事故。撞人、撞车、撞路边设施、翻车等造成人身伤害、车辆和设施损坏的交通异常属于交通事故。发生交通事故的路段,轻则造成局部交通瓶颈,引起交通拥堵,重则涉及半幅甚至整幅道路,造成单向甚至双向交通阻塞。

(2)交通事件。车辆故障、路边偶然停车、小弯道及大纵坡上的车速陡减路段、入口匝道、车辆拥挤形成交通瓶颈路段、大型低速车辆驶入形成移动瓶颈等交通异常情况,均属于交通事件。这些事件都会造成局部路段交通拥挤和堵塞。

2)交通异常事件对交通的影响

前方道路发生此类交通异常事件时,后续车辆驾驶人无从得知,仍纷纷以原车速驶向事件区段,会加重事件区段交通堵塞的严重程度和延伸范围,甚至再次诱发交通事故。

3)交通异常事件管理系统的作用(功能)

交通异常事件管理系统具有以下 3 个作用(功能):

(1)预测交通异常事件的形成。研究开发交通异常事件检测系统就是要在路上萌发交通异常现象及即将造成交通事故和形成瓶颈路段时,把这些交通异常现象及时检测判断出来,以及将此交通异常信息通过各种交通信息显示设施及时通知后续车辆。

(2)确定交通疏解管理措施。根据异常事件情况,指令后续车辆绕道行驶、降速行驶、前方某车道封闭换车道行驶等,使后续车辆避免盲目卷入事故区,或以瓶颈路段的适当车速通过其适当的车道,避免事件路段事态的扩大,使交通拥堵能获得及时疏解。

(3)快速处理交通异常事件。

2.交通异常事件管理系统的构成

交通异常事件管理系统由交通状况检测、检测数据处理、信息控制、信息显示及紧急救援等设施构成。

(1)用超声、磁性等检测器检测交通数据时,系统由检测器、检测数据处理、事件判断、事件确认、信号控制机、信号灯、可变交通信息显示屏等软硬件设施组成。

(2)用电视摄像机作检测设施时,系统由电视摄像、电视控制台、图像处理装置、信息控制机、信号灯、可变交通信息显示屏等设施组成。

3.交通异常事件检测的基本原理

交通异常事件检测的基本原理是:车辆在正常情况下行驶时的车流,用检测器检测时,测得的车流参数符合一定的规律。一旦检测到的车流参数不符合规律时,即有交通异常事件发生的可能。由于车辆行驶的道路条件不同,交通异常事件的检测判断在快速道路(或一长段公路)同城市道路上有很大的区别。

1)快速道路交通异常事件的检测

快速道路交通异常事件的检测在第十四章第四节已作了讨论,这里就这种检测方法的原理作进一步介绍。

在快速道路上,车辆行驶是连续不断的,即在正常的情况下,路上不应有停车,行驶中的车流符合"连续车流"的规律。简单地讲,交通流的基本参数交通密度与车速之间存在一定的关系,交通密度增大,车速随之降低;反之,密度降低,车速提高。在正常连续车流的情况下,上下游道路这些参数间的关系是连续的、稳定的,如图15-4所示,上下游检测器A与B测得交通参数间的关系符合连续流的正常关系。

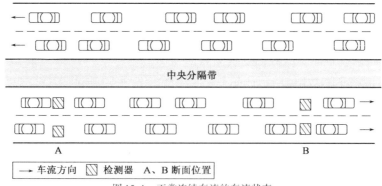

图15-4 正常连续车流的车流状态

一旦上下游路段检测到这些参数发生突然变化时,即不符合连续车流的常规时,即可判断为该路段上有交通异常事件发生的可能。比如,路边停了一辆事故车或故障车堵塞了一条车道,原来两条车道变为一条车道,形成瓶颈段(图15-5)。行驶在受堵车道上的车辆都要挤进能通行车道的车流中,致使其车流受挤,车速降低,慢慢通过瓶颈段,在这瓶颈段前检测器 A 测到的交通参数是高密度、低车速,车辆一过这瓶颈段,又立即恢复成两条车道,车辆分散,可加快车速,在瓶颈段下游检测器 B 测得的交通参数是低密度、高车速。基于这样的原理,当相邻检测器测得交通参数有如此突然变化时,即可认为此两检测器间的路段上,可能发生交通异常事件,即可按检测到的瓶颈段的车速向上游可变限速标志发布限速指令。经确认有一条车道被阻后,可操纵上游车道控制显示屏显示封闭被阻车道,并指令后续车辆尽早更换车道,避免进入瓶颈路段拥挤受阻,使车流能均衡通过瓶颈段,提高通过瓶颈段的通车效率,避免在拥挤抢道的混乱中引发交通事故。

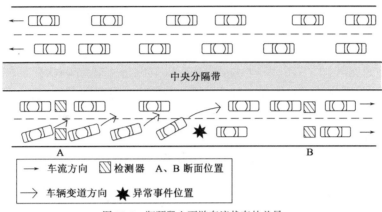

图 15-5　瓶颈段上下游车流状态的差异

2)城市道路交通异常事件的检测

城市道路上的车辆运行状态与快速道路不一样,因受交叉口的影响,是间断车流,在路上会有正常停车。因此,在城市道路上检测交通异常事件必须先鉴别是正常停车还是不正常停车,才能正确判断是否发生交通异常事件,检测难度比快速道路大。

另外,快速道路发生异常事件后,受影响的主要是行驶在发生事件路线上的车辆,比较单纯;而在城市道路上,受异常事件影响的车辆须视事件所处的位置而定,在交叉口进口道上的事件造成的影响远比在路段上的要大;在交叉口中间的事件,会使相交叉的两条道路上的车辆都受到影响。因此,在城市道路上除检测交通异常事件外,还须判别事件发生的地点。

(1)城市道路交通异常事件的检测方法

第一种检测方法:同时利用检测器检测数据、探测车观测数据、过路驾驶人和巡逻报告等各种数据,对各种不同来源的数据建立相应的交通异常算法,把各种检测算法的结果用数据融合技术,给出最终检测结果,进行交通异常检测。

第二种检测方法:通过建立历史数据的数据库,存储正常交通状态下的每个信号周期检测器的交通数据,检测算法将当前检测器的实时数据与同时刻历史数据的偏差值作为异常事件的判别依据。

(2)城市道路交通异常事件发生地点的判别

对于交通异常事件发生地点的判别,在用检测器检测交通异常事件时,就得依靠检测器设备位置的布设来解决。

3)交通异常事件检测系统的性能及其改善

交通异常事件检测系统的性能,一般用检出率、误测率与平均检测时间 3 项指标来评价。

为不断提高检测系统的性能,基于上述基本原理,交通异常事件检测的算法还在不断改善中。比如,用多重事故树分析方法来判断高速公路上的交通异常事件;用判断分析法、交通仿真技术来判断城市道路上的交通异常事件等。

4)应用图像识别技术检测交通异常事件

随着高科技研究成果的不断出现,电视摄像和图像处理技术不断完善,这种技术很快被应用于交通异常事件的检测中。

仅用电视摄像,监控中心技术人员就可在电视监视器屏幕上直观地看到路上的实际交通状况,发现有交通异常事件时,需要人工操作向路上的各种信息显示设施发布异常事件交通管理措施信息。在用检测器检测交通异常事件的路上,配以电视摄像监视器,可以作为测得交通异常事件类型与性质的确认工具;不用人工操作,要用计算机联机自动操作时,则需要图像处理技术来判断异常事件。

悬挂在道路或隧道上方的电视(TV)摄像机,摄取路上车辆行驶状况的图像,传送到 TV 控制台,由控制台映像分配器把图像送到图像处理装置,处理识别异常事件,传送到控制台的异常信息接收器,再把异常信息送到信号控制器,由信号控制器令可变交通信息显示屏显示异常事件信息和对后续车辆的控制措施,避免异常事态的扩大。

4. 紧急救援系统

交通异常事件发生后,及早抢救、快速清除事故是减轻交通事件伤亡等损失的重要环节。因此,要组建紧急救援系统。

紧急救援系统,由与交通事件有关的救援部门、交通管理、急救中心、消防中心等同交通管理或控制中心联网组成。交通管理或控制中心的交通异常事件检测系统测得并确认发生交通异常事件后,一边将自动交通管理措施信息发给上游的后续车辆,一边将把事故信息发给联网的有关管理部门,同时在这些部门车辆到达事故地点的路线上发布这些车辆优先通行信号以及路线导航信息,让各类急救人员能尽快抵达事发地点。图 15-6 为紧急救援系统示意。

图 15-6　紧急救援系统示意图

四、交通信息服务系统

1. 交通信息服务系统的来由

1）ITS各分系统的信息服务项目

美国研究ITS的8个分系统中,有5个分系统明显列有关于提供信息服务的项目。

"出行和运输管理系统"中有3项属于信息服务的项目:"出行前的旅行信息""途中驾驶人信息"与"出行者服务信息"。

"公共交通运输管理系统"中有"途中换乘信息"。

"商业车辆运行系统"中涉及信息服务的有"商业车队管理"。

"紧急情况管理系统"中有"紧急情况通报和个人安全"。

"养护和施工管理系统"中有道路养护、施工时的交通状况通告。

此外,"出行和运输管理系统"中的"交通控制""路线导航""合乘车和预定车","公共交通运输管理系统"中的"公共交通管理","商业车辆运行系统"中的"商业车辆行政管理程序"等,还各有其本身所需的系统内部信息采集、传输和提供功能。

2）各分系统分别处理各自的信息

ITS的研究开发,很自然是从分别研究各分系统开始的。在行政和业务管理体系上,各分系统又基本分属各有关业务部门管理。因此,各业务部门分管的各分系统都分别有其各自需要的种种"控制中心""管理中心""信息中心"等。这些分系统所需的各项信息及系统的信息服务功能就由这些系统各自的"中心"来处理、执行。

3）各分系统相互间信息需求与提供的关系

仔细分析各分系统所需信息及其信息服务功能可以发现:

"途中驾驶人信息系统"可以是"路线导航系统"中的一部分,这两个系统都需要路上实时的和预测的交通状况信息和路上交通事故信息等,它们除能提供实时的路线导航服务信息外,还能提供出行车辆的OD信息和在途车辆运行状况信息等。

"出行者信息服务系统"也可以是"出行前旅行信息"的一部分,这两个系统不但需要路上实时和预测的交通状况信息、路上交通事件信息,还需要公交车辆的实时运行信息、合乘车信息、目的地停车信息、电子收费信息等;它们既能提供出行者出行计划服务信息和到达目的地的种种服务信息,也能提供出行者的OD信息、出行车辆的OD信息等。

"交通控制系统"是必须和"路线导航系统"相配合的,它们都需要路上实时的交通状况信息;它们也可提供路上实时的交通状况信息和信号控制状况信息。

"公共交通运输管理系统"需要路上交通状况与信号控制状况的实时信息和公交车运行状况的实时信息;除能提供公交车服务信息和途中换乘信息外,还可以提供公交车运行状况信息。

"商业车辆运行系统"也需要路上交通状况与信号控制状况的实时信息,可以提供商业车辆的OD信息和在途运行实时信息。

从以上不多的例子可见,各分系统各服务项目信息需求与提供之间的相互关系错综复杂,有的相互依赖,有的相互重复。

4）建立"交通信息服务中心"集中处理交通信息

对ITS的研究,用系统结构化方法建立了ITS的体系结构。在ITS体系结构中理顺了ITS

各分系统的信息流关系后,人们思考该给ITS建立一个集中的"交通信息服务中心"。这个交通信息服务中心用一个"交通信息服务系统"集中ITS各分系统能够提供的信息,也把各方提供的各种信息集中处理成各分系统及服务对象所需的信息。

2. 交通信息服务系统的组成和功能

1)系统组成

交通信息服务系统的结构组成如图15-7所示。从图可见,这个系统由四部分组成:

(1)信息采集,这个系统不必自己采集信息,只是把ITS各分系统所采集的信息集中起来,包括交通信号自动控制系统、路线导航系统以及电子收费系统等所采集的道路交通信息,公共交通运行系统所采集的公共交通信息,市际交通管理系统及铁路航空等运行管理系统采集的市际交通信息,紧急救援系统采集的紧急事件及处理信息,以及各有关服务设施、娱乐场等所提供的公共服务信息,包括气象、环境状况等信息。

(2)交通信息中心,把从各方集中起来的信息按"ITS体系结构"理顺的信息流关系加以综合,处理成各方所需要的各种数据。

(3)通信传输,交通信息中心根据来自各方的咨询需求信息把处理好的数据信息通过微波、无线电、广播等各种通信传输方式传给各咨询需求单位。

(4)咨询需求单位,包括交通管理、公交管理、商业车辆管理、交通规划等有关部门、家庭、办公室、交通枢纽及路边交通咨询台、车辆与路线导航、紧急事件处理中心等。

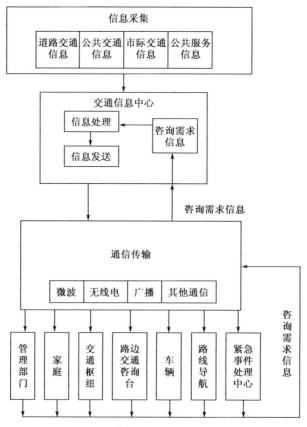

图15-7 交通信息服务系统组成结构示意图

2）系统功能

这个系统的功能，就是集中各方的交通信息，将其处理成各方需要的交通数据，给各方提供所需的交通数据，交叉为各方提供咨询服务。

3．交通信息服务系统的运行原理

这个系统的运行原理是信息处理软件把从各方集中起来的各种信息，按"ITS体系结构"理顺的各分系统信息流关系，综合处理成各咨询单位所需的交通数据信息，按各咨询单位的咨询需求提供咨询服务。

深圳市开发的城市交通仿真系统中的"交通信息服务平台"按照交通信息服务系统的组成结构功能，针对交通信息服务的用户分类，将系统设计成三个层次，即决策服务层、技术服务层、公众服务层。现简要介绍如下：

（1）决策服务层。为政府交通规划、建设、管理决策机构提供交通政策制定、重大项目决策、建设效益评估等方面的交通信息支持，以期获得更为合理的交通政策、重大项目决策成果。面向决策层的交通信息服务内容突出总体性，主要包括描述城市交通总体特征和交通问题的交通月报和年报等。

（2）技术服务层。为城市交通规划设计业务部门提供强大的交通数据，目的是提高城市交通规划与管理的科学性，降低交通规划与管理的成本，增强规划与管理对城市交通发展的适应能力。面向技术层的信息服务内容突出技术性，主要内容包括城市交通历史数据查询、在线数据统计分析、详尽的专业指标评价等。

（3）公众服务层。公众服务为城市交通出行主体即交通系统使用者提供交通信息服务。信息服务平台向公众用户提供多样化、个性化的交通出行信息支持。近期提供实时道路交通状态信息、出行路径信息；中远期基于城市地理信息系统（GIS）的不断完善提供强大的城市公用设施查询服务以及便民信息服务，最终能够实现出行全程信息不间断服务，提高服务质量，建立出行者与交通决策者之间的沟通平台。面向公众层的交通信息服务突出实用性和便利性，实现手段也相对多样化，包括门户网站、设置在公共活动场所的交通信息情报板和触摸屏等。

图15-8为深圳城市交通信息服务平台功能分层示意。

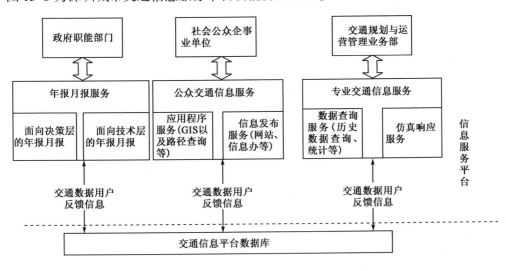

图15-8　深圳城市交通信息服务平台功能分层示意图

近年来,运用智能交通信息技术,结合共享交通的理念,在国内外兴起了一种全新的交通出行模式——"出行即服务"系统(Mobility as a Service,MaaS)。MaaS 的概念最早出现在瑞典,其主要的含义为:为了提供高效、灵活、安全及绿色的人员及货物交通系统,将各种交通方式的出行服务进行整合(使用数字界面汇总和管理能够满足用户出行需求的交通相关服务的供应)。按照 MaaS 视角,出行者把出行视为一种服务,不再需要购买交通工具,而是依据出行需求购买由不同运营商提供的出行服务。在 MaaS 系统中,先进的信息技术、数据通信传输技术、电子传感技术、电子控制技术以及计算机处理技术是其核心,它们集成运用于整个交通运输管理体系,为城市出行者规划包括步行、公共自行车、地铁、公交车在内的一次多方式联运出行的路径,并能估计行程时间。在未来,随着动态信息的可获得性进一步提升,例如可获得共享自行车、共享自动驾驶汽车的路径数据等,可以为用户规划包括多种交通方式实时信息在内的无缝出行路径。

五、综合交通管理系统

在运行已开发系统的实践中,以及在 ITS 体系结构的研究中,人们感到,把各有关 ITS 的分系统集成为一个综合系统,可使相关系统之间的有关信息、数据能够充分共享,在功能上可更好地发挥各分系统相互利用和协作的效益,更可节省系统的开发建设投资。因此,在研究开发 ITS 各个分系统的基础上,着手研究开发综合交通管理系统(Integrated Transportation Management System,ITMS)。

下面举两个实例。

1. 通用交通管理系统

通用交通管理系统(Universal Traffic Management System,UTMS)是日本研究开发的一种综合交通管理系统,这个系统的构成如图 15-9 所示,由 6 个相关的分系统集成。

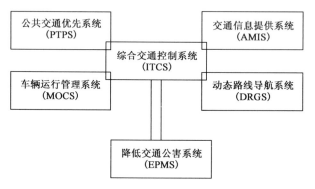

图 15-9　UTMS 构成示意图

(1)综合交通控制系统(Integrated Traffic Control System,ITCS)。这一系统是在原有交通信号控制系统的基础上,配用路线导航系统的具有与车辆双向通信功能的红外线光标车辆传感器,进行旅行时间等信息的收集,使现有交通信号控制系统进一步改善,达到交通信息提供自动化和信号控制自动最佳化目的的综合交通控制系统。

(2)交通信息提供系统(Advanced Mobile Information System,AMIS)。这一系统通过红外光标双向通信功能,一边接收车辆运行信息,一边同可变信息板等各种显示设施配合向驾驶人提供交通堵塞、交通事故、道路施工、到达目的地所需时间、路面损坏、临时性偶然事件等信息。

其目标是扩展驾驶人行驶路线的选择范围,力求自行疏散交通流量,消除交通堵塞,改善驾驶人的心理状态。

(3)动态路线导航系统(Dynamic Route Guidance System,DRGS)。参见本节"路线导航系统"的相关内容。

(4)公共交通优先系统(Public Transportation Priority System,PTPS)。这是一种通过公共客车专用道和公共客车优先信号控制等确保公共客车定时运行,以求提高公共客车的利用率和方便性的系统,旨在促进私人小汽车换乘公共交通工具,抑制交通流量,并能确保其他公共车辆的优先通行。

(5)车辆运行管理系统(Mobile Operation Control System,MOCS)。利用车辆定位与跟踪功能和车辆-基础设施间的信息交换,把握车辆动态,特别是监视装有危险物品车辆的运行动态,帮助巡逻车和载货汽车的有效运行与运输公司对运行载货汽车进行有效的运行管理。

(6)降低交通公害系统(Environment Protection Management System,EPMS)。该系统正确把握各种缓解交通拥挤、减少小汽车出行、降低路上小汽车交通量的策略、措施,降低由于交通带来的污染,并预测今后交通环境的变化等。

2.城市交通指挥管理系统平台

城市交通指挥管理系统平台是北京布鲁盾高新技术公司开发的一种综合交通管理系统。这一系统的构成如图15-10所示,由6个相关分系统和其他交通应用系统集成。

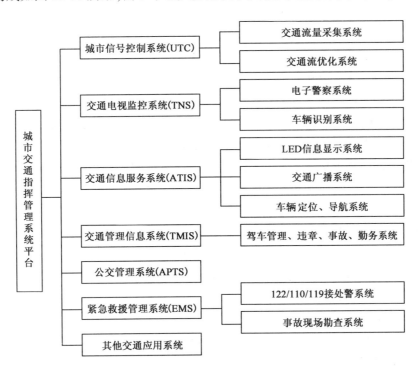

图15-10 城市交通指挥管理系统平台

该系统的关键环节是一套专为公安交通指挥中心开发的综合指挥调度平台软件。为了便于信息共享,统一指挥、控制、调度,这套软件将交通信号控制系统等6个分系统集成在一个统一的计算机平台上。

这一系统的特点是:除整个系统的操作平台统一外,各分系统可综合运用也可分开应用。除已集成的这6个分系统外,其他交通应用系统可根据用户需求挂接,系统的可扩性极强。在6个分系统中,根据我国交通管理工作中外勤与内务管理的需要,把交通勤务管理信息系统也集成在此平台中。

六、GIS 和 GNSS 技术在交通管理与控制中的应用

1. GIS 与 GIS-T 简介

1)GIS 技术简介

GIS 是地理信息系统(Geographic Information System)的简称,它是在当代技术科学和边缘科学急剧发展的情况下应运而生的,是用来采集、存储、管理、分析和传播空间数据和信息的基础平台。自从1963年加拿大人汤姆林森提出地理信息系统概念并建立世界上第一个GIS以来,GIS的研究与应用获得了长足的发展。

早期的 GIS 功能主要是制图,使人工制图向机助制图转变,其地学分析功能比较简单。随着计算机图形学的发展,特别是数据库理论的成熟,GIS 日益表现出强大的数据管理和组织功能,尤其是空间数据和属性数据的无缝结合、查询、表现功能。计算机硬件性能的提高,价格性能比的下降,以及大批商用 GIS 软件的推出,促进了 GIS 的广泛应用,特别是它的空间分析能力成为区域分析、方案优选、规划决策等可靠的支持工具。1992年,古德查尔提出地理信息科学(Geographical Information Sciences),从科学理论的角度,对应用计算机技术对空间信息进行处理、存储、提取以及管理和分析过程所提出的一系列基本问题进行研究,使地理信息系统技术进一步走向成熟。

地理信息系统主要具有如下方面的功能:

(1)数据采集编辑功能。通过图片数字化、实地测量等多样化手段获得空间及非空间数据,并将其有机地组织在一起。数据的编辑特别是图形的编辑主要包括图形变换、图形编辑、图形修饰、拓扑关系的建立以及图形的属性输入等功能。

(2)地理数据库管理功能。把空间数据以拓扑结构的形式组织、分类、整理、运算并可进行综合管理,为用户相应的操作、分析、显示等以及空间和非空间查询和进行快速检索提供服务。

(3)空间查询与空间分析。对各种空间信息根据用户咨询目的进行空间分析,建立空间事物的综合系统动力学模型,进行动态数字模拟与预测。

(4)数据输出功能。利用计算机终端输出全部或部分数据或图形信息,为用户提供直观的图形或图像。

2)GIS-T 技术简介

GIS-T 是运输地理信息系统(Geographic Information System for Transportation)的简称,是地理信息系统在交通运输领域的应用,它适用于管理和分析与交通运输相关的空间数据的地理信息系统环境。交通运输具有天生的地理特性,使得 GIS 在交通运输领域应用具有独特的优势。因此,开发 GIS 在交通运输领域的潜力并加以应用,能够提高交通运输的生产率,增强有效性、快速响应能力,提高操作质量,降低费用消耗。正是基于这样的认识,世界各国交通部门开始注重 GIS 的研究,并陆续展开了全方位的 GIS-T 应用,GIS-T 将成为交通各部门日常信息

处理的不可缺少的工具。

美国从 20 世纪 70—80 年代开始将 GIS 技术应用到道路交通工程,美国联邦公路局用地理信息系统建立了全国公路数据库,并于 1988 年初步完成。1991 年的《冰茶法案》(ISTEA)以及 1998 年的《续冰茶法案》强调综合运输的高效衔接,建立新的适应综合交通规划的决策环境,明确提出建立路面管理系统、桥梁管理系统、交通阻塞、交通安全、公交策略和设施管理以及高速公路监控系统等各种信息管理系统,极大地推动了 GIS 在交通运输中的研究和应用。美国各州公路和交通工作者协会(AASHTO)与联邦公路局(FHWA)率先开展了 GIS-T 的研究、开发和应用,提出了 GIS 对于道路交通管理带来的挑战,确定了 GIS 在交通运输领域的应用范畴。

目前,国内外 GIS-T 的应用主要包括交通设施的管理、交通运输系统规划、交通管理与控制、交通安全分析、交通设计、交通运输工具的调配与运营管理、交通环境影响分析等方面,其中交通管理与控制是 GIS-T 最重要的应用领域之一。

2. GNSS 技术简介

1) GNSS 的组成与定位基本原理

GNSS 是全球卫星导航系统(Global Navigation Satellite System)的简称。最早的 GNSS 由美国国防部于 1973 年 12 月批准其陆海空三军联合研制开发,称为"授时与测距导航系统/全球定位系统"(Global Positioning System),简称 GPS,可以在全球范围内实现全天候、实时地确定用户的精确位置和精确时间。

我国从 20 世纪 90 年代开始启动北斗卫星导航系统(BeiDou Navigation Satellite System, BDS)建设。北斗一号系统 1994 年启动建设,2000 年投入使用,采用有源定位体制,为中国用户提供定位、授时、广域差分和短报文通信服务。北斗二号系统 2004 年启动建设,2012 年投入使用,在兼容北斗一号系统技术体制基础上,增加无源定位体制,为亚太地区用户提供定位、测速、授时和短报文通信服务。北斗三号系统 2009 年启动建设,2020 年投入使用,在北斗二号系统的基础上,进一步提升性能、扩展功能,完成了 30 颗卫星发射组网,全面建成北斗三号系统,向全球提供定位服务。BDS 是我们自行研制的全球卫星导航系统,是继 GPS、GLONASS 之后全球第三个成熟的卫星导航系统,也是联合国卫星导航委员会已认定的供应商。

BDS 具有有源服务和无源服务两种技术体制,能够为全球用户提供基本导航(定位、测速、授时)、全球短报文通信、国际搜救服务,中国及周边地区用户还可享有区域短报文通信、星基增强、地基增强、精密单点定位等服务。

GNSS 通常主要由三大部分组成:空间段、地面控制段和用户段,其组成示意如图 15-11 所示。

BDS 的空间段由若干地球静止轨道卫星、倾斜地球同步轨道卫星和中圆地球轨道卫星组成,其采用了三种轨道卫星组成的混合星座,与其他 GNSS 相比,其高轨卫星更多,抗遮挡能力强,尤其低纬度地区性能特点更为明显;地面段包括主控站、时间同步/注入站和监测站等若干地面站,以及星间链路运行管理设施;用户段包括北斗及兼容其他 GNSS 的芯片、模块、天线等基础产品,以及终端设备、应用系统与应用服务等。

BDS 整个系统除了上述部分外,还包括坐标系统、时间系统和北斗系统信息发布渠道 3 部分,组成完整的 BDS。因此,BDS 能提供多个频点的导航信号,可以通过多频信号组合使用等方式提高服务精度,它融合了导航与通信能力,具有实时导航、快速定位、精确授时、位置报告和短报文通信服务等五大功能。

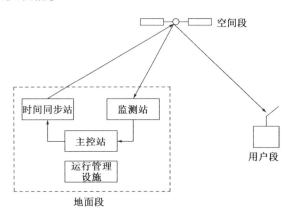

图 15-11　GNSS 的主要组成示意

GNSS 定位技术的基本原理是采用测量学中通用的测距交会确定点位的方法。假设用户的接收机在某一时刻采用无线电测距的方法分别测得了接收机到 3 个发射台的距离 d_1、d_2 和 d_3，并且 3 个发射台的位置已知，则分别以 3 个发射台为球心，以对应的距离为半径作出 3 个球面，即可交会出接收机的空间位置。实际 GNSS 的定位还需要同时考虑时间坐标，它要通过分布在不同卫星轨道上的卫星以全球覆盖的方式向地面发射测距信号和导航电文（导航电文中含有卫星的位置信息），保证在地球上任意天地开阔的位置在任何时刻可以接收到至少 4 颗 GNSS 卫星的信号。用户的 GNSS 接收机在某一时刻接收到至少 4 颗 GNSS 卫星的信号，测量出测站点至卫星的距离，并通过导航电文解算出该时刻 GNSS 卫星空间坐标和时间坐标，据此，采用距离交会法算出接收机天线中心的空间位置和所处时间。

卫星信号从发射到被设备接收，需要经过大气层，其中，大气电离层有数千公里厚，这部分大气非常稀薄，但是存在大量被电离的电子，这部分电子会使电磁波变慢一些，从而产生延迟。在对流层，也会产生一定的延迟。在地表附近，由于各种建筑、山体、水面的影响，卫星信号可能被反射或折射（多径效应）而产生延迟。同时，在卫星信号发射侧和接收侧，也存在着很多与系统相关的误差，比如时钟偏差、处理延迟等，这些延迟加上传输延迟，使得卫星信号的传输时间并不是准确地等于物理距离与光速之比。另外，卫星的星历也有误差，即卫星位置和真实位置也会存在偏差，最终造成了定位结果产生偏差。因此，为了获得精确的定位，各种提高定位精度的技术受到人们的关注，这些技术包括多频多模技术、地基或星基增强技术、差分定位技术、精密单点定位技术、组合定位技术等。

2）GNSS 技术在交通运输地理信息系统中的应用

GNSS 技术在交通运输地理信息系统中的应用主要为快速空间信息采集和运载工具定位与导航两个方面。

因 GNSS 定位速度快，并且不要求测站相互通视、不必建立大量费时费力费钱的坐标系，所以国内外大量的 GNSS 测量实践表明，采用 GNSS 进行空间信息采集的费用仅为常规方法的 1/3。另外，GNSS 定位技术也大大减少了野外作业的时间和强度。用 GNSS 进行空间信息采集，通信线与天线连接，接通电源，启动接收机，仪器即自动开始工作。特别是在采集道路中心线时，只需将天线准确地安置在测站上，主机可安放在测站不远处，亦可放在室内，将 GNSS 接收机置于运载工具内，在线路上跑一遍即可采集到整条线路的空间位置信息，实现自动化的空间信息采集,这是传统空间信息采集手段无可比拟的。所以,GNSS 成为交通运输地理信息系统中空间信息快速采集与更新的重要手段。

在信息社会中,交通运输的合理调度和管制是一个重要问题,也是促进社会生产和人类生活的关键环节。特别是智能运输系统概念的提出,要求建立起一个实时、准确、高效的综合运输信息服务体系,运载工具的定位与导航是关键技术之一,其技术解决方法有陆地基站和卫星定位两种,但就现阶段而言,更多的是采用 GNSS 技术。

应用 GNSS 的定位技术进行运载工具定位与导航的领域很广,可用于公安警车的追踪和消防救火车的调度和管理,医疗救护车的调度与管理,银行押款车的跟踪和监测,机场车辆的调度和管理,旅游车辆、邮政车辆、公交车辆、出租车辆的调度以及车辆防盗,远洋船舶的跟踪及出入港口的指挥等。

BDS 目前已广泛应用于交通运输中的过程监控、公路基础设施安全监控、港口高精度实时定位调度监控等领域。据统计,国内超过 600 万辆运营车辆、3 万辆邮政和快递车辆、36 个中心城市约 8 万辆公交车、3 200 余座内河导航设施、2 900 余座海上导航设施已应用 BDS,建成了全球最大的运营车辆动态监管系统,有效提升了监控管理效率和道路运输安全水平。

3. 基于 GIS 的交通管理与控制信息系统

1) 系统总体结构

交通与管理控制信息系统主要由基础信息平台和应用子系统两大部分组成,如图 15-12 所示。

基础信息平台共分为交通管理与控制地理信息处理平台、交通管理与控制业务信息处理平台以及交通管理与控制通信与信息安全平台三大部分。通信与信息安全平台为上层的应用系统提供通信与信息安全保障,通信包括有线、无线网络通信,安全包括物理安全、网络安全、系统安全、应用安全等各个层次的安全性。地理信息处理平台的功能主要是提供电子地图的编辑和修改、图层的编辑和修改、交通管理与控制信息系统中数据的组织和绑定。业务处理信息平台的主要功能是负责各个子系统业务信息的集成和整合,以及对各种信息的综合处理,主要业务信息包括电视监控的路口视频图像,交通信号控制的路口灯色信息、

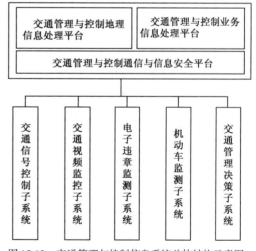

图 15-12 交通管理与控制信息系统总体结构示意图

路口排队状况,交通检测的路段车流量,事故发生报警信息(时间、地点、视频),交通违章报警信息(时间、地点、照片),监控车辆报警信息(车牌号码、时间、地点),人工输入视频监控调用请求等。各子系统的功能介绍详见下文。

2) 系统主要功能

(1) 交通态势实时显示功能

在交通指挥中心的计算机上可调用和控制视频监控图像,可显示和控制路口信号灯,实现路口、路段车流量的实时显示。机动车监测记录设备的数据可实时传到指挥中心并实现自动报警。当事故发生时,可自动调用相应地段的视频监控图像并自动报警。交通违章信息可实时

在指挥中心的 GIS 地图上显示并按任意时段和地段统计。主要功能包括调用及控制视频监控图像、显示受控路口的灯色状况、显示路口及路段的堵塞及排队状况、显示事故发生地段并自动报警、交通流量实时统计、违章的实时显示和统计、车辆监测记录系统向 110 报警台的实时报警。

(2) 交通管理与控制信息查询功能

系统提供查询工具以方便信息查询,如道路对应的路口、主要建筑物、停车场、有关各职能部门、警力分布、公交路线和站点以及市政府机关位置等信息。可按用户所确定的条件表达式来检索出满足条件的图形和属性,确保图形与属性保持一致。系统支持标准的结构化查询语言(Structured Query Language,SQL)查询,并可通过地理运算符对各位置关系进行查询分析。可按用户所确定的道路(或街道)名称、监控点名称、可变信息板名称进行定位,可以将用户地理特征以显著色显示在屏幕上。

(3) 电子违章执法功能

违章监测系统的主机通过数据链路连接到路口前端拍摄的图像,同时,主机通过公安城域网与违章工作站连接,透过 TCP/IP 协议,完成对主机上图片等数据的访问。人工或自动识别的号牌数据在违章工作站上输入后,系统根据车辆牌照号码自动调入该车辆的相关信息(如户主、单位、型号等),在原有的违章处理系统中通过调用违章信息,自动生成违章处罚通知单,然后通过打印机(或存储)把车辆的相关信息及图片打印在一张表中,实现违章处理的自动化。

(4) 数据分析、统计和报表功能

系统有多种数据表达方式:数据表的浏览方式、地图表现方式和统计图的方式等。其中,统计图的颜色、线形、文字均有多种选择,既可二维又可三维表达。系统还提供范围图、直方图、饼图、等级符号图、点密度图、独立值图和格网图等多种专题图,形象直观地对用户数据库中所选择的字段进行分析。

(5) 交通信息发布功能

指挥中心根据城市干道监控系统,可得知道路运行状态,把信息及时反馈给正在道路上行进的汽车驾驶人,以便其选择最佳行驶路径,从而避免城市道路堵塞或拥挤。另外,及时发布天气状况、路面及路面设施检修状况、特殊情况需要封闭道路等各种警示信息及宣传口号,可提高驾驶人警觉性,从而保障车辆的安全行驶。根据路段交通量的情况,用不同颜色表示不同路段的交通量。一方面,应用 GIS 系统软件对各路况的分析结果,通过软件设置自动变更设在城市内重要路口或路段的可变信息板内容,引导驾驶人选择通畅路径;另一方面,管理员可以根据地图上的信息作出正确的指导,疏通交通拥堵。

(6) 辅助决策功能

通过各种信息源如信号控制系统、视频监视系统、接处警系统和卡口监控系统等采集来的数据以及报警电话记录、报警信号等案情报告,借助于计算机网上的系统数据库、地理图形数据库、行动计划数据库等资源,利用计算机人工智能技术,提供不同辅助决策预案,供指挥人员进行参考和决策,使指挥员掌握报案情况和按轻重缓急,以最快的反应调配最适合的警力,以便领导和指挥中心人员进行调度、指挥。主要包括生成应急信号灯控制方案、生成路径选择方案、生成警力调配方案、生成交通疏散方案等。

4. 应用 GIS 和 GNSS 技术建立车辆导航系统

1) 车辆导航系统的总体结构与功能

智能车辆定位与导航系统(Intelligent Vehicle Location and Navigation System,IVLNS)是应

用自动车辆定位技术、地理信息系统和数据库技术、计算机技术、多媒体技术和现代通信技术的高科技综合系统,并能为车辆驾驶人提供以下重要功能:

(1)自动车辆定位。可在出行时准确、实时地确定出车辆当前的位置,并以图形化方式显示在电子地图背景中。

(2)行车路线设计。可依据驾驶人的起点、终点和途经点,以及其他用户约束条件,自动规划出符合驾驶人要求的行驶路线。

(3)路线导航服务。可在出行过程中产生语音或图形的实时引导指令,帮助驾驶人沿预定行车路线顺利抵达目的地。

(4)综合信息服务。可向用户提供与电子地图有关的信息检索与查询服务,如按用户要求显示停车场、主要旅游景点、宾馆饭店等服务设施的位置及数据资料,并在电子地图中指示其所处的位置。

(5)无线通信功能。可接收实时交通信息广播,使用户及时掌握最新的道路状况,同时还可将车辆状况报告给交通控制中心,实现报警、求助和通信功能。

典型的现代智能车辆定位与导航系统主要由移动车载单元和车辆监控中心两大部分组成,一个是安装在车上的移动车载单元,通过获取各种交通信息实现与驾驶人的直接交互,另一个是设在路外的车辆监控中心,通过无线通信网获取车辆信息和发布诸如气象、交通或路况信息并实现信息交换,如图15-13所示,其中移动车载单元各模块的主要功能简要介绍如下。

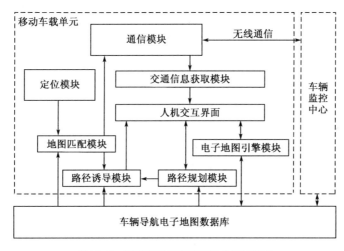

图 15-13　车载与导航定位系统总体结构图

(1)车辆导航电子地图数据库:是导航系统的基础,它包含以预定格式存储的数字化导航地图,为系统提供诸如地理特征、道路位置与坐标、交通管理措施、基础设施等多种重要信息。

(2)电子地图引擎模块:是操作和查询电子地图数据库的接口,提供电子地图的显示、浏览、动态刷新、缩放等功能和相关的信息检索与查询服务。

(3)路径规划模块:帮助驾驶人在旅行前或旅途中选择合适的出行路径的过程,通常是根据电子地图中的交通网络信息,提供从车辆当前位置到目的地之间旅行代价最小的路线供用户参考。

(4)路径诱导模块:根据地图数据库中的道路信息和由定位模块及地图匹配模块提供的当前车辆位置产生适当的实时驾驶指令,帮助驾驶人沿预定线路行驶,顺利到达目的地。

(5) 地图匹配模块:将定位模块输出的位置估计与地图数据库提供的道路位置信息进行比较,并通过适当的模式匹配和识别过程,确定车辆当前的行驶路段以及在路段中的准确位置。

(6) 交通信息获取模块:通过无线通信模块连接相关服务器,获取实时交通信息。

(7) 人机交互界面:提供用户与车载单元之间的交互接口,用户通过它将地图显示、信息查询、路径规划等操作指令输入车载单元中,车载单元的计算机系统也通过它将以数字地图为背景的车辆位置、最优路径规划结果、实时驾驶引导指令等用户需要的信息以语音提示、可视图形等多媒体方式返回。

(8) 定位模块:由 GNSS 信号接收天线(或定位传感器及其滤波电路)、数据处理模块组成,其功能是提供实时、连续的车辆位置估计,以使系统能够正确辨别车辆当前的行驶路段和正在接近的交叉口。

(9) 通信模块:通过各种通信网络和手段,使车辆及其使用者和交通管理系统之间能够互相交换实时信息,使车载系统更加工作有效。

上述各模块中,定位模块和通信模块不需要通过车载计算机系统的软硬件来实现。

2) 车辆导航系统的实现

实现车辆导航系统的关键在于导航电子地图的开发,车辆定位技术、地图匹配技术以及路径规划算法的实现与综合集成。

(1) 导航电子地图的开发。为了实现地址匹配、路径规划、路径诱导等功能,导航电子地图中应包括位置、道路属性、拓扑关系等内容。位置中包括路口坐标与高度、形状补充点(用于描述道路形状的点)的位置、道路中心线等。道路属性包括道路名称、等级等信息。拓扑关系包括道路的方向、道路间的连接关系、道路空间特征(如隧道、立交桥上跨或下穿)、道路限制(如是否单行道、是否转弯限制)等;此外,还包括车道划分与车种、车速运行限制等交通管制信息。路径诱导对导航电子地图的要求最高,主要包括电子地图的完备性、正确性、实时性以及精确性等方面。

目前,国际上导航电子地图所采用的标准主要有 5 个:JDRMA、Etak、NavTech、EGT 和 GDF。它们的制定机构和支持的功能见表 15-2。

主要导航电子地图标准支持功能　　　　表 15-2

标准机构与功能	JDRMA	Etak	NavTech	EGT	GDF
制定机构	日本数字地图协会	美国 Etak 公司	美国导航技术公司	欧洲 EGT 地图公司	欧洲 Bosch 和飞利浦公司
地址匹配	是	是	是	是	是
地图匹配	是	是	是	是	是
路径规划	否	否	是	是	是
路径诱导	否	否	是	是	是

(2) 车辆定位技术。目前,常用的车辆定位技术主要包括航迹推算技术、地面无线电定位技术、卫星定位技术以及基于视觉的定位技术等。在具体系统的实现过程中,有采用单独一个技术的方案,也有使用多个技术组合的方案。

① 航迹推算技术。其工作原理是根据已知本时刻的车辆位置,测量得到下一时刻的距离和相对转角,从而得到下一时刻的位置。常用的传感器有陀螺仪、磁罗盘等。不受外界环境影

响是航迹推算技术的优点,但它也有误差累积效应的致命弱点。

②地面无线电定位技术。这种技术主要有设置标准点和基于移动通信网络的技术。设置标准点技术是在道路两旁设置事先精确测定位置坐标的标准点,当车辆经过这些标准点时,接收这些标准点的定位信息,从而确定车辆的位置,但这种方案不能满足实时定位信息的要求,并且设置大范围的标准点工作量极大。基于移动通信网络的定位技术有基于移动台的定位方案与基于网络的定位方案两种,目前基于 GSM 的 GPRS 以及 CDMA 的定位技术均属于基于网络的定位方案,即由多个基站同时检测移动台发射的信息,根据信息的特征信息由蜂窝网络对移动台进行定位,但由于地波的非视距传播、多路径效应和多址干扰,其定位精度与可靠性还难以和 GNSS 定位相比,并且使用成本也比 GNSS 高得多。

③卫星定位技术。这一技术主要是 GNSS 的定位技术,目前有我国的 BDS、美国的 GPS 和俄罗斯的 GLONASS。GNSS 定位技术一方面具有可实现性强、精度较高、使用成本较低等优点,但另一方面由于信息遮挡、多路径效应等原因,单独使用这一技术还存在一定可靠性问题(特别是在城市建筑密集区域、地下空间等)。

④基于视觉的定位技术。视觉定位通过对路标景物的识别和跟踪来确定车辆的位置。视觉定位的精度很高,但成本高、算法复杂,目前主要用于机器人或有特殊要求的车辆上。

由于任何一种单独定位技术都有其本身的缺点,所以近年来研究将不同定位技术进行组合,通过组合克服单个技术的缺点,提高车辆定位的可靠性、精度和完整性,目前最常用的组合定位技术是 GNSS 加上航迹推算系统。

(3)地图匹配技术。地图匹配是一种基于软件技术的定位修正方法,其基本思想是将车辆定位轨迹与数字地图中的道路网信息联系起来,并由此确定车辆相对于地图的位置。地图匹配技术的应用有两个前提,即用于匹配的数字地图包含高精度的道路位置坐标,被定位车辆在道路网中行驶。在车辆导航的过程中,在选择正确路径后,就可以将车辆定位系统中采集测量得到的车辆位置匹配到道路上,用于消除或校正车辆定位误差。地图匹配的主要算法有投影法、MAP 法和滤波方法三种。地图匹配属于地理信息处理的复杂专门算法,具体内容可参阅相关专门文献。

(4)路径规划算法。路径规划是帮助驾驶人在旅行前或旅行中规划行驶路径的过程,是车辆导航的一个基本问题,它解决的主要问题是在给定道路网中寻找从出发点到目的地之间的最优路径。针对实际应用的不同要求,在路径规划中可以采用的优化标准有很多,如最短行车距离、最小旅行时间、最低通行费等。无论采用何种标准,最优路径规划最终都可以归结为在特定道路网中寻找具有最小代价的最短路径问题,迪杰斯特拉(Dijkstra)最短路径算法是求解这一问题的基本方法,而且已有许多针对迪杰斯特拉算法的具体实现。但在车辆导航系统中不能直接使用,因为在实际应用中记录路网信息的电子地图数据库往往规模庞大,而负责路径规划功能的导航计算机受车载环境和成本限制,处理能力和系统存储资源都十分有限,难以承担苛刻的计算需求量。在车辆导航中,往往需要综合利用电子地图的数据结构、启发式搜索算法与多级搜索技术,从而有效地加速最优路径搜索。

七、车路协同系统

车路协同系统(Cooperative Vehicle Infrastructure Systems,CVIS),又称 V2X,也有用 IVICS (Intelligent Vehicle Infrastructure Cooperative Systems)来表示,采用无线通信、互联网等技术,实

现车与各交通要素之间的直接交互,形成车与路、车与车、车与人以及车与云的通信网络,使道路交通的所有参与者之间能够协同与配合,从而优化资源利用,促进道路交通的安全、高效、环保、可持续等目标的实现。车路协同能够综合实现碰撞预警、安全预防及通报、辅助驾驶等多种基础应用,通过与云端的交互,车辆也能实时获取全局交通网络的状态并作出及时反应,从而形成安全、高效和环保的智能交通运输体系,是智能交通系统的最新发展方向。

1) 主要构成及功能

图 15-14 为车路协同系统构成示意。

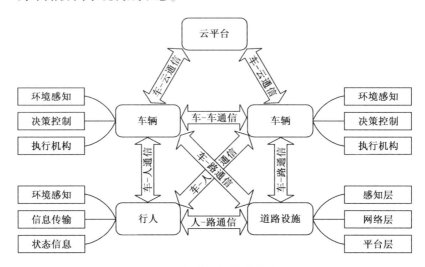

图 15-14 车路协同系统构成示意图

道路交通系统包括人、车、路和环境四个要素,在车路协同系统中,将这四个要素进行了一体化考虑,这四个要素不再是相互独立,而是相互关联。将这四个要素相互关联的主要有两大子系统:车载系统和路侧系统,以及一个云平台。

(1) 车载系统。车载系统一般由环境感知层、决策控制层、执行机构层三部分组成。

环境感知层犹如人的眼睛,用来感知车辆周围的环境。环境感知层通过车载环境感知系统和车载信息接收系统来感知环境信息。车载环境感知系统通过各种环境感知技术感知环境信息,主要有激光雷达、毫米波雷达、摄像头、超声波雷达、GNSS、高精度地图等,并对不同传感器检测到的数据信息进行融合,为决策控制层提供决策依据。车载信息接收系统主要由车载单元(On Board Unit,OBU)和用户界面(Human Machine Interface,HMI)组成。车载单元负责接收数据信息,采用专用短程通信(Dedicated Short Range Communications,DSRC)等技术进行信息传输接收。

决策控制层负责接收环境感知层所传递的信息,像大脑一样进行决策控制。主要包括车辆的行为决策(换道行为、超车行为、加入和驶离车队行为等)、车辆行驶的动态路径规划(全局路径规划、轨迹规划、动态避障等)以及车辆的运动控制(跟随路径、转向控制、制动控制、驱动控制等)等。

执行机构层犹如人体的躯干,完成决策控制层的控制指令。上述的决策命令交由车辆的运动控制系统来实施,主要包括线控驱动系统、线控转向系统和线控制动系统等。

(2) 路侧系统。路侧系统主要由感知层、网络层和平台层三部分组成。

感知层通过电气化道路等技术、智慧公交基础设施、智慧道路基础设施,实现交通信息的检测。

网络层利用卫星、基站等进行信息传输、接收。

平台层形成平行交通系统、高精度地图等,提供高精度定位等服务。

在路侧系统中,行人的手持终端(如智能手机、可穿戴装置等)可以将行人的状态信息发送给车辆信息接收装置,使车辆能够感知行人状态信息,调整车辆行驶状态。

(3)云平台。云平台依托多模式通信网络,汇聚交通、车辆及环境等交通大数据,基于边界/云一体化计算、集群管理、负载均衡及虚拟化技术,提供统一的大数据分析计算安全环境,支撑道路交通系统的云应用。云平台依托相应的云资源进行云计算,从而提供云服务与云应用,具体内容见表15-3。

车路协同云平台内容　　　　　　　　　　　表15-3

项目	内容
云应用	交通需求、交通管控、运输组织、交通服务、车载运用
云服务	网关模块、大数据处理模块、应用处理模块
云计算	边缘计算、并行计算、集群管理、负载均衡、虚拟化
云资源	道路基础设施数据、通信网络设施数据、ICV数据、交通环境数据

在车路协同系统中,云平台提供基于大数据处理模块的车辆运载应用和交通管控应用,并通过云端信息交互,实现车辆与交通设施的协同优化,形成车路协同优化系统。以云平台为依托中心,以典型场景的车与车协同控制、动态支付与交通网络行为引导、多模式交通诱导、车与路交互的多目标通行控制、数据驱动的交通系统控制优化等功能相互配合,形成车路协同优化系统。

2)应用前景

随着车路协同系统研究的不断深入,该项技术的应用对于提高道路交通安全水平、提升路网运行效率、优化系统运行资源将起到重大的作用。有关应用前景案例汇总于表15-4。

车路协同技术应用前景案例　　　　　　　　表15-4

应用类别	协同方式	协同内容	描述
主动安全	车-路协同	·车辆汇入提醒 ·车辆汇入控制 ·匝道并道提醒 ·并道控制 ·基于路侧检测的人车冲突预警 ·交叉口排队警示 ·逆向行驶提醒 ·信控交叉口闯红灯预警 ·无信控交叉口提醒 ·长陡坡提醒 ·弯道危险提醒 ·弯道速度预警 ·隧道提醒 ·可变限速管理 ·各种光照条件下的标线识别 ·各种光照条件下的车道识别与保持 ·减速区预警 ·道路施工提醒 ·事故提醒 ·基于路侧检测的机非冲突预警 ·基于路侧检测的车车冲突预警	基于车路协同通信,通过车与路之间的实时交互通信,实现车路信息共享。车端基于路侧信息,为驾驶人提供以安全驾驶为主,以交通诱导为辅的辅助驾驶功能。路端基于V2X通信所得到的车辆大数据信息,进行危险预警、紧急交通管制、交通诱导决策等路端管控

续上表

应用类别	协同方式	协同内容	描述
主动安全	车-车协同	·超车辅助/换道辅助/盲点警示 ·视距影响下交叉口车辆冲突避免 ·紧急制动预警 ·逆向超车警告 ·前向碰撞预警 ·夜间防眩目提示 ·左转辅助 ·平行运行安全预警 ·交叉运行安全预警	基于车与车通信，实现车与车之间实时信息交互共享。自车根据周围环境车辆数据，提供碰撞预警等安全辅助功能
	车-人协同	·行人过街提醒 ·行人/非机动车交通穿越识别 ·行人/非机动车交通轨迹识别及行为分析 ·弱势群体过街辅助/防撞预警 ·行人/非机动车交通穿越提醒 ·行人穿越公交专用道提醒	基于车载检测和车辆、随身设备交互，为车辆驾驶提供行人/非机动车交通环境下的安全驾驶辅助功能
交通效率	交叉口交通控制	·基于车辆控制的交叉口通行控制 ·交叉口车速引导 ·交叉口生态驾驶引导 ·动态车道管理 ·基于实时车载数据的交通信号配时优化 ·信控交叉口车速引导 ·信控交叉口停车起步引导 ·信号动态协调控制 ·信控交叉口多模式信号优先控制 ·行人/非机动车信号协调	基于车路协同通信技术，实现交叉口范围内车辆和交叉口交通控制中心之间的实时信息共享，进行双向优化管控；交叉口控制中心利用车辆数据，优化交叉口信号配时；车辆利用交叉口信号配时数据，优化车辆运行速度以及到达交叉口时间。通过这两种方式提高交通效率
	路网管理与控制	·智能停车引导 ·紧急车辆信息发布 ·社会车辆避让管理 ·协作式车队管理 ·车辆编队行驶管理 ·公交准点性实时优化 ·协同通行管理 ·公交专用道柔性管理/通行控制 ·路径车速规划 ·货运车辆车速规划 ·路网协调控制 ·拥堵收费/电子收费管理 ·出租汽车管理 ·自动泊车/车位共享服务	基于云平台交通大数据，由路网交通控制中心进行路网交通管控，优化交通流向、停车位调配。基于车路协同通信，车辆接收云端控制中心交通诱导相关信息，实现路网交通分配诱导，提高交通效率

另外，还有信息服务方面的应用，例如，车辆信息获取、道路信息服务、个性化信息服务、交通状态采集及信息提取、公共交通相关信息服务、仿真服务、新能源及共享智能交通信息服务等。

【思考题】

1. 什么是智能交通运输系统？其主要研究什么内容？
2. 什么是路线导航系统？其关键技术是什么？
3. 交通拥挤收费的目的是什么？实施交通拥挤收费需要注意什么问题？
4. 什么是交通异常事件管理系统？其作用有哪些？
5. 什么是交通信息服务系统？其主要有什么功能？
6. 你认为从智能交通到智慧交通的发展，主要有哪些区别？

第十六章 交通监控及智能交通运输系统设备简介

按照智能交通运输系统和交通监控系统之间的关系来说,前者应当包含后者。由于本书在前面的叙述中是将这两部分分别介绍的,因此,为了前后的一致性,在本章中也适当地分别介绍这两个系统的设备,并侧重介绍智能交通运输系统出现以来研发的系统设备。

现代交通信号控制系统,由软件和硬件两大部分设施组成。

信号配时方案、信号控制的总体设计方案、系统的交通仿真与优化及其有关的系统程序、控制程序、操作程序,包括数据管理系统、系统维护运行手册、程序说明与框图等软性设施,都属软件。

现代交通控制系统中实际用到的装备很多,如交通检测器、信号控制机、中央控制计算机、信息传输设施、情报设施、显示装置、电视监视设施等。相对于上述软性设施,把这些实际装备叫作硬件。

在建立交通信号控制时,不管是单个交叉口的定时信号,还是整片区域的交通信号控制系统,除主要考虑总体设计方案、配时方案、编制系统控制程序等之外,还必须考虑选择和使用这些硬件设备的问题。这里仅作简要介绍。

图 16-1 为交通监控和信息系统的有关基本硬件设备。从图中可以对这些设备在交通监控和信息系统中的地位与应用有个基本的了解。

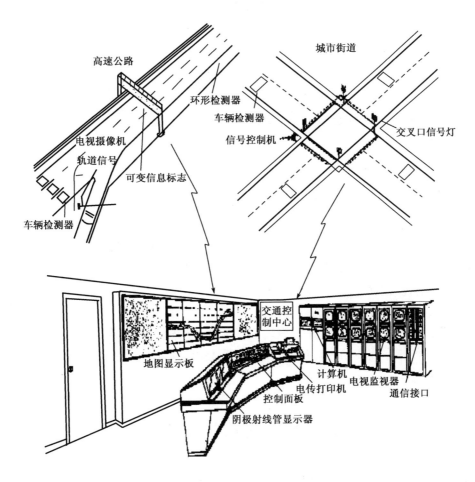

图 16-1 交通监控和信息系统的硬件设备

这些设备中,最基本的设备是车辆检测器和信号控制机。随着智能交通运输系统的发展,对交通信号控制设备又提出了新的要求,由此又出现了适应智能交通运输系统的交通信号控制设备。

交通监控和信息系统一般由如图 16-2 所示的三部分构成。这些分系统,传感检测设施检测到的信息直接输入中心计算机,信息显示设施也直接按中心计算机输出信息显示。

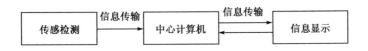

图 16-2 交通监控和信息系统设施组成示意图(一)

有些分系统,如交通信号自动控制系统等,检测信息要通过控制机,如信号控制机等,转到中心计算机,中心计算机输出指令也通过控制机去操纵信息显示设施;若是用智能型控制机的系统,则可由智能控制机直接操纵信息显示设施,如图 16-3 所示。

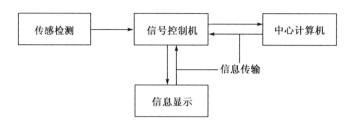

图 16-3 交通监控和信息系统设施组成示意图(二)

不管是哪种分系统,系统设施主要由五部分构成:
(1)传感检测设施。
(2)信号控制机。
(3)信息传输设施。
(4)信息中心、管理中心或控制中心计算机软硬件。
(5)信息显示设施。

这五部分设施在整个系统中的作用是,传感检测设施主要是获取外界环境变化的信息,即交通状况变化的信息;信号控制机接收传感检测设施传来的信息,并将信息转到中心计算机或直接操纵信息显示设施;信息传输设施是把传感检测设施测得的信息传给中心计算机;中心计算机软件判断信息传输设施传来的外界信息,并作出相应的反应,这个反应指令再通过信息传输设施传输给信息显示设施;信息显示设施则显示计算机输出的图像、语音和文字信息,或按计算机发出的操作指令改变信号灯色、可变信息板上的显示内容,控制车辆自动制动、降速或避让等。

第一节 传感检测系统

交通工程早期使用的传感检测设施,主要是用于交通参数自动观测系统和交通信号自动控制系统的车辆检测器。随着 ITS 的发展,不仅研究开发了为适应 ITS 需要的新型车辆检测器,还研究开发了不少符合 ITS 各种分系统所要检测对象和目的要求的各类传感检测设施。

一、车辆检测器

车辆检测器的功能是在路上实时地检测交通量、车速或占有率等各种交通参数,这些参数都是控制系统中所需的配时计算参数。检测器感应到的交通信息,通过信息传输设施加工、处理后,送至信号控制机,或送到控制计算机中,作为计算机优化配时方案的输入数据。所以,车辆检测器是给交通控制系统收发交通信息的"耳目",交通控制系统的工作效率取决于检测器对车辆的检测能力。

1. 各类车辆检测器的主要功能

现代车辆检测器的类别很多,若按其基本工作原理可分为两类:检测能闭合开关触点的外力信息的检测器,如压膜式检测器、按钮式检测器等;检测因车辆的通过或存在而引起能量变化信息的检测器,如环形线圈式检测器、超声波检测器、地磁检测器等。

能检测车辆通过的检测器叫通过型检测器,而检测车辆存在的检测器叫存在型检测器。

在信号控制系统中能否合理选用一类或组合使用两类检测器,主要取决于需要检测的交通参数。在可选检测器功能相同的情况下,再考虑检测器的其他优缺点。

车辆检测器还可根据其安装地点来进行分类,分为地下型和地上型两类。下面就地下型和地上型两类分别介绍几种常用的车辆检测器。

1) 地下型车辆检测器

(1) 普通环形线圈检测器。环形线圈检测器是常用的车辆检测器。我国大部分城市交通信号自动控制系统所用的车辆检测器就是环形线圈检测器。通常所用的普通环形线圈检测器由三部分组成:作为传感器的环形线圈、检测单元及馈线,如图16-4所示。

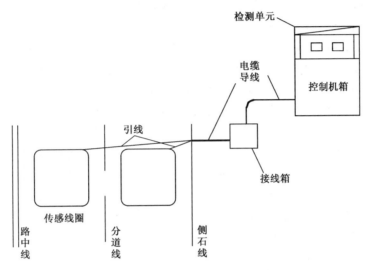

图 16-4 普通环形线圈检测器组成示意图

安装环形线圈检测器时,用路面切槽刀按线圈需埋设的形状切割路面,在切好的槽内放入3圈左右导线,再用填充物填封路槽。线圈尺寸一般采用 2m×2m,由埋在路面下的导管引出馈线,通过接线箱,接到检测单元,检测单元可独自装箱设置于路边,也可做成卡式,插在控制机内。

其工作原理是:检测单元同环形线圈与馈线线路组成一个电感电容调谐电路。此电路中的电感主要取决于环形线圈,环形线圈是此电路中的电感元件,电容取决于检测单元中的电容器。电流通过环形线圈时,在其附近形成一个电磁场,此磁场可用磁力线来描述。当车辆进入这个磁场时,车身金属中感应出涡流电流,涡流电流使磁场的磁力线减少,环形线圈电感量随着降低,引起电路调谐的频率上升。有些检测器通过提高振荡频率的反馈电路对此作出响应,有些检测器不改变其频率而采用其环形线圈振荡器的相位同参考振荡器失步的方法。此频率的改变或相位的偏移都可成为检测器检测到车辆的一个信号。

从环形线圈检测器的工作原理可知,不论车辆通过检测器还是停在检测器上,都能使检测器工作,所以这种检测器既可检测交通量,又可检测占有率及大致的车速等多种交通参数。

环形线圈检测器可测参数较多,其感应灵敏度可调,使用适应性较强,安装并不太复杂,所以得到广泛的应用。其缺点是线圈随路面变形(下沉、搓移等)而变形,因此其使用效果及寿命受路面质量的影响较大。因需要把环形线圈埋在路面中,其施工、检测、检修都要破坏路面,会影响交通。

(2) 地磁检测器。其工作原理是：把一个具有高导磁率铁芯的线圈埋在路面下，车辆驶过这个线圈时，原来通过线圈的磁通量发生变化，在线圈中产生一个电动势，用放大器将这个电动势放大去推动继电器，就发出一个车辆通过的信息。这种检测器只能检测以相当车速通过的车辆，所以是通过型检测器，不适用于需要检测车辆存在的地方。

检测器的铁芯和线圈装在一个保护套内，里面填满非导电的防水材料，形成一根圆棒。在路上垂直于交通流的方向开一个 0.2~0.6m 的孔，把感应棒埋在路面下，即可工作。

这种检测器具有安装容易、不易损坏、价格便宜等优点。缺点是对慢速车辆不能检测，有时会出现误检，且材料容易老化，灵敏度会逐年衰减。

(3) 改进型车辆检测器。为克服普通环形线圈检测器的缺点，已经研制生产了不少改进的车辆检测器，这里简要介绍几种。

① 微型线圈车辆检测器。美国一家公司生产了一种名叫"Canoga"的微型线圈车辆检测器。微型线圈传感器可塞进预先埋在路面下的特制塑料导管内，线圈传感器及其导线都可不受环境因素、路面破损、外界重压和路面维修等的影响。

② 自电源车辆检测器。自电源车辆检测器由传感器和路侧检测单元接收器组成。传感器是一种埋在路中的圆柱状磁性传感器，由一个磁性传感器、一台射频发送机、天线和电池组成。

这种传感器的工作原理是用一台双轴"Brown"磁强计检测地磁场在水平和垂直部分的变化，车辆通过或停在传感器上时，干扰这两部分磁场，改变磁强计磁芯的运转程度，这一改变产生一电压，使射频发送机送出两个音调编码脉冲，显示车辆的进入与驶出。

路侧检测单元接收器包括一台商用调频接收机、音频译码器和其他电子器件，组装在一个机箱内，机箱可安装在路边或附挂在灯杆上。

这种检测器可检测车辆的通过和存在，可测交通量和占有率，同环形线圈检测器一样，连续两个传感器埋设相隔一定距离，也可检测行驶车辆的车速与车身长度。这种检测器传感器的作用范围能够区别紧接着连续行驶的车辆，因此它可精确检测高峰时段交通阻塞状态下的交通量。

这种检测器的主要特点是由内置电池供电，可不需电源电缆。

③ 便携型袖珍电池供电检测器。美国一家公司把自电源车辆检测器改进成了便携型袖珍供电检测器。

这种检测器组装在一个不受气候影响的光纤玻璃容器内，可放置在离车行道远达 60m 范围内的任何地方检测车辆，可不受环境和路面破损翻修等任何影响。这种检测器的另一特点是用固态电路，可延长电池寿命和保证可靠运行。

(4) 自行车检测器。我国是"自行车王国"，要有效地控制自行车交通，必须有精确的自行车检测器。我国曾试制了一种导电橡胶自行车检测器，它是一种压力式检测器，实用效果性能不够稳定，尚需进一步改进。要精确测定成批通过的自行车，关键是要能分辨并排行驶的自行车。重庆市曾试制过一种地磁式自行车检测器，经试验其检测精度可达90%以上，很实用。

2) 地上型车辆检测器

(1) 超声波检测器。超声波检测器由超声波发生器，即传感器与检测单元组成。

超声波检测器的工作原理是：由超声波发生器发射一束超声波，再接收从车辆或地面的反射波，根据反射波返回时间的差别，判断有无车辆通过。超声波检测器的横向检测范围为 3~

9m,可以覆盖 1~3 条车道,所以必须仔细设计其检测范围。

超声波检测器可安装在道路上空或立柱侧面上。设置在道路上空时,悬挂高度为 5~5.5m;设置在路边时,安装高度为 2.5m 以上。

这种检测器安装时可不必中断交通,且使用寿命较长、维修方便。其缺点是:因其检测范围呈锥形,受车型、车高变化的影响,特别是在车流严重拥挤的情况下,检测精度较差。另外,这种检测器价格较贵,且检测精度还受大风、暴雨的影响。

(2)波聚焦超声波车辆检测器。为克服普通超声波检测器能检测交通参数但不如环形线圈检测器的缺点,加拿大一家公司研究生产了一种特制的超声波聚焦锥头,加在超声波发生器上,可达到环形线圈检测器的检测效果。这种检测器悬挂在道路上方,同样具有普通超声波车辆检测器的优点。

(3)声响车辆检测器。任何机动车在发动、行驶时都会发出声响,声响的声波来自多种声源,特别是发动机的声音和轮胎与路面间的摩擦声。将一种特制的扩音器用作传感器,在检测范围内可收集这些声响,并区别不同声波以鉴别车辆通过或是存在。车辆进入检测范围,声响能量增加,发生一信号,此车离开此范围,声响水平回到原基线,检测车辆通过;如此车停在检测范围内,则凭发动机声音的声波,检测车辆存在。这种检测器因此能检测行驶中的车辆,也可检测停着的车辆。这种检测器除可用于交通控制系统、交通监测系统外,特别适宜用于自动门、收费栏前监测和停车控制。

这种检测器,因其悬挂在道路上方,除具有安装方便、安装维修不影响交通、安装维修费用低廉等优点外,还具有故障自动保护功能,即使能源供应中断,还能继续运行。

(4)微波雷达车辆检测器。微波雷达车辆检测有两种方法:利用多普勒(Doppler)效应和用调频连续波都可检测车速,但调频连续波可通过量测传感器到车辆之间的间距来观察静停的车辆,所以调频连续波雷达检测器通常被称为真正的存在型微波雷达检测器。

加拿大一家公司研制生产的远程交通微波传感器(Remote Traffic Microwave Sensor, RTMS)是一种可实时检测交通异常事件的多功能广域检测设施。

这种检测器可检测远达 60m 宽、多达 8 条车道范围内的车辆快速通过、拥挤状态和停车状态的交通参数,包括交通量、占有率、平均车速,鉴别车种和排队长度。

这种检测器除具有悬挂型检测器的优点外,还具有如下特点:

①可编程,因此可支持多种用途,可用于交叉口信号自动控制、停车线和路段车辆运行状况检测、高速公路交通异常事件检测系统、进口匝道控制系统、出口匝道排队控制、施工区安全行车控制、固定型或移动型交通检测站、超速和闯红灯违章抓拍等。

②全天候性能可靠。

③交流电、电池、太阳能供电等电源可任选。

④有自检和诊断软件,有故障自检和自诊断功能,不需日常维修。

(5)红外线检测器。红外线检测器功能类似于微波雷达检测器,在电磁波谱的近红外区内传送能量。此类检测器可检测车辆通过、存在型交通参数和行驶车速。行驶车速根据位于固定间距内红外线束往返两次的时间计算。此外,还可以通过外形分析来鉴别车种。

美国一家公司研制生产了一种名为"交通传感器(Traffic Sense)"的红外车辆检测器,在单车道或多车道上可鉴别 11 类车辆,检测车速、车道占有率、车头时距和行程时间等交通参数。

（6）光电车辆检测器。光电车辆检测器传感设施包括两部分：光源和传感器。两者可并排安装，也可相对安装。相对布置时，系统在受检测车辆遮断光线通路时启动；并排布置时，传感器由受测车辆反射回来的光线触发。

美国一家公司研制生产了一种光电车辆检测器，这种检测器由光源发射器、发射柱、接收器、控制机和连接电缆组成。线性排列的发光二极管（LED）装在发射器内，光电检测器组件装在接收器内。车辆通过发射器与接收器之间时，扰动光电束，产生检测信号。

（7）视频图像检测系统。也称视频图像处理系统（Video Imaging Detection System，VTDS），是电视视频摄像和计算机模仿人眼模式识别技术相结合的一种新型检测技术。因其能检测较大范围内的交通状况，所以被称为"广域检测系统"（Wide Area Detection System，WADS）。

图 16-5 为广域视频检测系统示意。

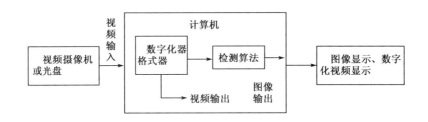

图 16-5　广域视频检测系统示意图

图 16-5 中，视频电视摄像机安装在高速公路或信号交叉口上的选定地点，实时收集交通数据。装在具有中央控制功能的高速公路或信号控制交叉口上的摄像机，把图像输送到控制中心；用于独立信号交叉口的摄像机，也可把图像送到装在交叉口旁信号控制机中的处理系统软硬件就地处理。

视频图像检测系统对来自电视或红外摄像的实时视频图像，通过计算机对输入图像序列的明暗差进行鉴别，即将相邻两帧图像像素间的静态反差水平运用算法加以数字化和格式化处理，再通过检测算法输出图像及数据。

视频图像检测系统可检测在电视摄像机视域范围内的多点交通（图 16-6）。这些地点可由用户按需经常更换。为获得这些可变检测点的位置，平行或垂直于车道的检测线，可以像选择在电视监视屏上所显示的交通景象一样，用鼠标或键盘在屏幕上予以改变、选定。每次车辆通过一条检测线时，发生一个检测信号。视频检测处理系统可提供相当于线圈检测器的交通参数输出，包括存在型和通过型参数和车速。从这些参数可算得其他交通参数，包括占有率、交通量、排队长度和车辆分类等。系统输出可送到控制系统或信号控制机，将测得的交通参数用交通控制应用软件进行处理。其独特的优点是除无线检测外，用一台摄像机可代替几个线圈传感器；又因这种系统可获得跨越几条车道的图像和数据，或可以多个同步摄像机摄取图像，所以还可给出车辆换车道行驶和异常事件检测信息；另外，把分布在道路网上的各个视频检测系统联网，通过对照不同地点检测到的车辆牌照和交通参数，可获得车辆在路网上的广域运行参数，如平均运行时间、平均行程车速、行程延误时间等，实现真正的广域检测，这是其他检测系统难以做到的。

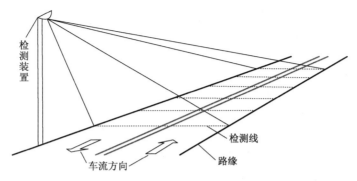

图 16-6　广域视频检测系统检测范围示意图

美国一家公司用一种专利的计算机模式识别算法和图像处理模块的先进视频技术,推出了一种"交通图像分析系统"。这种交通图像分析系统可同时处理6台处于监视状态的摄像机,每台摄像机可对4条车道同时进行逐条车道的交通状况分析。这一系统可收集的交通参数包括:交通量、车辆分类、车速、占有率、车流密度、排队长度、车头时距和异常事件的出现等;另外,此交通分析系统还具有图像压缩、存储和适用于大部分通信协议的信息传输功能。

比利时一家公司生产了一种名为 VIP/P 型的图像检测系统。此系统通过独特的光学开式收集器的输出,可把排队信息数据传输给交通控制机,所以此系统既可监测驶向交叉口的车辆,也可监测停在交叉口上的排队车辆。一台 VIP/P 可检测 24 个检测区,所有检测区和传感参数都可在不中断运行中进行调节。根据此系统能检测的车辆存在参数、交通量和排队长度,可生成用于最佳交通流分析和控制的最低限度所需基本参数。

(8)按钮式检测器。该检测器是压力式检测器的一种。在人行横道信号灯使用感应式控制时,可用按钮式检测器。行人按动按钮时,盒内的触点闭合,就发送一个有行人要求过街的信息。

在一个十字路口,需要安装 8 个按钮式检测器以供交叉口四个转角每个方向上过街的行人使用。一般装在信号灯杆的侧面,高度以 1m 左右为宜。

按钮检测器制造简单、价格便宜、工作可靠,因此被广泛配用于人行信号灯上。但也常常是人们滥用的对象,因此,其外壳必须设计得十分坚固,使之不易损坏。

2.车辆检测系统的新分类法

最近,有学者考虑智能交通运输系统的检测需要,按照各类车辆检测系统能检测交通参数范围的大小,把车辆检测系统分成定点型、连续型和空间型三类。

(1)定点型车辆检测系统,就是定点设置的车辆检测器,包括环形线圈车辆检测器、超声波车辆检测器、声响车辆检测器、微波车辆检测器和用于定点交通参数检测的红外车辆检测系统与视频图像检测系统。

(2)连续型车辆检测系统,包括利用 AVL 跟踪选定的车辆,检测其在指定检测范围内的行驶状况;利用沿路设置的信标,接收来自路过车辆或特意安排的检测目标车(Probe Car)的信息,取得这些车辆行驶沿途的交通信息。

(3)空间型车辆检测系统,包括利用车辆自动识别(Automation Vehicle Identification,AVI)技术(车辆牌照识别、无线电应答信标和识别标线等)和视频图像识别检测系统量测车辆在道路网络上的运行参数。这种空间车辆检测系统，对于 ITS 中出行旅行信息服务系统、路线导航系统、公交信息服务系统、商业车辆信息系统、动态交通预测与分配等是必不可少的工具。

二、其他检测设施

随着 ITS 的发展，除需要使用检测车辆运行交通参数的车辆检测器外，还需要其他各种用途的检测设施，如先进车辆安全系统中所需的检测车前车侧障碍物和行人的检测设施，检测前车距离与车速变化的检测设施，检测驾驶人状况、车辆工况和失火的检测设施等种种车载检测设施和检测气象、环境状况的检测设施，花式繁多，这里择要介绍几种。

1. 车前车侧障碍物和行人检测设施

车前车侧障碍物和行人检测设施是利用微波雷达检测器原理制成的车载雷达检测器，装在车头车侧，根据接收到的由检测器发射出去的波返回时间，判断有无障碍物和行人及障碍物和行人与车辆的距离，将这个信息传输给车辆自动操纵系统，从而操纵车辆降速、避让或紧急制动。

2. 前车距离与车速变化检测设施

在安全车距自动控制系统中，需要检测行驶中本车与前车的距离和前车的车速变化。前车距离与车速变化的检测设施也是利用微波雷达检测器原理制成的车载雷达检测器，装在车头上，凭发射微波返还的时间与前后次微波返还时间差来判断本车与前车的距离和前车的车速变化，车辆自动操纵系统借以操纵车辆等速、降速还是加速行驶。

3. 驾驶人状态检测设施

驾驶人状态检测设施检测驾驶人驾车状态是否正常。研究中的检测设施多种多样，检测方法大致可分为两类：直接检测法和间接检测法。

1）直接检测法

直接检测法就是直接检测驾驶人驾车时的心理、生理状态来判断驾驶人的驾车状态。可有多种途径：

(1) 检测驾驶人心跳或脉搏次数，同正常状态对照，判断驾驶人驾车状态。

(2) 检测驾驶人哈欠次数及眼皮合拢次数与持续时间。

(3) 用车载电视摄像检测系统或其他摄像方法摄取驾驶人驾车时的容貌和眼神，同预先存储在计算机中的正常驾车状态相对照，判断驾驶人驾车状态。

2）间接检测法

间接检测法就是通过检测驾驶人所驾车辆的运行状况来间接判断驾驶人的驾车状态，也有多种途径：

(1) 用汽车转向盘转角传感器检测转向盘的转动状况。

(2) 用视频图像检测车辆与旁侧车道线间距离的变化状况。

(3) 检测脚踏板的上下状况。

研究中的驾驶人驾车状态检测设施，一般多用综合分析几种检测结果的方法来判断驾驶人的驾车状况是否正常。

4. 路面状况检测设施

美国一家公司生产了一种名叫"地猪（Groundhog）"的传感器。"地猪"监测地磁场的变化，不但可检测交通量、道路占有率、平均车速、车辆分类等交通参数，还可检测路表面温度、湿度和进行表面化学分析。

"地猪"把全部检测到的数据,组装进一个经压密处理的数据包(Data Packet),把这整个数据包中的全部数据作为一条信息传送到附近的就地信息基站,就地信息基站一接到这些信息,立即把就地检测的气象数据并入数据包,再传输给位于远达30km处的另外的基站或直接传输给数据总站加以分析处理。数据传输可无线传输,也可由标准电话线、光纤或由移动通信传输。

5. 道路、交通、气象信息网(RTWIN)

美国这家公司把"地猪"、风速风向、降水类型、降水率、气温、湿度、露点、能见度、地温等气象环境检测设施和视频摄像机组合在一个就地信息基站上,并把分散布置在各地的基站联网,同数据总站组成取名为"RTWIN"的可综合检测道路、交通、气象状况的道路、交通、气象信息网。

6. 汽车电子标识

汽车电子标识也叫汽车电子身份证、汽车数字化标准信源,俗称"电子车牌"。将车牌号码等信息存储在射频标签中,能够自动、非接触、不停车地完成车辆的识别和监控,是基于物联网无源射频识别在ITS领域的延伸。汽车电子标识在国内外已经有了较为广泛的应用及试点,我国《机动车电子标识安全技术要求》(GB/T 35788—2017)等6项有关机动车电子标识的国家标准已正式实施,这项技术在未来将有广泛的应用。

第二节 交通信号控制机

交通信号控制机的用途:一是操纵一个或同时操纵几个交叉口的信号灯;二是把几个交叉口的控制机连接到一个主控制机或主控计算机上,从而形成干道线控制或区域控制系统。

1. 现代交通信号控制机的基本功能

(1)根据预先设定的配时方案或感应控制方案操纵信号灯色的变换。

(2)接收检测器送来的脉冲信号,处理这些信息,并根据这些信息按预先设定的方案操纵信号灯。

(3)接收从主控制机或主控计算机发来的指令,并根据指令按预先设定的方案操纵信号灯。

(4)用小型计算机或微处理机的信号控制机,还可以收集检测器的交通信息,处理并存储这些数据,或根据命令把这些数据传送给主控计算机。

2. 信号控制机分类

信号控制机按其控制方式不同,主要可分为以下几类。

1)定时信号控制机

定时信号控制机是最简单、经济的一种控制机。把定时信号配时方案在这种控制机内设定之后,这种控制机即以设定的配时方案操纵信号灯,以固定的周期及各灯色时间轮流启闭各向信号灯。

定时信号控制机又可分为两类。

(1)机电型。这种控制机已使用多年,实践证明它是一种使用可靠、易于维护的定时信号控制机。它由同步电动机、定时刻度盘、定时键、控制周期时长的齿轮、凸轮轴、凸轮、凸轮启动装置等部件组成。

周期时长设定在周期齿轮上,由电动机带动周期齿轮,周期齿轮又带动定时刻度盘转动。定时键分布在刻度盘的槽内,刻度盘槽上以百分数刻度,定时键在槽内标定各相位各灯色时间的起始点。绿时差键在度盘的内圆上,标定各交叉口间的绿时差。定时键带动凸轮轴转动,改换信号灯色。这种控制机一般装有 1~3 个刻度盘,每个刻度盘上设置一套配时方案,故最多可设置 3 套配时方案,通常用于上午高峰期、下午高峰期和非高峰期。

(2)电子型。现在大量使用的集成电路的电子型定时信号控制机中,把各功能部分都做成集成电路板(或模块),一块块插入板座内,连线后,总机运行时,实现各项操作功能。定时信号的配时方案也做成线路板,并使用插销式、数字键盘式或字轮式等各种配时盘来设置配时方案,把销钉插入选定配时的槽内,按不同编码的数字键盘或用拇指旋转字轮,都可设定所要的配时方案,从而使设定配时更精确、更方便。

集成电路信号控制机一般都做成多功能控制机,使控制机的设计更为灵活,只要增、减线路板,即可设计不同类型的控制机。

这种类型的信号控制机维护十分方便,发生故障时,只要把故障线路板换下即可。

如日本 K 型控制机,采用大规模集成电路,除机体操作部分外,可有定时信号、感应信号、闪光、手动、保安等功能,可接检测器、主控制机或主控计算机作为线控制或面控制的交叉口控制机,本身也可用作主控制机。控制柜可发出和显示各种动作指令,其中有定时、多段式、感应式、计算机控制、检测器异常、信号显示异常等。

2)半感应信号控制机

有机电式的半感应控制机,但现在大都采用集成电路半感应信号控制机。半感应控制机随检测器设置的位置,提供感应控制。

一种是对主要街道之外的所有信号相位提供感应控制,对主要道路不执行感应控制,因为次要道路没有车辆时,或者已经达到次要街道的最大配时时间时,道路通行权总要转给主要道路这一方。

还有一种半感应信号机,是使用一种对次要街道有感应作用的定时信号机。这种信号机包括了定时信号机的一切特点,还增加了几个继电器以提供相位跳过功能。它最适用于对相交叉的小交通量街道采用半感应控制,同时也可在沿主要道路实施信号协调控制时采用定时控制。这种以半感应方式运行的定时信号机,为利用周期定时器协调半感应信号机提供了一种很好的手段。

3)全感应信号控制机

全感应控制机对所有各信号相位都执行交通感应控制。全感应控制机可以提供对一个简单的十字交叉口的控制,也可以对带有 4 个左转弯车道或多条支路的复杂交叉口进行控制。

虽然全感应信号机像半感应信号机一样有多种形式,但所有全感应信号机的工作原理是相似的:对交叉口所有进口道的检测器进行交通检测,并根据各个进口道的车辆要求安排道路通行权。交通控制适应交通要求是全感应信号机的基本功能。

公安部组织试制的 L-1 型全感应自动信号控制机已取得成功,是一种相当理想的交通信号控制机。它的主要功能如下。

(1) 定时功能:通过音片钟,可按每天流量变化,改换六种配时方案。
(2) 感应延时功能。
(3) 感应"请求绿灯"功能。
(4) 记存功能:对黄灯、红灯期进入检测区的车辆自动记存信息;换信号相位时,按记存车数分配通行所需绿灯时间,改变原设初始最短绿灯时间,保证这些车辆全部通过。
(5) 互锁功能:防止误测逆行车辆。
(6) 断续开灯功能:夜间有车通过检测器时,可自动开灯,车通过以后又自动熄灯,保证夜间行车安全。
(7) 矛盾灯自检功能:测得不同相位绿灯同亮矛盾时,1s 内自动关机。
(8) 手动操作功能。
(9) 信号灯亮度自动调节功能:夜间可自动降低电源电压,以利节电。

4) 微处理器信号控制机

这是一种计算机式的智能型控制机,具有信息存储、处理、运算、判断、传输等功能。这种控制机的大部分功能由软件来完成,通常用键盘输入编制程序,配时程序存储在随机存取存储器内,其他编程数据和控制机本身的操作程序存储在可编程序只读存储器(EPRO)内,所以这些软件修改十分方便,即使有些固化在只读存储器内的专用软件,也可很容易地用更换只读存储器芯片的方法加以改变。这使得控制机的灵活性和扩展性大为提高,所以多做成多功能的通用控制机。这种控制机都附有信号冲突与设施故障自检、显示功能。其可靠性高、体积小,性能价格比超过集成电路控制机。

如英国 T 型微处理器信号控制机用 16 位微处理器作核心,同存储器交换信息。存储器可存有现场图形、配时、规划方案、检测器数据等。功能有手动操作、定时、感应、无电缆线控、计算机控制、公交车优先、闪光或关灯及紧急呼叫等,并附有 2 套独立的绿灯冲突检验与保护设施及机内自检及显示装置。信号相位最多可到 16 个,另外,可按需要增加软件。

5) 主控制机

主控制机也叫中心控制机。只在信号控制系统中,才需要主控制机。主控制机就是在线控或面控系统中,用来操纵其他交叉口控制机的控制机。为此,在主控制机同由它操纵的控制机之间必须有通信联系,把各交叉口的交通数据传送到主控制机,主控制机接收到数据作出控制决定后把控制指令再下达到各交叉口控制机。所以也把这种控制机叫作上位机,而把受它操纵的控制机叫作下位机。

前述多功能集成线路控制机及微处理器控制机大多可用作主控制机。

第三节 信息传输系统

信息传输系统也叫信息通信系统。在智能交通运输系统中,信息传输系统相当于人体的神经系统,无论是获取信息还是传递指令,都离不开信息传输设施。ITS 技术的提高和发展很大程度上受信息传输技术提高与发展的影响,比如移动通信的发展,特别是在"掌上(随身)计算机(Personal Digital Assistant,PDA)"上加上移动通信的功能,大大改变了车载通信与显示的面貌;车-车远距离通信还有待于研制更为适用的通信方式等。下面就以 ITS 技术为背景,介绍信息传输设施的主要特点。

1. ITS 对信息传输方式的要求

ITS 对信息传输方式的要求十分特殊。为实现 ITS 各分系统的功能,ITS 所需信息传输方式的类别十分广泛。

从 ITS 体系结构中可见:

(1)各类中心子系统与道路等路边子系统及其他中心之间的信息通信可用有线通信。

(2)车辆子系统与路边子系统之间的信息通信简称为"车-路通信"(Road-Vehicle Communication,RVC),是运行中的车辆与固定的道路上通信设施之间的动体与定体间通信,不能用有线通信而使用无线通信;但车辆与路边通信设施间的距离较近,因此可用专用的短程无线通信。

(3)车辆与车辆之间的通信,简称"车-车通信"(Inter-Vehicle Communication,IVC),是运行中车辆动体与动体间的通信,必须用无线通信;车辆与中心子系统之间的通信,则可由路边子系统转送到中心系统。

出行者子系统与其他子系统之间的通信,视其所在地点而定,在家里或办公室可用任何通信方式,在出行过程中须用随身携带的个人无线通信工具,也可用路边信息服务设施。

归纳起来,ITS 需用的信息通信系统包括长距与短距有线通信和专用短距与长距无线通信。

2. ITS 需传输信息的类别

随着 ITS 的发展,道路交通信息越来越多样化。

(1)车辆传感器从点型检测向连续型检测和空间型检测发展,能检测到的信息不仅有数字信息,还有图像信息。这就要求信息传输系统不仅能传输数字信息,还要能传输图像信息。

(2)传统控制系统或管理系统,信息传输要求单方向的接收与发布,ITS 发展要求双向对话式信息交流,还需要传输双向语音信息,因此,ITS 要求能传输数字、图像和语音的多媒体双向信息传输系统。

ITS 的信息传输系统必须根据 ITS 各分系统及各分系统各不同环节的需要,信息传输对象的动、定状态,信息传输的距离和需传输信息媒体的不同,选用适用的信息传输方式。

3. 中心子系统间与路边子系统的信息

中心子系统之间与路边子系统间的通信可用固定地点间的有线通信。ITS 可选用的固定地点间的有线通信一般有四种。

1)电话通信

近距离、小容量的语音、数字信息传输,如城市交通信号自动控制系统的信息传输,可租用民用电话线路来传输检测器的检测信息与系统的指令信息。

2)专用电缆通信

近距离、小容量的语音、数字信息传输,也可为系统埋设专用通信电缆传输控制系统的指令信息。

3)光纤通信

光纤就是光导纤维的简称,光纤通信是以光导纤维为传输介质,以光波为载频的一种通信方式。光纤通信的特点是传输频带宽、通信容量大、损耗低、不受电磁干扰等。因此,适用于长距离、大容量的信息传输。一般需要长距离传输大容量信息的系统都选用光纤通信。

4) 现代有线信息传输基础设施

随着信息社会的到来，社会信息服务产业（其中包括交通信息服务产业）不断发展，信息传输需求越来越广泛。因此，有必要把信息传输系统像道路交通、供电、供水等系统一样，看成一项基础设施，集中建设现代信息传输基础设施。

4. 车-路通信

车-路通信是动体与定体之间的通信，只能用无线通信。为该沿路行驶的车辆能同中心子系统通信，研究开发了道路交通专用短程通信（DSRC）。

专用短程通信，是在道路两侧或上方分段设立名为"信标"（Beacon）的一种能短程双向收发信息的设施；同时，专派装有车载发信设施的、专供检测用的所谓"检测车"（Probe Car）在设有信标路线上来回行驶。信标把收到的路过检测车或装有车载信息设施车辆的信息上传给中心子系统，再把中心子系统的信息下传给路过车辆。信标实际上是相当于一种通信中继站。因这种信标是沿路分段设置的，所以不会发生区域间的干扰，用同一传输媒体就可覆盖大片范围。

这种短程通信的传输载体多采用红外线，也可用微波、毫米波。

用红外线作通信媒体，有如下特点：

(1) 红外线不易扩散，所以以特定车辆为通信对象，易实现通信。

(2) 通信传输速度较快，容易做到对话式通信。

(3) 价格便宜，易于推广。

这种短程双向通信，取得 ITS 中心所需交通运行信息的简单原理是：用各路线上行驶车辆发信设施，或专门派在各路线上行驶的检测车发射设施传来的相关信息，计算出各路线上车辆的行程时间，从而了解各条路线上的交通状况，同时配合前后信标取得的车辆的行踪与通过的车辆数信息，可预测未来交通状况的变化趋势；ITS 中心再把这些预测的交通状况信息通过信标传输给路过的车辆。

专用短程通信，除用于道路上车辆行驶控制与管理系统外，尚可用于收费站、停车场、坐车购物商店、加油站等收费结算自动化系统及物资流通中心与车辆渡轮管理系统。

5. 车-车通信

车-车通信是动体与动体之间的通信，也只能用无线通信。车-车通信主要用于两种情况。

1) 车辆编队行驶时的车-车通信

商业车辆运行管理系统中，为提高商业车辆在道路上的通行效率，常要把商业车辆以最短行驶安全间距编队在路上协调行驶，要用车-车间信息传输来控制最短行驶安全间距。这种信息传输，一般用雷达作信息载体，把检测到的行驶车距、车速变化的信息，在前后车间相互传输，以控制前后车间最短行驶安全距离。

家用小车在自动道路系统中的编队协调行驶，在日本进行的自动行驶试验中，采用小功率的红外线作为信息传输载体。

2) 非编队个别车辆间的车-车通信

对行驶在同一车道上或不同车道上非编队车辆间的车-车通信,正在研究用光或毫米波等具有方向性传输特性的信息传输载体来传输。

6. 远程无线通信

在途出行者、车辆、远距中心系统间的信息传输都需用远程无线通信。简要介绍两种广泛使用的无线通信。

1) 卫星通信

卫星通信利用人造地球卫星作为中继站转发无线电信号,在两个或多个地球站之间进行通信,就是把无线电通信的转发站设在卫星上,通信两端设在地球,称地球站。地球站是卫星系统与地面公众网的接口,地面用户通过地球站出入卫星系统。

2) 公用移动通信

公用移动通信广泛采用"全球移动通信系统"(Global System for Mobile Communication, GSM)。

GSM 网络结构由基站系统、交换系统和操作支持系统三部分组成。基站系统由收发信设施和控制设施组成,控制设施完成发射功率控制等功能。交换系统的移动业务交换中心为移动用户和各种网络如综合服务数字通信网(Integrated Services Digital Network, ISDN)等用户的呼叫提供路由选择。

7. 现代无线信息传输基础设施

为丰富信息收集手段和提供手段,提高信息传输能力,要求建立可用最佳信息传输方式传输各种需要信息的无线信息传输系统作为无线信息传输的基础设施。

家庭或办公室、在途旅行者或车辆等的交通咨询需求信息,通过移动电话、掌上(随身)计算机等由移动电话通信网进入信息中心,信息中心通过互联网(Internet)直接或转发信息提供者所提供的道路交通状况、车辆导航、停车场、加油站、旅馆餐厅、预订中心、游乐节目等各种信息。

第四节　计算机软硬件

信息中心、控制中心、管理中心等各种中心都少不了整套计算机软硬件设施。计算机软件包括操作系统、诊断程序、汇编程序、编译程序及应用程序等;硬件除计算机主机本身外,还有各类配套的计算机外设,即计算机的各种输入输出设施:键盘、鼠标、扫描仪、摄像机、显示监视器、打印机、语音广播设备等。这些外设,一般办公室、家庭都已配套齐全。

计算机软件在 ITS 中,相当于人体的大脑。根据检测设施传来的外界交通信息,加以分析判断,作出选择,发布指令,操纵系统运行,实现系统目标。

ITS 各分系统都必须有按其要实现目标所需的专门应用软件来控制运行系统。ITS 的交通运输智能化主要体现在系统所用的智能软件上。随着"人工智能"(Artificial Intelligent, AI)的发展,ITS 各分系统的应用软件开发将不断应用人工智能的新成果。

交通信号自动控制系统,前述 SCOOT 系统的控制软件,用的是交通仿真优化软件。除了交通控制软件外,国外从20世纪90年代初起针对ITS的影响评价研究开发了许多交通仿真软件,这里简要介绍四个应用较为广泛的软件。

1. PARAMICS

PARAMICS(Parallel Microscopic Simulator)由英国Quadstone公司开发,是一套建立在仿真引擎基础上的微观交通仿真工具包。PARAMICS可以准确模拟现代交通系统的各个方面,既能够模拟一条高速公路或单一的交叉口,也能够模拟整个城市交通系统,并且对不同规模大小的路网能以同等的详细程度予以模拟,是一个使用灵活、功能强大、适应各种仿真需要的仿真平台。

PARAMICS是一个完全集成化的软件,它集成了仿真、可视化、交互式路网绘制、自适应信号控制、在线仿真数据统计分析、跟车、交通控制策略评价、交互式仿真参数调整等功能。它既能够读取EMME/2、Synchro、Corsim、Cube/TP/Viper等相关交通软件路网有关节点和路段的信息,也可根据解释规则,接收Mapinfo、ESRI等地理信息系统路网信息。对于新建的PARAMICS路网,为了处理便捷,也可将路网信息编制为以空格分隔的ASCII或以逗号分隔的CSV文本文件,然后统一导入。其最新版本是6.9版,可以在常用的计算机系统上运行。

PARAMICS理论上能够支持100万个节点、400万个路段和32 000个区域的路网。它能仿真交通信号、匝道控制、与可变速度标志相连的探测器、VMS和CMS、车内路网信息显示装置、车内信息咨询、路径诱导等,路径诱导策略可以由用户应用程序接口函数定义。在ITS基础设施和拥挤道路网的仿真中尤能显示其独特的性能。

PARAMICS主要由以下部分组成:

(1)建模器。建模器是PARAMICS软件包的核心,用于网络构建、模型显示和交通仿真。它可以详细地表达现代交通系统的各个方面,包括城市道路、高速公路、公共交通系统、拥挤和自由的交通流、智能运输系统、高占用率车道等。

(2)分析器。分析器是仿真数据定制分析和模型统计报告的工具,用于查看数据或者比较来自多个信息源的多组数据(例如基年模型、替换方案模型、从现实世界观察到的数据等),从而可以加快模型的标定过程。分析器提供的统计数据适合各种用户的需要,包括用户可定义的服务水平和性能指标,帮助用户管理数据和以最快速度获得所需要的统计数据。

(3)批处理器。批处理器是利用PARAMICS的核心模型执行批量交通仿真的工具,用于灵敏度和选项测试。它使得交通仿真和分析的过程自动化,减少用户停歇时间,加速模型开发的速度。当批处理器和分析器配合工作时,一个复杂的交通模型的统计数据输出就变得很简单。

(4)编程器。编程器为扩展程序开发提供了一个全面的应用程序接口(API)。用户可以利用API扩充PARAMICS的功能,例如为PARAMICS仿真增加驾驶人行为模型、新的功能和一些实用的特性。用户也可以选择用自己的行为模型来取代PARAMICS的核心模型。

(5)排放监视器。排放监视器是一个可以直接从PARAMICS仿真中收集尾气排放数据的、基于单个车辆尾气排放的评价模块。它可以跟踪仿真的交通路网中所有车辆尾气排放的数量,并在仿真过程中进行可视化显示。尾气水平数据每隔一定时间写入指定的统计文件进行保存。

(6)矩阵估计器。矩阵估计器基于PARAMICS的核心模型,提供开放、透明、可视化的结构和界面,允许用户把自己的知识、技巧和经验加入估计器的系统内核。在系统运行时,用户可以与 OD 估计过程互动,随时进行微调,从而缩短 OD 矩阵估计的过程。

(7)查看器。查看器是路网仿真可视工具,可使用户预览成果和路网模型,并可被用作一个演示工具来生成屏幕截图或为用户演示生成实时视频。

(8)设计器。设计器是一个三维模型构建的编辑工具,它用于构建复杂逼真的三维模型,并且使建模器和查看器能够生动地显示交通模型。

(9)转换器。转换器用于把从其他信息源的现存路网数据转换成基本的 PARAMICS 路网。转换器可以接收的路网数据格式包括 EMME/2、Mapinfo、ESRI、Synchro、Corsim、Cube/TP/Viper、ASCII 和 CSV。

PARAMICS 具有如下特点:

(1)模型可视化。针对 ITS 中交通模型的复杂性和描述模型的数据量越来越大,PARAMICS 具有使模型工具所有数据都可视化的性能。它提供了一个功能强大的实时动态三维可视化用户界面。它允许用户从各个角度来观看整个路网。车辆既可以用简单的矩形块代替,也可以用复杂的车辆外观模型来显示。用户既可以在图形上修改路网,也可以通过变更参数实现对路网的修改,而不需要直接对复杂的输入文件进行操作。

与其他仿真模型不同的是,PARAMICS 不需要用户估计路段的交通时间和交通容量作为基本输入,只需要定义路段的长度、路口布置、车站位置、信号控制物等物理特征,系统就可以自动计算所需参数。

(2)微观模型。PARAMICS 模型具有非常强的对单一车辆进行微观处理的能力。它通过模拟所有单一车辆在路网上的运动状态,描述大范围的交通现象,包括交通拥堵状态,而不仅仅考虑单一平衡状态下的路网交通流状况,从而可以得到每秒的实际路网图。

(3)多用户并行计算。PARAMICS 支持多用户并行计算。

(4)应用程序接口。PARAMICS 具有功能强大的应用程序接口。

因此,PARAMICS 在评价 ITS 实施效果方面可用于如下几个方面:

(1)交通管理与控制。在设计阶段,通过模型控制策略、路径诱导信息等的效果来确定设置交通标志的最佳地点。在运营阶段,通过快速的多方案评价,确定交通管理和控制中运用 ITS 的优化策略。PARAMICS 已经被用于许多地方的交通管理和控制系统的仿真,例如英国伦敦西南的 M25、美国明尼阿波利斯的州际地区等。

(2)交通控制中心的仿真。能够精确反映由于交通事故产生的拥挤情况,提供诸如 VMS 和广播信息等管理策略产生效果的细节描述。

(3)为出行信息提供预测。能够经由服务提供商为出行者提供交通信息预测和优化的路线诱导,它的统计功能提高了可靠性和置信水平。

(4)智能化导航。车辆的动态路径诱导选择是 PARAMICS 的显著特色,除了标准的路径费用表,PARAMICS 还提供了由用户控制的路径费用扰动来模拟驾驶人对路径费用的感知。采用用户定义的实际路径费用反馈来仿真对路线的学习和车内实时信息的影响,可以根据驾驶人对路网熟悉程度的不同而选用不同的路径费用表。

2. AIMSUN

AIMSUN(Advanced Interactive Microscopic Simulator for Urban and Non-Urban Networks)是西班牙 TSS 公司的一个交互式交通仿真软件,早期的版本主要集成在 GETRAM(Generic Environment for Traffic Analysis and Modelling)软件包中。2005 年,TSS 公司在吸收了美国联邦公路局的 NGSIM(Next Generation Simulation)项目研究成果的基础上,推出 AIMSUN NG 5.0(NG 为 Next Generation 的简称,即"下一代"),并增加了静态路网规划的功能。目前最新版本是 AIMSUN Next 8.4.2,同时支持 Windows、mac OS、Ubuntu 三种操作系统。

AIMSUN 主要由以下部分组成:

(1)微观仿真器。它能在大范围内对交通管理的各组成部分、管理策略以及管理措施进行仿真。

(2)建模器。通过导入其他的数字化地图进行建模,将其他软件编辑的路网模型导入 AIMSUN 模型中,它有强大且方便的修改能力(可无限制地撤销和重做、复制和粘贴)高质量的绘图功能等。

(3)规划器。在一个完整的环境中,它对交通规划四步骤中的主要步骤提供支持。目前,它可以执行用户平衡交通分配,支持需求分析并且与微观仿真器共享网络以及相关的交通数据,很容易进行宏观和微观的分析,例如对一个庞大网络中的子网络进行精确仿真。

(4)服务器。这是 AIMSUN 专供通过网络访问和运行的一种功能配置,主要用于满足比实时处理更快的要求,比如交通控制中心对交通管理策略实施前的有效性验证。实现这个功能不需要图形用户界面(Graphic User Interface,GUI),但含有并行运行的微观仿真器与规划器。

(5)AIMSUN GUI。图形用户界面建立了一个可供所有任务进行设计的友好用户环境。

AIMSUN 主要有以下特点:

(1)一体化集成。将静态交通规划与动态交通仿真有机集成,既可以对交通和运输项目进行规划、设计的评估,又可以作为实时交通管理系统中决策支持系统的一部分。宏观、中观、微观的模型与路网高度衔接,三层模型间参数互通,三层路网变更与修改同步进行,这是 AIMSUN 最主要的特点。

(2)提供了两种不同方式的仿真。一种是基于输入交通流和转弯比例的,另一种是基于 OD 和路径选择模型的。前者车辆随机地分布于路网,后者车辆在 OD 之间被分配了特定的路径。

(3)强大的交通控制策略仿真。AIMSUN 开发了重选路径、车速更改、车道封锁、事故形成、控制方案变更等多个基本控制行动方案,它们能组合在一起来建立管理策略并且仿真实时的交通情况。当仿真开始时,在方案仿真或者由于交通环境的一个固定时刻,可以激活一个或几个行动,最后可以实现由专家系统自动应用的策略。这些行动的组合以及激活它们的不同方式使 AIMSUN 成了交通管理策略评估的最佳工具。

为了对 ITS 进行仿真,AIMSUN 开发了如下扩展功能:

①自适应交通信号控制、交通管理系统和事故管理系统的仿真。

②车辆导航、燃油消耗和排放的仿真。

③公交车辆调度和控制系统的仿真。

ITS 被作为外部程序与 AIMSUN 进行通信来进行影响评价,为此,AIMSUN 开发了一系列的动态链接库,动态链接库使得 AIMSUN 能够与外部程序进行通信。

AIMSUN 可以与绝大多数常用的 CAD、GIS、交通模型、信号优化和自适应控制软件工具进行数据交换,如可与在 CAD 环境中的 DWG、DXF 和 DGN 数据格式进行交换,可在 GIS 环境中导入/导出 Shape 文件格式以及自动创建几何路网。它还可与 Emme(2/3)直接接口,与 CONTRAM、SATURN、CUBE、VISUM、VISSIM 和 PARAMICS 等直接数据交换,还可将历史的和实时探测数据采用 ASCII 格式导入或者直接连接到一个和 ODBC 兼容的数据库中。

TSS 公司在与英国的 Legion 公司全面合作之后又推出了"AIMSUN for Legion",在 AIMSUN 中增加了 Legion 系统中的步行功能,将车辆仿真与行人仿真相结合。

在信号控制优化方面,AIMSUN 还可与 TRANSYT-7F、TRANSYT 12、VS-Plus、UTOPIA、SCATS 等相衔接。

3. VISSIM 与 VISUM-Online

VISSIM 与 VISUM-Online 是由德国 PTV 公司开发的微观和中观在线交通仿真系统。

VISSIM 是一个离散的、随机的、以 1/10s 为时间步长的微观仿真软件,车辆的纵向运动采用了"心理-生理跟车模型",横向运动(车道变换)采用基于规则(Rule-based)的算法,不同驾驶人行为的模拟分为保守型和冒险型。目前其最新版本是 VISSIM 2020。

VISSIM 采用人机交互的图形化界面,1994 年以后推出的版本均可在 Windows 环境下运行,可以同时观察多个交叉口的交通状况,并支持三维动画显示。

VISSIM 内部由交通仿真器和信号状态发生器两大程序组成,它们之间通过接口来交换检测器的呼叫和信号状态。交通仿真器是一个微观的交通流仿真模型,它包括跟驰模型和车道变换模型。信号状态发生器是一个信号控制软件,它以仿真步长为基础,不断地从交通仿真器中获取检测信息,决定下一仿真时刻的信号状态并将这信息传递给交通仿真器。

VISSIM 能够仿真城市内和非城市内的交通状况,特别适合仿真各种城市交通控制系统,其主要功能有:

(1)可对定时信号控制配时方法进行开发、评价和优化。

(2)可对感应信号控制进行设计、检验和评价。

(3)用户通过信号状态发生器设计自定义的信号控制方法,可对各类信号控制模式进行仿真。

(4)可用来分析慢速区域的交通流交织和合流情况。

(5)可对各种设计方案进行对比分析,包括信号灯控制以及停车控制(或让行控制)、交叉口、环形交叉口以及立交等。

(6)能分析公共交通系统的复杂站台设施的通行能力和运行情况,评价公交优先的各种方案。

(7)可运用内置的动态分配模式分析和评价有关路径选择问题。

VISSIM 作为 ITS 系统评价工具的一种,其突出优势是 PTV 公司开发了与其模型完全连贯一致的宏观静态交通规划软件 VISUM 以及中观实时动态仿真软件 VISUM-Online,对三者进行系统集成,可以组成一个宏-中-微观、脱机和在线实时结合的完整的 ITS 仿真和评价平台。

VISSIM 微观交通仿真把每辆车作为一个对象来研究,分析交通流与道路设施,如车道划分、车道宽度、弯道和坡度;分析公交车站交通管理措施,如限速、路边停车、限制转向、公交专用车道;分析交通控制措施,如信号灯控制、让路和停车标志、公交优先控制的相互作用,对交通设施的一个局部范围,如由若干个交叉口组成的交通网络进行仔细观察和分析,优化交通设施及管理、控制措施,使交通流的通行状态达到最优。其典型的应用是对交通设施的通行能力进行定量分析,对各种交通设施、管理措施及控制方案实施前后技术和经济效益的比较,分析和测试信号灯的控制逻辑,保证在路上实际运行时的正确性和最优性。

VISUM-Online 在线运行系统基于一个主路网络模型、一个动态的交通分配模型和一个中观的交通流模型,对整个城市的交通需求进行动态模拟和预测,动态地显示主路网络上交通流的行驶状态——车流密度和行驶速度,以及与交通有关的环境数据——噪声和废气。该系统的主要运作过程如下:

(1)关系数据模型接收并处理反映当前交通现状的实时交通数据(通过电视监测和/或感应线圈采集到的交通数据)。

(2)关系数据库接收短时的道路网络方面变化(比如施工工地、特殊情况下的绕道行驶建议)。

(3)与 GIS 的接口(ArcInfo-VISUM 网络模型),用于建立与维护静态的、固定的道路网络及公交线路网络。

(4)一个附加的实时软件模块用于填补不完整的数据,在不完整的交通数据条件下,作出完整的实时交通状况报告。

(5)实时软件根据动态采集的交通数据,通过模型进行交通预报,并对短期交通预报及交通现状报告进行评价和图形显示。

(6)对预测的交通情况进行分析,拟定交通控制和引导的战略,给管理人员的决策提供技术支持,在特定情况下,自动发出控制指令。

(7)另一个实时模型用于动态交通分配,即采用以往的 24h 流量图以及分时段的交通需求矩阵进行中期交通预报。

(8)对于路网重要部位或瓶颈点采用微观交通仿真软件 VISSIM 进行局部详细模拟。

近年来,德国研究开发了基于人工智能知识源(KS)的新型智能交通信号控制系统;美国亚特兰大也在开发类似的应用知识源的控制系统(TERMINOS)。各国学者还在开发应用人工智能等技术的新一代交通信号控制系统等。

路线导航系统要求解决在道路交通网络中的动态交通状况预测、动态交通分配与导航路线优选等难题。各国学者正在致力于研究开发应用人工智能的神经网络算法、遗传算法、专家系统、模糊算法等程序,也有研究混合运用多种算法程序,希望能获得解决上述问题的满意成果。

公共交通运输管理分系统、商业车辆运行分系统等方面正研究开发应用智能信息管理技术、智能办公自动化、智能决策支持系统等的应用程序。

商业车辆运行分系统中的配车送货,要解决多车多点的所谓"限时行车路线选择(Vehicle Routing Problem,VRP)"难题。据研究报道,应用人工智能的神经网络算法,有望求得这个问题的最佳解。

4. SUMO

SUMO(Simulation of Urban Mobility)是在 2000 年由德国航空太空中心(DLR)开发的开源且免费的微观和中观在线交通仿真系统,其仿真规模可达 10 000 条路段。该软件不需要独立完成整个仿真的过程。基于通用的仿真架构,诸如地图设置、交通需求设定、控制方法等均可直接使用已有的公开文件进行仿真。此举一方面可以提升算法的可比性,另一方面也使得使用者可以从其他使用者处得到更多帮助。

　　SUMO 的主要设计目标是该仿真软件应快速且可移植。因此，最初的版本被开发为只能采用命令行运行的形式，并未提供可视化界面以及交互界面，并且必须手动插入所有参数。不提供可视化可以有效提高仿真的运行速度。也是由于这些目标，该软件被分为几个部分，每一个部分都有其特定的目的且需要被单独运行。这也使得 SUMO 与其他交通仿真软件有所不同。例如，动态交通分配在其他仿真软件中是在软件内部运行的，而在 SUMO 中是通过外部应用单独运行的。这种小巧灵活的拆分设计使得各个独立部分的功能更容易被拓展。同样得益于这种设计，SUMO 可以使用更高效的数据结构。当然，这种设计在一定程度上也为使用者带来了不便。

　　SUMO 的各应用部分及功能如下。

　　(1) SUMO：没有可视化界面的微观仿真运行平台，利用命令行窗口进行仿真的运行操作。

　　(2) SUMO-GUI：具有可视化人机交互界面的微观仿真运行平台，可以通过人机交互界面进行仿真的加载、运行、调整仿真速度等操作。

　　(3) NETCONVERT：路网导入和生成工具。该工具可以读取不同形式的地图文件，并将其转换为 SUMO 可以使用的地图文件格式。

　　(4) NETEDIT：具有可视化人机交互界面的地图编辑平台，可以进行地图绘制、设置信号灯、设置检测器等地图文件相关操作，最终生成 SUMO 可用的地图文件格式。

　　(5) NETGENERATE：地图生成工具。可以根据需求自主生成方格状路网、放射状路网以及随机路网，并生成 SUMO 可用的地图文件格式。

　　(6) DUAROUTER：基于最短路径搜索算法通过动态用户分配确定各个车辆的行驶路径，最终达到平衡态。

　　(7) JTRROUTER：基于交通流量和各个节点的转向比例进行车辆行驶路径的确定。

　　(8) DFROUTER：基于检测器数据确定车辆行驶路径。

　　(9) MAROUTER：通过输入 OD 信息、路径信息等，进行宏观交通分配。

　　(10) OD2TRIPS：将输入的 OD 文件转换为车辆路径信息。

　　(11) POLYCONVERT：将输入的多边形或一些点转换成可用 SUMO-GUI 可视化表达的形式。

　　(12) ACTIVITYGEN：读取与地图文件相匹配的人口信息，进而计算交通需求。

　　(13) EMISSIONMAP：进行排放地图的绘制，例如碳排放与速度、加速度的关系图。

　　(14) EMISSIONSDRIVINGCYCLE：根据车辆的轨迹计算车辆的排放，轨迹需包括速度和加速度。

　　(15) Additional Tools：一些出于某种特定目的而编写的小工具，可以在某些输入下正常工作。可以在 SUMO 发行版的 <SUMO_HOME>/tools 下找到这些工具。

　　通常，SUMO 的一个仿真运行需要的准备文件包括地图文件、交通需求文件以及可视化文件。文件路径统一写入 Config 运行文件后可以在仿真平台进行仿真。上述文件均可采用可编辑 XML 文件的工具进行编辑，使用者也可以通过直接修改地图文件等进行仿真相关内容的修改，具有很强的灵活性。

　　基于这样灵活的结构，OpenStreetMap 等开源地图平台上的真实地图可以较为方便且有选择性地加入仿真的地图文件中。交通标志、交通信号灯等管控设施也位于地图文件中。

在交通需求文件中,可以自定义多种多样的车辆类型。对于各种车辆的跟车模型,SUMO 也提供了诸如 IDM 跟车模型、ACC 跟车模型以及 CACC 跟车模型等多种选择。车辆的外观诸如形状、大小、颜色等也可自行设置。在此文件中,除定义车辆类型外,还需要定义车辆行驶的路径以及车流。其中路径明确了车辆需要途经哪些路段,车流则对路径以及车辆类型进行了组合,一个车流是指由特定流量的沿某一特定路径行驶的某种类型车辆的集合,也是仿真运行过程中生成车辆的依据。

可视化文件则规定了仿真视野中各部分的诸如颜色、形状等可视化特性。可以为道路和周边环境设置不同的颜色等,可根据个人偏好制定。此外,一个仿真中也可追加其他 additional 文件,诸如检测器等附属设施均可通过 additional 文件加入仿真中。

SUMO 强大的二次开发能力是 SUMO 在微(中)观交通仿真软件市场上颇受欢迎的另一原因。SUMO 的交通控制二次开发接口为 TraCI(Traffic Control Interface)。SUMO 平台通过 C++编译建立,具有较强的编程语言兼容性,C#/Python/Java 等主流编程语言均可进行 SUMO 的二次开发。通过这一接口可以接入正在运行的仿真,使用者可以读取仿真中诸如车辆、信号控制机等运行对象的各项属性值,并且通过设置这些属性值操纵运行对象的"行为"。

基于 SUMO 的开源运行和功能强大的二次开发接口,使用者可以上传自己的开发文件,也可以从网站上下载一些特定功能的仿真运行文件,诸如特定跟车模型、交通控制器等。一些团队进行了一系列 SUMO 的应用包开发,包括但不限于:

(1) TraCI4Matlab:实现了 Matlab 与 SUMO 的交互。

(2) TraaS:TraaS(TraCI as a Service)代表 TraCI 即服务,是用于 TraCI 的 JAVA 库。

(3) LiSuM:实现了 LISA+与 SUMO 的连接。LISA+是 Schlothauer & Wauer 公司开发的用于复杂交叉口管理的商用软件,通过两者的连接可以在 SUMO 的交叉口中实现更为复杂的交通控制。

(4) 得益于 SUMO 的开源特性,该仿真软件可以紧跟学术及产业界的发展需求。SUMO 在车联网以及自动驾驶等领域的仿真已作出了一些探索。已开发 Veins、iCS、VSimRTI 等工具实现 SUMO 与 OMNeT++/MiXiM、ns3、JiST/SWANS 等通信仿真软件的协同仿真。在自动驾驶方面,SUMO 也在车辆驾驶模型标定、编队行为、车路协同管控等方面进行了一些拓展。

第五节　信息显示终端设施

智能交通运输系统中,为符合各种用户信息显示的需求,研究开发了品种繁多的信息显示设施。

1. 路上信息显示设施

在道路上显示的信息主要是道路交通状况信息。一般用可变信息标志(Variable Message Sign,VMS,或 Changeable Massage Sign,CMS)显示。

可变信息标志随其所需显示信息的条目多少,可选用滚动式、翻板式或点阵式等显示器。现在多用点阵式。

点阵式显示就是把发光器(光源)排成矩形图阵,按要求点亮矩形图阵内的发光器来表达需要显示的内容。

光源可用灯泡、发光二极管或液晶显示等,一般多用发光二极管。

可变信息标志主要用于:

(1) 为驾驶人提供交通异常事件信息。在高速公路上显示道路前方发生异常事件而关闭的车道、须降速的车道等,这种可变标志一般都装在横跨道路的龙门架上。

(2) 可变限速标志。除上述在龙门架上交通异常事件信息显示中配合"车道关闭"使用外,有时,如在雾天能见度低、雨雪天路面滑溜、路线上交通拥挤等情况下,尚须在路边或跨越整幅车行道上设立可变限速标志。

这种可变限速标志所警示的意义,与龙门架上配合"车道关闭"所用限速标志不一样:龙门架上的限速标志,仅警示此标志所指下方车道上的车辆须按所示限速行驶;而路边或跨越整幅车行道上设置的这种可变限速标志,是警示整幅车行道所有车道上的车辆都必须以所示限制车速通行。为便于区别,把前者,凡仅对标志所指车道具有警示意义的控制显示,叫作车道控制,这种控制所用显示标志必须设在跨越道路所有车道的龙门架上所指车道的上方;把后者,凡指向整幅车行道的控制显示,叫作车行道控制,这种控制所用显示标志必须在路边或跨越整幅车行车道上设置。

(3) 行程时间信息显示板。装在高速道路的入口匝道或直行车道上,为驾驶人显示各路线在现状交通条件下从标志牌位置到某地所需的行程时间。

(4) 收费站信息显示单元。装在高速公路入口处的收费站内,对收费员显示附近路线上当时的交通变化情况。

(5) 停车换乘标志。

(6) 停车场引导标志。可显示停车场所在地点及方向(固定标志)和剩余停车车位数(可变)的可变信息标志。

2. 车载显示设施

有各种各样具有不同功能的车载交通信息路线导航显示设施。如一种叫作"电子多功能图像显示器"的车载显示设施,除有主要的图像交通状况及路线导航显示功能外,也有音响导航功能,还有触摸式面板查询功能。还有一种叫作"声像一体型导航显示器"的车载显示设施,附有光盘、收音机、FM、AM 无线宽银幕型的显示器等。

3. 家庭、办公室显示设施

在利用互联网通信系统的环境下,几乎所有具有信息传输功能的终端设备都可用作家庭、办公室交通信息服务的显示设施,包括电话、传真、电视、家用计算机、移动电话和掌上计算机等。

计算机屏幕显示交通信息服务,一般都可根据计算机屏幕显示的操作指引选择所需咨询的内容。例如,美国亚特兰大的一种交通信息服务系统能够在计算机屏幕上提供各种交通信息显示,在旅行者信息服务显示窗口的"菜单"中,能够为用户提供全部交通信息服务项目,用户可以在"菜单"中选取道路交通堵塞的画面,或从菜单上选取交通网络图。交通信息服务中心还可以按出行者咨询的要求提供所需要的旅行计划或公共交通运行信息;此外,还能够提供新闻菜单,其他还有旅馆、餐馆、图书馆、娱乐设施、加油站、百货店、医院等场所服务信息及气象的检索等。

4. 交通信息(控制或管理)中心及交通枢纽站、大型公共场所等室内显示设施

交通信息或控制管理中心的显示设施主要有三类：整体交通状况的大屏幕显示或磁拼交通地图板显示、电视监视器显示和计算机监视器显示。

交通枢纽一般是指机场、码头、火车站、长途汽车站、市内轨道交通、常规公共交通起终点站、轨道交通和其他换乘站、多路线公共交通换乘站等。在这些地方客流集中，有到站旅行者需要知道转去目的地沿路的交通状况与可换乘公共交通的运行状况；有离站旅行者需要知道离站交通工具的运行状况等。大型公共场所也是客流集中的地方，十分有必要设置交通信息服务的显示设施。

在这种地方可用的显示设施主要有三类：

(1) 交通服务信息咨询台。

(2) 计算机显示屏。根据计算机屏幕显示的指引操作，从"菜单"上选择需要咨询的交通状况。

(3) 大屏幕显示。有必要时，在大城市对外交通枢纽也可用大屏幕显示大范围的交通状况。

5. 广场、重要交叉口、公交站显示终端设施

在客流集中的广场、重要交叉口等路边设置类似于交通枢纽站的交通信息服务咨询台，以便在途出行者查询交通状况。公交站内除设交通信息服务咨询台外，还有显示公交车辆到站信息等的显示终端。

6. 便携式显示设施

便携式显示设施是掌上计算机加上移动电话功能的产品，是集信息发送、接收、显示与传输于一体的产品，是任何人在任何地方、任何时候都可使用的交通信息服务咨询显示设施。

【思考题】

1. 现代交通信号控制系统由哪两大部分组成？各自的特点和功能是什么？
2. 现代交通信号控制系统设备由哪几部分组成？各自的特点和功能是什么？
3. 简析现代交通信号控制系统设备在智能交通运输系统中的作用与地位。
4. 结合日常生活实际，你认为智能交通运输系统设备有哪些新的发展趋势？

参 考 文 献

[1] 索尔特.道路交通分析与设计[M].张佐周,等译.北京:中国建筑出版社,1982.
[2] 科学警察研究所.道路交通管理的技术基础知识[M].李克敏,等译.北京:人民交通出版社,1984.
[3] 段里仁.城市交通概论[M].北京:北京出版社,1984.
[4] 美国联邦公路管理局.交通控制系统手册[M].李海渊,等译.北京:人民交通出版社,1987.
[5] 赖特,等.城市交通运输[M].石京,译.北京:中国财经出版社,1987.
[6] 段里仁.道路交通安全手册[M].北京:档案出版社,1988.
[7] 全永燊.城市交通控制[M].北京:人民交通出版社,1989.
[8] 美国联邦公路管理局.高速公路管理[M].潘文敏,等译.西安:西北工业大学出版社,1990.
[9] 周干峙,等.发展我国大城市交通的研究[M].北京:中国建筑工业出版社,1997.
[10] 上海交警总队.交通法规[M].上海:上海交通大学出版社,1998.
[11] 上海交警总队.道路交通管理实用手册[M].上海:上海交通大学出版社,1999.
[12] 陆化普.城市交通现代化管理[M].北京:人民交通出版社,1999.
[13] 杨佩昆,蒋金勇.环形交叉口信号控制及配时设计方法[M]//西安公路交通大学.二十一世纪都市交通运输系统的可持续发展.北京:人民交通出版社,1999.
[14] 杨佩昆."交通现代化"的演变与展望[J].交通与运输,1999(6).
[15] 公安部交通管理局.道路交通管理法规汇编(2000年版)(上、下册)[M].北京:中国人民公安大学出版社,2000.
[16] 北京市公共交通研究所,北京市公共交通总公司信息中心.中外城市交通基础信息大全(2000版)[Z].北京:北京市公共交通研究所,2000.
[17] 杨兆升.城市交通流诱导系统理论与模型[M].北京:人民交通出版社,2000.
[18] 杨佩昆.城市道路网络交通导行策略研究[R].上海:同济大学智能交通系统研究中心,2000.
[19] 日本交通工学研究会.智能交通系统[M].董国良,等译.北京:人民交通出版社,2000.
[20] 北京城市规划设计研究院.北京市城市交通规划简介[R].北京:北京城市规划设计研究院,2000.
[21] 上海城市综合交通规划研究所.上海市综合交通规划2000—2020[R].上海:上海城市综合交通规划研究所,2000.
[22] 上海城市综合交通规划研究所,南宁市规划管理局.南宁市城市现状交通调查及分析[R].上海:上海城市综合交通规划研究所,南宁市规划管理局,2001.
[23] 武汉市交通科学研究所.公共交通规划预可行性研究报告[R].武汉:武汉市交通科学研究所,2001.
[24] 南京市交通规划研究所.南京城市道路交通发展年度报告2001[R].南京:南京市交通规划研究所,2001.
[25] 才立人.交通阻塞及预防治理对策[J].道路交通与安全,2001(6).

[26] 杨佩昆.智能交通运输系统体系结构[M].上海:同济大学出版社,2001.

[27] 北京布鲁盾ITS.布鲁盾高新技术公司[R].北京:北京布鲁盾ITS,2001.

[28] 王峰.广州市交通需求管理研究[M].广州:广东科技出版社,2001.

[29] 詹运洲.城市客运交通政策研究及交通结构优化[M].北京:人民交通出版社,2001.

[30] 巴顿.运输经济学[M].冯宗宪,译.北京:商务印书馆,2001.

[31] 王印海.美国智能交通系统架构体系简介[J].ITS通讯,2002(1).

[32] 张其善,吴今培,杨东凯.智能车辆定位导航系统及应用[M].北京:科学出版社,2002.

[33] 中国城市规划设计研究院交通所,贵阳城市规划管理局.贵阳城市交通规划[R].北京:中国城市规划设计研究院交通所,2002.

[34] 郭忠印,方守恩.道路安全工程[M].北京:人民交通出版社,2003.

[35] 中华人民共和国道路交通安全法[Z].2004.

[36] 中华人民共和国道路交通安全实施条例法[Z].2004.

[37] 中华人民共和国公安部.机动车运行安全技术条件:GB 7258—2017[S].北京:中国标准出版社,2017.

[38] 翟忠民.道路交通组织优化[M].北京:人民交通出版社,2004.

[39] 富立,范耀祖.车辆定位导航系统[M].北京:中国铁道出版社,2004.

[40] 王刚.实施有效交通需求管理——TDM在美国[M].北京:中国人民公安大学出版社,2004.

[41] 任大任.道路交通秩序管理[M].北京:中国人民公安大学出版社,2004.

[42] 中华人民共和国交通运输部.公路养护安全作业规程:JTG H30—2015[S].北京:人民交通出版社股份有限公司,2015.

[43] 中华人民共和国公安部.公交专用车道设置:GA/T 507—2004[S].北京:中国标准出版社,2004.

[44] 交通科技问题研究专题组.国家中长期科学和技术发展规划战略研究——第六专题:交通科技问题研专题报告(内部报告)[R].2004.

[45] 张殿业.道路交通安全管理规划指南[M].北京:人民交通出版社,2005.

[46] 吴兵,李林波.交通拥挤的进化动态分析[J].中国公路学报,2006(3).

[47] 深圳市城市交通规划研究中心,同济大学,上海宝信软件股份有限公司.深圳市城市交通仿真系统:交通信息服务平台[R].深圳:深圳市城市交通规划研究中心,2006.

[48] 中国中心城市交通改革与发展研讨会学术委员会,交通部科学研究院中国城市可持续交通研究中心.中国中心城市可持续交通发展年度报告(2007)[M].北京:人民交通出版社,2007.

[49] 吴蓉,吴兵.保障自行车交通在我国大城市发展的若干思考[C]//同济大学,中国旅美交通协会,上海市公路学会.第七届世界华人交通运输学术大会论文集.上海:同济大学出版社,2007.

[50] 陈颖雪,吴兵.单行道系统动态优化的若干问题探讨[J].城市道桥与防洪,2007(4).

[51] 操春燕,栗慧龙,吴兵.对道路交通标志牌设置的对比研究[J].交通标准化,2007(1).

[52] 马祖琦.伦敦中心区"交通拥挤收费"的运作效果、最新进展与相关思考[J].国际城市规划,2007(3).

[53] 杨洪年.我国交通运输能源消耗及节约潜力分析[J].能源政策研究,2007(5).
[54] 李克平,倪颖.信号控制交叉口行人过街交通组织与控制[J].城市交通,2010(5).
[55] 中华人民共和国交通运输部.公路水路交通运输节能减排"十二五"规划[R].北京:中华人民共和国交通运输部,2011.
[56] 聂育仁,李林波,黄晓敏."十二五"期我国城镇化发展对交通发展影响及对策研究[M].北京:中国经济出版社,2011.
[57] 朱洪,邵丹,陈欢,等.上海世博集约交通的实践与启示[J].城市交通,2011(7).
[58] 陈小鸿,涂颖菲.2010年上海世博会交通管控措施效果及经验[J].城市交通,2011(9).
[59] 朱仙媛,李姗姗,段小梅.广州市快速公交系统影响评价[J].城市交通,2011(7).
[60] 陆原,曾滢,郭晟.快速公交系统模式研究——以广州市BRT试验线系统为例[J].城市交通,2011(9).
[61] 中华人民共和国住房和城乡建设部.城市道路交叉口规划规范:GB 50647—2011[S].北京:中国计划出版社,2011.
[62] 中华人民共和国住房和城乡建设部.城市道路工程设计规范(2016年版):CJJ 37—2012[S].北京:中国建筑工业出版社,2012.
[63] 耿海清,任景明.我国PM2.5污染控制策略及环境影响评价的应对建议[J].环境保护科学,2012(6).
[64] 王艳丽.城市用地再开发下的交通拥挤机理和对策研究[D].上海:同济大学,2013.
[65] 陆原,等.广州快速公交实践与探索[M].北京:中国建筑工业出版社,2015.
[66] 吴兵,等.特殊需求下区域交通协同管控理论与技术[M].北京:电子工业出版社,2015.
[67] 钱可元,胡晓佳.同时实现路面照度与亮度均匀性的LED光源光学系统研究[J].光学学报,2015,35(2):0208001.
[68] 中华人民共和国住房和城乡建设部.城市道路照明设计标准:CJJ 45—2015[S].北京:中国建筑工业出版社,2015.
[69] 中华人民共和国公安部.道路交通信号灯设置与安装规范:GB 14886—2016[S].北京:中国标准出版社,2016.
[70] 王庆,张小国.车辆组合定位与导航系统——理论、方法及应用[M].北京:科学出版社,2016.
[71] 吴兵,王艳丽,李林波.城市用地再开发与交通拥挤治理策略[M].上海:同济大学出版社,2017.
[72] 李晔,王密,舒寒玉.出行即服务(MaaS)系统研究综述[J].综合运输,2018(9).
[73] 公安部令第157号.道路交通安全违法行为处理程序规定[Z].2020.
[74] 马非,陈开良,王乾,等.不同路面类型下公路隧道照明的效能分析[J].照明工程学报,2018,29(2):106-110.
[75] 刘蔚鹏,吴兵,孙拓.汽车电子标识技术优势及应用前景分析[J].综合运输,2019(10).
[76] 郝偲成,吴兵.灵活式公交研究综述[J].综合运输,2020(3).
[77] 吴兵,涂辉招,王俊骅,等.城市交通拥堵风险防控[M].上海:同济大学出版社,2020.
[78] 公安部令第146号.道路交通事故处理程序规定[Z].2018.
[79] 汪光焘,等.城市交通与法治[M].上海:同济大学出版社,2021.

[80] 尉闻,吴卓烨. 智慧城市趋势下我国城市停车发展规划与管理[C]//中国城市规划学会,成都市人民政府. 面向高质量发展的空间治理——2020中国城市规划年会论文集(06 城市交通规划). 北京:中国建筑工业出版社,2021:12.

[81] 李林波,李杨. 面向精细化管理的停车需求短时预测[J]. 同济大学学报(自然科学版),2021,49(9).

[82] 李林波,吴兵. 行为视角下城市公共交通发展竞争力[M]. 上海:同济大学出版社,2022.

[83] 王雪松. 交通安全分析[M]. 上海:同济大学出版社,2022.

[84] 杨光,陈峻. 基于智能技术的城市停车管理平台优化设计[J]. 城市交通,2022,20(2).

[85] 关积珍. 智能交通系统发展演进及其代际特征[J]. 人工智能,2022(4):40-49.

[86] 黄志辉,纪亮,尹洁,等. 中国道路交通二氧化碳排放达峰路径研究[J]. 环境科学研究,2022,35(2):329-338.

[87] PIGNATARO J L. Traffic Engineering Theory and Practice[M]. Upper Saddle River:Prentice-Hall,1973.

[88] ITE. Transportation and Traffic Engineering Handbook[M]. Upper Saddle River:Prentice-Hall,1982.

[89] AKCELIK R. Traffic Signals:Capacity and Timing Analysis[R]. [S. l.]ARRB,1983.

[90] FHWA. TRANSYT-7F User's Manual[M]. Washington D. C.:U. S. Department of Transportation,1983.

[91] TRRL. SCOOT Traffic Handbook[M]. [S. l.]TRRL,1983.

[92] PISARSKI A. Summary of the Recommendations of the Workshop on National Urban Congestion Monitoring[R]. Washington D. C.:U. S. Department of Transportation,Federal Highway Administration,Office of Highway Information Management,1990.

[93] ROBISON W B,et al. Roundabouts:An Informational Guide[M]. Washington D. C.:U. S. Department of Transportation,2000.

[94] SABRA ZIAD,WALLACE E C,LIN FENG-BOR. Traffic Analysis Software Tools[R]. Washington D. C.:TRB,2000.

[95] HOMBURGER S W,et al. Fundamentals of Traffic Engineering[M]. 15th ed. Berkeley:UCB,2001.

[96] NELSON J L. Sensors Working Overtime[J]. Traffic Technology International,2002.

[97] LATOSKI P S,et al. Managing Travel for Planned Special Events[R]. Washington D. C.:Office of Transportation Management,Federal Highway Administration,2003.

[98] NEUDROFF G L,et al. Freeway Management and Operations Handbook[R]. U. S. Department of Transportation,Federal Highway Administration,2003.

[99] AKCELIK R. Guide to Traffic Engineering Practice Series:Traffic Signals[M]. 3rd ed. Sydney:Austroads,2003.

[100] ROESS P R,PRASSAS S E,MCSHANE R W. Traffic Engineering[M]. 3rd ed. Upper Saddle River:Prentice Hall,2004.

[101] KOONCE P,RODEGERDTS L,KEVIN L,et al. Traffic Signal Timing Manual[M]. Washington D. C.:U. S. Department of Transportation,2008.

[102] TRB. National Research Council. Highway Capacity Manual[M]. Washington D. C.: TRB,2010.

[103] 2012 URBAN MOBILITY REPORT[EB/OL]. http://mobility. tamu. edu.

[104] National ITS Architecture[EB/OL]. http://itsarch. iteris. com/itsarch.

[105] Victoria Transport Policy-Online TDM Encyclopedia[EB/OL]. http://www. vtpi. org/tdm/.

[106] Travel Demand Management[EB/OL]. http://www. fhwa. dot. gov/operations.

[107] The Mobility 2030: Meeting the Challenges to Sustainability[EB/OL]. http://www. wbcsd. org/web/mobilitypubs. htm.

[108] http://www. ptvchina. cn.

[109] http://www. aimsun. com.

[110] http://www. paramics. com.

[111] MILANÉS V,SHLADOVER S E,SPRING J,et al. Cooperative adaptive cruise control in real traffic situations[J]. IEEE Transactions on Intelligent Transportation Systems,2013,15(1): 296-305.

[112] PLOEG J,VAN DE WOUW N,NIJMEIJER H. Lp string Stability of Cascaded Systems: Application to Vehicle Platooning[J]. IEEE Transactions on Control Systems Technology,2013,22 (2): 786-793.

[113] Au T C,ZHANG S,STONE P. Autonomous Intersection Management for Semi-autonomous Vehicles[M]//Routledge Handbook of Transportation. London:Routledge,2015.

[114] LI Y,NI Y,SUN J,et al. Modeling the illegal lane-changing behavior of bicycles on road segments: Considering lane-changing categories and bicycle heterogeneity[J]. Physica A: Statistical Mechanics and its Applications,2020.

[115] https://beidou. gov. cn.

[116] http://sumo. sourceforge. net/userdoc/Sumo_at_a_Glance. html#Features.

[117] http://www. 199it. com/archives/678630. html.

[118] https://trlsoftware. com/products/junction-signal-design/transyt/.

[119] https://trlsoftware. com/news/.

[120] http://www. itdp-china. org.